厚德博學
經濟匡時

本书得到上海财经大学"中央高校建设世界一流大学学科和特色发展引导专项资金"与"中央高校基本科研业务费"的资助。

金融学文库

保险业系统性风险的根源、传递与影响

粟 芳　陆思婷　邹奕格 著

Origin, Transmission and Influence
of Systemic Risk in Insurance Industry

上海财经大学出版社

图书在版编目(CIP)数据

保险业系统性风险的根源、传递与影响/粟芳,陆思婷,邹奕格著.—上海:上海财经大学出版社,2022.10
(匡时·金融学文库)
ISBN 978-7-5642-4034-9/F·4034

Ⅰ.①保… Ⅱ.①粟… ②陆… ③邹… Ⅲ.①保险业－风险管理－研究 Ⅳ.①F840.32

中国版本图书馆 CIP 数据核字(2022)第 153744 号

□ 责任编辑　刘晓燕
□ 封面设计　张克瑶

保险业系统性风险的根源、传递与影响

粟　芳　陆思婷　邹奕格　著

上海财经大学出版社出版发行
(上海市中山北一路369号　邮编200083)
网　　址:http://www.sufep.com
电子邮箱:webmaster@sufep.com
全国新华书店经销
江苏苏中印刷有限公司印刷装订
2022年10月第1版　2022年10月第1次印刷

710mm×1000mm　1/16　26印张(插页:2)　373千字
定价:98.00元

前　言

　　自2008年全球金融危机爆发以来,全社会各行各业都愈发意识到系统性风险的危害,并积极探寻应对系统性风险的措施。学者们深入研究了金融业中不同行业的系统性风险,识别了金融行业中的系统性重要机构,并制定了相应的监管措施。其中,学者们也针对保险业系统性风险进行了大量研究。不同金融行业有不同的业务特征,风险的产生和传递自然具有特殊的表现。那么,保险业系统性风险的源头是什么呢?不同源头的风险对保险业系统性风险具有怎样的影响途径和影响程度呢?它们的影响方向和影响程度是一样的吗?是否仅影响保险业自身抑或还会外溢到其他金融行业呢?而且,保险业包括寿险业和非寿险业,两个行业的业务特征完全不同,不同源头的风险在寿险业和非寿险业中是否具有相似表现呢?

　　本书基于上海市哲学社会科学研究课题"保险业系统性风险的根源、传递和影响"(2018BJB009)丰硕的研究成果,全面系统地识别出保险业系统性风险的传递、积累乃至爆发的全过程,为系统性风险的全面控制提供了理论和实践的依据。本书从寿险业务和非寿险业务构成的角度,系统识别了保险业系统性风险的产生根源,明确了从源头遏制系统性风险的对象;辨析了不同源头的风险在寿险业内和非寿险业内的传播途径,以及其在保险行业内和向保险行业之外的其他金融行业进行传播的途径,从而明确了切断风险传播途径的措施;衡量了不同源头的风险对寿险业和非寿险业的不同影响程度,其影响保险行业和向保险行业之外的其他金融行业进行外溢的程度,以及对整个宏观经济的影响程度。

本书研究主要是从保险业务的负债端和资产端展开,包括下列六部分内容。

(一) 前提研究——验证系统性风险的存在性

保险业是否存在系统性风险:中国保险行业的实务数据证实当前中国保险业已偏离了均衡点,并存在进一步偏离的趋势。保险业系统性风险正在积累中,需引起重视和警惕,若无合理的监管干预,将可能有日益恶化的趋势。

重大事件对保险业系统性风险的冲击:利用事件分析法分析了2018年发生的诸多重大事件对保险业系统性风险的冲击,并模拟了可能的影响程度。研究证明,当前发生的重大事件的影响力度相对而言比较可控,只有发生了具有巨灾特质的重大赔偿事件,才具有引发保险业系统性风险的可能性。

(二) 负债端——根源和传染

在理论分析可能导致系统性风险的业务环节基础上,识别出再保险联系和共同承保风险是可能导致系统性风险爆发的根源。并基于实务数据,证实了再保险联系和共同承保风险导致系统性风险爆发的风险传染路径。这两者都是使保险公司之间产生了承保风险关联,从而进一步影响系统性风险。当然,两者对于系统性风险的可能贡献不同。而且,尽管这两者都是促使保险公司承保风险产生关联性并有可能进一步促发系统性风险的关键因素,但对于不同的行业具有不同的表现。

(三) 负债端——承保风险基于再保险联系的传播

聚焦于保险业承保业务风险通过再保险联系进行的传染,并深入模拟和比较分析了承保风险通过再保险联系对系统性风险的影响程度和外溢性。

非寿险承保风险基于再保险联系对系统性风险的影响：保险公司之间的再保险联系越来越紧密，承保风险逐步增加，会通过再保险联系而引发传染风险，并进而导致爆发系统性风险。但目前所发生的保险赔案赔款金额规模都比较小，只有当发生了初始损失为1 600亿元及以上的赔案时，才可能会有保险机构陷入危机，并进一步引发风险。

寿险承保风险基于再保险联系对系统性风险的影响：寿险业也存在一定的再保险联系，但在同等规模的承保风险的冲击下，基于再保险网络传染可能引致的寿险业系统性风险约仅为非寿险业的五分之一。无论寿险还是非寿险业，承保风险可能引致的系统性风险均呈现出随时间递增的趋势，但都在2010年以后趋于稳定。

（四）负债端——承保风险基于共同承保风险的传播

由于多种原因，保险公司的承保业务面临着共同承保风险。本部分有关共同承保风险的研究将从公司层面、行业层面和地域层面三个方面展开。

风险集中度的影响（公司层面）：保险险种之间的确存在着风险相关性；非寿险各险种中不存在能相互对冲风险的险种。保险公司的险种集中度对承保风险并没有显著的作用，风险集中度对保险公司承保风险的确具有显著的正向作用，也影响到系统性风险的传播。保险公司应从风险的角度确定合理的保险险种结构，从而真正控制承保风险。

承保业务相似度的影响（行业层面）：保险公司都经营着类似的保险产品，因此承保业务存在着同质化现象。这一同质化特征在保险行业层面具有风险传递的作用。保险公司承保业务相似度较高的保险市场具有较高的系统性风险。在承保业务相似度较高的保险市场上，当发生相同金额的承保损失时，可能有更多的保险公司会破产。

承保风险空间关联的影响（地域层面）：从地域的角度而言，不同省份保险市场的承保风险具有一定的差异，也具有明显的关联性。各省份相互联系为承保风险的传染提供了渠道。当然,不同省份保险市场的风险外溢的程度各有差异,同时受其他省份影响的程度也有差异。监管部门可据此确定需要重点监管的省份。

(五) 资产端——资产风险在保险业内的传播

本部分主要是以保险公司为单位的微观视角,从资产端分析了保险公司的资产风险对保险业系统性风险的影响,以及不同保险公司在这个过程中所承担的角色。

保险业资产风险对系统性风险的影响:资产风险对系统性风险的影响包括两个部分,一个部分是资产因面临共同资产风险冲击而导致的直接损失,另一个部分是因资产价格的互联性而导致的传染损失。由于保险公司的投资渠道相似,因资产而导致的系统内部联系在不断增强之中,资产风险的传染损失对直接损失的放大倍数越来越大。

保险公司的角色及约束因素:不同保险公司在资产风险引致系统性风险的过程中具有不同的角色,比如保险公司的系统重要性及系统脆弱性;不同保险公司之间也具有不同的传染关系。研究发现,保险公司的资产规模、杠杆和关联性是影响保险公司具有不同角色和不同传染关系的关键因素。

(六) 资产端——资产风险在金融业内的传播

本部分是基于保险行业和其他金融行业层面的宏观视角,从资产端分析了当不同金融行业因本行业业务经营而爆发资产风险时,对本行业以及其他金融行业系统性风险的影响;并就当前金融宏观审慎监管工具对控制系统性风险的有效性进行了分析与比较。

不同金融行业资产风险的传染和影响:银行业、保险业和证券业因资产而产生了联系。当不同行业需抛售资产时,资产风险就会在行业之间传染。本部分分析了金融行业系统性风险在公司层面和行业层面的传染机制及影响因素,模拟了在不同抛售资产的情况下可能导致的系统性风险水平,并证实银行在资产风险传递的过程中具有极其重要的作用。

有关资产风险的宏观审慎监管工具的有效性:在梳理了现有常用的宏观审慎政策工具之后,分析了不同政策工具产生作用的机理,并模拟了初始负向冲击发生和资产价格下降后的影响,比较与分析了在不同政策工具作用下系统性风险水平的变化。诸多政策工具的监管效果方向一致,同时施行时不会相互抵消,反而具有相互促进的作用。

本书立足于保险业,在初始研究证实保险业存在系统性风险的基础上,从微观、中观和宏观等多个角度,分别探析了保险业经营中的承保风险和资产风险对保险业系统性风险的影响路径、影响程度等。微观层面是从保险公司内部风险出发,分析这些风险对于保险业系统性风险的影响力度;中观层面是从保险行业出发,分析系统性风险在保险行业中各保险公司之间传播的途径;宏观层面则是基于整个金融业和经济层面,分析保险业的系统性风险是否与其他金融行业或整个经济领域的系统性风险相关,保险业的系统性风险是如何传染其他金融行业的,以及其他金融行业的系统性风险是如何传染保险行业的。本书的研究具有以下学术价值和社会价值。

1. 模拟刻画了中国当前保险业系统性风险的程度,并通过特殊事件分析法模拟了可能会引发系统性风险的导火索。

2. 基于复杂网络模型,从保险公司的资产端和负债端分别揭示了承保风险和资产风险对系统性风险的影响路径和影响程度,有助于深刻理解保险业系统性风险的产生根源。

3. 对寿险业和非寿险业分别进行了模拟分析,并在两个行业之间进行了比较分析,厘清了不同行业应该关注的重点风险,以及相应的系统重要性机构和系统脆弱性机构,有助于建立风险预警机制和明确重要监管机构。

4. 提出了险种风险集中度和承保业务相似度的概念,认为在公司层面不要把鸡蛋放在一个篮子里,而在行业层面需要把鸡蛋放在一个篮子里,而不同地域的风险各不相同,也需确定重点监管对象。

5. 基于整个金融业的角度，分析了保险业系统性风险的外溢，有助于了解保险业在整个金融业中的地位；也分析与比较了不同宏观审慎政策工具的监管有效性，有利于监管机构多管齐下。

本书是基于上海市哲学社会科学研究课题"保险业系统性风险的根源、传递和影响"(2018BJB009)丰硕的研究成果，系统整理而成的一本理论研究结合实证分析的专著。实际上是十二篇论文的集合，相关论文均已见刊或在发表之中。因此，各章节相对独立，自成一体；但章节之间也具有一定的逻辑关系。实证部分的完成时间各不相同。并且由于数据的可获得性和研究目的不同，因此所采用的样本数据和样本年份并非完全相同。而且，由于出版周期等诸多因素的影响，并非每个部分研究的数据都更新至最近的年份。但是，本书各个部分的实证研究部分经过了各种检验，研究结论经得起推敲。而且，论文的成功发表也证实了本书研究的正确性，表达了众多学者对本专著的高度认可。因此本书的研究结论可作为普遍存在的规律来理解。

由于专著作者人数的限制，未能将对本书有贡献的所有人都列为作者，本书感谢参与课题研究的方蕾、熊婧、金菲和汤薇同学，也感谢在课题研究中提供帮助和支持的所有老师和同学。尤其感谢上海财经大学"中央高校建设世界一流大学学科和特色发展引导专项资金"与"中央高校基本科研业务费"，以及上海国际金融与经济研究院的大力资助，本书得以成功面世。

当然，由于各种限制，本书还存在着一叶障目之处，或研究设计还有些不合理之处，还望各位读者发现后能给我们反馈（粟芳，sofiasu@mail.shufe.edu.cn）。当然，相关研究问题也是非常值得继续深入研究的选题。

2022 年 6 月

目 录

第一章 引言 / 001

 第一节 研究背景及研究意义 / 001

  一、研究背景 / 001

  二、研究意义 / 002

 第二节 文献综述 / 003

  一、系统性风险的定义 / 003

  二、系统性风险的度量 / 004

  三、系统性风险的来源 / 007

  四、系统性风险的传播途径 / 009

 第三节 研究框架与内容 / 010

  一、系统性风险的根源分析 / 010

  二、研究框架 / 016

  三、研究内容 / 017

第二章 保险业系统性风险的存在与触发 / 026

 第一节 保险业系统性风险的存在性分析 / 026

  一、引言 / 026

  二、文献综述 / 027

三、理论模型——动态均衡模型 / 030

四、实证分析——中国保险业的稳定性分析 / 038

第二节 引发保险业系统性风险的重大事件分析 / 044

一、引言 / 044

二、文献综述 / 045

三、研究设计 / 047

四、实证研究 / 051

第三节 本章小结 / 062

一、保险业系统性风险的存在性 / 062

二、重大事件对保险业系统性风险的冲击 / 063

第三章 保险业系统性风险的根源：承保风险 / 065

第一节 承保风险根源的理论分析 / 065

一、引言 / 065

二、文献综述 / 067

三、承保风险关联根源的理论分析 / 070

四、再保险联系影响承保风险关联的理论模型 / 072

五、共同承保风险影响承保风险关联的理论模型 / 075

第二节 承保风险根源的实证分析 / 079

一、主要指标的度量 / 079

二、研究设计 / 085

三、数据的描述性分析 / 088

四、实证分析 / 090

第三节 承保风险关联与系统性风险 / 096

一、传染模拟及系统性风险的衡量 / 097

二、研究设计与数据 / 102

三、实证分析结果 / 102

第四节　承保风险对系统性风险的影响机制分析 / 105

　　一、研究设计 / 105

　　二、实证分析 / 106

　　三、稳健性检验 / 108

第五节　本章小结 / 109

　　一、研究结论 / 109

　　二、政策建议 / 111

第四章　基于再保险联系的风险传染模拟 / 113

第一节　非寿险业再保险联系对系统性风险的影响 / 113

　　一、引言 / 113

　　二、文献综述 / 114

　　三、再保险网络模型及传染机制 / 117

　　四、研究设计与数据来源 / 123

　　五、实证分析 / 126

第二节　寿险业再保险联系对系统性风险的影响 / 136

　　一、引言 / 136

　　二、文献综述 / 137

　　三、实证分析 / 139

第三节　非寿险业和寿险业再保险联系引致系统性风险的比较 / 146

　　一、引言 / 146

　　二、文献综述 / 147

　　三、理论模型及研究设计 / 149

　　四、实证分析 / 155

第四节　本章小结 / 169

　　一、非寿险业再保险联系对系统性风险的影响 / 169

　　二、寿险业再保险联系对系统性风险的影响 / 170

三、非寿险业与寿险业基于再保险联系传染的比较分析 / 171

第五章 共同承保风险对系统性风险的影响 / 173
　第一节 共同承保风险的概述 / 173
　　一、引言 / 173
　　二、共同承保风险及本研究中的相关定义 / 174
　　三、研究框架 / 175
　第二节 风险集中度对保险公司承保风险的影响 / 177
　　一、引言 / 177
　　二、文献综述 / 179
　　三、理论模型 / 181
　　四、实证研究设计 / 186
　　五、实证分析 / 190
　第三节 承保业务相似度对保险业系统性风险的影响 / 205
　　一、引言 / 205
　　二、文献综述 / 206
　　三、理论模型 / 209
　　四、实证研究设计 / 215
　　五、实证分析 / 219
　第四节 承保风险的空间传染 / 230
　　一、引言 / 230
　　二、文献综述 / 231
　　三、理论模型与研究设计 / 234
　　四、实证分析 / 240
　第五节 本章小结 / 258
　　一、公司层面应关注风险集中度 / 259
　　二、行业层面应降低承保业务相似度 / 260

三、承保风险基于地域层面的传染影响不大 / 262

第六章　保险业系统性风险的根源：资产风险 / 265

第一节　资产风险对保险业系统性风险的影响 / 265

一、引言 / 265

二、文献综述 / 267

三、理论分析与模型搭建 / 269

四、实证结果 / 279

第二节　保险公司在其中的角色与影响因素 / 285

一、引言 / 285

二、文献综述 / 286

三、理论模型 / 289

四、初步分析及假设 / 293

五、实证研究设计 / 304

六、实证结果 / 308

第三节　本章小结 / 312

一、资产风险可能引致保险业系统性风险 / 312

二、保险公司在此过程中具有不同的角色 / 314

第七章　保险业资产风险的外溢及监管 / 317

第一节　保险业系统性风险基于投资业务的外溢分析 / 317

一、引言 / 317

二、文献综述和背景 / 318

三、理论分析与研究设计 / 323

四、实证结果 / 334

第二节　金融监管中宏观审慎政策工具的有效性研究 / 344

一、引言 / 344

二、文献综述及实施现状 / 346

三、投资业务引发系统性风险的机理及监管 / 352

四、实证研究设计 / 356

五、实证分析结果 / 365

第三节 本章小结 / 373

一、保险业系统性风险基于投资业务的风险外溢较小 / 373

二、宏观审慎监管工具的效果类似但效率不同 / 374

结语 / 377

主要参考文献 / 380

第一章 引 言

系统性风险是学术研究领域的一个焦点问题,而且其不仅限于学术研究,还与实务中的监管政策密切相关。保险业系统性风险的相关研究也汗牛充栋。本研究主要是探索保险业系统性风险的产生根源与传递途径,因此在介绍了研究背景和研究意义之后,特别多角度地介绍了本书研究的框架,从而有利于理解相关研究逐步展开的过程,并理解各章节研究内容相互之间的逻辑关系。

第一节 研究背景及研究意义

一、研究背景

自2008年全球金融危机爆发以来,全社会各行各业都愈发意识到系统性风险(systemic risk)的危害,并积极探寻应对系统性风险的措施。学者们的研究领域基本上集中在金融行业,不但讨论了系统性风险的定义(Minsky,1995;Kaufman & Scott,2003),还界定了系统性风险的范围(Bernanke,2009)。2009年10月,金融稳定理事会(Financial Stability Board,FSB)、国际货币基金组织(IMF)和国际清算银行(BIS)联合向G20提交了一份报告(FSB,IMF & BIS,2009),对金融业的系统性风险进行了梳理和定义。

进而,学者们深入研究了金融业中不同行业的系统性风险,比如银行、保险和证券行业自身的系统性风险的水平,以及其对金融业系统性风险的外溢贡献。绝大多数学者都认为,银行业系统性风险的影响是最大的,并会对其他金融业产生影响(Billio 等,2012),甚至可以对金融体系以外的实体经济造成影响(Puzanova 和 Diillmann,2013;Acemoglu 等,2015)。金融稳定理事会还从 2015 年 11 月开始,从全球金融机构中评选出 30 家全球系统重要性金融机构(G-SIFIs),并认为这些机构应当成为重要的监管对象(谢志刚,2016)。

有关保险业系统性风险的研究也较多。主流研究很多是聚焦于系统性风险的定义、度量以及重要性方面(陆磊和王颖,2005;杨琳,2009;王丽珍和康超,2017;方蕾,2017)。2010 年 6 月,国际保险监督官协会(IAIS)代表国际保险业就保险业系统性风险的相关问题进行了正式的回应,认为保险业系统受到冲击时可能引起保险业整个系统发生紊乱,即可能存在保险业系统性风险;保险业传统业务对自身和其他系统的影响有限,但保险业的非传统业务可能导致风险加剧。一些学者认为,虽然当前保险业的经营较为稳定,但保险业确实存在着系统性风险(Cummins 和 Weiss,2014;方蕾和粟芳,2018),尤其是系统重要性保险机构在其中扮演了重要的角色(朱衡和卓志,2019)。从 2015 年 11 月至今,中国平安保险(集团)公司一直出现在金融稳定理事会评出的全球系统重要性金融机构(G-SIFIs)名单中(谢志刚,2016)。

那么,保险业系统性风险是因何而产生的呢?不同源头的风险对保险业系统性风险的影响途径和影响程度如何?是否仅影响保险业内部抑或是会外溢到保险行业之外呢?而且,保险业包括寿险业和非寿险业,它们的业务特征完全不同,不同源头的风险在寿险业和非寿险业中是否具有完全一致的表现呢?本书试着去探索上述问题。

二、研究意义

无论是金融业的系统性风险,还是保险行业的系统性风险,都不是一蹴而就的,都有一个风险传递和积累的过程,在某些导火索的影响下才会最终爆发。本书的研究意义就在于全面系统地识别出保险业内的风险传递、积累乃至爆发的全过程,从而为保险业系统性风险的全面控制提供理论和实践的依据。因此,本书的研究意义在于以下几点。

1. 从业务构成的角度,全面系统地识别了保险业系统性风险的产生根源,明确了从源头遏制系统性风险的对象。风险来源于业务,保险业务主要包括承保业务和投资业务。显然保险业系统性风险来源于这两种业务经营中所蕴含的风险。本书从理论和实证角度证实了承保风险和资产风险是保险业系统性风险的源头。

2. 辨析了不同源头的风险在寿险业内和非寿险业内的传播途径,以及其在保险行业内和向保险行业之外传播的途径,从而明确了切断风险传播途径的措施。保险公司的承保业务和投资业务具有完全不同的风险特征,因此其在寿险业内和非寿险业内的表现也不同。

3. 衡量了不同源头的风险在寿险业和非寿险业内的不同影响程度,其对保险行业整体的影响程度和向保险行业外进行外溢的程度,以及保险业系统性风险对于整个金融业和经济行业的影响力度。保险业虽暗蕴风险,但风险影响程度却不大,蚍蜉不能撼树,暂且可观望。

4. 特别深入分析了承保风险关联的影响。保险公司投资资产的价格相互关联,这在投资学相关研究中已经得到证实。但保险承保业务之间的风险关联却未经证实。毋庸置疑的是,承保风险关联会使不同承保业务产生共振现象,从而多倍放大初始风险。

第二节 文献综述

一、系统性风险的定义

系统性风险的概念落脚点是"风险","系统性"也就是将风险的范围加以界定。相对于其他词语的限定而言,系统性风险具有更为广泛的范围。对于保险业而言,系统性风险不再仅仅是来自承保、精算业务的承保风险,也不仅是利率、汇率等市场因素变化引发的资产风险,而是指特定系统内复杂、突发、波及范围大的全局性风险。现有文献对系统性风险定义和特点的描述认为,系统性风险的影响范围巨大,传染性极强,会导致金融功能彻底丧失,甚至可以对体系外的实体经济造成影响(Puzanova和Diillmann,2013;Acemoglu等,2015)。谢志刚(2016)认为,应该从一个动态、连续的视角观察系统性风险。系统性风险在时间维度上长期持续,空间维度上牵连广泛。张晓朴(2010)对系统性风险的定义是"使整个金融体系崩溃或丧失其基本功能的概率"。这可能导致金融机构活动大幅减少,具体在保险领域中即表现为整体丧失保障功能、偿付能力低下。

原中国保监会2016年颁布《国内系统重要性保险机构监管暂行办法(征求意见稿)》时,参考了多方意见,给出了关于系统性风险的较为严谨全面的定义:"由于单个或多个保险机构的内部因素、保险市场和保险业外部的不确定性因素,导致保险机构发生重大风险事件并难以维持经营,进而引发保险系统发生剧烈波动或危机,甚至将其负面效应传染至金融体系和实体经济,最终造成重大不利影响的风险。"其中,"系统性"不但强调了风险爆发后在行业内外造成的严重后果,也突出强调了系统性风险来源包括了内部因素和外部因素等诸多不确定因素。

二、系统性风险的度量

学者们采用各种方法,对系统性风险进行了量化。可以基于不同的研究主体分类讨论已有的度量保险业系统性风险的模型与方法。

(一) 从特定公司(系统重要性机构)角度

首先,指标法是用于衡量特定公司是否是系统重要性机构的常用方法。指标法是利用了特定公司经验财务数据的经验指标预警方法,操作简单易懂,并为国际监管体系所广泛采用。这是有关系统性风险的早期研究中大多使用的方法。但指标法过于依赖历史情况,且无法预测未来。比如,以国际保险监督官协会对系统重要性保险机构(SIIs)的评估标准来看,其所衡量的系统性风险大小其实是特定公司的风险敞口。即是由于经营规模较大而引起的,或由于持有某项风险资产而引起的,或由于与外界的联系而引起的风险敞口等。在这种方法中,系统性风险实际上被度量为各家保险公司风险敞口之和。也有学者利用主成分分析法,在指标法之上运用加权技术,使得指标的权重更为合理一些(朱南军等,2018)。

保险行业衡量系统性风险时运用较多的方法则是利用股票市场数据的条件在险价值(Condition Value at Risk,CoVaR)、ΔCoVaR 等方法,这是基于上市保险公司尾部收益率相关关系从而计算在各种置信水平和市场条件下的在险价值(Adrian 和 Brunnermeier,2009)。类似的,Engle 和 Manganell(2004)与 White 等(2015)也对在险价值进行了变形拓展以度量风险。本质上,这些方法所衡量的数值是特定公司对于整个保险行业或金融体系收益率的尾部值,主要研究的是单个金融机构对整个市场的系统性风险外溢贡献。也就是说,在这些方法下,保险业的系统性风险反映为低位收益率。后来,在此方法基础上发展了分位数回归、GARCH 和 Copula 函数等方法,都可以用于弥补 VaR 方法对于尾部风险估计不足的缺点,但这些方法对风险实质的理解并无不同(徐华等,2016;蒋涛等,2014)。同时,这些方法只能基于上市公司的数据进行度量。但张琳等(2018)用 SVM-SRISK 方法证明,非上市公司的系统性风险也不容小觑。

其他方法则大多应用于度量银行业的系统性风险,而保险业相关研究的借鉴较少,主要原因可能在于保险业的数据可得性较差。比如,Huang 等(2009)假设大规模信用违约计算造成预期损失的 DIP 方法(Distress Insurance Premium,DIP)。Acharya 等(2017)提出整个市场资本不足时的机构预期资本短缺的 SES 方法,同时计量整个市场环境下资本充足率不足时各家保险公司对整个保险市场边际贡献的 MES 方法,后者更侧重于单个金融机构对整体风险的边际贡献率。SRISK 法(Brownlees 和 Engle,2016)则进一步弥补了静态指标的弊端。但上述各种方法还是比较依赖于股票的收益率。朱衡和卓志(2019)采用了 SES、SRISK 和 ΔCoVaR 三种方法对比度量了保险业系统重要性机构。

上述这些方法由于具有数据可得性、深入挖掘性和前瞻性等优势,因而更受到国内外学者的青睐(林鸿灿,2012;蒋涛等,2014;刘璐和王春慧,2016),但是在运用中需要设置各种假设,保险业与其他行业又有着本质区别,还需因地制宜。

(二) 从行业内部联系的角度

学者们在研究银行业系统性风险时,采用了网络分析法分析了银行内部同业拆借形成的互联网络对于银行业系统性风险的影响(Bluhm 和 Krahnen,2014)。大多使用模拟的方式考察了单个机构倒闭或外部市场冲击所带来的风险在网络中的传导情况,进而度量系统性风险(Upper,2011;Chen 和 Sun,2020)。Gourieroux 等(2012)和 Greenwood 等(2015)在对银行领域的研究中,从特定冲击来源的角度度量了系统性风险,即从系统风险敞口和"传染—放大机制"两方面对系统性风险进行了度量。这两个方面相互影响、共同作用,使得单位个体风险放大到整个系统,并计量了资产的最终损失。类似的,学者们也在保险业中开始利用网络模型,通过模拟大型再保险公司倒闭或进行压力测试的情景分析法(Lelyveld等,2011),研究保险公司之间、保险公司与再保险公司之间的同业内部系统性风险的影响(牛晓健和吴新梅,2019)。在构建网络模型的过程中,一般认为当一家公司资不抵债,即公司资产负债表的权益部分非正时,该家公司破产。行业内部的系统性风险则由整个网络模型中破产资产的规模来衡量。也就是,系统性风险在这里被定义为受外部冲击后可能产生的破产价值。

(三) 从各金融行业间的角度

国内还有从各金融行业间的角度,采用未定权益法(Gray 等,2011;宋凌峰和肖雅慧,2018)和联合概率分布法。未定权益法中,通常将各金融行业视作不同的资产组合,利用期权定价公式来计算各自的违约概率,从而衡量系统性风险。此时,系统性风险又被定义为违约概率的大小。在某种意义上,其概念与信用风险类似。但因为考虑的是行业之间的冲击,从而赋予了系统性的特点。联合概率分布法同样也是从资产组合的角度出发,建立了各资产收益率的联合密度函数,通过模拟这些资产之间的非线性依赖关系,从而计算出各种情况下的收益率及其相应的发生概率。

值得注意的是,上述这些方法都是从整体可能的后果来度量系统性风险,从全局角度考虑其价值损失、违约概率等,并将其作为系统性风险。或基于宏观审慎角度"自上而下",侧重于评估外生冲击对金融体系的影响程度;或基于微观审慎角度"自下而上",考察风险在系统中的传染效应。但是,上述各种计算方法和分析结果均无法有效识别和解释系统性风险的来源,也没有从量化的角度反映出风险的累积过程。当然,想要准确度量保险行业的系统性风险,必须先正确理解系统性风险的内涵。但学术界对系统性风险的定义仍然众说纷纭。现有定义的角度多样,包括影响范围和程度大小、传染外溢、金融功能丧失、实体经济的真实负面影响等。

三、系统性风险的来源

在研究系统性风险时,不能仅关注风险事件催化下所表现出的结果,而应该全面分析风险来源、传递渠道、驱动因素、影响结果等诸多方面。实际上,系统性风险的形成过程、各种风险因子的沉淀与累积过程、引发危机的直接导火索等,可能都远比危机这一结果更为重要。

在对保险行业系统性风险来源的相关研究中,早先一般认为,保险业系统性风险来自承保业务,核心是汇聚行业风险的再保险业。瑞士再保险(Swiss Re,2003)提出,具体的原因有两类:一是缺乏再保险覆盖,二是再保险公司违约导致有相关业务的主要保险公司或银行破产。三十人研究小组(Group of Thirty,2006)认为存在三种可能的风险源头:保险业、银行业和资本市场。但上述研究也都承认,再保险公司的违约概率很低,且没有证据表明一家保险公司或再保险公司的破产会显著导致系统性风险的爆发。瑞士再保险(Swiss Re,2003)在研究中提出了另一种可能,即再保险公司通过信贷衍生品与银行紧密联系,从而导致资产风险在机构之间相互传递。因此,保险公司投资业务中所蕴含的资产风险也可能导致爆发保险业系统性风险。

在次贷危机中,美国联邦政府接管美国国际集团(AIG)后,关于保险业系统性风险来源的研究,一般集中于对寿险和非寿险公司的传统承保业务和类银行的非核心业务等,对这些不同业务的特点进行比较研究和分析(Harrington,2009;Geneva Association,2010;Cummins 和 Weiss,2014)。与银行业务相比而言,经营非寿险业务的保险公司通常具有较低的杠杆率,因而非寿险保险公司的风险耐受力较强,不大可能引发系统性风险;寿险公司却因为具有较高的杠杆率,对资产下跌具有较高的敏感性,以及在经济下行期间投保人容易退保等诸多业务特点,更容易受到影响(Harrington,2009)。此外,与非寿险业相比较而言,寿险业的经营周期相对更长,因此其面临着更大的流动性风险(Cummins 和 Weiss,2014)。

日内瓦协会(Geneva Association,2010)调查了次贷危机期间保险公司所扮演的角色,认为由于经营模式不同,银行业与保险业在长期负债和运营现金流方面存在显著差异;保险公司从事衍生品交易,对商业票据或证券借贷短期资金还可能存在不当管理,这两项非核心业务最有可能成为系统性风险的潜在来源。其中,AIG 集团的主要问题就是由其金融产品子公司 AIGFP 在衍生产品和证券借贷方面的操作不当引起的。Baluch 等(2014)针对保险业在欧洲市场金融危机中的角色提出,由于银行业与保险公司之间关系密切,而且对非传统保险业务的敞口不断扩大,保险行业的系统性风险明显有所上升。尤其是包括金融保证、衍生品等在内的类银行业的非核心业务,可能导致保险业爆发系统性风险;但传统投资业务不是保险业系统性风险的来源(Kessler,2014;Cummins 和 Weiss,2014)。Eling 和 Pankoke(2016)的研究却认为,寿险和非寿险业的传统保险活动既不会造成系统性风险,也不会增加保险公司因受金融体系减值影响而可能表现出来的脆弱性。

然而,对于非传统的承保业务,如 CDS 和 CDO 等为金融领域提供保证的保险对流动性有着直接影响,增加了保险公司的市场风险,也增加了保险公司在金融危机中的脆弱性(Geneva Association,2010;IAIS,2010)。同理,对于非传统投资业务,在证券借贷和信用评级下,如果保险公司的流动性出现枯竭,将会以折价方式紧急出售某些资产,特别是短期资产,从而加剧了金融市场的价格波动,增加了整个金融市场的系统性风险(Geneva Association,2010;Besar 等,2011)。此外,如果保险公司的证券化产品的预定利率不足,则投资者面临较大的利率风险(IAIS,2010,2012)。

除此之外,金融机构的内部因素对系统性风险也产生影响。以银行的相关研究为例,银行业系统性风险主要是因为银行机构自身的问题所导致的(Acharya 等,2010),尤其是当系统重要性银行(FSB、IMF & BIS,2009)发生了问题时。Bookstaber(2007)指出,系统性风险是由系统设计方面的缺陷,即监管规则的错误所导致的。Acharya & Thakor(2016)等也认为,监管者对于系统性风险的发生也应承担主要责任。Billio 等(2012)认为,消费者或投保人的行为对系统性风险也有重要影响,例如银行业可能发生的储户挤兑是导致传统银行业爆发危机的重要原因之一。

四、系统性风险的传播途径

系统性风险的传播途径方面,FSB、IMF & BIS(2009)认为,系统重要性机构的特征体现为规模、关联度、不可替代性和全球活动,其中关联度是最为核心的问题(Bottazzi 等;2016)。学者们集中研究了金融机构之间的关联度(Allen & Gale,2000;Nier 等,2007;Elliott 等,2014;Cabrales 等,2017),认为关联度是由于金融机构之间的业务往来、相互持股等原因而产生,进而成为系统性风险在金融机构间传播的途径。

金融机构之间的关联度促使系统性风险的影响范围进一步扩大,不但在银行业内的个体之间进行传播(Markose 等,2010;Garratt 等,2011),而且还会在不同金融行业之间进行传播(Harrington,2009;Billio

等,2012;Cummins & Weiss,2014),进而在不同国家之间传播(Paltalidis 等,2015)。学者们基于银行业进行了多角度的研究,比如银行业务的网络结构(Eboli,2013;Glasserman & Young,2015)、网络结构的集中度和复杂性(Gai等,2013)、关联网络的紧密程度与关联个体之间的对称性(Acemoglu等,2015)、规模(Kali & Reyes,2010;Armijo等,2014;Centeno等,2015)等。

第三节 研究框架与内容

一、系统性风险的根源分析

(一) 基于资产负债表的分析

保险业在经营过程中存在着诸多风险,一些风险是从保险公司内部产生的,而一些风险是受保险公司的外部变化而引起的。当然,不同风险的影响范围是不同的。根据系统性风险的定义,系统性风险是指会波及整个行业的风险,而非个体风险。因此,那些可能在保险公司之间或行业之间传递的风险才有可能导致发生系统性风险。从保险公司内部来看,保险公司经营的业务包括承保业务和投资业务。承保业务体现在资产负债表中的负债端,而投资业务则体现在资产负债表中的资产端。显然,风险是在业务经营的过程中产生的。因此,可以沿着负债端的承保业务和资产端的投资业务进行深入的研究与分析。当然,在资产负债表中,除了资产与负债之外还有所有者权益。保险公司各家股东的出资一起构成了所有者权益。这部分的关联也可能是传递风险的途径。

1. 负债端

保险公司负债端的保险承保业务本身就蕴涵着各种风险。保险承保业务中,保险公司向客户承诺,为各种风险可能导致的损失提供保障。当某类风险导致的损失较大时,保险公司就会产生巨额赔款支出。倘若赔款超出了预期水平,则会严重影响保险公司的财务稳定。当然,倘若各家保险公司是相互孤立的,或仅需观察某一家特定保险公司的财务变化,则该保险公司的财务危机只会导致其自身破产而已。然而,实际上,保险公司的承保业务由于各种原因而相互关联在一起,保险公司的财务稳定也因此而相互关联,故不能单独割裂地看待任何一家保险公司的财务危机,而应该将其放在整个保险行业网络的背景中进行思考。

(1) 因再保险联系的传染

一方面,各家保险公司虽然独立承保各种原保险业务,但它们所办理的再保险将各家保险公司联系了起来。这也是众多学者在已有研究中通常思考的角度,也是在考虑"关联"时最为直观的感受。也就是说,再保险业务使得各家保险公司的承保业务相互关联。保险公司之间因相互办理的再保险业务而存在着一张关联网络。那么,当发生一个损失较大的赔案,或某家保险公司因定价不足等其他诸多原因而发生承保风险时,某家保险公司因此就会陷入财务危机。这些个体所发生的承保风险就会通过再保险进而影响其他保险公司,甚至引发整个保险行业的系统性风险。Swiss Re(2003)的定性分析认为,再保险业务联系最有可能导致保险业爆发系统性风险。但这一论点尚未通过科学的实证研究得到证实。可能的影响路径是,当某一家保险公司陷入财务危机之后,该保险公司可能无力向所有客户支付赔款。这不仅包括向消费者或企业支付的原保险业务保险赔款,也包括向其他保险公司支付的再保险赔款。前者使风险传递至保险行业之外的企业,而后者则可能使其他保险公司也陷入财务危机,进而无力继续向其他保险公司支付再保险赔款,承保风险进一步传染,导致更多的保险公司陷入危机……从而引发多米诺骨牌效应,可能最终导致整个保险业爆发系统性风险。

(2) 基于共同承保风险的传染

另一方面,即使不考虑再保险环节的关联,实际上在原保险环节,各保险公司的承保业务也面临着共同承保风险。这是因为,首先,各家保险公司因共同保险条款而具有相同的保险标的,则一损俱损。其次,保险公司各险种本身就是相互关联的,即不同险种所保障的风险具有一定的关联。保险公司所承保的不同险种可能都保障了同一种风险，或者不同风险之间也具有一定的关联关系。再次，不同风险在空间上也是具有某种关联关系的。因此，保险公司面临着共同承保风险。而且，险种关联性在不同层面具有不同的表象和影响。

从公司层面来看，这种险种关联性导致保险公司真实的风险敞口并非如险种保费收入结构所表现的表面敞口。倘若在保险公司的承保业务中，风险相关性较大的各险种具有较大的整体份额，则将具体体现为风险更为集中。这些险种一损俱损，会给保险公司带来更加放大的影响。反之，倘若在保险公司的承保业务中，相关性较小的各险种整体份额较大，则具体体现为风险更为分散。各险种基本相互独立，不会出现一损俱损的现象。因此，险种本身的关联性和风险所综合反映出来的风险集中度会影响到保险公司陷入财务危机的可能性。

从行业层面来看，不同保险公司都承保着类似的险种，具有类似的风险敞口，进而体现为承保业务具有同质化现象。这种承保业务的同质化使得各家保险公司因面临着相似风险而相互关联。当发生了一件巨额赔案时，多家保险公司就会因具有相似风险敞口而同时发生巨额损失，并同时陷入财务危机。但倘若各家保险公司的承保业务具有较大差异，则各家保险公司的承保风险具有相互独立的关系。即使发生了巨额损失，也只是某一家保险公司陷入财务危机而已，而不会出现一溃千里的局面。

从地域层面来看，保险公司的承保业务分布在不同的省份，而不同省份由于地理位置的关联和经济的关联，其风险也具有关联性。因此，从空间角度来看，几个省份都可能同时发生大灾难并导致较大的损失，进而也会导致多家保险公司发生赔款，甚至陷入财务危机。

所以，由于险种风险之间的关联性以及地域风险之间的关联性，保险公司的承保业务面临着共同承保风险，从而具有了关联性，存在风险传染的渠道，具有可能引发系统性风险的潜在条件。

2. 资产端

对于保险公司资产端的投资业务而言，保险公司的投资业务是联系保险市场与资本市场和金融市场的纽带。保险公司面临着利率风险、投资失败风险等诸多资产风险。深入分析，资产端的关联关系与负债端关联关系的产生极其相似。与承保业务本身的因险种关联性而产生的相互关联相似，保险公司因持有相同的资产种类和资产本身的相关性也具有了相同的资产风险敞口。

当外部金融市场爆发了风险，导致某种金融资产的价格下跌，则凡是持有该类资产的保险公司也会面临着总资产缩水的损失，保险公司陷入财务危机。此时，保险公司为了提高自身的流动性以满足承保业务的需求，或是为了将投资变现而止损等原因，可能会进一步抛售资产，或抛售其他种类的资产。进而，由于不同种类资产价格之间也具有关联性，一种资产的价格下跌可能会造成另一种资产的价格下跌，从而导致保险公司资产价值的全面下跌。而且，这种下跌趋势会因为保险公司的抛售行为而进一步加剧。这是所有保险公司所面临的共同资产风险。只不过，倘若从保险公司的层面进行分析，投资学的相关研究早就指出，保险公司应分散投资从而分散风险。"不要把鸡蛋放在一个篮子里"，这已经达成了共识，不需要继续研究。但是，从保险行业层面分析，上述因资产价格下跌而导致保险公司资产风险的传递过程是否存在，是否能导致系统性风险，还有待于深入分析与检验。

3. 所有者权益端

保险公司的所有权归各个股东，保险公司是由各股东投资而成立的。所以，与再保险业务联系的网络结构相似，保险公司因持股的股东关系可能也具有网络关系。倘若保险公司股东也是属于保险行业，则保险公司因股东的相互持股而相互拥有了对方的资产。当某家保险公司陷入财务危机时，资产大幅缩水，股东的财富也跟着缩水，进而影响到股东自身的财务情况；股东自身也可能陷入财务危机。就这样，一家保险公司的风险传递到了另一家保险公司。当然，保险公司的股东也并非都是保险行业内的，也有其他非金融和非保险行业的。那么，此时保险公司所发生的风险则有可能传递到保险行业之外，产生外溢的影响。当然也可能因保险行业之外的风险导致股东发生损失,进而传递到保险业。

综上,保险业系统性风险的根源与传递途径如图1-1所示。

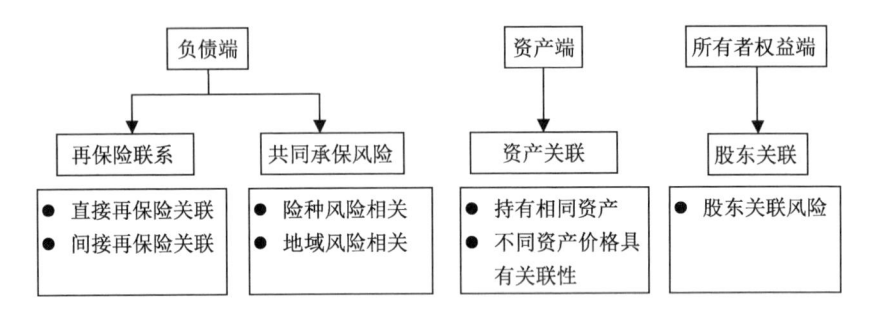

```
                    负债端                        资产端          所有者权益端
              ┌───────┴───────┐                     │                  │
          再保险联系      共同承保风险           资产关联           股东关联
        ┌──────────┐   ┌──────────┐          ┌──────────┐       ┌──────────┐
        │●直接再保险关联│ │●险种风险相关│      │●持有相同资产│     │●股东关联风险│
        │●间接再保险关联│ │●地域风险相关│      │●不同资产价格具│     │          │
        │          │   │          │          │ 有关联性 │       │          │
        └──────────┘   └──────────┘          └──────────┘       └──────────┘
```

图1-1 保险业系统性风险的根源与传递途径

当然,寿险业和非寿险业具有明显不同的特征,承保业务和投资业务的重要性也不完全相同。研究过程中应将寿险业和非寿险业分别考虑,并恰当考虑寿险业和非寿险业系统性风险之间的传播路径。

(二)基于风险传递方向的分析

上文是基于资产负债表对风险产生根源进行的分析。倘若换一个思考问题的角度,从风险传递的方向,立足于保险公司和保险业的角度分析,则存在由内及内、由内及外及由外及内的传递方向。即风险从保险公司的内部产生,并且影响保险行业内部,进而再对保险行业之外产生外溢的影响。对于保险业外部的宏观环境产生的风险,则由于保险公司身处宏观环境之中且无法回避,存在由外及内的影响方向。

1. 由内及内的传递方向

承保业务是保险公司经营的核心业务。倘若因承保业务而引发了保险业系统性风险,其所产生的风险显然是沿着由内及内的方向来传播的,风险从保险业的内部产生,并影响着保险业自身。

当然,由内及内的影响途径也可能沿着资产、负债和所有者权益而展开。因承保业务风险的关联,因保险公司之间再保险业务的关联,承保业务风险沿着负债端进行传播。保险公司承保业务风险导致公司资产缩水,需要变卖资产,因而承保业务风险沿着资产端进行传播,进而也影响到其他保险公司和保险行业。保险公司承保业务风险导致公司资产缩水,保险公司的股东财产缩水,从而影响到保险公司股东自身的财务状况。当保险公司股东的自身行业也是保险行业时,承保业务风险沿着所有者权益端在保险行业内进行了传播。

2. 由内及外的传递方向

保险行业与其他金融行业之间也存在一定的关系。源于保险行业内部的承保风险在影响保险业自身之后,会对整个金融行业产生影响。可能由于保险行业的整体规模较小,尚且不能导致金融业爆发系统性风险,但这一风险传递的方向应该是存在的。也就是说,保险公司因承保业务而导致的系统性风险会对金融行业产生外溢影响,存在着由内及外的风险传递。从理论分析来看,这一传递路径是随保险公司与外界的业务往来而产生。

一方面是资产的联系。前文分析过,当保险公司因承保业务发生巨额损失而需要进行大额赔款时,保险公司就需要抛售资产。倘若保险公司的影响力比较大,抛售资产的行为足以撼动资产的价格,从而影响资本市场和金融市场,则此时源于保险行业内部的承保风险就会进而外溢影响整个金融行业了。

另一方面是所有者权益的联系。当保险公司因承保业务发生巨额损失而需要进行大额赔款时,保险公司陷入财务危机,资产可能大幅度缩水。保险公司的股东因此也遭受损失。倘若保险公司的股东并非属于保险行业,则此时源于保险行业内部的承保风险就会外溢影响到其他行业了。

这些因保险公司内部承保业务风险外溢影响到资产价格和股东风险,并导致保险业系统性风险外溢的影响路径是否真实存在,还有待于进一步检验。

3. 由外及内的传递方向

毋庸置疑的是,保险业也面临着外部风险的影响。当然,这也是因保险公司与外界的联系而展开的。

首先就是资产风险。投资业务也是保险公司的核心业务之一,但资产的价格是由资本市场所决定的。因此,绝大多数情况下,保险公司只能接受资产价格变化的外部冲击,资产价格的变化对于保险公司而言是外生变量。

其次是股东关系,股东关系导致保险公司与其他行业保持着关联关系。倘若保险公司的股东背景为非保险行业,当股东母公司所在的行业爆发了系统性风险,从而引起股东自身的财务状况发生变化,此时,股东可能会做出从保险公司撤资等其他一些重大战略的改变,导致该保险公司出现个体风险,则有可能进而导致保险行业出现系统性风险。

从风险的传递方向来看,保险公司系统性风险的传递路径如图1-2所示。

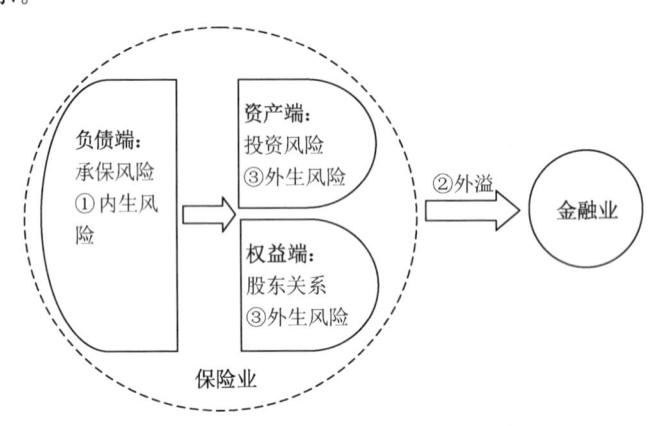

图 1-2　保险业系统性风险的传递方向

当然,寿险业和非寿险业具有明显不同的特征,承保业务和投资业务的重要性也不完全相同。研究过程中应将分寿险业和非寿险业分别考虑,并恰当考虑寿险业和非寿险业系统性风险之间的传播路径。

二、研究框架

考虑到数据的可获得性,目前有关保险公司股东关系的公开数据不全,缺乏研究的前提条件。因此,本书暂先考虑从保险公司负债端和资产端进行研究。有关保险业系统性风险根源的研究框架如图 1-3 所示。

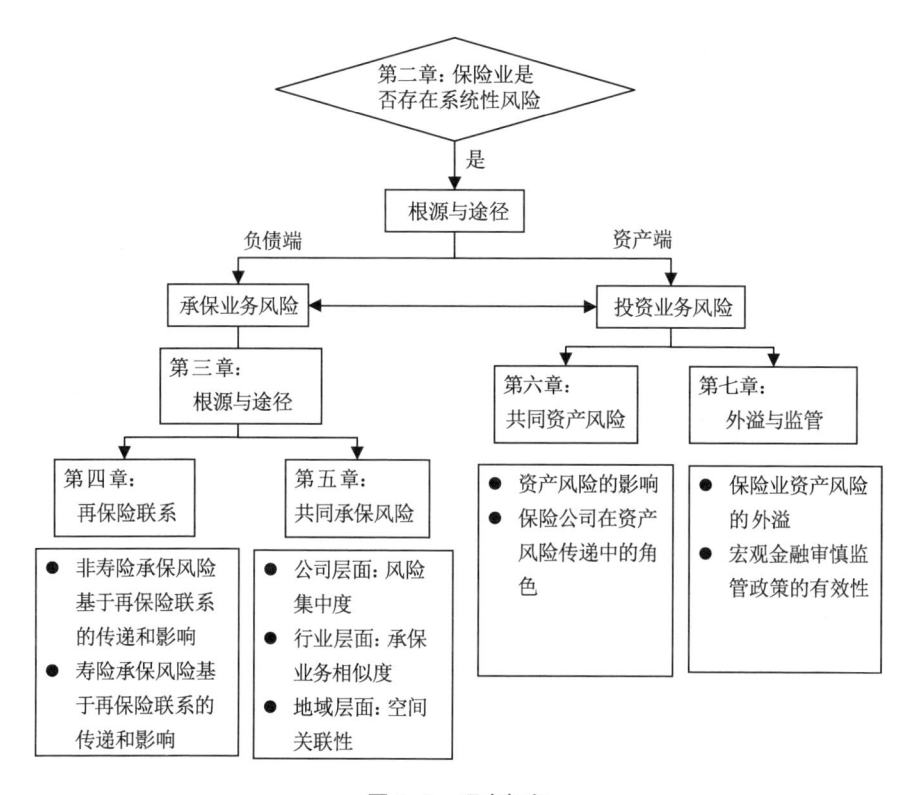

图 1-3 研究框架

三、研究内容

本研究项目立足于保险业,在初始研究证实保险业存在系统性风险的基础上,从微观、中观和宏观分别进行探析。微观层面是从保险公司内部风险出发,分析负债端的承保风险和资产端的投资风险对于保险业系统性风险的影响力度;中观层面是从保险行业出发,分析系统性风险在保险行业中各保险公司之间传播的途径;宏观层面则是基于整个金融业和经济层面,分析保险业的系统性风险是否与其他金融行业或整个经济领域的系统性风险相关,相互之间的传染路径和传染程度,以及宏观审慎监管政策工具的有效性。考虑到系统性风险是指保险行业层面的风险,故本研究主要基于中观层面,相关研究也是基于负债端和资产端的逻辑而展开。

(一) 前提研究——系统性风险的存在性

1. 系统性风险在保险业是否真正存在

毕竟,中国保险业已经发展了几十年,从来没有发生过保险行业崩溃的现象。所以,一些学者认为对系统性风险的研究是危言耸听,甚至认为根本没有必要。那么,系统性风险在中国保险业是否真正存在呢?没有发生过保险行业崩溃的现象,是否就表明保险业不存在系统性风险呢?火山没有爆发,是否就代表着这是一座死火山呢?本部分首先要就保险业系统性风险的存在性进行验证。中国保险业确实存在潜在的系统性风险是有关保险业系统性风险研究的必要前提条件。在该部分中,通过建立动态均衡模型,理论分析了24种情形下保险行业系统的动态变化轨迹,根据其是否能自动回复到均衡状态,从而判断是否存在系统性风险。理论分析显示,理论上只有当系统在6种情形下才可能是稳定系统,此时并不存在系统性风险。基于中国保险业实际数据的实证分析结果进一步表明,中国保险业是一个非稳定系统,不能自动回复到均衡状态;当前中国保险业已经偏离了均衡点,并存在进一步偏离的趋势。保险业系统性风险正在积累中,若无合理的监管干预,将有日益恶化的趋势。

2. 重大事件对保险业系统性风险的冲击

既然保险业存在系统性风险,虽尚未达到全行业崩溃的程度,但是,外界环境日新月异,常有突发事件发生,则这些突发事件对于保险业而言无疑就是导火索,可能会一石激起千层浪,搅动外表平稳的保险业从而引发系统性风险。以2018年发生的诸多重大事件为研究对象,利用事件研究法分析了这些重大事件对保险业系统性风险的冲击。根据系统性风险的有关定义,系统性风险的具体的经济表现为互联性、传染性和外溢性。因此就从互联性、传染性和外溢性三个角度出发,衡量保险业在遭受重大事件冲击后的风险水平。研究结果表明,2018年中国保险业内部的互联性明显,但只有受到具有巨灾风险特质的重大赔偿事件冲击时才会有传染性和外溢性的表现。有关长春长生代赔偿事件的研究表明,只有这类具有巨灾风险特质的重大赔偿事件才具有引发保险业系统性风险的可能性。

(二) 负债端——不同根源的贡献与传染

本部分基于保险公司承保业务经营过程中可能产生关联的环节,认为再保险联系和共同承保风险是可能导致保险业爆发系统性风险的根源。并且认为,无论是再保险联系还是共同承保风险,两者的存在都是使保险公司的承保风险之间具有了关联性,然后具有了一损俱损的共生关系,从而潜在地具有同时爆发损失的可能性,即系统性风险发生。然后,建立了理论模型,分析了再保险联系和共同承保风险对承保风险关联的可能影响,并基于2008-2019年保险业数据实证检验了理论模型的分析结果。研究结果表明,整体上而言,再保险联系和共同承保风险是促使保险公司承保风险产生关联性的关键因素,且均对保险业承保风险关联性具有正向影响。具体而言,非寿险公司产生承保风险关联性的原因,主要是因为直接再保险联系以及保费收入地理分布和险种结构的相似度;而寿险公司承保风险的关联性则主要是由间接再保险联系、杠杆率相似度和保费收入险种结构的相似度所引起的。最后还证实了承保风险关联性最终导致系统性风险的发生。

(三) 负债端——基于再保险联系

本部分将聚焦于再保险联系,深入模拟分析承保风险通过再保险联系进行传递的过程,以及可能导致的系统性风险水平。考虑到承保业务是因再保险和共同承保风险两种原因而关联在一起的,故分别进行研究与分析。

1. 非寿险业承保风险基于再保险联系引发系统性风险的复杂网络分析

首先将非寿险业作为研究对象。基于中国非寿险业2009-2018年的业务数据,基于再保险业务的业务往来数据,采用复杂网络理论模型构建了非寿险业再保险网络,模拟了承保风险的传染过程,分析了承保风险对非寿险业系统性风险的影响轨迹及程度。研究结果发现,中国非寿险业再保险网络的联系越来越密切,承保风险的增加通过再保险联系会引发传染风险,并进而导致爆发系统性风险。但当前中国非寿险业整体上还是比较稳定的,只有发生1 600亿元及以上的初始损失时,才会有保险机构陷入危机;当初始损失大于8 500亿元时,才会有保险机构因再保险传染风险而陷入危机。在承保风险的传染过程中,风险至少以数倍的速度下降;保险机构主要在承保风险和前两轮再保险传染中损失较大,在后续再保险传染轮次陷入危机的可能性极低。因此,防范巨灾风险、监管重点公司、探索巨灾转移机制并建立承保风险预警机制显得比较必要。

2. 寿险业承保风险基于再保险联系引发系统性风险的复杂网络分析

然后再针对寿险业,分析寿险业务基于再保险联系从而引发系统性风险的可能性。基于中国寿险和非寿险业2004-2018年的业务数据,基于寿险公司的再保险业务往来,使用复杂网络模型建立了寿险业再保险网络结构,建立了基于承保风险角度的系统性风险度量模型。研究结果发现,当损失冲击强度足够大时,寿险业也存在系统性风险,但水平较低,仅为非寿险业的五分之一左右。另外,无论寿险还是非寿险业,其因承保风险而可能导致的系统性风险均呈现出随时间递增的趋势,但又都在2010年以后趋于稳定。

3. 非寿险业和寿险业基于再保险联系引发系统性风险的比较分析

最后再分别基于寿险公司、非寿险公司各自分别的再保险业务往来,使用复杂网络模型建立了保险行业再保险网络结构,建立了基于承保风险角度的系统性风险度量模型,分析了基于再保险联系进行传染的过程中可能具有影响的各种因素,以及导致寿险和非寿险业基于承保风险角度的系统性风险存在差异的根源所在。研究结论表明,在系统性风险的影响因素方面,行业平均赔付率、再保险分出比例、偿付能力充足程度及各行业中保险公司之间的联系紧密程度都显著地影响了系统性风险的大小,且寿险和非寿险业基于承保风险角度的系统性风险差异主要归因于上述各个因素。

(四) 负债端——基于共同承保风险

本部分聚焦于保险公司所面临的共同承保风险,从公司层面、行业层面和地域层面三个角度展开深入细致的研究。

1. 公司层面:风险集中度对保险公司承保风险的影响

在过去的研究中,有关保险公司险种结构的研究大多是基于不同险种保费收入的简单结构,未考虑不同险种所保障的风险。本部分将引入两个新的因素,险种的风险相关性和损失发生概率,并提出了险种集中度及风险集中度的概念。险种集中度是综合考虑了各险种保费结构和险种风险相关性;而风险集中度则是在险种集中度的基础上综合考虑不同保险险种的损失发生概率。然后,构造了险种风险传染的理论模型,分析了险种集中度和风险集中度对承保风险的影响。基于2005—2019年中国非寿险公司的实务数据,实证检验了理论模型的假设。研究结论发现,各保险险种之间的确存在着风险相关性;整体上,非寿险险种中不存在能相互对冲风险的险种,只存在显著正相关和不显著相关两种关系。保险公司的险种集中度对承保风险并没有显著作用。单纯考虑保险公司的险种结构对承保风险的影响是没有意义的,必须从风险的角度思考问题。险种的风险集中度对保险公司承保风险的确具有显著的正向作用。保险公司应从风险的角度制定保险险种结构的战略决策,从而真正控制承保风险。当然,寿险险种之间也存在着相关性,也需要根据上述模型和方法对寿险险种的风险集中度进行分析。

2. 行业层面:承保业务相似度对保险行业系统性风险的影响

从行业层面的视角出发,在保险险种结构的基础上,提出了承保业务相似度的概念,并结合险种的风险相关性特征,建立了行业层面的承保业务相似度与系统性风险的理论模型。理论推导认为,承保业务相似度较高的保险市场具有较高的系统性风险。进而,基于中国非寿险业的实务数据,衡量了不同样本年中的承保业务相似度,整体上具有震荡下行的微弱趋势。然后进行了模拟分析,检验结果进一步证实了理论模型推导的结论。从保险行业层面来看,非寿险市场上的承保业务相似度与系统性风险水平具有显著的正向相关关系。在承保业务相似度较高的保险市场上,发生相同金额的承保损失时,可能有更多的保险公司会破产。因此,监管机构应当重视维持保险市场上的多样性和专业性,降低保险公司的承保业务相似度,避免保险公司发生共振,从而使保险行业健康稳定发展。

3. 地域层面:保险业承保风险的空间关联性

本部分采用了 TENET 风险模型,从空间的角度构建了各省份之间承保风险的空间溢出网络,并基于 2008-2019 年我国各省份的非寿险和寿险月度经营数据,量化分析了各省份保险承保风险所导致的系统性风险水平,以及承保风险在省际的空间传递路径;然后利用线性回归模型分析了导致各省份系统性风险存在差异的影响因素。研究结果发现,整体上而言,各省份保险承保风险的空间关联性相对较低,无论是非寿险还是寿险承保风险,在省份之间的传染量极低。但在时间趋势上,非寿险承保风险的空间溢出总量在样本期内基本保持稳定,寿险承保风险的空间溢出总量则经历了先上升后下降的过程,并在 2014 年和 2015 年达到最大。整体上,因各省份承保风险所存在的空间关联性而导致保险业爆发系统性风险的可能性不大。但是从单个省份来看,不同省份的保险业系统性风险水平存在着显著差异,大体呈现出从东部沿海向西部内陆依次递减的变化特征,且北京以及江苏等东部省份的系统性风险水平最高,应被作为焦点进行密切防范。而各省份自身的风险状况及保险资金运用情况是导致保险系统性风险存在差异的关键因素。

(五)资产端——资产风险在保险行业内的传播

本部分的研究主要是为了验证资产风险是导致保险业发生系统性风险的根源;而且考虑到资产风险是外生变量,则保险行业绝大多数情况下都是被影响的对象。因此,本部分主要是分析资产风险对保险行业的影响,以及不同保险公司在其中所承担的角色。考虑到有关资金运用的监管规定都是对非寿险公司和寿险公司一视同仁,因此将所有保险公司作为研究对象。

1. 资产风险对保险业系统性风险的影响

本部分将聚焦于保险公司的投资业务,利用间接关联网络模型,证实了资产风险的确是保险行业爆发系统性风险的根源之一。通过理论模型的分析和验证,资产风险对保险业系统性风险的影响包括两个部分:共同资产风险冲击导致的直接损失以及因资产价格的互联性而导致的传染损失。共同资产风险冲击是因为保险公司拥有相同的风险敞口而产生的,而"传染—放大"机制是因资产价格之间的关联网络产生。基于网络的分析则表明,当前保险行业系统性风险的主要来源是大型寿险公司;系统内部联系在不断增强之中,传染损失对直接损失的放大倍数越来越大;系统内部多中心节点的复杂网络已逐渐形成,系统重要性机构的影响力在逐渐增加之中。对于不同种类资产的价格变化敏感性分析则显示,目前权益类资产价格下跌最易引发系统性风险。

2. 保险公司的角色及约束因素——在资产风险引致系统性风险的过程中

保险公司在资产风险引致系统性风险的过程中具有不同的传染性,并扮演着系统重要性机构或脆弱性机构的角色。基于资产风险引致系统性风险的理论模型,构造出度量保险公司的系统重要性和系统脆弱性以及衡量保险公司双方传染性的模型。并提出保险公司的资产规模、杠杆和关联性是影响保险公司具有不同角色和不同传染关系的关键因素,进而通过聚类分析和计算基尼系数进行了证实。进一步揭示,资产规模和杠杆分别是导致保险公司具有系统重要性和系统脆弱性的最为关键的因素。继而通过回归分析找出具有影响的公司内部特征。比如,成立年限较长的寿险业、国有股份控股较低且集团控股较高、投资资金具有较强的流动性且投资收益占公司总体收益比例较大的保险公司更容易具有系统重要性;寿险公司更易具有系统脆弱性;兼具上述特征的两家公司之间更易具有传染性。

(六) 资产端——资产风险在金融业内的传播

1. 金融系统中各行业的系统性风险回溯影响——基于投资业务

金融系统中主要有银行业、保险业和证券业,它们各自的经营范围并不相同,但都作为重要的机构投资者广泛参与各种投资活动。因此,它们都参与了相同的资本市场,有着重叠的投资产品。这使得银行业、保险业和证券业的业务之间因投资而具有了联系,风险由此也具有了传染的路径。那么,当某一行业内部发生风险并爆发本行业的系统性风险之后,是否可能以各行业都广泛参与的投资业务为传染渠道,继而将风险传染到其他行业?如果投资业务的确是构成金融系统性风险传染网络的重要渠道,那么传染效应最强的是哪个行业?或是属于哪个行业的哪家公司呢?是否仍是目前公认的系统重要性机构呢?另外,银行业、保险业和证券业自身的系统性风险对其他行业的外溢影响能力究竟如何?外溢过程中又有哪些因素产生着比较重要的影响?本部分基于银行业、保险业和证券业因投资业务而产生的联系,基于金融机构的资产抛售模型解释系统性风险的传染机制,理论分析系统性风险在三个行业之间的传递过程,并根据实际数据加以验证。通过资产抛售模型,分析行业系统性风险在机构和行业层面的传染机制及影响因素;并度量当前现实状况下各种抛售程度下导致的系统性风险水平,为评估外溢效果提供了量化工具;最后还在行业间进行了对比,从理论和实证两个方面验证了银行业的重大影响。

2. 资产风险的宏观审慎监管工具的有效性

金融行业系统性风险的监管需多方协调、多种政策配合,也需有针对性地聚焦风险来源和生成的必要条件进行研究。本部分揭示了投资业务引致系统性风险的产生机理与演变过程,深入剖析了系统性风险生成的必要条件,梳理了现有常用的宏观审慎政策工具,并分析了其产生作用的机理。由于数据的限制,采用类似于压力测试的方法,模拟初始负向冲击发生、资产价格下降后的影响来评估系统性风险。利用共同资产持有模型,比较分析了在不同政策工具作用下系统性风险水平的变化情况。研究结论显示,提高资本要求是最优方法,但杠杆限制显得过于生硬、激烈,对系统重要性机构征收额外资本和逆周期资本缓冲要求相对较好。同业间风险敞口约束和流动性要求也具有一定的监管效果,但相对略弱。诸多政策工具的监管效果方向一致,同时施行时不会相互抵消,反而具有相互促进的作用。

第二章 保险业系统性风险的存在与触发

本书研究的开展前提是中国保险业确实存在系统性风险。否则,有关系统性风险的所有研究就如同传说中的"狼来了"。这也是一些学者对于有关系统性风险研究必要性的质疑。那么,中国保险业是否的确存在系统性风险呢?或者说看似平静的中国保险市场中是否有暗流涌动呢?保险业当前所在的外部环境是否曾经发生过引发系统性风险的特定事件呢?本部分研究将集中于验证中国保险业是否存在系统性风险,并基于2018年所发生的重大事件,分析这些重大事件下保险业系统性风险的积累与变化过程。

第一节 保险业系统性风险的存在性分析[①]

一、引言

2009年10月,国际货币基金组织(IMF)、金融稳定理事会(FSB)和国际清算银行(BIS)曾联合向 G20 提交了一份报告(FSB, IMF & BIS, 2009),其中对于金融业的系统性风险进行了梳理和定义。2010年6月,国际保险监督官协会(IAIS)代表国际保险业发布了一篇"立场报告"(Position Statement on Key Financial Stability Issues),就保险业的系统性风险进行了回应。其中提出了四点申明:(1)保险业对于由其他金融行业引起的系统性风险比较敏感,但尚无证据显示保险业本身会引发或

[①] 方蕾,粟芳.中国保险业系统性风险的存在性研究——基于动态均衡模型的视角[J].保险研究,2018(11):17-28.

放大保险业的风险,使其影响整个金融行业或整个经济体系;(2)保险公司可能通过参与股市投资等渠道放大自身的风险,但这种风险一般是可控的;(3)如果对保险控股集团的某些特殊保险活动(如财务担保活动)缺乏监管,则可能引发或放大系统性风险,成为导致集团之间甚至行业之间的风险传导工具;(4)通过产品、市场及集团化的运作模式引发系统性风险的可能性在增加之中,IAIS正在设法应对。根据IAIS发布的这四点申明,保险业系统受到冲击时可能引起系统紊乱,即可能存在保险业系统性风险;保险业传统业务对自身和其他系统的影响有限,但是非传统业务可能导致风险进一步加剧。

那么,上述观点是否正确呢?中国保险业是否存在着系统性风险呢?我们将采用动态均衡模型,理论探究保险业系统性风险的存在性,并基于中国保险市场的数据进行实证。本部分在以下方面可能具有一些创新:(1)通过构建动态均衡模型,理论描述了保险业的稳定性,并理论证实了保险业系统性风险的产生过程;(2)基于中国保险业的数据,证明中国保险业当前确实存在着系统性风险,并且有日益恶化的趋势;(3)警示了在中国保险业采取自由市场主义的危害性,为保险监管者干预保险市场提供了理论依据;(4)证明了有关中国保险业系统性风险的深入研究是具有巨大意义的,为进一步研究中国保险业系统性风险的规律和防范措施奠定了基础。

二、文献综述

大多数学者集中于银行业系统性风险进行了大量的研究(Billio等,2012;Tarashev等,2016;李麟和索彦峰,2009;Laeven等,2016;Black等,2016;方蕾和粟芳,2017)。在次贷危机爆发之前,学者们有关保险业系统性风险的研究较少,仅有的研究也是集中于再保险,认为再保险最有可能导致保险业爆发系统性风险。

瑞士再保险(Swiss Re,2003)认为,再保险主要在两种情况下可能会导致保险业发生系统性风险:其一是再保险保障缺乏或不足,其二则是再保险人违约造成原保险人或银行的偿付能力不足。然后，瑞士再保险展开了大量的调查与研究。然而调查结果却显示：由于再保险市场根本不可能存在上述两种情况，所以再保险不会导致保险业发生系统性风险。三十人研究小组（Group of 30）也调查与研究了再保险引发系统性风险的过程（Group of Thirty,2006），并认为再保险会通过对原保险业、银行业及资本市场从而对实体经济产生冲击，引发系统性风险。然而，由于从未发生过再保险人倒闭的案例，也从未有证据表明保险人或再保险人的经营故障会导致显著的系统性风险，故该研究进行了压力测试。结果显示，即使全球再保险市场20%份额的再保险人都出现了经营故障，也根本不会导致世界范围的原保险人出现偿付能力不足的问题，其对实体经济的影响也微乎其微。因而再保险也不会导致保险业发生系统性风险。综上，这些针对再保险影响系统性风险的研究均认为，保险业不容易发生系统性风险。

2008年次贷危机中，美国政府的处理措施却显示出其对于保险业系统性风险持有不同的态度。美国国际集团（AIG）是2007-2008年美国次贷危机的导火索，这是大家所公认的。次贷危机涉及了许多保险机构、银行机构和证券机构。然而，美国政府宁愿投入1700亿美元去救助保险集团公司AIG（Karnitschnig 等，2008；Andrews 和 Baker，2009；Sjostrom,2009），却任由雷曼兄弟和贝尔斯登等投资银行自行倒闭。美国政府的这一处理措施自然是因为担心AIG倒闭会引发保险业的系统性风险，进而重创美国整个金融体系甚至导致更大范围内的金融震荡。

次贷危机之后，人们对保险业系统性风险不再乐观，并开始重视有关保险业系统性风险的研究。许多研究的结论和国际保险监督官协会的申明是一致的，认为保险业存在系统性风险，并且这一风险是来源于非传统保险业务，而传统业务则不会导致保险业系统性风险。Bell 和 Keller（2009）研究了全球保险业的系统性风险，认为保险业和银行业不同，保险业不办理储蓄业务，支付体系等也不具有与银行同等重要的作用，所以传统的保险业不具有系统性风险，它们在规模和关联度上都不可能构成"系统重要性";然而,保险业的非传统业务(如衍生产品交易)等却可能导致系统性风险。当然,这也可以通过严格的以风险为基础的资本要求等监管措施来进行控制。

Cummins 和 Weiss(2014)运用各类指标,分析了美国保险业发生系统性风险的可能性。他们同样认为保险业的核心业务不会引发系统性风险,但包括金融保证、衍生品等非核心业务则可能导致美国保险业爆发系统性风险。并且,与次贷危机之前的许多研究观点不同,Cummins 和 Weiss(2014)提出,寿险业和非寿险业均有可能受再保险的影响而出现经营故障,并且寿险业相对而言更易于受到其他系统的影响而爆发系统性危机。除此之外,一些学者针对次贷危机导火索的 AIG 也展开了深入研究。

Harrington(2009)详尽地研究了次贷危机中美国保险业的变化情况,重点关注了联邦政府对于 AIG 的救助及接管案例。他认为,与银行业相比而言,经营非寿险业务的保险人具有较低的杠杆率,因而非寿险业务的系统性风险相对较低。然而,寿险业务却因为面临着较高的杠杆率,并具有资产缩水及投保人退保等所带来的风险,因而寿险业务的系统性风险相对较高。与 Harrington(2009)类似,作为国际保险业智库的日内瓦协会(Geneva Association,2010)也研究了保险人在美国次贷危机中所扮演的角色,以及保险业是否会成为系统性风险的源头并进而导致全球金融系统的崩溃。该研究的结论则是,保险业和银行业大不相同。因为与银行相比,保险负债的期限更长,而且现金流也不同。在美国的次贷危机中,除了保险业的非传统保险业务(如 CDS)和金融保证保险对系统性风险具有显著的推手作用之外,整个保险业系统是相对稳定的,保险业并不是危机的主要成因。因而,只有保险业的两类非核心业务被认为是系统性风险的潜在源头:衍生品交易(如 AIGFP),对于商业票据和证券借贷短期资金管理不善。进而,日内瓦协会的系统性风险工作小组(Systemic Risk Working Group)在 2011 年的报告(GA,2011)中得出了进一步的结论,确认保险业发生并放大金融系统性风险的可能性很小。

中国学者针对中国保险业系统性风险存在性的研究较少。赵桂芹和吴洪(2012)基于国际视角的研究,认为保险业发生系统性风险的可能性不大,但短期融资和表外衍生品交易业务可能引发系统性风险,并对中国保险业宏观审慎监管提出政策建议。王丽珍(2015)运用矩阵法研究了系统性风险通过再保险渠道进行传染的可能性,认为中国保险业通过再保险业务传染风险并引发系统性风险的概率很小。随着中国保险业的不断发展与开放,面临的风险也日益增加并日趋复杂。那么,中国保险业究竟是否存在系统性风险呢?

三、理论模型——动态均衡模型

理论上,某个系统的均衡状态和系统性风险是两个相互关联的概念。当该系统偏离均衡状态时,产品市场和资金市场均不能出清,系统不能正常运行,若系统偏离均衡状态过多,则导致市场极度紊乱,并最终爆发系统性风险。如果系统是一个稳定的系统,则系统会自动调整,重返均衡状态。而倘若系统是一个非稳定的系统,则系统将偏离正常运行的均衡状态越来越远,风险不断地被积累并进而引发系统性风险。此时,倘若有合理的监管干预,则有可能使得处于非稳定状态的系统重新回到均衡点,避免系统性风险的发生。

在经济学中,稳定系统必须满足两个条件:第一,系统存在均衡点;第二,当系统偏离均衡点时,系统能自动回到均衡点(王弟海,2011)。当系统达到均衡点时,市场出清,系统处于健康稳定运行的状态。倘若中国保险业满足了上述两个条件,则保险业是一个稳定的系统,不可能产生系统性风险。那么,中国保险业是否存在均衡点?若能找到该均衡点,就能找到中国保险业系统健康运行所需满足的前提。更进一步的是,中国保险业是否为稳定系统呢?倘若答案是肯定的,那么当中国保险业系统由于某种冲击导致偏离均衡点时,系统就能够自动收敛并回到均衡点,即不需要采取政策调整等措施,便可以使系统恢复健康状态。在这种情况下,研究中国保险业的系统性风险是没有任何意义的,因为保险业是一个稳定的系统,根本不会出现任何系统崩溃的现象,也就更不可能影响更大范围的其他金融和经济系统。然而,倘若答案不是肯定的,则表明中国保险业系统是一个非稳定的系统,可能会出现偏离均衡状态的现象,而一旦偏离,则无法自动调整并恢复到健康稳定的状态。此时,则非常有必要研究中国保险业系统性风险的形成规律,防范保险业爆发系统性风险。因此,可以基于系统动态调整方程建立理论模型,刻画当中国保险业系统偏离均衡状态时,系统进行动态调整的整个过程。系统动态调整方程模型的原理是:通过了解系统均衡点附近的发散性或收敛性,判断系统偏离均衡点时的自发运动趋势,从而得到系统的稳定性。

假设保险业系统内存在两个市场:保险产品市场和保险资金市场。在保险产品市场中,保险人提供保险产品,消费者有需求并消费保险产品。消费者根据保险产品的价格、可支配收入、对保险产品的刚性需求调整保险产品的消费量,从而使保险产品市场处于出清的状态。从需求的角度分析,可支配收入由整个经济系统的发展形势决定,是保险业系统的外生变量。同理,对保险产品的刚性需求也是由消费者所拥有的财产类型和数量、家庭人口等因素决定,不是保险业系统内生决定的,也是保险业系统的外生变量。因此,消费者对保险产品的消费量为保险产品价格的函数,记为 $C(P)$。其中,P 为保险产品的价格。从供给的角度分析,保险人将其获得的资金和劳动力投入生产,从而提供保险产品。保险人最终所获得的资金是由向保险业投资的投资者的资金供给,以及保险人的资金需求所共同决定的。其中,投资者的资金供给是受保险业能提供的投资回报所决定,投资回报越高,则投资者的投资意愿越强烈,越愿意提供更多的资金。而保险人的资金需求则由保险产品的价格决定。在其他条件保持不变的情况下,保险产品价格越高,则保险人越有意愿提供更多的保险产品。因此,保险人最终所获得的资金是保险产品价格和向保险人投资所能够获得投资回报的函数,记为 $K(P, i)$。其中,i 为向保险人投资所能够获得的投资回报。保险人所获得的劳动力则是由经济系统的人口总数、从事保险业的收入、从事其他行业的收入(即机会成本)所共同决定的。经济系统的人口总数和从事其他行业的收入为保险业系统的外生变量;而从事保险业的收入则与保险产品的价格密切相关。在其他条件均保持不变的情况下,保险产品的价格越高,则从事保险业的收入会越高。因此,保险人所投入的劳动力为保险产品价格的函数,记为 $L(P)$。综上所述,考虑保险业投入的资金和劳动力,则保险业的生产函数为 $F[K(P,i), L(P)]$。

在保险资金市场中,向保险业投资的投资者是提供资金的供给方,而保险人是需要资金的需求方。当保险资金市场处于出清的状态时,资金的供给应等于需求。前文分析已经表明,投资于保险的投资者所供给的资金总量是由投资回报所决定的,记为 $K_S(i)$;而保险人的资金需求则是由保险产品的价格所决定的,记为 $K_D(P)$。

模型中,保险产品的价格 P 和投资于保险人的投资回报 i 是保险业系统的内生变量。当系统偏离均衡状态时,保险产品价格 P 将进行自动调整,努力使保险产品市场达到出清的状态;投资于保险人的投资回报 i 也会自动调整,从而使保险资金市场也达到出清的状态。假设保险产品价格 P 和投资于保险人的投资回报 i 的调整方程分别为:

$$\frac{dP}{dt} = \varphi\{C(P) - F[K(P,i), L(P)]\} = f(P,i) \quad (2.1)$$

$$\frac{di}{dt} = \varphi[K_D(P) - K_S(i)] = g(P,i) \quad (2.2)$$

其中,方程(2.1)表示,倘若保险产品的需求大于供给,则保险产品的价格 P 将自动上升,从而保险产品的供给提高、需求下降,保险产品的供求关系自动进行调节并使保险产品市场的供求趋于均衡。方程(2.2)则表示,倘若保险资金的需求大于供给,则投资于保险人的投资回报 i 将自动上升,则保险资金的供给提高、需求下降,保险资金的供求关系将自动进行调节,从而使保险资金市场的供求也趋于均衡。因此,当保险业系统处于均衡的状态时应具有:

$$\begin{cases} f(P, i) = \dfrac{\mathrm{d}P}{\mathrm{d}t} = 0 \\ g(P, i) = \dfrac{\mathrm{d}i}{\mathrm{d}t} = 0 \end{cases} \quad (2.3)$$

求解方程组(2.3),就可以确定保险业系统的均衡点位置。从图形上来看,假若横轴为 P、纵轴为 i,则该 $P-i$ 平面被曲线 $f(P, i)=0$ 和 $g(P, i)=0$ 分割成四个区域(见图 2-1)。根据 $f(P, i)$ 和 $g(P, i)$ 的性质,则可以获得保险业系统在四个区域中的运动趋势,从而根据其是否能自动回到均衡点抑或是会远离均衡点确定保险业系统是否具有稳定性(王弟海,2011)。

判断 $f(P, i)$ 和 $g(P, i)$ 的性质,可以从它们各自的偏导数入手,即分析 $f_P(P, i)$、$f_i(P, i)$、$g_P(P, i)$ 和 $g_i(P, i)$ 的性质。当然,$f_P(P, i)$、$f_i(P, i)$、$g_P(P, i)$ 和 $g_i(P, i)$ 的取值均可能为正或者为负,均存在两种情况(不考虑等于 0 的情形),并且在曲线 $f(P, i)=0$ 和 $g(P, i)=0$ 的斜率同正或同负情形下还应比较两者的斜率,因此总共有 24 种情形(见表 2-1)。下面以其中的两种情形为例来分析保险业系统的稳定性。

(一) 定理一

定理一:假设保险业系统仅存在一个均衡点,则当式(2.4)满足时,保险业系统是一个全局稳定的系统。

$$\begin{cases} f_P(P, i) = \varphi' \times [C'(P) - F_1 \cdot K_2 - F_2 \cdot L'(P)] < 0 \\ f_i(P, i) = \varphi' \times (-F_1 \cdot K_1) > 0 \\ g_P(P, i) = \varphi' \times K'_D < 0 \\ g_i(P, i) = \varphi' \times (-K'_S) < 0 \end{cases}$$

$$(2.4)[1]$$

---

[1] 其中,根据链式法则,F_1 是指 $\dfrac{\mathrm{d}F}{\mathrm{d}K}$,$K_2$ 是指 $\dfrac{\mathrm{d}K}{\mathrm{d}P}$,$F_2$ 是指 $\dfrac{\mathrm{d}F}{\mathrm{d}L}$,$K_1$ 是指 $\dfrac{\mathrm{d}K}{\mathrm{d}i}$。下文同。

证明： 这是 $f_P(P,i)<0$、$f_i(P,i)>0$、$g_P(P,i)<0$ 和 $g_i(P,i)<0$ 的情形。对于 $f(P,i)=0$，根据式(2.4)的第一个条件和第二个条件，即 $f_P(P,i)<0$ 且 $f_i(P,i)>0$，则可知其斜率大于0，是一条向右倾斜的曲线(见图2-1)。所以，在曲线 $f(P,i)=0$ 的左方区域，$\dot{P}=f(P,i)>0$，且 P 有不断增大的趋势；在曲线 $f(P,i)=0$ 的右方区域，$\dot{P}=f(P,i)<0$，且 P 有不断减小的趋势。图2-1中用水平方向的箭头表示保险产品价格 P 的运动方向。对于 $g(P,i)=0$，根据式(2.4)的第三个和第四个条件，即 $g_P(P,i)<0$ 且 $g_i(P,i)<0$，可知其斜率小于0，是一条向右下方倾斜的曲线(见图2-1)。所以，在曲线 $g(P,i)=0$ 的下方区域，$\dot{i}=g(P,i)>0$，i 有不断增大的趋势；在曲线 $g(P,i)=0$ 的上方区域，$\dot{i}=g(P,i)<0$，i 有不断减小的趋势。图2-1中用垂直方向的箭头表示向保险人投资的投资回报 i 的运动方向。

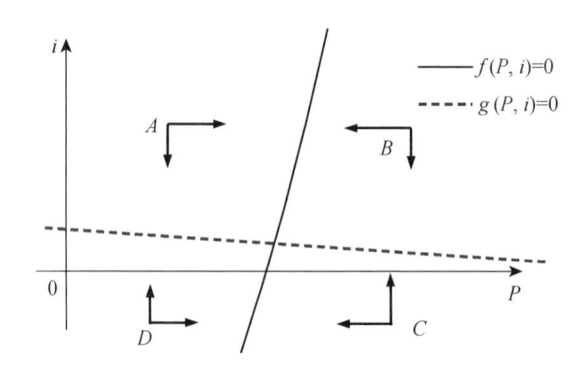

图 2-1 定理一状态下的稳定系统

图2-1中，$f(P,i)=0$ 和 $g(P,i)=0$ 的交点即为均衡点，而两条曲线将平面分为四个区域。当保险业系统从均衡点偏离到左上方任意一点 A 时，保险产品的价格 P 过低，投资于保险人的投资回报 i 过高，从而导致保险产品市场的需求大于供给，保险资金市场的供给大于需求。此时，保险产品价格 P 有增大的趋势，使保险产品市场逐渐趋于出清的状态。同理，投资于保险人的投资回报 i 有降低的趋势，使保险资金市场也逐渐

趋于出清的状态,从而保险业系统最终又回复到均衡的状态。当保险业系统从均衡点偏离到右上方任意一点 B 时,保险产品价格 P 过高,而投资于保险人的投资回报 i 过高,导致保险产品市场的需求小于供给,保险资金市场的供给大于需求。此时,保险产品价格 P 有减小的趋势,使保险产品市场逐渐趋于出清状态。投资于保险人的投资回报 i 有降低的趋势,使保险资金市场也趋于出清。整个保险系统回复到均衡状态。同理,当保险业系统从均衡点偏离到右下方任意一点 C 或左下方任意一点 D 时,保险产品的价格 P 和投资于保险业的投资回报 i 都会自动变化,调整保险产品市场的供给与需求,也调整保险资金市场的供给与需求,从而使保险业系统回复均衡。所以,在所有四种情况下,无论保险业系统朝哪一个方向偏离,最终均会回复均衡,即为全局稳定。证毕,定理一成立。

(二) 定理二

定理二:假设保险业系统仅存在一个均衡点,则当式(2.5)满足时,保险业系统为一个非稳定性系统。

$$\begin{cases} f_P(P,i) = \varphi' \times [C'(P) - F_1 \cdot K_2 - F_2 \cdot L'(P)] > 0 \\ f_i(P,i) = \varphi' \times (-F_1 \cdot K_1) < 0 \\ g_P(P,i) = \varphi' \times K'_D > 0 \\ g_i(P,i) = \varphi' \times (-K'_S) > 0 \end{cases} \quad (2.5)$$

证明:这是 $f_P(P,i) > 0$、$f_i(P,i) < 0$、$g_P(P,i) > 0$ 和 $g_i(P,i) > 0$ 的情形。对于 $f(P,i) = 0$,根据式(2.5)的第一个条件和第二个条件,即 $f_P(P,i) > 0$ 且 $f_i(P,i) < 0$,可知其斜率大于 0,是一条向右上方倾斜的曲线。因此,在曲线 $f(P,i) = 0$ 的左上方区域,$\dot{P} < 0$,P 有不断减小的趋势;而在曲线 $f(P,i) = 0$ 的右下方区域,$\dot{P} > 0$,P 有不断增大的趋势。在图 2-2 中用水平方向箭头表示保险产品价格 P 的运动方向。对于 $g(P,i) = 0$,根据式(2.5)的第三个条件和第四个条件,即 $g_P(P,i) > 0$ 和 $g_i(P,i) > 0$,可知其斜率小于 0,是一条向右下方倾斜的曲线。因此，在曲线 $g(P,i)=0$ 的左下方区域，$\dot{i}<0$，i 有不断减小的趋势；在曲线 $g(P,i)=0$ 的右上方区域，$\dot{i}>0$，i 有不断增大的趋势。在图 2-2 中用垂直方向箭头表示向保险业投资的投资回报 i 的运动方向。

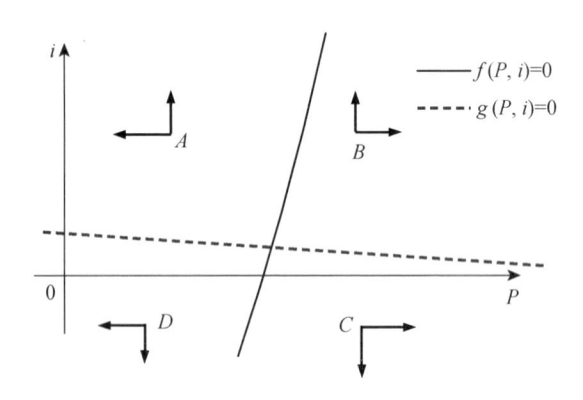

图 2-2 定理二状态下的非稳定性系统

图 2-2 中，同理，$f(P,i)=0$ 和 $g(P,i)=0$ 的交点即为均衡点，而两条曲线将平面分为四个区域。当保险业系统从均衡点偏离到左上方任意一点 A 时，保险产品价格 P 过低，向保险人投资的投资回报 i 过高，导致保险产品市场的需求大于供给，保险资金市场的供给大于需求。此时，保险产品价格 P 有降低的趋势，使保险产品市场更加远离出清的状态。而投资于保险的投资回报 i 有增大的趋势，也促使保险资金市场更加远离出清的状态。最终，保险业系统将无法自动回复到均衡状态，而会离均衡状态越来越远。当保险业系统从均衡点偏离到右上方任意一点 B 时，保险产品价格 P 过高，向保险业投资的投资回报 i 过高，导致保险产品市场和保险资金市场的供给大于需求。此时，保险产品价格 P 有增大的趋势，而投资于保险的投资回报 i 有增大的趋势，使保险产品市场更加远离出清的状态。在右下方任意一点 C，此时，保险产品价格 P 过高，而投资于保险人的投资回报 i 过低，导致保险产品市场的需求小于供给，保险资金市场的供给小于需求。此时，保险产品价格 P 有提高的趋势，使保险

产品市场远离出清的状态。而投资于保险人的投资回报 i 有进一步降低的趋势,使保险资金市场也逐渐远离出清的状态。最终,保险业系统离均衡状态也越来越远。最后,当保险业系统从均衡点偏离到左下方任意一点 D 时,保险产品价格 P 过低,投资于保险人的投资回报 i 过低,导致保险产品市场和保险资金市场的供给小于需求。此时,保险产品价格 P 以及投资于保险人的投资回报 i 有降低的趋势,使保险产品市场远离出清的状态。无论处于哪个区域,系统均将偏离稳定状态,即此时保险业系统为非稳定系统。证毕,定理二也成立。

(三) 其余的状态

定理一和定理二是两种具有代表性的特殊情形。保险业系统满足定理一条件时是一个稳定的系统,即使发生偏离,也可以自动回复到均衡点,不会产生系统性风险。保险业系统满足定理二条件时,则是一个非稳定系统,发生偏离时是无法自动回复到均衡点,而是会不断远离均衡点,风险不断积累而产生系统性风险。其余的 22 种情形均可以按照这一规律进行证明,分析当保险业系统处于该情形时是稳定系统还是非稳定系统,不再赘述,如表 2-1 所示。

表 2-1 系统性风险的动态均衡模型[①]

$f_P(P,i)$	<0	>0	>0	>0	<0	>0	>0	>0			
$f_i(P,i)$	>0	<0	<0	<0	<0	>0	<0	<0			
$g_P(P,i)$	<0	>0	<0	<0	<0	>0	<0	>0			
$g_i(P,i)$	<0	>0	<0	>0	<0	>0	<0	>0			
状态	1	2	3	4	5	6	7	8	9	10	11
$\frac{f_P}{f_i}<\frac{g_P}{g_i}$?	—	—	—	是	否	—	—	是	否	是	否
结论	是	否	半	否	半	是	否	否	是	否	半

[①] 部分结果的证明过程参见王弟海(2011)附录 A3.3。结论中的"是"和"否"分别代表稳定系统和非稳定系统;"半"代表鞍点稳定系统,即系统能否自动回复到均衡状态取决于初始位置,某些情况下能,其他情况下不能。详见王弟海(2011)第 439 页。

(续表)

$f_P(P,i)$	>0	>0	<0	<0	<0	<0	<0	<0				
$f_i(P,i)$	>0	>0	>0	>0	>0	<0	<0	<0				
$g_P(P,i)$	>0	<0	<0	>0	>0	>0	<0	<0				
$g_i(P,i)$	<0	<0	>0	<0	>0	>0	>0	<0				
状态	12	13	14	15	16	17	18	19	20	21	22	23	24
$\frac{f_P}{f_i}<\frac{g_P}{g_i}$?	—	是	否	是	否	是	否	—	是	否	—	是	否
结论	半	否	否	否	否	是	半	否	是	否	否	是	半

从表 2-1 中可以看到，只有当保险业处于标为"是"的六种状态时，才是一个稳定的系统；而当保险业系统处于其他状态下则是非稳定系统或半稳定的鞍点稳定系统。那么，倘若能基于中国保险业的实际数据判断出中国保险业系统属于上述 24 种情形之中的哪一种，借此就可以判断中国保险业系统的稳定性，以及是否存在系统性风险了。

值得注意的是，本研究将动态均衡模型（本质上为一个 IS-LM 模型）运用于保险业这一子市场时，假设保险市场和整个宏观经济的属性是相同的，即保险市场的内生变量仅包括投资保险公司的投资人所获得的收益率以及保费水平。但是，该假设可能不符合实际情况，因为将宏观经济模型用到一个子市场时，其内生性、外生性变量的属性可能发生改变，因此本模型在后续研究中还可以进一步完善。

四、实证分析——中国保险业的稳定性分析

基于中国保险业的数据，根据前文的动态均衡模型和定理，分析中国保险业系统的稳定性。具体做法如下：首先拟合中国保险业的保险产品市场和保险资金市场的动态调整曲线 $f(P,i)=0$ 和 $g(P,i)=0$，求出均衡点即稳定状态；然后根据 $f_P(P,i)$、$f_i(P,i)$、$g_P(P,i)$ 和 $g_i(P,$

i）在均衡点附近的取值，以及曲线 $f(P,i)=0$ 和 $g(P,i)=0$ 的斜率关系，判断当保险业系统偏离均衡状态时可能的运动趋势，根据其是否能够自动回归到均衡点从而判断中国保险业系统的稳定性，以及当前是否处于稳定的状态。

（一）数据来源

本模型中分析保险业系统稳定性的主要变量是保险产品价格 P 和向保险人投资所能获得的投资回报 i。为了尽可能提高模型拟合结果的准确性，需要有大量的高频数据，故采用保险业的月度数据进行分析，提高数据的频次。其次，本模型是基于整个保险业的宏观模型，保险产品价格指的是整个保险业的价格水平[1]。根据方蕾和粟芳（2016），保险业的保险产品价格即费率水平可以用保费收入除以对应保险金额来表示。尽管保费收入有月度数据，但保险金额仅有年度数据。所以进行如下调整，先用年度保费收入除以当年对应提供的保险金额，求得当年费率水平，接着用非线性回归拟合出月度保险产品价格 P[2]。保费收入和保险金额的数据来源于银保监会统计数据和万德数据库。保险金额数据来源于历年保险年鉴和万德数据库。同理，向保险人投资所获得的投资回报也是指整个保险业的平均水平。在实务中，10％的保险公司赚取了整个行业90％的利润[3]，而这10％的保险公司实际上只有 7 家保险公司，且基本是上市保险公司。考虑到股票价格能充分反映投资者的收益，故采用保险板块的月度股票收益代表向保险人投资所能够获得的投资回报 i，单位为％。保险板块的月度股票收益等于当月底与前一月底的总股本加权平均收盘价之差除以前一月底的总股本加权平均收盘价。保险板块的股票价格数据来源于万德数据库。样本数据覆盖于 2006 年至 2015 年。变量定义及描述性统计见表 2-2。

---

[1] 而不是微观的某一特定保险公司或某一特定保险产品的特定费率。
[2] 最优拟合函数根据 AIC 和 BIC 法则选取，限于篇幅未报告拟合过程及结果。
[3] 资料来源：http://news.hexun.com/2016-06-03/184231688.html。

表 2-2　　　　　　　　　　变量定义及描述性统计

变量名	定义	样本数	均值	标准差	最小值	中位数	最大值
P	年费率的拟合值	120	50.99	9.81	34.59	49.80	72.81
i	(当月底-前月底总股本加权平均收盘价)/前月底的总股本加权平均收盘价	120	7.67	72.68	-31.15	0.90	785.55
dP/dt	当月与前一个月保险产品价格 P 的差额	119	-0.07	1.24	-2.39	-0.19	6.94
di/dt	当月与前一个月投资保险人的收益 i 的差额	119	0.03	103.36	-791.62	0.06	775.36

本研究的变量设计可能存在一些不足,例如没有考虑险种结构变化的影响、投资人投资保险业的期望回报率、回报率只反映了上市的险企等。但是选择上述变量以反映价格水平以及保险资金的收益率具有一定的合理性,首先,这两个变量较客观,不涉及人为赋予权重、估计险种结构等问题;其次,由于数据限制,无法获得险种结构、所有保险公司的投资期望回报率等真实数据,确实无法再进一步精确对保险价格以及收益率的估计。因此,当前变量设计为最优选择,只能根据可获得的数据估计最接近真实数据的价格水平和收益率。

(二) 拟合结果及均衡点

根据式(2.1)和式(2.2),$f(P,i)=dP/dt$ 与 $g(P,i)=di/dt$ 均为 P 和 i 的函数。尽量考虑 $f(P,i)=dP/dt$ 与 $g(P,i)=di/dt$ 中包含更高的次项并进行拟合。

$$\frac{dP}{dt}=\beta_0+\beta_1 \cdot P+\beta_2 \cdot P^2+\beta_3 \cdot i+\beta_4 \cdot i^2+\cdots$$
$$=f(P,i) \tag{2.6}$$

$$\frac{di}{dt}=\gamma_0+\gamma_1 \cdot P+\gamma_2 \cdot P^2+\gamma_3 \cdot i+\gamma_4 \cdot i^2+\cdots$$
$$=g(P,i) \tag{2.7}$$

根据式(2.6)和式(2.7),可以得到 $f(P,i)=\mathrm{d}P/\mathrm{d}t$ 与 $g(P,i)=\mathrm{d}i/\mathrm{d}t$ 的表达式(2.8)和(2.9)。拟合结果中,i^2 的系数 β_4 和 γ_4 为 0 且不显著,且更高次项的系数也均不显著;P^3 的及更高次项的系数也均不显著,表明这些项的影响甚微,甚至没有意义,故不予考虑。故式(2.8)和式(2.9)为:

$$f(P,i)=-2.2841+0.0700P-0.0005P^2-0.0047i \quad (2.8)$$

$$g(P,i)=44.8287-2.7428P+0.0322P^2+1.3818i \quad (2.9)$$

当保险业系统处于均衡状态时,保险产品市场和保险资金市场均出清,即 $f(P,i)=\mathrm{d}P/\mathrm{d}t=0$,且 $g(P,i)=\mathrm{d}i/\mathrm{d}t=0$ 同时成立,故方程组(2.10)在均衡状态下成立。

$$\begin{cases} f(P,i)=-2.2841+0.0700P-0.0005P^2-0.0047i=0 \\ g(P,i)=44.8287-2.7428P+0.0322P^2+1.3818i=0 \end{cases}$$

(2.10)

由方程组(2.10)可知,在横轴为 P、纵轴为 i 的 P-i 平面中,$f(P,i)=0$ 和 $g(P,i)=0$ 为两条抛物线。表 2-2 中变量的描述性统计显示,P 的取值范围为[34.59,72.81],$f(P,i)=0$ 和 $g(P,i)=0$ 在该范围内有且仅有一个交点。计算可得此交点为(53.70,6.89),即 $P=53.70$,$i=6.89$。在这一点上,保险产品市场与保险资金市场同时出清,为中国保险业市场的均衡点(见图 2-3)。此时,每元保险金额的费率水平是 0.00537 元,向保险人投资的投资回报为 6.89%。这一研究结果也为中国保险业提供了经营目标,即系统正常运行时应使产品价格水平和投资保险人的回报保持在 0.00537 元和 6.89%。

根据方程组(2.10)的计算分析得(53.70,6.89)。而在均衡点附近,$f_P(P,i)>0$、$f_i(P,i)<0$、$g_P(P,i)>0$ 且 $g_i(P,i)>0$,满足前文中定理二的状态。中国保险业系统在四个区域的运动趋势见图 2-3。因此,根据定理二,中国保险业系统为非稳定系统。倘若中国保险业未处

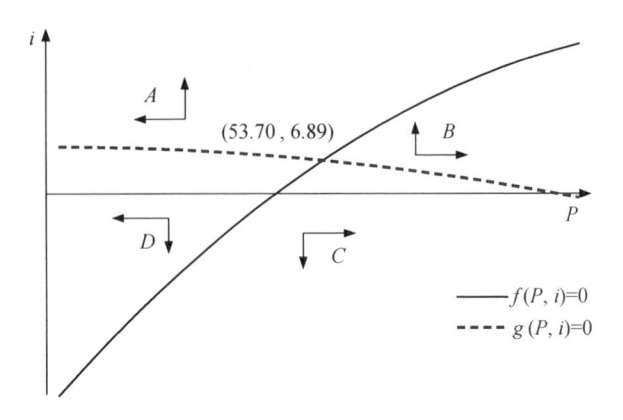

图 2-3 中国保险业均衡点和系统稳定性分析

于均衡点,则中国保险业系统在自由发展的状态下会离均衡状态渐行渐远,无法自动回到均衡状态,整体系统无法健康地运行。当前,中国保险业系统正处于图 2-3 中的左下方区域(即图 2-2 中的 D 点),保险产品价格过低,向保险人投资的投资回报也较低。根据定理二对这一区域运动趋势的分析,中国保险业系统将向左下方运动,逐渐远离均衡点,风险不断积累,直至爆发系统性风险。因此,中国保险业的确存在着系统性风险。

(三) 系统稳定性的现状分析及监管建议

根据中国保险业保险产品价格水平 P 和向保险人投资的投资回报 i 进行绘图,如图 2-4 所示。其中,横轴为时间,纵轴为数值,实曲线是表示真实的历史数据,保险产品价格 P 的单位为 0.000 1 元,向保险人投资的投资回报 i 的单位为%,虚线则表示用三次多项式对实际数据点进行拟合后的趋势线。实直线是表示均衡点时的保险产品价格和向保险人投资的投资回报。

历史数据显示,在 80% 的月份中,保险产品价格 i 均低于均衡价格 0.005 37 元,存在定价过低的现象。并且,保险产品价格的趋势线具有向下发展的势头,这表明保险产品价格水平还具有持续下降的趋势,即更加偏离均衡价格的趋势。而在 75% 的月份中,投资于保险业的投资回报 i

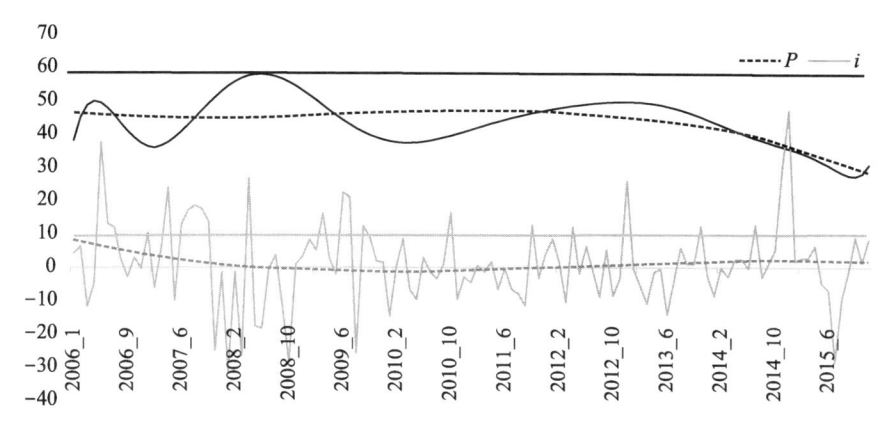

图 2-4 保险产品价格和向保险人投资的投资回报历史走势

则更多地低于均衡收益水平 6.89%,向中国保险业投资的投资人所获得的投资回报过低。但是,投资回报的趋势线表现出,投资回报有略微上升的趋势。

前文证明了中国保险市场是一个非稳定系统,自由市场很难正常运作。而目前中国保险市场又处于非均衡的状态,无法自我调控以返回均衡点,从而会使得中国保险市场的风险不断地积累。因此,为了使中国保险系统维持稳定,此时市场外部的监管者就必须发挥一定的作用,不能任由保险系统自由运动导致渐行渐远、风险越积越多并最终爆发系统性风险。在理论模型中的主要变量是保险产品的价格和向保险人投资的投资回报,因此,这两个变量可以成为监管者调控的着力点和观察点。保险监管机构可以从调整这两个变量的角度入手,并观察这两个变量的变化从而评估中国保险系统的状态和变化方向。

结合图 2-4 的分析结果,当前中国保险业系统的保险产品价格的水平过低;且向保险人投资所获得的投资回报也过低。因而保险监管机构可以致力于提高保险产品价格和提高保险业盈利水平为抓手进行干预。当然,近年来在监管干预下投资保险人的投资回报呈现出上升的趋势,这是一个良好的势头。保险监管机构还应该继续采取措施,适度调高保险产品的价格水平,并进一步提高向保险人投资所获得的投资回报,从而使中国保险业系统尽量地接近均衡点,处于风险较小的位置。

第二节　引发保险业系统性风险的重大事件分析[①]

一、引言

2009年FSB、IMF & BIS报告中对系统性风险从系统性风险的成因和结果两个角度进行了界定。其中,成因是指系统内部的主要部门首先出现故障;结果是指该故障会导致整个系统运行失效,甚至对外部实体经济体系形成负面冲击。2016年,原中国保监会也发布了相关定义:系统性风险是指由于单个或多个保险机构的内部因素、保险市场和保险业外部的不确定性因素,导致保险机构发生重大风险事件并难以维持经营,进而引发保险系统剧烈波动或危机,甚至将其负面效应传染至金融体系和实体经济,最终造成重大不利影响的风险。以动态视角来审视这一定义可以看出,国内监管机构将引发系统性风险的直接原因主要归结为系统内部故障或外部冲击。风险因子在经济繁荣时期不断积累与沉淀,但难以被察觉。而一些重大事件的发生导致环境变化并快速诱发这些风险因子,进而导致系统性风险爆发。所以,这些重大事件就是系统性风险的导火索。譬如,20世纪末日本寿险公司相继破产,根本原因是政府施行的超低利率政策与保险公司保单的高预定利率形成了巨大的利差损。该事件的根源是保险公司内部的资产与负债不匹配,直接触发原因却是政府调低利率,改变了宏观经济环境。那么,在中国保险业的发展过程中,是否也曾经发生过类似的重大事件?这些重大事件是否对保险业系统性风险产生了影响?又究竟具有多大的影响程度呢?

2018年,中国保险业市场上的重大事件层出不穷。银保监会成立开

[①] 邹奕格,粟芳.重大事件对保险业系统性风险的冲击研究[J].财经论丛,2020(8):53-62.

启保险监管新时代,真正开放国内保险市场,创新产品冲击传统市场,互联网势力持续渗透保险业……这些事件分别从保险监管、保险产品创新和保险市场势力划分等不同角度,对中国保险业产生了一次又一次的冲击。事件带来的影响往往不仅反映在少数几家保险公司,而是无差别地冲击着整个保险业。尽管事实表明,这些事件还不足以成为系统性风险事件,但它们的发生,对微观层面的各家保险公司乃至宏观层面的整个保险业必定会产生一定的影响。事件的影响结果也会给出诸多信号,比如保险公司的治理战略抉择方向、监管机构的态度导向、投保人的意识变化等。在这些外部冲击下,一些之前被隐藏的内部问题也会暴露出来。最为严重的结果就如同上述系统性风险的定义中所描述的一样:整个行业或市场体系运转失灵或崩溃,行业系统性风险爆发。

所以,2018年保险业的重大事件具有一定的研究价值,为识别行业负面影响事件和评估行业系统性风险的累积程度提供了可行的角度。本部分聚焦于保险业的外部风险导致的风险事件。从保险公司的角度出发,分析了这些不为保险公司所控制的外部事件对保险公司的影响、对其财务水平和治理结构的考验,以及对保险业整体稳定性的冲击。通过选取2018年发生的对保险公司和保险业具有重大影响的六个事件,研究各事件窗口期内各上市保险公司的反应,进而从系统性风险实际经济表现(互联性、传染性和外溢性)出发,利用这些表现评估系统性风险的累积状况,管中窥豹以描绘保险业风险事件的影响特征。本部分可能具有以下边际贡献:(1)通过合理设置不同的事件点,将事件研究法用于刻画保险业系统性风险的累积程度;(2)结合实际情况分析了2018年中国保险业重大事件的影响结果,并就系统性风险的实际后果进行了风险事件的预警。

二、文献综述

国内有关保险业风险事件的定量研究较少,大多是对于国际保险历史上引发大型保险公司危机事件处置的回顾和反思(朱伟忠和金致远,

2017)。但各个国家、各个时点的具体情况又不尽相同,他国的经验与教训尽管可以作为警醒,但无法用于本国的预测。

国外学者对于事件影响的研究较早,Fama 等(1969)的研究将该方法推向成熟,主要用于探讨事件发生前后权益价格的变化。事件研究法首先需要定义事件与事件窗,而事件窗中的数据用以计算预期正常收益率,帮助判断事件影响窗口期内有无异常收益率。早期事件研究法主要应用于资本市场,用于检验资本市场有效性等(Brown 和 Warner,1985;Fama,1991);随后在会计领域涉及收益公告的影响、法律领域检验法规效应等方面都发挥了重要作用。研究的影响事件范围也不断扩展,包括了政治变革如参议员联盟(McGarrity 和 Piccou,2001),自然灾害如森林火灾、地震等(Worthington 和 Valadkhani,2004),重大社会事件如9·11恐怖袭击等(Maille 和 Michel,2005),还有政府经济行为诸如发布的货币政策(Wongswan,2006)等。

在中国,证券市场的稳步发展为事件研究法的运用提供了数据条件(袁显平和柯大钢,2006)。在 SARS 事件爆发后,国内学者也开始重视金融市场重大事件的影响。除了类似上述国外研究中的政治、自然、社会等方面的大型事件外,一些针对特定行业事件的研究也引起了学者的重视。比如,"松花江事件"[①]使得相关公司的市场预期极速下降,化工公司在股票市场上表现出强烈的负异常收益率(肖华和张国清,2008);又比如中央银行沟通行为对金融市场的影响(邹文理等,2020)等。

Grace(2010)分析了美国保险公司在危机期间对各事件的反应,研究角度和设计较新颖且全面。本部分将利用事件研究法,获取上市保险公司在事件期内的异常收益率。这些异常收益率最重要的影响因素就是事件发生时所带来的新信息。通过观察保险公司的表现及其联系,并与系统性风险的实际经济表现相比较,从而帮助判断重大事件冲击下中国保险业的系统性风险水平。

---

① 2005 年 11 月 13 日,吉林石化公司双苯厂一车间发生爆炸。爆炸发生后,约 100 吨苯类物质(苯、硝基苯等)流入松花江,造成了江水严重污染,沿岸数百万居民的生活受到影响。

三、研究设计

（一）重大事件对保险公司的冲击

研究中首先需计算异常收益率。异常收益率可理解为相对于历史表现，该股票收益率发生的意外变化。利用成熟的统计技术可以获取正常状态下保险公司 i 基于历史信息 X_t 的收益率表现，即正常预期收益率 $E[r_{i,t}|X_t]$。但由于重大事件的影响，正常预期收益率与真实收益率 $r_{i,t}$ 发生了偏差，即异常收益率 $AR_{i,t}$：

$$AR_{i,t} = r_{i,t} - E[r_{i,t}|X_t] \quad (2.11)$$

可采用资本资产定价模型（CAPM）来计算保险公司的正常预期收益率。基于保险公司的收益率 r_i 和合适的市场指数收益率 r_{index}，以事件发生前估计窗的数据建立 CAPM 模型。理论上，供求关系决定了证券的价格，而实际的成交价格是证券市场供求双方的一致预期。如果没有重大事件影响并打破这个一致的预期，正常预期收益率和对应时期的市场指数收益率在数量关系上应满足式（2.12）。

$$r_{i,t} = \hat{\alpha} + \hat{\beta} r_{index,t} + \varepsilon_{i,t} \quad (2.12)$$

当式（2.12）中计算所得的 β 系数的值大于1，那么当市场受到影响并产生波动时，对应的保险公司更容易发生大幅度的收益率波动。因此，通过观察 β 系数也可以分析事件发生前保险公司和保险业的风险水平。根据式（2.12）的系数估计结果，可以计算得到窗口期 (t_1, t_2) 的正常预期收益率：

$$E[r_{i,t}|X_t] = \hat{\alpha} + \hat{\beta} r_{index,t} \quad (2.13)$$

将式（2.13）代入式（2.11），得到真实收益率与正常预期收益率的差，即异常收益率 $AR_{i,t}$：

$$AR_{i,t} = r_{i,t} - (\hat{\alpha} + \hat{\beta}_i r_{index,t}) \quad (2.14)$$

保险公司 i 的累积异常收益率（CAR_i）等于窗口期 (t_1, t_2) 内每日

的异常收益率之和,然后通过算术平均得到窗口期内的日均异常收益率($avg\ CAR_i$):

$$avg\ CAR_i = \frac{1}{t_2 - t_1 + 1} \sum_{t=t_1}^{t=t_2} AR_{i,t} \qquad (2.15)$$

可通过观察保险公司的日均异常收益率获得每个重大事件的影响结果。如果保险公司的日均异常收益率普遍为正,那么该事件是利好因素,会推动保险公司和行业的发展;如果普遍为负,则效果相反,极有可能是系统性风险的导火索。

选择窗口期时应遵循以下原则:首先,事件发生当天包含在窗口期内;其次,必须将重大事件使得保险公司收益率发生变化的时间包含在窗口期内。这样,事件发生所释放的大部分信息都会被收集。借鉴 Grace(2010)的设定,初步将事件发生当天及前三天和后四天设为窗口期。但研究所涉及的事件种类较多,影响时长也不尽相同,故需对每一事件统一设定的窗口期进行单独确认和调整。首先,对于每个事件,计算 n 家保险公司在窗口期内累积异常收益率(CAR_i)的算术平均,得到保险业的累积异常收益率(CAR)。其次,由于 CAR 的统计检验量服从自由度为 $n-1$ 的 t 分布,可对原假设 $CAR=0$,即事件无显著影响,进行检验(张新,2003)。统计检验量如式(2.16)所示:

$$t_{CAR} = \frac{CAR}{\sigma(CAR)/\sqrt{n}} \qquad (2.16)$$

其中,$\sigma^2(CAR) = \frac{1}{n-1} \sum_{i=1}^{n} (CAR_i - CAR)^2$。

如果拒绝原假设,则说明事件在窗口期内的影响显著,窗口期的选择是合理的;否则,仍需调整窗口期以确认是事件本身影响不显著,而非窗口期的选择不合理。

(二) 重大事件对保险业系统性风险的影响

基于系统性风险的三个实际经济表现来评估系统性风险的累积程

度(Grace,2010;Kaufman,2000)。第一是互联性,表现为保险业系统内保险公司损失的高度相关性。在系统性风险的定义中就指出,系统性风险的结果是系统内部广泛的崩溃和功能失效,那么保险公司受风险事件的影响应具有群集效应。第二是传染性,表现为所有保险公司同时发生的损失具有一定的因果关系,这会导致损失不断被放大。第三是外溢性,即损失不再局限于保险业内部,而可能进一步向外传递。在 IAIS 评选系统重要性机构的指标体系中[①],保险机构的关联性和非传统与非保险业务的占比也是最高的,而后者包含的短期融资等也是系统性风险传染的重要渠道(Bluhm 和 Krahnen,2014)。因此从上述三个经济表现来评估系统性风险,也符合相关定义和国际标准。因此分别通过以下方法进行量化分析。

1. 互联性

保险公司异常收益率($AR_{i,t}$)的相关性可用以衡量系统内部是否存在互联性。若大部分保险公司对某一重大事件都一致有消极反应,则该事件对保险业有极其巨大的负面影响,系统内部表现出互联性。这种引起全局性损失的事件极有可能诱发系统性风险。从统计学角度看,如果两家或多家保险公司的异常收益率有显著的相关性,那么它们会同时同向或反向变化。但无法判断变化的起源,可能是因为它们受到了相同的冲击,也可能是一方的变化引起另一方的变化,甚至可能互为原因。因此,在后续研究重大事件冲击下各保险公司是否具有传染关系时,仅挑选异常收益率相关性显著的事件继续深入研究。

2. 传染性

这部分将具体研究收益率变化的来源,即保险公司之间的互联性究竟是受风险事件的影响而引起的同时变化,还是保险公司之间存在相互或单向的传染关系。系统内部的传染性会使损失在保险公司间传递,进

---

① 《全球系统重要性保险机构:初步评估方法》(IAIS,2013)中系统重要性保险机构的评估指标及权重:规模(5%)、国际活跃度(5%)、不可替代性(5%)、非传统与非保险业务(45%)、关联性(40%)。

一步增加风险。用格兰杰因果关系检验来判断是否有传染关系,先建立回归模型,如式(2.17):

$$r_{i,t} = \alpha + \varphi_1 r_{i,t-1} + \cdots + \varphi_k r_{i,t-k} + \varphi_1 r_{j,t-1} + \cdots + \varphi_p r_{j,t-p} + \varepsilon_t \tag{2.17}$$

其中,$\{r_{i,t}\}$、$\{r_{j,t}\}$ 为保险公司 i 与 j 的收益率时间序列,最优滞后阶数 k 和 p 通过贝叶斯信息准则(BIC)选取。检验原假设:$\varphi_1 = \varphi_2 = \cdots = \varphi_p = 0$,即保险公司 j 的收益率不是保险公司 i 的收益率的格兰杰原因。如果拒绝原假设,那么保险公司 j 的损失就会传染到保险公司 i。一旦这种传染关系在系统中形成完整的传递渠道,损失就会不断传递并放大,甚至来回反复地传递。

3. 外溢性

系统性风险定义中指出的最后一个严重后果是对系统外的实体经济产生冲击,表现为保险公司对事件的反应影响到整个金融系统和实体经济部门。实体经济部门与金融系统通过银行放贷联结在一起,银行以其业务的不可替代性而处于经济活动的核心。欧洲中央银行(ECB)提出流动性和信用问题是系统性风险的后果,这两个问题的持续演变将进一步扰动市场稳定。目前,最可能威胁中国金融系统稳定性的是流动性风险(蒋涛等,2014)。所以本部分主要考虑保险公司对市场流动性的可能影响。银行同业间资金融通的成本即同业拆借利率可在一定程度上代表流动性成本,利率越高表明流动性成本越高,流动性风险水平也相应较高。通过比较重大事件后各保险公司对外部流动性成本的冲击趋势与大小,即可分析保险公司对市场流动性的外溢影响。将采用脉冲响应函数来分析。

建立结构向量自回归模型(VAR),如式(2.18):

$$\vec{y}_t = \mu + A_1 \vec{y}_{t-1} + A_2 \vec{y}_{t-2} + \cdots + A_p \vec{y}_{t-p} + \vec{u}_t \tag{2.18}$$

$\{\vec{y}_t, \vec{y}_{t-1}, \vec{y}_{t-2}, \cdots, \vec{y}_1\}$ 是由银行间同业拆借利率 $\{TED_t, TED_{t-1}, \cdots, TED_1\}$ 和收益率 $\{r_{j,t}, r_{j,t-1}, r_{j,t-2}, \cdots, r_1 : j = 1,$

2,…,k} 联合组成的历史信息集向量。

从式(2.18)可获得相对于历史信息集而言的新信息集 $\{\vec{u}_t,\vec{u}_{t-1},\vec{u}_{t-2},\cdots,\vec{u}_1\}$。时刻 t 后第 q 天的预测值可用新信息集表示为式(2.19)：

$$\vec{y}_{t+q}=\vec{u}_{t+q}+\Phi_1\vec{u}_{t+q-1}+\Phi_2\vec{u}_{t+q-2}+\cdots+\Phi_s\vec{u}_{t+q-s}+\cdots+\Phi_q\vec{u}_t+\cdots \quad (2.19)$$

用 $\varphi_{ij}^{(s)}$ 表示矩阵 Φ_s 中的每一项，由式(2.19)可计算向量 $\vec{y}_{t+q}$ 中的第一个元素：

$$y_{t+q,1}=u_{t+q,1}+\sum_{l=1}^{k+1}\varphi_{1l}^{(1)}u_{t+q-1,l}+\sum_{l=1}^{k+1}\varphi_{1l}^{(2)}u_{t+q-2,l}+\cdots+\sum_{l=1}^{k+1}\varphi_{1l}^{(s)}u_{t+q-s,l}+\cdots+\sum_{l=1}^{k+1}\varphi_{1l}^{(q)}u_{t,l}+\cdots \quad (2.20)$$

可理解为，第一个元素为银行间同业拆借利率，保险公司 j 在时刻 $t+q$ 前 s 天的收益率受到一个标准差的扰动，而其他收益率和利率不受影响，即 $\begin{cases} u_{t+q-s,j}=1 \\ u_{t+q-s,l}=0, l\neq j \end{cases}$，流动性成本在时刻 $t+q$ 会受到大小为 $\varphi_{1j}^{(s)}$ 的冲击。$\varphi_{1j}^{(s)}$ 为正，则提高流动性成本，为负，则降低流动性成本。据此量化了事件发生后保险公司对市场流动性成本的外溢影响。

四、实证研究

（一）事件和数据选取

1. 事件的选取

《中国保险报》(2019 年已更名为《中国银行保险报》)和《金融时报》联合评选出 2018 年保险业十大新闻和十大事件(见表 2-3)。

首先，在上述二十个重大事件中剔除保险业主动的行为事件，如保险业服务国家重大战略、助力脱贫攻坚、化解流动质押风险等事件；并有针对性地挑选对保险业可能有影响的外部重大事件，比如，安邦被接管

表 2-3　　　　　　　2018 年保险业十大事件和十大新闻

2018 年 中国保险业 十大新闻	一、大幅放宽市场准入,保险业对外开放举措加快落实 二、中国银保监会揭牌,开启银行保险监管新时代 三、支持民营企业,千亿元保险资金化解股票质押流动性风险 四、发挥保障和投资功能,保险业服务国家重大战略 五、瞄准深度贫困地区,保险助力脱贫攻坚扎实推进 六、加强处罚力度,保险业强监管、防风险、治乱象引向深入 七、提高养老保障水平,个人税延养老保险试点启动 八、防控金融风险,规范中小保险公司治理结构 九、《保险法》司法解释(四)发布,统一非寿险合同裁判标准 十、立足"大环保"格局,推动建立环境污染强制责任保险制度
2018 年 中国保险业 十大事件	一、安邦被接管,保险保障基金注资 二、发出中国声音,国际养老金监督官组织北京年会召开 三、让市场起决定性作用,三省份放开商业车险自主定价权 四、高层人事调整,国有大型险企呈现新气象 五、人保集团回归 A 股,发行规模 18 亿股 六、"相互保"变身"相互宝",相互保险调整为网络互助计划 七、长春长生问题疫苗曝光,中国人寿受托管理赔偿金 八、快速回应快递小哥呼声,保险业创新研发相关产品 九、通关更便利,关税保证保险试点范围扩展至全国 十、保护保险消费者权益,中国银保监会首次发布六类侵权典型案例

资料来源:微信公众号"中国银行保险报"。

事件。由于保险公司具有刚性偿付的硬性要求,使得大型保险公司一直存在"大而不能倒"的问题。所以,在美国次贷危机期间大银行的倒闭背景下,第一家被政府接管的却是保险公司 AIG。接管意味着保险公司已经到了唯有通过直接接管的强制手段才能有效控制和化解风险的恶劣程度。但监管者愿意出手接管,也在一定程度上给市场注入信心。但对于保险公司而言,这种对保险公司的兜底行为到底是增加了一层安全网还是过度地干预了市场?是否对保险业系统性风险有所影响?这些问题都还有待于进一步研究。类似的事件还有"相互保"的横空出世,新型互联网健康互助产品"相互保"的推出极大地刺激了保险市场,或将推动保险费率化改革。但监管机构将"相互保"更名为"相互宝"并踢出背后的信美保险公司,将席卷一时的"互助保险"打回"互助"本形。这一行为在打击市场信心后又对保险市场留下什么影响呢？银保监会合并、《保险法》司法解释的正式实施都进一步表明，中国的保险监管将进一步系统化和制度化，将坚定不移地回归保障初心并提供更好的保障产品。而加强保险业的对外开放成为不可避免的趋势，引入鲇鱼，促进保险市场进一步健康发展，引导保险公司内部会计制度、机构设置合理化并向国际标准靠近。但不能否认的是，无论是新产品还是新的保险市场参与者，都会分走保险市场的一部分蛋糕……这些事件对保险公司和保险业的影响方向又是什么呢？

目前，尽管这些事件看起来都非常重要，但还不能被认定为会引发经济价值或信心大规模损失的系统重要性事件。但是，可以从影响方向，事件发生后保险公司互联性、传染性和外溢性的表现进行判断。另外，在有关事件研究的文献中，有关股指市场影响事件的选取标准较为成熟，在选取事件时也参考了这些文献，最终挑选了六个重大影响事件（见表2-4）。

表2-4　　待研究的2018年保险业外部重大事件

发生日期	重大事件简述	下文简称	参考文献
2018.2.23	安邦被公告进入为期一年的监管机构接管阶段	化解安邦风险	AIG被美国政府接管（Grace，2010）
2018.3.13	国务院机构改革方案提请组建中国银行保险监督管理委员会	监管机构合并	政治制度（Vuchelen，2003）
2018.4.27	放开外资保险经纪公司经营范围的通知颁布	开放国内市场	"沪港通"资本市场对外开放（钟凯等，2018）
2018.8.1	最高法召开保险法新解释的发布会	完善司法标准	新证券法审议通过（陈运森等，2020）
2018.10.16	国寿管理长春长生专项赔偿金，用以补种、赔损等	大型事故赔付	松花江水污染事件（肖华和张国清，2008）
2018.11.27	信美退出相互保，该产品不再是强制偿付的保险产品	相互保改版	

注：按事件发生的时间排序。

2. 数据选取

由于主要利用 CAPM 理论来计算预期正常收益率,所以只将在 A 股市场上市的保险公司或集团作为样本。按证监会行业分类标准,属于保险业的有七家上市公司:中国平安、中国太保、中国人寿、新华保险、西水股份(天安)[①]、天茂集团(国华)[②]和中国人保。其中,中国人保因 2018 年 11 月才回归 A 股市场,因数据较少,故而不予考虑。因此只考虑前六家保险公司,下文简称为平安、太保、国寿、新华、天安、国华,收集、整理了六家保险公司在 2017 年 12 月 1 日至 2019 年 1 月 31 日的股价数据[③]。

2018 年,这六家上市保险公司在中国保险市场原保费收入中,非寿险市场份额为 38%,寿险市场份额为 53%,因此具有一定的代表性。2013 年 7 月,IAIS 与 FSB 联合发布了"全球系统重要性保险公司(G-SIIs)"名单,中国平安集团榜上有名。这也说明,在国际监管者视角里,平安的系统重要性已在区域行业中脱颖而出,在更广的范围内发挥着显著的影响。所以下文可以将平安作为评判互联性程度的参考体。

作为研究对象的几家样本保险公司都属于相对规模较大、收益较好的大型保险公司、集团,且 Grace(2010)在研究美国保险业系统性风险时所参照指标也选择的是标普 500,所以计算 β 系数时选择市场指数为沪深 300 指数。

研究中采用的保险业指数和银行业指数的数据来源于申万宏源(下文简称"申万指数")。申万宏源跟踪各行业分类下所有上市公司的数据,为不同行业不同部门创建了一系列"股票"指数。其中,将保险指数作为各家保险公司的参考值,也予以列示;将银行指数作为在分析对外部的冲

[①] 内蒙古西水创业股份有限公司作为投资控股型公司,未从事任何经营业务,公司通过控股子公司从事保险、贸易、投资管理等业务,公司的业务主要集中在子公司天安非寿险。在 2000 年与美国恒康人寿保险公司又成立了天安寿险保险有限公司。

[②] 天茂集团 2018 年第三季度财务报表表明,投资收益的改善主要为 2016 年上半年控股国华人寿实现一次性收益影响,且定增获批,拟全部用于增资国华人寿,释放增长活力。

[③] 为了更好地考察事件的冲击效果,通过 Choice 金融终端在事件窗口期内对样本公司的相关资讯进行排查,各样本公司个体并未发生足以对股价产生特殊影响的重大事项。

击时进行比对的对照值。

(二) 重大事件对保险公司影响的实证结果分析

本部分所选取的重大事件都发生在同一年以内,事件发生节点相对分散。所以选取的估计窗不宜过长。故以事件发生前四十五天作为估计窗,根据式(2.12)估计得到事件发生前各家保险公司和保险指数的 β 系数。由式(2.14)、式(2.15)得到窗口期内日均异常收益率,再继续计算其他保险公司、保险指数与平安的相关性。式(2.16)检验每一待研究重大事件的影响是否显著。分析结果如表 2-5 所示。

表 2-5 重大事件影响下保险公司和保险指数的异常收益率和相关性分析

		平安	国寿	新华	天安	太保	国华	保险指数
化解安邦风险***	β 系数	1.28***	1.06***	1.21***	1.52***	1.20***	0.89***	1.25***
	日均异常收益率	0.19	0.10	0.43	0.83	0.55	0.61	0.25
	与平安的相关性		0.52***	0.62***	0.01	0.73***	−0.04	0.99***
监管机构合并*	β 系数	1.32***	1.06***	1.29***	1.56***	1.35***	0.93***	1.31***
	日均异常收益率	0.82	−0.01	0.33	−0.25	0.77	0.64	0.75
	与平安的相关性		0.51***	0.60***	−0.04	0.73***	0.07	0.99***
开放国内市场	β 系数	1.45***	0.89***	1.60***	1.57***	1.50***	1.08***	1.43***
	日均异常收益率	−1.09	0.04	0.97	−2.75	0.83	−0.35	−0.76
	与平安的相关性		0.22	0.01	−0.12	0.49***	0.02	0.98***
完善司法标准	β 系数	1.29***	0.71***	1.26***	1.79***	1.32***	0.87***	1.26***
	日均异常收益率	0.30	−0.33	−0.72	0.03	0.44	0.14	0.24
	与平安的相关性		0.43***	0.58***	0.23	0.65***	−0.08	0.97***
大型事故赔付*	β 系数	1.22***	0.85***	1.21***	1.33***	1.07***	0.95***	1.18***
	日均异常收益率	0.31	0.94	0.30	−0.20	0.75	0.06	0.38
	与平安的相关性		0.01	0.38***	−0.29**	0.48***	−0.30**	0.98***
相互保改版**	β 系数	1.17***	1.10***	1.20***	1.55***	1.18***	1.43***	1.17***
	日均异常收益率	−0.06	−0.12	−0.34	−0.78	−0.10	−0.41	−0.10
	与平安的相关性		0.34**	0.70***	−0.21	0.73***	−0.12	0.99***

注: *、** 和 *** 分别表示在 10%、5% 和 1% 水平上拒绝"回归系数不显著"和"相关系数为 0"以及"事件影响下累积异常收益率为 0"的原假设。

表 2-5 第一列事件名称后的星号显示了每个重大事件影响的显著性,除"开放国内市场"和"完善司法标准"无法拒绝"事件无显著影响"的原假设,其他事件都产生了显著冲击。通过调整窗口期并重新进行检验,这两个事件影响的显著性都无变化。这也说明初步设定的窗口期是合理的。这两个事件的保险业累积异常收益率无法拒绝为 0。这可能是因为事件冲击本身不足以引起保险业产生一致反应,也可能是因个别保险公司的异常影响。但有四个事件导致了显著不为 0 的保险业累积异常收益率,这说明保险业是存在反应甚至存在过度反应的。本部分的研究重点是保险公司和保险业中反应的关联性和传染性,既然存在反应,就可以继续研究。

首先分析"化解安邦风险"这一事件。各家保险公司和保险指数估计窗的 β 系数列示在第一行,除国华外均大于 1,且均在 1% 水平显著。其中,天安和平安的 β 系数高于保险指数。这说明在安邦被接管之前,保险公司和行业收益率的敏感性较高,收益率的波动幅度明显超过了市场波动幅度,并以天安、平安最为严重。第二行中事件窗口期的日均异常收益率均大于 0,说明该事件对保险公司和行业有普遍的正面影响。保险业的特殊性使得政府出手维护保险公司稳健经营以保护投保人利益。这在一定程度上降低了保险业可能受到的负面影响。

"监管机构合并"发生前,所有保险公司和保险指数的 β 系数较上一事件都有所增长。β 系数值的排序变化不大,仅太保超过新华和平安。窗口期中多数保险公司和行业整体对监管资源整合的新监管状态都有积极反应,除国寿和天安有绝对值相对较小的负异常收益率。更有序的监管架构实际上有助于保险市场的健康发展。

"开放国内市场"发生前,除国寿外的其他保险公司、保险指数的 β 系数仍在增长,特别是国华的 β 系数也超过了 1,但国寿的 β 系数跌至 1 以下。这也说明除个别保险公司外,整个保险系统的波动幅度一直高于市场且仍在不断增长。日均异常收益率则与前两个事件不同,各保险公司反应异质化明显。应对全外资保险公司竞争对手带来的竞争压力明显增加，平安、天安和国华都受到了消极影响，而太保、新华、国寿则受到了积极影响。保险指数对应的日均异常收益率为负，这说明就行业整体而言，对外开放市场的消息使保险业遭受到负面冲击。

相较于前两个事件，在"完善司法标准"发生前，除天安外各家保险公司的 β 系数开始有所下降。异常收益率的方向依然不一致。国寿和新华可能受到消极影响，其他保险公司则可能受到积极影响。在保险业相关法律法规不断完善的过程中，一些保险公司的内部治理问题会被暴露出来，所以受到了负面冲击。但在完善的法律制度下，多数保险公司会得到更好的发展。

"大型事故赔付"中，相比上一时期，除国寿和国华这两家 β 系数小于1的保险公司有所增长外，其他保险公司和保险指数的 β 系数都在下降。尽管有增长，国寿和国华的波动幅度仍小于市场指数。事件发生后，只有天安受到较小的负面冲击，其他保险公司都受到了积极影响。问题疫苗的曝光引起了人们对保险产品的重视，给保险公司和保险业带来了积极影响。

相互保依托蚂蚁金服的巨大流量和成功的产品营销，问世不久就拥有千万级别的用户量，成为传统保险产品的替代品。在事件"相互保改版"发生后，即使该产品不再受保险法等法律法规保护，依然对各家保险公司具有十分明显的负面冲击。

表2-5的结果表明，本部分的六个重大事件对保险公司的影响具有很大差异。其中，监管机构的保护支持会对保险公司产生广泛的正面影响。而相互保作为保险产品的替代品，一经推出，就反映出消费者对原有保险产品不满，对高歌猛进的保险市场是当头一喝。它的改版也带来了非常显著的负面影响。其他事件对各家保险公司的影响方向并不一致。监管支持及改革显而易见地对保险业具有正面影响，保险公司在严监管下反映出欣欣向荣而非一蹶不振；突发的天灾人祸也让逐渐步入小康生活的人们意识到风险的存在，并开始推动保险市场发展；市场持续开放的影响则存在着很大的不确定性。

(三) 重大事件对行业系统性风险影响的实证结果分析

1. 互联性

表2-5中,各事件分析的第三行"与平安的相关性"计算的是在事件冲击下各保险公司与平安每日异常收益率的相关性。其可以刻画行业系统内部的互联性。

"化解安邦风险"发生后,除天安、国华与平安无明显相关性外,其他三家保险公司及保险指数和平安相关性显著。这可能是因为天安和国华的相对规模较小,难以和其他四家相提并论。"监管机构合并"与"化解安邦风险"发生后的互联性表现也极相似,除天安、国华外的其他保险公司反应高度一致。但"开放国内市场"中,仅太保与平安仍有一致反应。"完善司法标准"的影响下,表现为四家大型保险公司互联性显著,天安与平安的相关性有所增加,但仍不显著。"大型事故赔付"发生后,除赔付主体中国人寿之外,剩余保险公司都有较显著的相关性。虽然和其他事件下异常收益率表现为正相关不同,天安、国华与平安是显著负相关的,但这也表明保险系统内部构成了一个整体,而非单独不相关的个体。"相互保改版"发生后,四家大型保险公司异常收益率的相关性显著提高。以六个事件构成的连续时间段看,可以持续地观察到平安与三家大型上市保险公司具有显著的相关性。故有理由认为,系统性风险表现之一的互联性在保险系统内部已有所体现。当风险事件发生后,保险公司具有一致的反应,符合系统性风险的第一个经济表现。

图2-5显示了样本期平安、太保、新华和国寿每月的β系数。横轴是月份,纵轴为β系数。尽管β系数的大小或变动不尽相同,但四家保险公司都显示出相似的变动趋势,也证明相互之间存在互联性。同样以平安为参考,可以看到太保、新华和国寿的变动趋势基本与平安一致,只是波动幅度更大。

2. 传染性

根据上述事件的影响结果,继续研究平安、太保、国寿和新华四家关联显著大型保险公司之间的传染性。高度关联性是传染的重要表征之

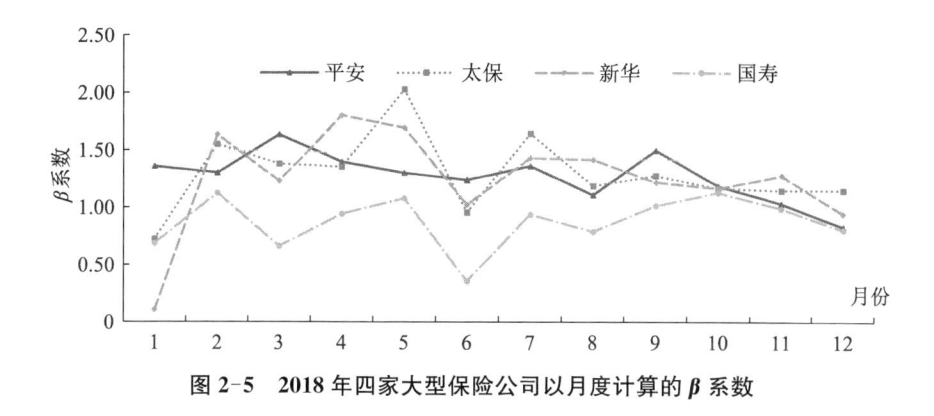

图 2-5　2018 年四家大型保险公司以月度计算的 β 系数

一,所以仅挑选出最具有明显负面影响或显著相关代表性的两个事件。表 2-5 "大型事故赔付"事件中,有四家保险公司与平安的异常收益率显著相关,故列为显著相关事件;有三家保险公司与平安异常收益率显著相关的其他事件中,"相互保改版"对所有保险公司都是负面影响,故列为明显负面影响事件。下文将着重分析在这两个事件影响下,某家保险公司的收益是否会引起另一家保险公司收益的变化,即两者之间是否存在格兰杰因果关系,即提出假设 H_0,并利用式(2.17)进行分析,结果如表 2-6。

假设 H_0: j 保险公司收益不会引起 i 保险公司收益变化。

表 2-6　　　　两大事件后格兰杰因果关系的分析结果

	大型事故赔付				相互保改版			
	平安	太保	国寿	新华	平安	太保	国寿	新华
平安		拒绝*	接受	接受		接受	接受	接受
太保	接受		接受	接受	接受		接受	接受
国寿	接受	拒绝*		拒绝**	接受	接受		接受
新华	接受	接受	接受		接受	接受	接受	

注:行中表示的是每个事件下可能将损失传染出去的保险公司 j,列中表示的是可能被传染的保险公司 i。*、**和***分别表示在 10%、5% 和 1% 水平上拒绝原假设。

表2-6中,"大型事故赔付"影响下,太保可能将损失传染给平安与国寿、新华可能将损失传染给国寿。而"相互保改版"事件中,保险公司收益率之间不存在格兰杰因果关系。在上述两个事件发生期间,各保险公司的传染关系发生了明显变化,从有传染关系再到被消化。据此也证明,中国保险业中一些重大风险事件的发生会暴露出传染关系,而这些传染关系在正常状态下是被遮掩的。但当前的保险系统基本稳定,传染关系的持续时间并不长。

系统性风险的第二个表现是传染性。但在2018年的重大事件影响下,保险公司间未表现出明显的传染关系。在"相互保改版"影响下,保险业的互联性只是诸多保险公司在同一冲击下所表现的一致反应,但损失尚未在保险公司之间传递。然而在"大型事故赔付"的影响下,国寿作为事件中心的主要托管方,暴露出与其他保险公司之间具有传染关系。值得注意的是,国寿在该事件中仅仅代为补偿,尚未触及自身的主营业务,但仍受到其他保险公司收益率的影响。试想在巨灾风险下,保险公司需完全依靠自身赔付,此时则极有可能导致其自身的流动性枯竭。这时或将暴露出更多的传染关系。损失在保险公司间不断来回传递、无限放大并爆发系统性风险。

3. 外溢性

行业系统性风险最显著的特征就在于会对外部形成冲击,继续研究重大事件对行业外金融体系的冲击传导。下面将着重于四家大型保险公司对银行间同业拆借利率的影响。银行间同业拆借利率代表市场的流动性。一般而言,银行同业拆借利率越高,则表明可用流动性水平越低。同样,选取"大型事故赔付"和"相互保改版",参照申万行业指数中利用银行业股票收益率编制的银行指数进行分析。图2-6展示了在重大事件窗口期中,四家大保险公司和银行指数对流动性成本的影响。

可以看到,冲击影响一般在事件发生后第一至三天达到峰值,进而随时间流逝而不断减少至无。"大型事故赔付"发生后,国寿和平安迅速抬高了市场流动性成本,在第四、五天后影响又迅速消失。这种类似于巨灾

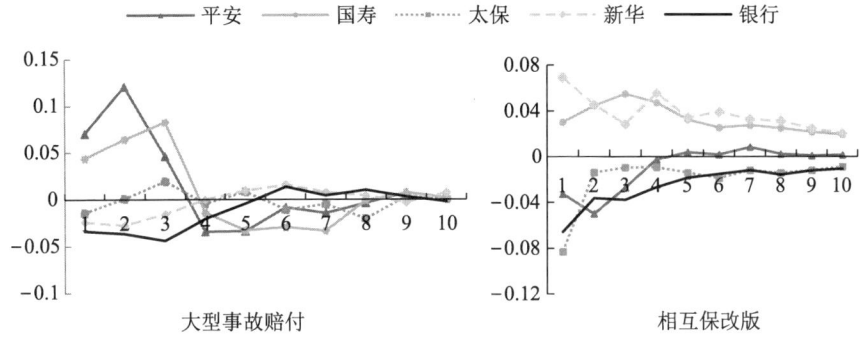

图 2-6 两大事件后保险公司及银行指数对流动性成本的影响

风险的社会事件,暗含着导致流动性危机的可能。"相互保改版"代表着产品性质的变更,不再属于保险产品,但保险产品自身所存在的问题并未被解决,大众对保险业的偏见也未能消除。所以与"大型事故赔付"的影响不同的是,在该事件发生后十天内,对国寿和新华流动性成本的抬高作用仍较大,且可与银行相提并论。

图 2-6 中,在事件发生的影响期内,银行指数对流动性水平的影响小于四家保险公司。作为对照,图 2-7 绘制了 2018 全年保险公司和银行指数对流动性成本的影响。与图 2-6 的结果不同,四家保险公司对流动性成本的影响明显小于银行指数的影响。保险公司在重大事件的冲击下有显著抬升流动性成本、抑制流动性水平的作用。其中对流动性成本影响较大的是"大型事故赔付"事件。这也与上文有关传染性的研究结果保持

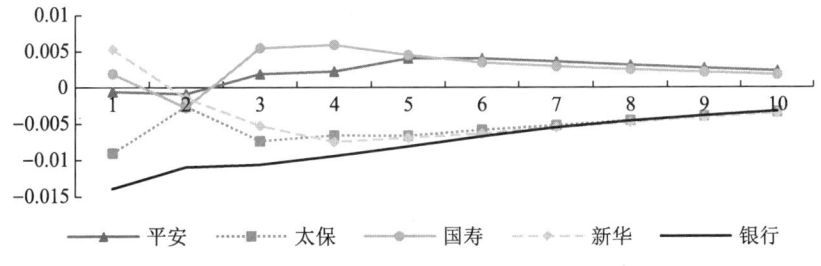

图 2-7 2018 全年保险公司及银行指数对流动性成本的影响

一致。目前,最有可能引发流动性危机和行业系统性风险的事件就是巨灾风险事件。

第三节 本章小结

一、保险业系统性风险的存在性

本部分通过建立动态调整方程模型,构造了中国保险业系统的稳定性分析模型,根据动态调整方程的特性分析了 24 种情形下系统的稳定性和变化方向,然后在理论上分析了处于稳定状态的系统应当具有的特质。最后还针对中国保险业的实际发展情况,用实际数据拟合了动态调整方程,并求解了均衡点。经过研究与分析,得出了如下结论:

- 当前的中国保险业为一个非稳定系统,倘若一旦偏离均衡点,则依靠保险业系统自身的调整是无法回到均衡点的,其自动的运动趋势将使其越来越偏离均衡点,进而导致整个系统无法正常运行,并最终爆发系统性风险。
- 中国保险业系统的均衡点应该为,保险产品的平均价格水平应维持在每元保险金额 0.005 3 元保费,向保险人投资的投资回报率应保持为 6.89%。
- 中国目前保险业的经营状态并未在均衡点上,当前的保险产品价格水平过低,向保险人投资的投资回报率也过低。中国保险业系统存在着爆发系统性风险的潜在危险,并无法靠自身的调整解除危险,必须依靠外界的保险监管机构的干预。

研究结果证实,中国保险业系统的确存在着系统性风险。因此,非常有必要对于保险业系统性风险继续展开深入的研究。而且,谋求中国保险业系统的稳定是不能依赖于自由的保险市场,监管者必须发挥必要的政策调控作用。中国保险业系统的脆弱性要求监管者摒弃自由市场主义,并应进行及时的干预。若任其自由发展,中国保险业必将爆发系统性风险。因此,监管者应采取必要的措施,使保险产品价格和向保险人投资的投资回报率恢复到稳定状态时的水平,从而使保险产品市场和资金市场保持出清。当然,监管政策的合理性以及监管的实施效果直接决定了中国保险业系统能否稳定运行,监管者的不当监管也可能是造成系统偏离的重要原因之一。

二、重大事件对保险业系统性风险的冲击

基于2018年保险业由外部变化引起行业内部反应的重大事件,从保险公司的反应和行业系统性风险的累积程度出发,在每件重大事件的影响窗口期内进行了分析,研究结果表明:

- 以平安为核心的大型保险公司存在着高度的互联性,对待事件的反应具有较为显著的一致性。
- 当对行业影响的事件具有突发性和广泛群众基础时,保险公司有一定的传染关系,并且有对保险业外部金融体系的影响渠道。
- 目前,形成保险业系统性风险条件之一的互联性已经形成,虽然保险市场尚未发生系统性风险事件,也暂且未给保险业带来系统性风险损失,但倘若导火索一旦被点燃,在目前已然形成的高度互联性下,则必然会导致爆发大规模的系统性风险。保险公司之间的负面反应会迅速地互相传递,甚至这种负面效应会传递到保险业外部,进而造成整个金融系统乃至实体经济发生大规模的连锁崩溃。
- 从重大事件演变为系统性事件可能性的角度分析,目前有潜力引发大规模市场连锁反应的事件就是需要保险公司进行大额赔偿的突发事件,即巨灾风险事件。它们使得各家保险公司有着极为相似的反应,并且这种相似反应还会在保险公司之间不断相互传递、相互叠加,最终形成螺旋效应。
- 在事件窗口期内,重大事件对保险公司的影响超过了银行业。而流动性风险是导致爆发大规模金融系统性风险的重要原因。这也在一定程度上证明，目前中国保险业已经具备了影响外部经济环境的实力，在保险业重大突发社会事件发生时，不但要警惕保险业内部爆发系统性风险，还需要警惕保险业系统性风险的外溢。

值得注意的是，上述有关重大事件的研究，更多集中于对传统承保业务的影响。所以，对于作为保险公司根本的承保业务，更应该加强风险管理以面对各种风险事件的冲击。巨灾风险一直以来都是承保业务最主要的风险来源。保险公司需要优化产品设计、增强保障能力；监管机构需要持续稳健监管，加以应对。除此之外，近年来逐渐壮大的投资业务与资本市场联系更加紧密，也成为新的风险增长点，资产风险的影响也不容小觑。

第三章 保险业系统性风险的根源:承保风险

第一节 承保风险根源的理论分析

一、引言

自2012年以来,中国各金融机构之间的总体关联性显著上升,其中2014年的总体关联度甚至超过了2008年全球金融危机期间(李政等,2016)。保险公司之间的关联性也是如此(陆思婷和粟芳,2021)。保险公司的主营业务是承保业务,因此承保业务的风险是保险公司经营过程中所面临的最重要风险之一。在中国保险行业中,保险公司所面临的承保风险呈现出逐年递增的时间趋势(王正文和田玲,2014)。熊婧和汤薇(2021)证实,各保险公司的承保风险存在着显著的关联关系。陆思婷和粟芳(2021)也认为,中国各非寿险公司基于相互间的再保险分入和分出业务而存在紧密的再保险联系;而且当具有巨灾性质的风险事件发生时,风险将因这种再保险联系而进一步在整个保险行业中传染和扩散。显然,倘若保险公司承保风险之间具有很强的关联性,那么,整个保险系统在风险的冲击下极其容易发生共振,并引发系统性风险。

本部分在上述文献的基础上,提出并拟解决以下问题:第一,承保业务的哪些经营环节会促使保险公司的承保风险产生关联?比如再保险环节的再保险联系,以及原保险环节的共同承保风险?第二,在承保风险产生关联的过程中,是否还存在其他影响因素的作用,它们的贡献是否具有显著差异?第三,承保风险关联性为风险的传递提供了渠道,加大了各家保险公司发生共振的可能性，那么这种共振性最终能否促成系统性风险的发生？为了解决上述问题，本研究将首先在理论层面上，从保险公司承保业务的经营特征入手，深入分析在各保险公司各个经营环节中是否具备与其他保险公司承保业务之间产生关联的根源；并基于理论模型，分析这些根源是如何使各家公司的承保风险产生关联；然后在实证层面上建立线性回归模型进行验证，并对回归结果进行 Shapley 值分解，比较各因素的贡献程度；对根源进行进一步的分解，深入分析其对承保风险关联的可能潜在影响。最后证实承保风险关联性为系统性风险的发生提供了条件，无论是再保险联系还是共同承保风险，都是通过增强保险公司之间的承保风险关联性，从而促进系统性风险的发生。本部分框架以及与第四章和第五章的关系如图 3-1 所示。

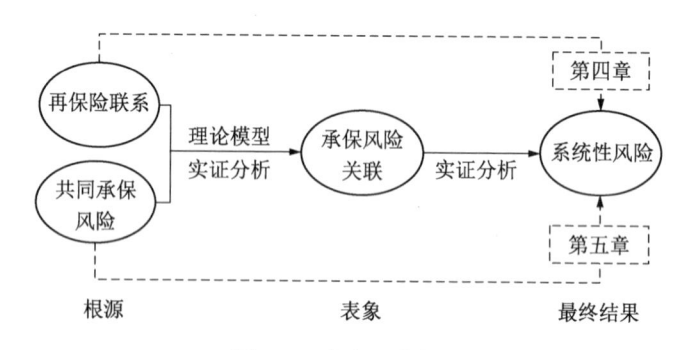

图 3-1 本章研究框架

本研究的边际贡献如下：(1)在理论上证实了再保险联系和共同承保风险是促使不同保险公司承保风险产生关联的根源，并建立理论模型，探索了各自的影响过程；(2)实证分析证实，再保险联系和共同承保风险的确对保险公司间承保风险的关联存在显著影响；(3)进一步比较与分析了再保险联系和共同承保风险对承保风险关联的贡献度，以及各自发挥作用的途径；(4)证实承保风险关联性为系统性风险的发生提供了条件，从而完整地刻画了从承保风险根源到系统性风险结果的影响路径。

二、文献综述

以下有关风险关联、再保险联系、共同承保风险和系统性风险的文献对本研究具有重要的参考意义。

(一) 关于风险关联的度量和影响分析

在国际资本市场上，喻开志等(2018)发现，资本流动的系统关联性具有时变特征，且可以通过向量自回归模型的方差分解过程来度量这种系统关联。在中国金融市场上，马丹等(2016)将风险联动性划分为风险关联效应和风险传染效应两个部分，并通过实证检验发现，在市场稳定期间，风险关联效应是引发金融市场风险联动性的主导因素，但在危机爆发期间，风险传染效应则具有更高的增速。在银行业中，肖璞等(2012)指出，一方面可以从银行间的业务关系出发，利用同业拆借数据来分析银行间相互关联关系的紧密程度；另一方面则可基于市场有效假说，利用市场数据来度量银行间的相互关联关系。在保险业中，王向楠(2018a)实证分析了中国寿险公司业务同质化与风险联动性的关系，发现寿险公司在产品结构和经营地域分布上的同质化主要通过共同承保风险效应，对保险公司之间的投资风险联动性、赔付风险联动性和破产风险联动性造成不同程度的影响。上述文献从来源、时变特征、度量方法等多个角度详细分析了机构间的风险关联，这为本研究在承保风险关联的来源探索、指标度量等方面提供了帮助。

(二) 关于再保险联系的相关研究

在保险业中，保险公司之间往往能够建立紧密的再保险联系，使得承保风险得以转移和分散(Garven等，2014)。但与此同时，紧密的再保险关联网络也为风险冲击提供了传导机制，从而可能使保险公司面临系统性风险(Chen等，2020)。Lin等(2015)详细讨论了再保险联系在保险人再保险购买决策中的作用，发现保险人的最优分保比例与其再保险人数量之间存在倒U形的关系。Ettlin等(2020)也认为，只有从保险公司之间的再保险网络角度出发,才能得到合作博弈意义上唯一公平的再保险解决方案。上述研究传达了这样一个理念:再保险能够帮助保险公司转移和分散承保风险,最优的再保险策略应建立在行业中各公司之间的再保险关联关系之上。Cummins 和 Weiss(2014)讨论了单个公司层面上的再保险交易对手风险敞口的问题,发现由于再保险的存在,保险业内部相互联系的紧密程度尤为重要;当再保险行业出现危机时,至少有 25% 的保险公司的盈余将受到严重侵蚀。Park 和 Xie(2014)同样分析了再保险联系是否能为美国非寿险业带来系统性风险的问题,结论却与前者相反。他们认为尽管保险公司之间存在着紧密的再保险联系,但是再保险交易引发系统性风险的可能性较小。上述研究表明,学者们在研究保险业系统性风险时大多是将保险公司间的再保险联系作为一个重要的考虑因素。上述文献有助于更好地理解再保险联系对保险公司之间承保风险关联的影响过程。

(三)关于共同承保风险的相关研究

在宏观经济中,Cavallo 和 Ribba(2015)发现共同的宏观经济冲击对欧盟国家的影响程度与经济体的规模相关,即共同承保风险冲击对经济体量大的国家影响幅度更大。Azmat 等(2020)对比分析了宏观经济风险对伊斯兰银行和传统银行的影响差异,发现由于伊斯兰银行的行为在很大程度上受到宗教信仰的驱动,因此宏观经济风险对它的影响要么是负的,要么显著低于传统银行。上述文献表明,共同承保风险冲击对不同主体的影响存在差异,造成差异的原因可能是规模的不同,也可能是文化的差异。就保险业单独而言,中国非寿险和寿险业承保业务面临的最突出的共同承保风险分别是台风灾害风险和长寿风险,前者为一众沿海城市的财产、人身安全、公共基础建设以及农业生产活动带来了惨重的损失(殷洁等,2013),后者则迫使养老保险制度迅速变革以适应日益老龄化的社会(汪伟,2012)。理论方面,Liang 和 Yuen(2016)分析了两类索赔服从泊松过程的保险业务的最优比例再保险策略,发现在方差保费原则的期望指数效用最大化准则下,最优再保险策略是存在且唯一的。实证方面,郑慧等(2016)测量了中国产险行业对台风灾害损失的偿付能力,发现实际赔付率极低,仅为理论值的16%左右。可见,上述研究可以帮助我们了解共同承保风险对保险行业或保险公司的大致影响程度以及保险公司应对共同承保风险的反应差异。

(四)关于系统性风险的度量

学者们采用各种方法,从宏观审慎与微观审慎两个维度评估了保险业的系统性风险。其中,基于宏观审慎角度评估系统性风险的方法是"自上而下"的,侧重于评估外生冲击对金融体系的影响程度,主要包括:系统性预期损失模型(Acharya等,2017)、边际预期损失模型(Acharya等,2012)、未定权益分析模型(Gray等,2011)、困境保费模型(Huang等,2012)、SRISK模型(Brownlees和Engle,2016)等。而基于微观审慎角度评估系统性风险的方法则是"自下而上"地考察了风险在系统中的传染效应,主要包括:流动性调整VaR模型(Fragnière等,2010)、CoVaR模型(Adrian等,2016)、格兰杰因果检验过程(Billio等,2012)、银行间债务模型(Chen等,2013)、下尾相依模型(Weiss和Muehlnickel,2014)、网络分析模型(Lin等,2015;Kanno,2016;Chen等,2020)。然而,除未定权益分析模型和网络分析模型可借助资产负债表数据以外,其余模型皆基于股票市场、债券市场或衍生品市场的数据而开展。这对于中国保险业而言不太具有可行性。未定权益分析模型旨在分析系统性风险、潜在风险与政府担保之间的关系,也与我们的研究主题不太一致。因此,我们计划选择网络分析模型对非寿险业系统性风险进行度量与分析。

(五)保险业系统性风险的来源

与系统性风险的衡量相似,学者们从宏观和微观层面探索了保险业系统性风险的来源。在行业和公司整体的宏观层面上,一般认为,保险公司的规模(Weiss和Muehlnickel,2014;Muehlnickel和Weiss,2015;Bansal,2016)、保险公司之间以及保险公司与银行之间的互联性(Bierth等,2015;Bobtcheff等,2016)等是保险业系统性风险的主导因素。保险公司可能因为规模太大而不能倒闭,从而对金融稳定构成了威胁(Weiss 和 Muehlnickel,2014),也可能因为联系太紧密而不能倒闭,从而增大了系统性风险(Davison,2019)。

在公司内部的微观层面上则一般认为,寿险和非寿险业的传统保险活动既不会造成系统性风险,也不会增加保险公司对金融体系减值的脆弱性(Eling 和 Pankoke,2016)。同样的,由于期限错配风险较低,寿险和非寿险业的传统投资业务也不是非寿险业系统性风险的来源(Kessler,2014;Cummins 和 Weiss,2014)。然而,对于非传统的承保业务,如 CDS 和 CDO 等金融担保保险对流动性有着直接影响,增加了保险公司的市场风险,也增加了金融危机的脆弱性(Geneva Association,2010;IAIS,2010)。同理,对于非传统投资业务,在证券借贷和信用评级下,如果保险公司的流动性出现枯竭,短期融资将会以折价方式紧急出售,从而加剧了金融市场的价格波动,增加了系统性风险(Geneva Association,2010;Besar 等,2011)。此外,如果证券化产品的贴现因子不足,则投资者面临较大的利率风险(IAIS,2010,2012)。

三、承保风险关联根源的理论分析

原中国保监会在 2007 年颁布的《保险公司关联交易管理暂行办法》(保监发〔2007〕24 号),以及经银保监会修订后于 2019 年 9 月正式出台的《保险公司关联交易管理办法》(银保监发〔2019〕35 号)(以下统称《办法》),都要求保险公司详细汇报与关联方之间的关联交易,并强调应加强对保险公司关联交易的监管,以防范利益输送风险。《办法》规定,保险公司的关联交易是指保险公司与关联方之间发生的转移资源或义务的事项,具体为包括保险业务类交易在内的六大类业务。其中保险业务类交易包括保险业务和保险代理业务、再保险的分出及分入等,交易对象可拓展至同行业的其他保险公司。显然,这些关联交易对保险公司间的承保风险关联会造成实质性影响。

(一) 保险公司之间的承保业务：再保险联系

关联是指保险公司之间的联系。因此，先从保险公司之间的承保业务角度分析。为了控制承保风险，保险公司不但采取风险分散的策略，同时也采取了风险转移的策略，即相互办理再保险。显然，当分出公司发生保险事故时，分入公司将按照再保险合同承担相应份额的赔款支出。因此，分出公司的承保风险波动传递到分入公司，并对分入公司产生影响。换个角度来看，倘若分入公司因偿付能力不足等诸多原因而无力承担再保险赔偿时，分出公司将因无法收到预期的再保险赔款而陷入困境。所以，在再保险联系之中，分入公司和分出公司之间是双向影响。当前，在保险实务中，保险公司之间的再保险交易日益频繁(Chen 等,2020)，所以保险公司之间再保险的分入和分出业务也是影响公司间承保风险关联的关键因素之一。

保险公司间的代理业务是承保业务关联的另一种形式，然而，其在本质上只是一方委托另一方代为销售产品。所有风险由委托方承担，委托方承保风险的变动显然不会波及被委托方。因此，代理业务不是导致保险公司承保风险关联的原因。综上，在保险公司间承保业务的直接联系中，仅再保险联系能导致保险公司间的承保风险产生关联性。

(二) 保险公司独立的承保业务：共同承保风险

其次从保险公司独立承保的业务角度来看，保险公司以社会各领域的可保风险为经营对象，通过保险合同聚集了大量的承保风险。为了控制承保风险，保险公司在经营中进行了多层次的风险分散，大体采用了空间分散、多元化经营和共同保险等方式。空间分散是指承保业务在经营地域方面的分散。当然，经营地域越分散，则承保风险分散效果越明显(杨波和吴婷,2020)。多元化经营则是指经营险种的多元化以及产品组合的多样化。它有助于保险公司降低赔付率的波动性，从而产生风险分散效应(卓志和孟祥艳,2018)。然而在实务中，保险公司可经营的地域范围和产品种类是有限的。因此，随着各家保险公司都尽可能地在经营地域及产品种类方面进行分散化,各保险公司承保业务的"同质化"趋势愈发明显;并通过共同承保风险效应,致使保险公司承保风险的联动性不断提高(王向楠,2018a)。比如,某地发生洪水,可能会导致多家乃至全部的保险公司都同时发生赔款。可见,保险公司的空间分散和多元化经营是导致保险公司之间存在承保风险关联的主要原因,且通过共同承保风险效应发挥着作用。除此之外,共同保险也是保险实务中存在的一种承保方式,多家保险公司共同承保同一标的,因此暴露在完全相同的风险敞口之下,这显然也是保险公司承保风险关联的来源之一[①]。

综上分析,可将导致保险公司之间产生承保风险关联的根源归结为两类:第一类是保险公司之间的业务因直接或间接的再保险业务而导致,即再保险联系;第二类是保险公司独立的承保业务因空间分散和多元化经营而导致,即共同承保风险。

四、再保险联系影响承保风险关联的理论模型

再保险联系以保险公司之间的再保险合同为纽带而存在,承保风险损失在保险公司之间的传播也是基于在保险合同中事前约定的条件和比例而发生的。因此,再保险联系对保险公司承保风险关联的影响过程较为简单易懂。根据双方之间是否存在再保险合同关系,可以将再保险联系分为直接再保险联系和间接再保险联系。直接再保险联系是指公司 A 和公司 B 之间因直接的再保险合同而产生的联系;间接再保险联系是指并非因公司 A 和公司 B 之间直接的再保险合同,而是因与其他保险公司的再保险合同而间接产生的联系。

如图 3-2 所示,假设保险行业中共有 N 家保险公司,公司 i 的再保险分出比例为 RE_i,$0 \leqslant RE_i \leqslant 1$;公司 i 在公司 j 的分出比例为 α_{ij},$0 \leqslant \alpha_{ij} \leqslant RE_i$。一般而言,$\alpha_{ij} \neq \alpha_{ji}$。当承保损失发生后,公司 i 先向被保险人支付保险赔款,然后向再保险分入人提出再保险摊回赔款的申请,

---

① 考虑到共同保险的业务量在保险公司的总承保业务量中的占比不大,且具体采用共同保险合同承保项目的相关数据难以获得,本研究暂且不考虑因共同保险而导致的共同承保风险。

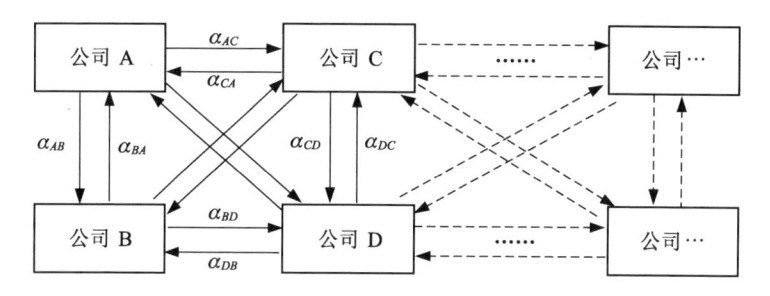

图 3-2 再保险联系对承保风险关联的影响

同时也要处理其他再保险分出人的索赔申请并支付再保险摊回赔款。因此,公司 i 的总赔款金额 TL_i 为:

$$TL_i = X_i - RE_i \cdot X_i + \sum_{z \neq i} X_{z \to i} \tag{3.1}$$

式中,X_i 为公司 i 向被保险人支付的赔偿金额,$RE_i \cdot X_i$ 为再保险分入公司向公司 i 摊回的分保赔款之和,$\sum_{z \neq i} X_{z \to i}$ 为公司 i 向其他分出保险公司支付的再保险摊回赔款。假设所有的再保险业务均简单采用比例再保险,则有:

$$TL_i = (1 - RE_i) X_i + \alpha_{ji} X_j + \sum_{z \neq i,\, z \neq j} \alpha_{zi} X_z \tag{3.2}$$

则用在保险公司 A 和 B,显然,公司 A 和公司 B 的总损失分别为:

$$TL_A = (1 - RE_A) X_A + \alpha_{BA} X_B + \sum_{z \neq A,\, z \neq B} \alpha_{zA} X_z \tag{3.3}$$

$$TL_B = (1 - RE_B) X_B + \alpha_{AB} X_A + \sum_{z \neq A,\, z \neq B} \alpha_{zB} X_z \tag{3.4}$$

可见,公司 A 的最终总赔款金额不仅受公司 A 自身的风险因素影响,还受公司 B 和其他公司风险因素的不利影响。同理,公司 B 的最终总赔款金额也同时受公司 A 和其他公司风险因素的共同影响。因此,可根据 TL_A 和 TL_B 定义公司 A 和公司 B 之间的直接再保险联系 θ_{AB} 和间接再保险联系 ξ_{AB},分别为:

$$\theta_{AB} = (1-RE_A)\alpha_{AB} + (1-RE_B)\alpha_{BA} \tag{3.5}$$

$$\xi_{AB} = \sum_{z \neq A, z \neq B} \alpha_{zA}\alpha_{zB} \tag{3.6}$$

保险公司 i 的赔付率为总赔款金额损失与总保费收入的比值,即:

$$LR_i = \frac{TL_i}{PM_i} = \frac{(1-RE_i)X_i + \alpha_{ji}X_j + \sum_{z \neq i, z \neq j} \alpha_{zi}X_z}{PM_i} \tag{3.7}$$

以赔付率的相对离差来度量公司 i 的承保风险,即:

$$UR_i = \frac{LR_i - E(LR_i)}{E(LR_i)} \tag{3.8}$$

假设 $Var(X_i)=\sigma^2$,且 $\forall i \neq j, Cov(X_i, X_j)=0$,则公司 A 与公司 B 之间的承保风险关联为:

$$\rho_{AB} = \frac{(1-RE_A)\alpha_{AB} + (1-RE_B)\alpha_{BA} + \sum_{z \neq A, z \neq B} \alpha_{zA}\alpha_{zB}}{\sqrt{(1-RE_A)^2 + \alpha_{BA}^2 + \sum_{z \neq A, z \neq B} \alpha_{zA}^2}\sqrt{(1-RE_B)^2 + \alpha_{AB}^2 + \sum_{z \neq A, z \neq B} \alpha_{zB}^2}} \tag{3.9}$$

ρ_{AB} 分别对直接再保险联系 θ_{AB} 和间接再保险联系 ξ_{AB} 求偏导数,显然有:

$$\frac{\partial \rho_{AB}}{\partial \theta_{AB}} = \frac{1}{\sqrt{(1-RE_A)^2 + \alpha_{BA}^2 + \sum_{z \neq A, z \neq B} \alpha_{zA}^2}\sqrt{(1-RE_B)^2 + \alpha_{AB}^2 + \sum_{z \neq A, z \neq B} \alpha_{zB}^2}} > 0 \tag{3.10}$$

$$\frac{\partial \rho_{AB}}{\partial \xi_{AB}} = \frac{1}{\sqrt{(1-RE_A)^2 + \alpha_{BA}^2 + \sum_{z \neq A, z \neq B} \alpha_{zA}^2}\sqrt{(1-RE_B)^2 + \alpha_{AB}^2 + \sum_{z \neq A, z \neq B} \alpha_{zB}^2}} > 0 \tag{3.11}$$

可见，无论是直接的再保险联系，还是间接的再保险联系，对保险公司间承保风险关联的影响均为正向影响。故根据理论分析提出以下假设：

H3.1a：直接再保险联系对保险公司间承保风险关联具有正向的影响关系。

H3.1b：间接再保险联系对保险公司间承保风险关联具有正向的影响关系。

H3.1：再保险联系对保险公司间承保风险关联具有正向的影响关系。

五、共同承保风险影响承保风险关联的理论模型

根据上文分析，共同承保风险是导致保险公司承保风险产生关联性的主要原因之一，且主要因保险公司承保业务的空间分散和多元化经营而导致。这些因素促使保险公司可能受到相同或相关联的外部风险冲击，从而使承保风险具有了关联性。

（一）空间分散对承保风险关联的影响

空间分散是指保险公司通过改变保险经营的地域分布从而分散承保风险，避免"把鸡蛋放在一个篮子"。但由于经营地域的有限性，保险公司在自身进行承保业务空间分散的同时，也提高了与其他保险公司经营地域相重叠的程度，从而两者受相同地域风险的影响较大，提高了两者的共同承保风险敞口。从表面现象来看，空间分散体现为保险公司实体机构的空间分散性，即在更广阔的地域设置分支机构。但从实质上来看，空间分散表现为保险公司经营结果的空间分散性，即保费收入来自不同的地域。当两家保险公司的保费收入更多是来自相同经营地域时，两者共同承保风险的敞口越大，反之亦然。

如图3-3所示，假设市场中共有 K 个经营地区 D^1，D^2，D^3，…，D^K，在一个会计年度中，保险公司 i 的总保费收入为 PM_i，在第 k 个地区的保费收入为 PM_i^k。S_i^k 为保险公司 i 来自第 k 个地区的保费收入占

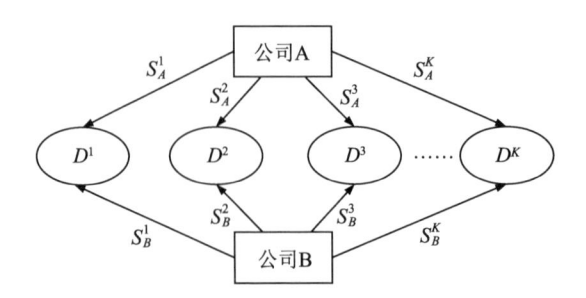

图 3-3 保费收入的地理分布对承保风险关联的影响

比，$S_i^k = PM_i^k / PM_i$。用欧几里得距离度量公司 A 和公司 B 之间保费收入地理分布的相似性：

$$\gamma_{AB} = 1 - \frac{1}{\sqrt{2}} \sqrt{\sum_k (S_A^k - S_B^k)^2} \tag{3.12}$$

γ_{AB} 对 S_A^k 求偏导数，得：

$$\begin{aligned} \frac{\partial \gamma_{AB}}{\partial S_A^k} &= -\frac{1}{\sqrt{2}} \sqrt{\sum_k (S_A^k - S_B^k)^2} \cdot \frac{1}{2} \cdot 2(S_A^k - S_B^k) \\ &= (S_B^k - S_A^k) \left[2 \sum_k (S_A^k - S_B^k)^2 \right]^{-0.5} \end{aligned} \tag{3.13}$$

显然，根据式(3.13)可得，当 $S_A^k < S_B^k$ 时，$\partial \gamma_{AB} / \partial S_A^k > 0$；当 $S_A^k > S_B^k$ 时，$\partial \gamma_{AB} / \partial S_A^k < 0$。这说明，当 A 公司来自地区 k 的保费占比小于 B 公司时，随着 A 公司来自地区 k 的保费占比逐渐增加，A 公司和 B 公司的保费收入地理分布愈发相似；当 A 公司来自地区 k 的保费占比大于 B 公司时，随着 A 公司来自地区 k 的保费占比继续增加，A 公司和 B 公司的保费收入地理分布相似程度则逐渐减少。由于 A 公司和 B 公司都没有明确的指代，这一结论对于 B 公司同样是成立的。

假设公司 i 在第 k 个地区承保业务的赔款金额为 $X_i^k = F^k \alpha_i PM_i^k$，其中，$F^k$ 为地区 k 的风险因子，满足 $Var(F^k) = \sigma^2$，且 $\forall l \neq k$，$Cov(F^k, F^l) = 0$；常数 α_i 为公司 i 的风险因子，与公司 i 的经营管理水平和风险管

理水平有关。则公司 i 在 K 个地区的总赔款金额为：

$$SX_i = \sum_k X_i^k = \sum_k F^k \alpha_i PM_i^k = \sum_k F^k \alpha_i S_i^k PM_i \quad (3.14)$$

公司 i 的赔付率为：

$$LR_i = \frac{SX_i}{PM_i} = \frac{\sum_k F^k \alpha_i S_i^k PM_i}{PM_i} = \alpha_i \sum_k F^k S_i^k \quad (3.15)$$

风险是未来结果与预期结果的偏差（王庆等，2014）。因此保险公司承保业务的风险可定义为赔付率对预期赔付率的偏差，可用赔付率的相对离差来度量公司 i 的承保风险：

$$UR_i = \frac{LR_i - E(LR_i)}{E(LR_i)} \quad (3.16)$$

式中，$E(LR_i)$ 为公司 i 的期望赔付率。则公司 A 与公司 B 之间的承保风险关联为：

$$\rho_{AB} = \frac{Cov(UR_A, UR_B)}{\sqrt{Var(UR_A)} \cdot \sqrt{Var(UR_B)}} = \frac{Cov(LR_A, LR_B)}{\sqrt{Var(LR_A)} \cdot \sqrt{Var(LR_B)}} \quad (3.17)$$

将 $Var(F^k) = \sigma^2$、$Cov(F^k, F^l) = 0$ 代入式(3.17)：

$$\rho_{AB} = \frac{\sum_k S_A^k S_B^k}{\sqrt{\sum_k (S_A^k)^2} \sqrt{\sum_k (S_B^k)^2}} \quad (3.18)$$

ρ_{AB} 对 S_A^k 求偏导数：

$$\frac{\partial \rho_{AB}}{\partial S_A^k} = \frac{1}{\sqrt{\sum_k (S_A^k)^2} \sqrt{\sum_k (S_B^k)^2}} [S_B^k \sum_{l \neq k} (S_A^l)^2 - S_A^k \sum_{l \neq k} S_A^k S_B^k]$$

$$(3.19)$$

假设 $\forall l \neq k, S_A^l = S_B^l$，则：

$$\frac{\partial \rho_{AB}}{\partial S_A^k} = \frac{\sum_{l \neq k}(S_A^l)^2}{\sqrt{\sum_k (S_A^k)^2}\sqrt{\sum_k (S_B^k)^2}}(S_B^k - S_A^k) \tag{3.20}$$

因此，当 $S_A^k < S_B^k$ 时，$\partial \rho_{AB}/\partial S_A^k > 0$；当 $S_A^k > S_B^k$ 时，$\partial \rho_{AB}/\partial S_A^k < 0$。这与式(3.13)的分析结果中 $\partial \rho_{AB}/\partial S_A^k$ 与 $\partial \gamma_{AB}/\partial S_A^k$ 取正值或负值的结果完全一致。也就是说，保险公司 A 与 B 所面临的共同承保风险与承保风险关联具有相同的变化方向，故有：

$$\frac{\partial \rho_{AB}}{\partial \gamma_{AB}} = \frac{\partial \rho_{AB}/\partial S_A^k}{\partial \gamma_{AB}/\partial S_A^k} > 0; \ \forall \, 0 \leqslant \gamma_{AB} \leqslant 1 \tag{3.21}$$

因此提出假设 H3.2a。

H3.2a：保险公司保费收入的地理分布相似性对承保风险关联具有正向的影响关系。

（二）险种结构对承保风险关联的影响

多元化经营是指保险公司在经营过程中，基于不同的保险产品进行战略布局，通过调整保险产品种类的分布结构从而分散承保风险。然而由于保险产品的种类也是有限的，每家保险公司都在有限的保险产品种类中进行分散，最终使得保险公司在保险产品种类方面的重叠度越来越高，产品结构的相似度严重。

通常在衡量保险公司的险种结构时，用各险种保费收入占该保险公司的总保费收入来表示。深入分析，险种结构对承保风险关联的影响原理与空间分散中保费收入地理分布的影响过程大体相似。仍然如图 3-3 所示，此时假设保险市场中共有 K 个保险产品 $D^1, D^2, D^3, \cdots, D^K$，在一个会计年度中，保险公司 i 的总保费收入为 PM_i，第 k 个保险产品的保费收入为 PM_i^k，且 $PM_i^k/PM_i = S_i^k$。S_i^k 为保险公司 i 中第 k 个保险产品的保费收入占比。因此，当把地区的保费占比更换为各险种保费占比之后,前文式(3.12)至式(3.21)的分析对于险种结构的分散仍然成立,故不再赘述,根据理论分析结论提出假设 H3.2b。

H3.2b:保险公司险种结构的相似性对承保风险关联具有正向的影响关系。

基于上述分析,任意两家保险公司所面临的共同承保风险取决于它们在保费收入地理分布以及险种结构方面的相似度。当两家保险公司在地理分布和险种结构方面的相似度越高,则保险公司所面临的共同承保风险越大,保险公司承保风险的关联越强。综上提出假设 H3.2。

H3.2:保险公司所面临的共同承保风险对承保风险关联具有正向的影响关系。

第二节 承保风险根源的实证分析

一、主要指标的度量

根据上述理论分析,保险公司承保风险关联的形成主要是源于保险公司之间的再保险联系和保险公司所面临的共同承保风险。本部分将基于实务数据验证上述理论模型分析就再保险联系和共同承保风险对承保风险关联影响所提出的各个假设。

(一)承保风险的度量

在已有文献中,学者们多用简单赔付率(李艺华和郝臣,2019)、综合赔付率(郑苏晋等,2015)、简单赔付率的标准差(王向楠,2018a)等作为承保风险的度量指标。然而,承保风险衡量的是承保业务可能导致的公司价值非预期波动,而那些能够被预期的成分不应被称为风险(朱南军和王文健,2017)。在上述指标中,简单赔付率、综合赔付率等均包含可预期成分,不宜直接用于衡量承保风险。简单赔付率的标准差实质上是通过测量样本序列的波动状况来反映样本序列的风险,波动越大,则风险越高,因而是天然的风险测量工具。简单赔付率的相对离差与标准差相似,都能检测样本序列的非预期波动情况,从而反映承保风险的大小。而且,相对离差具有正负之分,可以更好地监测非预期波动的方向。因此以简单赔付率的波动幅度即相对离差作为保险公司承保风险的度量指标:

$$UR_i^{k,t} = \frac{LR_i^{k,t} - E(LR_i^{k,t})}{E(LR_i^{k,t})} \quad (3.22)$$

式中,$UR_i^{k,t}$ 为公司 i 第 t 年在 k 地区的承保风险,$LR_i^{k,t}$ 为公司 i 第 t 年在 k 地区的简单赔付率(赔款支出/保费收入),$E(LR_i^{k,t})$ 为所有样本在地区 k 的平均赔付率。

(二)保险公司承保风险的关联

Pearson 相关系数常用于刻画两个随机变量的线性相关关系,近年来也被引入到金融行业系统性风险的度量之中。Patro 等(2013)计算在美国金融市场上,两家上市银行股票价格变动的 Pearson 相关系数,得出相关系数越大则代表系统性风险越高的结论。王向楠(2018b)也使用该方法度量了中国非寿险业各险种赔付率的关联性,并以此作为判断非寿险各险种系统性风险的相对大小。参照上述学者的做法,使用 Pearson 相关系数来计算保险公司承保风险关联。具体而言,对任意两家保险公司 A 和 B,假设在第 t 年中的承保风险序列分别为 $UR_A^{\cdot,t}$ 和 $UR_B^{\cdot,t}$,则公司 A 和 B 的承保风险关联为:

$$URL_{AB}^t = \frac{Cov(UR_A^{\cdot,t}, UR_B^{\cdot,t})}{\sqrt{Var(UR_A^{\cdot,t}) \times Var(UR_A^{\cdot,t})}} \quad (3.23)$$

其中,$Cov(\cdot)$ 和 $Var(\cdot)$ 分别为承保风险的期望和方差;公司 i 第 t 年中的承保风险序列由其在 36 个省份和计划单列市的承保风险组成,即 $UR_i^{\cdot,t} = \{UR_i^{1,t}, UR_i^{2,t}, \cdots, UR_i^{36,t}\}$。

(三)保险公司的再保险联系

根据式(3.5)和式(3.6),公司 A 和公司 B 在第 t 年的直接再保险联系 θ_{AB}^t 和间接再保险联系 ξ_{AB}^t 分别为:

$$\theta_{AB}^{t} = (1 - RE_{A}^{t}) \alpha_{AB}^{t} + (1 - RE_{B}^{t}) \alpha_{BA}^{t} \qquad (3.24)$$

$$\xi_{AB}^{t} = \sum_{z \neq A, z \neq B} \alpha_{zA}^{t} \alpha_{zB}^{t} \qquad (3.25)$$

保险公司 A 和 B 的再保险联系定义为直接再保险联系 θ_{AB}^{t} 和间接再保险联系 ξ_{AB}^{t} 的算术平均值。设直接再保险联系为 $RE1_{AB}^{t}$，间接再保险联系为 $CR2_{AB}^{t}$，则：

$$REL_{AB}^{t} = (RE1_{AB}^{t} + RE2_{AB}^{t})/2 = (\theta_{AB}^{t} + \xi_{AB}^{t})/2 \qquad (3.26)$$

式中，RE_{i}^{t} 为保险公司 i 在第 t 年中的再保险分出比例，$i \in \{A, B\}$；α_{ij}^{t} 为在第 t 年中，公司 i 对公司 j 的再保险分出比例。各家保险公司通常没有详细披露其办理再保险分出的保险公司和具体的分出金额，相关原始数据均不可得，参照王丽珍(2015)的做法，使用最大熵值法拟合两两公司之间的再保险分出比例。具体过程如下：

假设非寿险业中有 N 家保险机构(包括直保公司和再保险公司)，各保险机构因相互之间的再保险联系而直接关联，用保险机构间的再保险业务矩阵 $A = (\alpha_{ij})_{N \times N}$ 表示。

$$A = (\alpha_{ij})_{N \times N} = \begin{bmatrix} \alpha_{11} & \cdots & \alpha_{1j} & \cdots & \alpha_{1N} \\ \vdots & \ddots & \vdots & \ddots & \vdots \\ \alpha_{i1} & \cdots & \alpha_{ij} & \cdots & \alpha_{iN} \\ \vdots & \ddots & \vdots & \ddots & \vdots \\ \alpha_{N1} & \cdots & \alpha_{Nj} & \cdots & \alpha_{NN} \end{bmatrix} \begin{matrix} O_{1} \\ \vdots \\ O_{i} \\ \vdots \\ O_{N} \end{matrix}$$

$$I_{1} \quad \cdots \quad I_{j} \quad \cdots \quad I_{N} \qquad (3.27)$$

α_{ij} 表示第 i 个保险机构向第 j 个保险机构分出的保费；第 i 行表示第 i 家保险机构分出保费的具体去向，对第 i 行求和，则为第 i 个保险机构的分出保费总量 $O_{i} = \sum_{j=1}^{N} \alpha_{ij}$；同理，第 j 列表示第 j 个保险机构分入保费的具体来源，对第 j 列求和，则得到第 j 家保险机构的分入保费总量

$I_j = \sum_{i=1}^{N} \alpha_{ij}$。根据数据可获得性,保险机构之间再保险业务的双边交易数据从未公开,因此只能得到保险机构再保险业务的分出总额(O_i)和再保险业务的分入总额(I_j),因此需借助模型来拟合保险机构之间所发生的再保险业务的双边交易数据。

常用的处理方法是:先用最大熵值法拟合出初步的双边交易数据,再用最小交叉熵原理对拟合出来的数据进行修正(Degryse 和 Nguyen,2007;马君潞等,2007;方意,2016)。用这种方法构造出来的网络结构通常被称为相对分散的网络模型。也有学者在最大熵值法和最小交叉熵原理的基础上,增加了交易对手偏好选择条件,从而对拟合的数据加以进一步约束。比如,假设资产规模大的保险机构比资产规模小的保险机构更为安全,并假设保险机构只会向资产规模更大的保险机构办理分出(王丽珍,2015;牛晓健和吴新梅,2019)。用这种方法构造的网络结构被称为相对集中的网络模型,因考虑了更多条件而显得较为合理。

无论是相对分散的网络模型还是相对集中的网络模型,两者都存在不同优劣。相对分散的网络模型认为,保险机构是按一定比例将承保业务向其他保险机构分出。因此,规模最大的保险机构也会向规模最小的保险机构办理部分分出。这显然是不合理的。相对集中的网络模型认为,保险机构只会按一定的比例向资产规模更大的保险机构分出。这个假设相对合理,但也存在不合理之处:其一,在中国保险系统中,大型直保公司的资产规模较大,远远大于再保险公司的规模,而根据相对集中的网络模型假设,大型直保公司则不会向国内再保险公司分出。其二,根据相对集中的网络模型假设,资产规模最大的保险机构不会向系统中任何保险机构分出,而资产规模最小的保险机构也将得不到任何保险机构的分入。其三,相对集中的网络模型简单地以资产规模作为保险机构安全性的衡量指标。因此将在相对分散的网络模型和相对集中的网络模型基础上,增加一些新的约束条件,设计非寿险业承保业务的网络模型,从而使所拟合的复杂网络结构更接近于保险机构的实际关联。

Lelyveld 等(2011)指出,再保险公司不会向原保险公司分出保险业务,而且大、中和小型原保险公司在再保险方面的表现也不尽相同。沈立和谢志刚(2013)也指出,大型和中小型保险公司的风险特征和经营状况都呈现出极大差异。另外,基于各保险机构每年披露的年报数据可以发现,相对于小型非寿险公司而言,大型非寿险公司在选择再保险人时表现得更为谨慎。如平安非寿险在 2017 年报中披露了再保险分出业务交易对手的选择标准:选择与高度安全且有较高信用资质的再保险公司合作,并且严格控制各再保险分入人的比例。其他如中国人保等大型非寿险机构也在年报上描述了类似的再保险交易对手的选择标准。小型非寿险公司的再保险人选择标准相对宽松,如安诚车险 2017 年报所披露的标准是要求"大多数分入人的偿付能力充足率大于 150%"。因此将原保险公司按其保费收入规模排名分为大、中、小型原保险公司三组,并假设,保险公司在办理分出业务时,只会选择与其规模相当(同组)的保险公司或其他规模更大的保险公司和再保险公司。

考虑到划分标准在不同年份中的适用性,本节根据保险公司当年保费收入的相对规模划分,并单独考虑再保险公司,分为以下四组:

$$group_i = \begin{cases} 1, 小型非寿险公司:保费排名位于后 50\% \\ 2, 中型非寿险公司:保费排名介于 20\%\text{-}50\% 之间 \\ 3, 大型非寿险公司:保费排名位于前 20\% \\ 4, 再保险公司 \end{cases}$$

(3.28)

为区别相对集中和相对分散的网络结构,将上述方法所构造的网络结构称为分层的网络结构。也就是说,小型非寿险公司会向小型、中型、大型非寿险公司和再保险公司办理再保险业务;中型非寿险公司则只会向中型、大型非寿险公司和再保险公司办理再保险业务,而不会向小型非寿险公司办理分出;大型非寿险公司只会向大型非寿险公司和再保险公司办理再保险业务,而不会向小型或中型保险公司办理分出;再保险公司

则只会与再保险公司之间办理再保险业务。综上,再保险业务矩阵求解的约束条件为:

$$\min \sum_{i=1}^{N} \sum_{j=1}^{N} \alpha_{ij} \ln(\alpha_{ij})$$

$$\text{s.t.} \sum_{j=1}^{N} \alpha_{ij} = O_i; \ \forall i \in \{1, 2, \cdots, N\}$$

$$\sum_{i=1}^{N} \alpha_{ij} = I_j; \ \forall j \in \{1, 2, \cdots, N\}$$

$$x_{ij} \geqslant 0; \ \forall i, j \in \{1, 2, \cdots, N\}$$

$$x_{ij} = 0; \ \forall i = j$$

$$x_{ij} = 0; \ \forall \ group_i > group_j, \ \forall i, j \in \{1, 2, \cdots, N\} \quad (3.29)$$

(四)保险公司的共同承保风险

根据上文理论分析,保险公司承保业务的共同承保风险源于保费收入地理分布和险种结构方面的相似性。因此,也应基于上述特征来度量共同承保风险。文献中关于相似性的度量方法较多,常见的有欧几里得距离、余弦相似系数、广义 Jaccard 相似系数和 Manhattan 距离测度等。王向楠(2018a)证实,根据这些方法所计算出来的相似性结果差异不大,且对后续分析的影响差异甚微。因此使用欧几里得距离来分别度量保险公司在保费收入地理分布和险种结构方面的相似性,然后将上述相似性进一步合成一个指标,从而衡量保险公司所面临的共同承保风险。

以保费收入地理分布的相似性为例,对任意两保险公司 A 和 B,第 t 年在地区 k 的保费收入占该公司总保费收入的比例分别为 w_A^{kt} 和 w_B^{kt},则公司 A 和 B 在第 t 年的保费收入地理分布的相似性为:

$$CR1_{AB}^t = 1 - \frac{1}{\sqrt{2}} \sqrt{\sum_{k \in K} (w_A^{kt} - w_B^{kt})^2} \quad (3.30)$$

同理可计算得到公司 A 和 B 在第 t 年保费收入险种结构的相似性

$CR2_{AB}^t$，则保险公司 A 和 B 面临的共同承保风险为：

$$CRL_{AB}^t = (CR1_{AB}^t + CR2_{AB}^t)/2 \qquad (3.31)$$

二、研究设计

（一）承保风险关联的影响因素分析

以承保风险关联（URL）为被解释变量，以再保险联系（REL）和共同承保风险（CRL）为解释变量，使用线性回归模型，实证分析再保险联系（REL）和共同承保风险（CRL）对保险公司承保风险关联的影响，回归模型如式(3.32)：

$$URL_{AB}^t = \beta_0 + \beta_1 REL_{AB}^t + \beta_2 CRL_{AB}^t + \delta' C_{AB}^t + \varepsilon_{AB}^t \qquad (3.32)$$

式中，C_{AB}^t为控制变量序列，由对承保风险和公司经营过程均有影响的因素组成。根据学者们的相关研究，拟选用下列因素：

产权性质相似度（NoE）：毛颖等（2019）认为，股权结构对保险公司风险承担行为的影响机理起决定性作用。与非国有控股保险公司相比较而言，国有控股保险公司在经营目标、社会职能、风险承担激励机制等方面均具有明显的不同，因此，国有控股保险公司的风险承担行为和内部经营风险均与非国有保险公司不同[①]。

公司年龄相似度（Age）：新成立的保险公司更加注重市场开拓，重视保费规模，而经营年数长的保险公司则一般会采用集约式经营策略，更加注重利润和风险管理（刘志迎等，2007），从而具备更娴熟的风险控制手段，如更规范的核保核赔流程等。

杠杆率相似度（LvR）：杠杆率是保险公司整体风险状况的反映，赵桂芹和王上文（2008）预期，杠杆率越高，则保险资本越多地暴露于风险之

[①] 国有企业改制后，人保财险、国寿财险和太平财险依然是国有资本控股的保险公司，因此称为国有企业。另外，这些公司所在的集团均位于财政部金融司最新发布的"中央金融企业名录"中，所以也可以称为"央企"。资料来源：http://jrs.mof.gov.cn/zhengcefabu/cqgl/202007/t20200715_3550190.htm。

中,从而承保风险越大。

总资产相似度(ToC):沈立和谢志刚(2013)从内因、外因和综合效应等角度分析,发现中国大型和中小型保险公司在风险特征和承保业务经营方面均显现出很大的差别。

成长性相似度(GrR):保费增长率是一个适度指标,不宜过高也不宜过低,且保费增长过快容易引发偿付能力不足的问题(徐国祥等,2008)。

在度量方法上,产权性质相似度(NoE)方面,若两家保险公司的产权性质相同,即同为央企或同为民营企业,则 $NoE=1$;否则 $NoE=0$。其余指标的衡量参照王向楠(2018a)。以两家公司的总资产相似度(ToC)为例,对任意保险公司 A 和 B,在第 t 年的总资产分别为 TC_A^t 和 TC_B^t。首先将总资产进行标准化处理,得 TCR_A^t 和 TCR_B^t,进而计算公司 A 和 B 在第 t 年的总资产相似度: $ToC_{AB}^t = 1 - | TCR_A^t - TCR_B^t |$。

(二) 各变量对承保风险关联的贡献程度分析

对模型回归结果进行 Shapley 值分解,以比较再保险联系和共同承保风险对承保风险关联的贡献程度。Shapley 值分解基于回归模型的结果而展开,常用于评估各解释变量对被解释变量之间差异的贡献程度(孙晓华和王昀,2014)。以共同承保风险(CRL)为例,Shapley 值分解的计算方法如式(3.33):

$$Shv(CRL) = \frac{2}{C_N^1} \sum_{A=1}^{N} \sum_{B \neq A} [\hat{\varepsilon}_{AB}^t - \hat{\varepsilon}_{AB}^t(CRL)] / \hat{\varepsilon}_{AB}^t \quad (3.33)$$

其中,$[\hat{\varepsilon}_{AB}^t - \hat{\varepsilon}_{AB}^t(CRL)] / \hat{\varepsilon}_{AB}^t$ 为共同承保风险(CRL)对公司 A 与公司 B 之间承保风险关联的边际贡献,$\hat{\varepsilon}_{AB}^t$ 为基准模型的残差,$\hat{\varepsilon}_{AB}^t(CRL)$ 为将 CRL 全部替换为平均值后回归模型的残差。此时,模型已经不包含共同承保风险的影响,那么残差减少即表示估计值与真实值之间的差距减少。这就说明共同承保风险是扩大保险公司承保风险差距的原因,从而其对被解释变量差异的贡献为正;反之则为负。

(三) 变量选择与数据说明

表 3-1 汇报了模型中各个变量的含义及具体的计算说明。其中，各保险公司承保风险的原始数据为该保险公司在中国大陆 31 个省份和 5 个计划单列市的简单赔付率，来源于《中国保险年鉴》。其余变量的原始数据均出自各公司年报。另外，在基准模型中，只考虑再保险联系（REL）和共同承保风险（CRL）的一级指标。而在后续的分解模型中，则使用对应的二级指标进行深入分析。

表 3-1　　　　　模型的变量名称与变量含义说明

	变量名称	变量含义
被解释变量	承保风险关联（URL）	为公司 A 与 B 承保风险的 Pearson 相关系数，承保风险为保险公司在各省份（计划单列市）简单赔付率的波动幅度
解释变量	再保险联系（REL）	一级指标：$REL = (RE1+RE2)/2$
	直接再保险联系（RE1）	二级指标：$RE1_{AB} = \theta_{AB} = (1-RE_A)\alpha_{AB} + (1-RE_B)\alpha_{BA}$
	间接再保险联系（RE2）	二级指标：$RE2_{AB} = \xi_{AB} = \sum_{z \neq A, z \neq B} \alpha_{zA} \alpha_{zB}$
	共同承保风险（CRL）	一级指标：$CRL = (CR1+CR2)/2$
	地理分布相似性（CR1）	二级指标：A 与 B 地理分布的欧几里得距离
	险种结构相似性（CR2）	二级指标：A 与 B 险种结构的欧几里得距离
控制变量	产权属性相似度（NoE）	同为央企或同为民营企业，则 NoE 为 1，否则为 0
	公司年龄相似度（Age）	公司 A 和公司 B 在经营年数上的接近程度
	杠杆率相似度（LvR）	公司 A 和公司 B 在杠杆率上的接近程度
	总资产相似度（ToC）	公司 A 和公司 B 在总资产规模上的接近程度
	成长性相似度（GrR）	公司 A 和公司 B 在保费收入增长率上的接近程度

在样本选择方面，为减少极端值对模型结果造成的不利影响，严格甄选了非寿险公司和寿险公司的样本。被纳入模型考虑的样本主要包括：

(1)综合性非寿险公司和人身保险公司,既不包含专业性保险公司,如农业保险公司、机动车保险公司、健康保险公司和养老保险公司,也不包含政策性保险公司和再保险公司;(2)公司经营时间至少满3年,且样本期间内具有完整的经营数据;(3)全国性经营的保险公司,不考虑区域性保险公司;(4)公司在样本期间内维持正常经营,即剔除异常值过多的保险公司。最终,样本集包含21家非寿险公司和25家寿险公司。样本数据的时间跨度为2008-2019年。样本公司在各年的总市场份额均达75%及以上,因此模型的分析结果具有一定代表性。

三、数据的描述性分析

根据前文式(3.22)-式(3.29)所描述的方法度量各主要指标,计算结果如图3-4所示。图中,实线和虚线分别表示非寿险业和寿险业。图3-4(a)汇报了非寿险和寿险业承保风险均值随时间的变化趋势,横轴为年份,纵轴为承保风险的度量值。图3-4(b)—图3-4(d)依次展示了样本期间内各非寿险公司和各寿险公司承保风险关联、再保险联系和共同承保风险的核密度曲线,横轴为指标取值,纵轴为对应的频率分布密度值;图3-4(c)中,上图为各非寿险公司再保险联系的核密度曲线,下图则为各寿险公司再保险联系的核密度曲线。

从图3-4(a)可见,非寿险和寿险业的平均承保风险随时间的变化趋势大体相似,但寿险业的变化幅度更大。在2008-2010年间,两个行业的平均承保风险均逐渐下降;在2010-2015年间呈现逐年递增的趋势,与王正文和田玲(2014)结论一致;而在2015年以后,非寿险和寿险业平均承保风险则再次呈现下降趋势。

图3-4(b)中,非寿险和寿险公司承保风险关联的频率分布均接近于正态分布,呈现出较好的对称性。前者的均值位于0.1附近,而后者的均值则位于0附近,即非寿险公司之间的承保风险关联整体而言大于寿险公司。图3-4(c)中,无论是非寿险还是寿险业,由于保险公司的再保险业务主要都在专业的再保险公司办理,因此保险公司间的再保险联系均

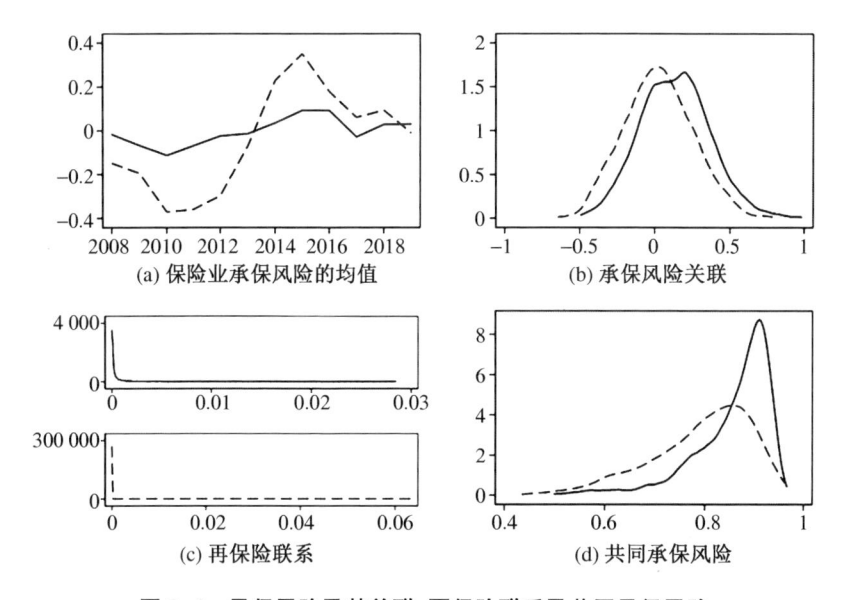

图 3-4　承保风险及其关联、再保险联系及共同承保风险

很低,频率分布中心均位于 0 附近。图 3-4(d)中,非寿险公司间的共同承保风险集中于[0.85,0.95],频率分布中心位于 0.90 附近;寿险公司间的共同承保风险则大多位于[0.75,0.90],频率分布中心落于 0.85 附近,即非寿险公司间的共同承保风险普遍要大于寿险公司。表 3-2 汇报了非寿险和寿险业各变量的描述性统计。

表 3-2　变量的描述性统计

变量名称	非寿险业 均值	标准差	最小值	最大值	寿险业 均值	标准差	最小值	最大值
承保风险关联 URL	0.134	0.233	−0.493	0.983	0.023	0.228	−0.647	0.789
再保险联系 REL	0.001	0.002	0.000	0.029	0.001	0.004	0.000	0.063
直接联系 RE1	0.001	0.002	0.000	0.028	0.000	0.003	0.000	0.063
间接联系 RE2	0.000	0.000	0.000	0.001	0.000	0.002	0.000	0.046
共同承保风险 CRL	0.859	0.077	0.500	0.966	0.795	0.100	0.435	0.963
保费收入相似性 CR1	0.858	0.068	0.379	0.954	0.839	0.080	0.445	0.956

(续表)

变量名称	非寿险业 均值	标准差	最小值	最大值	寿险业 均值	标准差	最小值	最大值
险种结构相似性 $CR2$	0.859	0.130	0.285	0.992	0.751	0.175	0.095	0.993
产权属性相似度 NoE	0.721	0.449	0.000	1.000	0.721	0.449	0.000	1.000
公司年龄相似度 Age	0.757	0.185	0.100	1.000	0.772	0.166	0.316	1.000
杠杆率相似度 LvR	0.965	0.080	0.035	1.000	0.970	0.067	0.315	1.000
总资产相似度 ToC	0.857	0.215	0.005	1.000	0.839	0.212	0.004	1.000
成长性相似度 GrR	0.938	0.101	0.061	1.000	0.920	0.137	0.084	1.000
样本量	1 869				1 750			

表 3-2 中的描述性统计显示，非寿险业中，承保风险关联的均值为 0.134，最小值为 -0.493，最大值为 0.983。这说明非寿险公司间的承保风险关联以正相关为主，且存在关联性很高的非寿险公司组合。寿险业中，保险公司间的承保风险关联均值、最小值和最大值分别为 0.023、-0.647 和 0.789。解释变量方面，非寿险和寿险业的再保险联系均值均为 0.001，前者的最大值为 0.029，后者最大值也仅为 0.063。这再次说明在当前中国保险业中，直保公司间的再保险联系依然很弱。无论是非寿险还是寿险业，保险公司所面临的共同承保风险都很大，且非寿险业略大于寿险业，前者均值为 0.859，后者均值为 0.795。控制变量方面，产权属性相似度和公司年龄相似度的均值均为 0.75 左右，其余如总资产相似度等的均值达 0.83 以上，甚至超过了 0.95。这说明整体而言，保险公司之间各控制变量的相似度普遍较高。

四、实证分析

（一）承保风险关联的影响因素分析

表 3-3 汇报了非寿险和寿险公司承保风险关联影响因素的回归分析结果，第 2 列和第 3 列为非寿险业的回归结果，第 4 列和第 5 列为寿险业的回归结果。

表 3-3　　承保风险关联的影响因素分析(一级指标)

变量名称	非寿险业 回归系数	非寿险业 标准误	寿险业 回归系数	寿险业 标准误
再保险联系 REL	0.459 2***	0.052 6	0.096 1	0.112 9
共同承保风险 CRL	0.209 9***	0.021 9	0.047 8**	0.021 3
产权属性相似度 NoE	0.016 8**	0.008 3	−0.010 3	0.009 0
公司年龄相似度 Age	0.032 0*	0.017 0	−0.029 0*	0.016 1
杠杆率相似度 LvR	0.097 0**	0.042 6	−0.148 4***	0.039 0
总资产相似度 ToC	−0.051 2***	0.017 1	0.003 6	0.018 7
成长性相似度 GrR	0.084 2**	0.033 1	0.019 9	0.026 0
常数项	0.090 3*	0.053 4	0.537 1***	0.074 8
Observations	1 869		1 750	
R-squared	0.127 1		0.015 3	
F	38.710		3.878	
p	0.000 0		0.000 3	

注：***、**、* 分别表示在 1%、5% 和 10% 的水平上显著。

1. 非寿险业的回归分析

非寿险业中,再保险联系(REL)的回归系数在 1% 的置信水平上显著为正。这说明保险公司再保险联系的增加会为承保风险的传播提供路径,从而增加保险公司之间的承保风险关联,假设 H3.1 对于非寿险业成立。也就是说,尽管再保险业务能有效帮助保险公司转移和分散承保风险(Garven 等,2014),但保险公司由于再保险合同而存在的再保险联系确实是一条天然的风险传播渠道,再保险联系的增加能显著地促进保险公司的承保风险关联。这一结果与 Chen 等(2020)等大多数相关文献的研究结论保持一致,即紧密的再保险联系会使保险公司遭受更为严重的系统性风险不利影响。

共同承保风险(CRL)系数为正,置信水平为 1%。这说明共同承保风险的增加会显著增加保险公司的承保风险关联,假设 H3.2 对于非寿险业成立。这一结果与王向楠(2018a)也保持了一致。前文理论分析表明,若将各个地区或各类保险业务的风险状况看作若干个相互独立的风险因子,那么这些风险因子的非预期波动即是该地区或保险业务承保风险存在的根源。保险公司的承保业务在地理位置或险种组合上进行分散化经营,可使承保风险不集中来源于某一类风险因子,避免了将"鸡蛋"放于同一个"篮子",从而可以帮助保险公司有效降低承保风险的波动性(杨波和吴婷,2020)。然而,在实务中,由于承保业务的经营地域和险种数量是有限的。因此,保险公司进行地理分散化及险种多元化分散经营的最终结果必然是提高了保险公司之间的"相似度"。无论是地理分布的相似度还是险种结构的相似度,都将导致不同保险公司的承保业务在各类风险因子构成上的相似度提升,从而导致保险公司间承保风险关联的增强。

产权属性相似度(NoE)、公司年龄相似度(Age)、杠杆率相似度(LvR)、成长性相似度(GrR)均显著为正,而总资产相似度(ToC)显著为负。这说明除承保业务的再保险联系和共同承保风险以外,非寿险公司承保风险关联同时还受到其他多种经营因素影响。这些因素对承保风险关联的内在影响机制有待进一步探索。

2. 寿险业的回归分析

寿险业中,再保险联系(REL)的一次项系数为正,但不显著。这表明寿险业中,再保险联系对保险公司间承保风险关联的影响甚微,假设H3.1 对于寿险业不成立。一个可能的原因是寿险公司的再保险使用率太低,未构成有效的承保风险传播渠道,不能显著改变承保风险的关联性。

共同承保风险(CRL)系数为正,置信水平为5%。这说明共同承保风险(CRL)对寿险承保风险关联的影响显著为线性正相关,假设H3.2 对于寿险业也成立。原因和非寿险业相同,尽管承保业务的空间分散和险种多元化经营能够降低保险公司赔付率的波动性,为保险公司的承保业务带来风险分散效应(杨波和吴婷,2020;卓志和孟祥艳,2018),但不同保险公司的赔付率波动具有相同的方向,共同承保风险的增加显著地提升了寿险公司承保风险关联。

控制变量方面,公司年龄相似度(Age)、杠杆率相似度(LvR)均显著为负,其余指标则均不显著;影响寿险公司承保风险关联的因素少于非寿险公司。这是因为长期以来,承保风险管理都是非寿险公司经营管理的核心内容,使得不同非寿险公司在承保风险管理能力方面具有较大的差异,导致非寿险公司间的承保风险关联受到更多其他因素的影响。相对而言,寿险公司承保风险的管理并非公司经营的核心[①]。因此,寿险公司的承保风险管理能力大体相似,从而导致其对承保风险关联的影响程度较低。

(二)再保险联系和共同承保风险的贡献比较

分别基于非寿险和寿险业的回归结果对各变量进行 Shapley 值分解(见表 3-4)。第 2 列和第 3 列分别为非寿险行业回归模型中各变量的 Shapley 值和对承保风险关联差异的贡献程度;第 4 列和第 5 列汇报了寿险业中各变量的 Shapley 值和贡献率。表 3-4 的 Shapley 值分解结果与表 3-3 中的回归结果基本一致,显著度高的变量具有较大的贡献率。

表 3-4　　　　　　　　Shapley 值分解结果

影响因素	非寿险业 Shapley 值	贡献率	寿险业 Shapley 值	贡献率
再保险联系(REL)	0.046	36.17%	0.000 5	3.40%
共同承保风险(CRL)	0.052 8	41.53%	0.003 3	21.77%
产权属性相似度(NoE)	0.001 9	1.53%	0.0008	5.35%
公司年龄相似度(Age)	0.005 8	4.54%	0.001 4	9.44%
杠杆率相似度(LvR)	0.002 6	2.06%	0.008 6	55.72%
总资产相似度(ToC)	0.010 5	8.24%	0.000 0	0.20%
成长性相似度(GrR)	0.007 5	5.93%	0.000 6	4.12%
总计	0.127 1	100.00%	0.015 2	100.00%

---

① 由于寿险业务的长期性和投资性,相对而言,公司经营更看重投资风险及资产负债的匹配。

非寿险业中,共同承保风险(CRL)的贡献率最大,再保险联系(REL)次之,两者对保险公司间承保风险关联的贡献率分别为41.53%和36.17%,合计为77.70%。这说明在非寿险业中,不同保险公司承保风险关联的差异主要由共同承保风险和再保险联系所导致。另一方面,结合表3-2中的描述性统计可见,非寿险公司平均的共同承保风险为0.859,但平均再保险联系仅为0.001。这说明相对于共同承保风险而言,尽管当前各非寿险公司间的再保险联系非常微弱,但其对承保风险关联的影响却不容忽视,这与Cummins和Weiss(2014)提出"由于再保险的存在,保险业内部的相互联系程度尤为重要"的观点不谋而合。控制变量中,总资产相似度(ToC)的贡献率为8.24%,其余变量的贡献率则均较低。这说明尽管这些变量对非寿险公司间的承保风险关联有显著影响,但影响幅度远低于共同承保风险和再保险联系。

寿险业中,共同承保风险(CRL)和再保险联系(REL)的贡献率分别为21.77%和3.40%,合计为25.17%。这说明在寿险业承保风险关联中,同样是共同承保风险的影响大于再保险联系,但都远远低于非寿险业。控制变量中,杠杆率相似度(LvR)的贡献率高达55.72%,显著大于共同承保风险和再保险联系对承保风险关联的影响程度。杠杆率是寿险公司整体风险状况的反映,其对承保风险关联的影响机制有待进一步探索。其余变量中,公司年龄相似度(Age)、产权属性相似度(NoE)及成长性相似度(GrR)的贡献率分别为9.44%、5.35%和4.12%,均大于再保险联系(REL)的贡献程度。也就是说,寿险公司若想调整与其他寿险公司的承保风险关联,首先应对公司自身的整体风险状况进行更深层次的分析与调整,其次是调节共同承保风险,最后才是调整再保险关系。

(三) 影响因素的进一步分析

为进一步分析再保险联系和共同承保风险对保险公司承保风险关联可能存在的内在影响机制,将对应的二级指标取代一级指标进行回归分析(见表3-5)。表3-5中第2列和第3列分别为非寿险业的回归系数和标准误,第4列和第5列分别为寿险业的回归系数和标准误。

表 3-5　承保风险关联的影响因素分析(二级指标)

变量名称	非寿险业 回归系数	非寿险业 标准误	寿险业 回归系数	寿险业 标准误
直接联系 $RE1$	0.434 6***	0.058 4	−0.006 0	0.127 0
间接联系 $RE2$	0.046 1	0.092 6	0.194 3**	0.096 7
地理分布相似性 $CR1$	0.192 0***	0.030 8	0.008 9	0.025 2
险种结构相似性 $CR2$	0.137 3***	0.019 1	0.046 2**	0.020 4
产权属性相似度 NoE	0.017 6**	0.008 3	−0.010 2	0.009 1
公司年龄相似度 Age	0.030 2*	0.017 0	−0.027 8*	0.016 1
杠杆率相似度 LvR	0.099 9**	0.042 7	−0.148 8***	0.039 2
总资产相似度 ToC	−0.047 7***	0.017 2	0.001 4	0.018 8
成长性相似度 GrR	0.082 3**	0.033 3	0.021 1	0.026 1
常数项	−0.022 9	0.058 7	0.575 8***	0.081 2
Observations	1 869		1 750	
R-squared	0.129 6		0.017 4	
F	30.74		3.419	
p	0.000 0		0.000 4	

注：***、**、*分别表示在1%、5%和10%的水平上显著。

非寿险业中,再保险联系的两个二级指标中,直接联系($RE1$)和间接联系($RE2$)系数均为正,前者在1%的置信水平上显著为正,后者则不显著。即假设 H3.1a 对于非寿险业成立,而 H3.1b 对于非寿险业不成立。这说明在非寿险业中,保险公司之间的再保险联系主要通过直接的分出和分入关系从而对承保风险关联造成影响,而非间接的再保险联系。共同承保风险的两个二级指标中,保费收入地理分布相似性($CR1$)以及险种结构相似性($CR2$)具有相同的回归分析结果,均在1%的置信水平上显著为正,与表 3-3 的回归结果保持一致,假设 H3.2a 和 H3.2b 对于非寿险业均成立。这说明无论是保费收入的地理分布相似性还是险种结构相似性,所产生的共同承保风险对非寿险公司承保风险关联的影响方向都是相同的,且影响程度也大体相近。产权属性相似度(NoE)等各控制变量的符号和显著程度均与表 3-3 保持一致。这也说明非寿险业的回归模型是稳健的。

寿险业中,再保险联系的两个二级指标中,直接联系($RE1$)系数为负,但不显著,间接联系($RE2$)的回归系数则在 5% 的置信水平上显著为正,则假设 H3.1a 对于寿险业不成立,而 H3.1b 对于寿险业成立。这说明再保险联系能在一定程度上影响寿险公司间承保风险的关联性,而并非完全不产生任何影响。共同承保风险的两个二级指标均为正,但地理分布相似性($CR1$)在 10% 的置信水平上显著,而险种结构相似性($CR2$)则在 5% 的置信水平上显著。即假设 H3.2a 对于寿险业不成立,而 H3.2b 对于寿险业成立。这说明寿险业务在地理分布方面的相似性不会影响寿险公司间的承保风险关联。一个可能的原因在于,寿险承保业务是保障有关人的身体和生命的风险,而这些风险因素大多不具有显著的地域特征,从而在地域上分散寿险业务经营并不能有效降低寿险公司的承保风险(杨波和吴婷,2020),也不会显著影响不同寿险公司之间的承保风险关联。各控制变量的符号和显著程度均与表 3-3 中寿险业的回归结果相同,这也能说明前文寿险业的回归模型是稳健的。

第三节 承保风险关联与系统性风险

第二节中证明了再保险联系和共同承保风险对承保风险关联存在着显著的正向影响。当保险公司之间的再保险联系更加密切,或面临着更大的共同承保风险时,则保险公司承保风险之间的关联性会进一步加强。本节首先对因承保业务风险传染引起的系统性风险进行仿真模拟,再分析承保风险关联与系统性风险之间的关系。具体做法则是,假设保险业处在当年的稳态水平,即保持当年的再保险分入分出结构、保费收入水平、流动性资产水平等各项承保业务经营指标不变。然后,让外部损失冲击以当年赔付率的倍数逐渐递增,即若当年的平均赔付率较高时,同倍数的外部损失冲击将对系统造成较大程度的损失。进而,观察保险行业中各公司的表现以及行业整体的总体反应。最后,核算系统整体的稳定性状况,衡量系统性风险的大小,并进一步分析承保风险关联性对系统性风险的影响,以及深入分析再保险联系和共同承保风险对系统性风险的影响及路径。

一、传染模拟及系统性风险的衡量

(一) 承保风险传染的拟合

当保险市场上发生了一个大的保险事故时,会导致保险业中的一个或多个保险机构发生损失。这些最初受到损失的保险机构通过与其他保险机构的再保险关联网络,会将损失传染至其他保险机构。承保风险对保险系统的影响从系统稳态开始。当保险事故发生后,被保险人首先向原保险人提出索赔,其后原保险人根据再保险合同向再保险人提出索赔,再保险人支付再保险损失赔偿。若再保险人不能支付部分或全部赔款时,则原保险人将遭受额外的传染损失,导致其财务压力加剧。这可能使其陷入财务困境,从而进一步对其他保险公司发生再保险违约。即可能触发多米诺骨牌效应,保险系统发生一轮接着一轮的传染损失。倘若没有新的传染损失发生,则传染终止。因此,可以通过保险公司之间因再保险业务而存在的业务网络分析风险的传递过程,并观察各家保险公司在风险传递过程中的表现,其自身是否因索赔而破产,是否因其他公司破产而被传染致破产等等,从而在整体上观察保险业的系统性风险。

先做出如下定义,初始损失是指保险事故的损失金额;承保损失是保险公司的原保险赔款以及再保险赔款之和,也称为第 0 轮损失,显然,保险公司的承保损失之和等于初始损失;如果其中某一家保险公司发生流动性危机并发生违约,将会在各家保险公司之间进行传染,进而引发第 1 轮、第 2 轮损失……由此而发生的损失则被定义为传染损失。很明显,承保损失是由承保风险直接引起的,而传染损失则是因保险公司之间承保风险的关联而产生。

承保损失与传染损失之间的关系由图 3-5 表示。

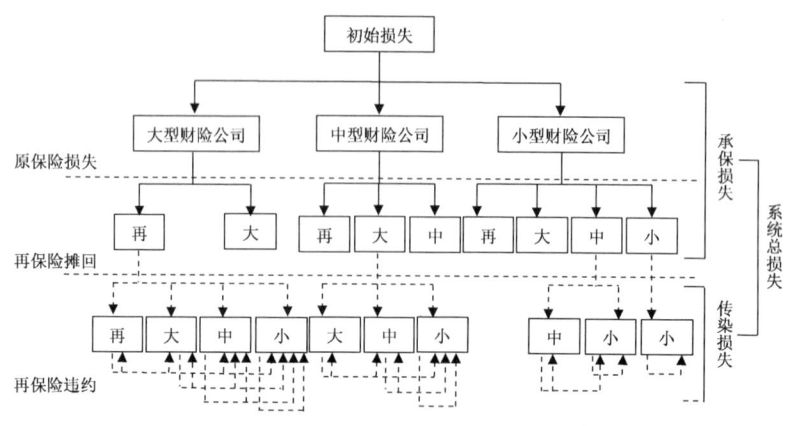

图 3-5 承保损失与传染损失的关系①

保险事故发生后,被保险人基于保险合同向原保险人提出索赔,原保险人基于再保险合约向再保险人提出索赔。对于特定保险机构 i 而言,现金流出包括原保险赔款和再保险赔款,现金流入为摊回分保赔款,最终的承保损失则为现金流出与现金流入之差。

(二) 各种损失的度量

假设保险系统中有 N 家保险公司②,包括原保险公司和再保险公司。这 N 家保险公司之间的再保险关联及其自身财务状况构成了再保险网络,仍然采用(3.27)式中的再保险业务矩阵 $A=(\alpha_{ij})_{N\times N}$。$\alpha_{ij}$ 表示第 i 个保险机构向第 j 个保险机构分出的保费;第 i 行表示第 i 家保险机构分出保费的具体去向,对第 i 行求和,则为第 i 家保险机构的分出保费总量 $O_i=\sum_{j=1}^{N} x_{ij}$;同理,第 j 列表示第 j 家保险机构分入保费的具体来源,对第 j 列求和,则得到第 j 家保险机构的分入保费总量 $I_j=\sum_{i=1}^{N} x_{ij}$。

---

① "再""大""中""小"分别指代再保险公司以及大型、中型和小型非寿险公司;虚线箭头表示当发生再保险违约时损失传染的可能方向。

② 由于寿险与非寿险是分业经营,两者之间没有承保业务往来,故可以把寿险系统与非寿险系统看作相互独立的两个再保险网络。但寿险系统和非寿险系统中承保风险的传染机制相同。故先用"保险系统"或"保险公司"概括,不再刻意说明是寿险还是非寿险。在后面模拟分析时,再分别进行计算。

保险公司通常都没有详细公开再保险交易数据，因此无法通过公开途径获得真实数据来建立真实的再保险业务网络，而只能根据各保险公司的总分入保费 I_i 和总分出保费 O_i 进行拟合，以获得再保险业务矩阵 A。仍然采用式(3.28)和式(3.29)的假设和限制条件来进行再保险业务矩阵 A 的拟合。

通常，外部非预期的损失冲击是引发系统性风险的导火线。在评估保险业在外部损失冲击下的系统性风险时，学者们普遍采用情景分析的办法，或是让再保险公司依次破产（Lelyveld等，2011；王丽珍，2015），或是让保险损失冲击逐渐增大，并作用于系统中所有保险公司（Davison等，2019；牛晓健和吴新梅，2019），进而观察保险系统的表现，从而评估系统的稳定性。自1978年中国保险业复业以来，中国保险系统一直处于稳定状态，从未发生过能引发系统性风险的重大事件（邹奕格和粟芳，2020），但风险的暗流却一直在涌动（方蕾和粟芳，2018）。无论是资产规模、保费收入等绝对指标，还是赔付率、再保险率等相对指标，也都一直处于不断变化的动态过程中。本部分的主要研究目标之一就是从承保风险基于再保险网络进行传染的角度，量化其对保险业系统性风险的影响，并将寿险业与非寿险业进行比较与分析，分别观测系统性风险随时间的变化趋势。因此在模拟过程中，假设保险业处在样本年各年的稳态水平，外部损失冲击以当年赔付率的倍数逐渐递增，进而观察保险业的反应。

在模拟风险传染过程时，假设保险系统遭受了 γ_t 倍平均赔付率的冲击。则保险公司 i 可能会发生下列诸多损失。

(1) 原保险赔款（DIC_{it}）。保险公司 i 在第 t 年的保费收入为 $premium_{it}$；δ_t 为在第 t 年的平均赔付率。则若 i 为原保险公司，所面临的原保险赔款为 $DIC_{it}=\gamma_t \times \delta_t \times premium_{it}$；若 i 为再保险公司，所面临的原保险赔款为 $DIC_{it}=0$。

(2) 再保险赔款（REC_{it}）。每一家保险公司在经营原保险业务的同时，也经营分入业务。因此，从保险公司 i 所经营的分入业务来看，假设在第 t 年保险公司 j 向 i 提出的摊回分保赔款为 l_{ijt}，则保险公司 i 总计应承担的再保险赔款 $REC_{it} = \sum_j l_{ijt}$。

（3）摊回分保赔款（WRC_{it}）。从保险公司 i 所办理的分出业务来看，假设所有再保险合同均采用比例再保险，Re_ratio_{it} 为再保险分出比例。当保险损失发生时，倘若每家再保险公司的财务能力都较充足，都能够按合同赔偿摊回分保赔款，则保险公司 i 将按比例从所有再保险公司得到摊回分保赔款 $WRC_{it} = Re\_ratio_{it} \times DIC_{it}$。

（4）传染损失（DFC_{it}）。当某家保险公司因财务能力有限而发生破产时，保险公司 i 将无法按照预期获得全额的摊回分保赔款，因此会面临传染损失。当第 j 家保险公司发生破产时，将无法向所有保险公司支付摊回分保赔款。假设 REC_{jt}^* 为第 j 家保险公司实际能够支付的再保险赔款，$REC_t^* = (REC_{1t}^*, REC_{2t}^*, \cdots, REC_{Nt}^*)^T$ 存在且唯一。此时，第 j 家保险公司将按应付摊回分保赔款的比例向各家原保险公司支付（Eisenberg 和 Noe，2001）。因此可得到摊回分保赔款的偿还比例矩阵 $\Pi_{N \times N, t}$。$\Pi_{N \times N, t}$ 中的元素为 $\pi_{ij, t}$，表示第 i 家保险公司从第 j 家保险公司获得的摊回分保赔款占第 j 家保险公司再保险赔款的比例。倘若第 j 家保险公司没有经营再保险业务，则 $REC_{jt} = 0$，$\pi_{ij, t} = 0$；倘若第 j 家保险公司经营了再保险业务，$REC_{jt} > 0$，$\pi_{ij, t} = \dfrac{\alpha_{ij, t}}{REC_{jt}}$。显然，$\sum_i \dfrac{\alpha_{ij, t}}{REC_{jt}} = 1$。保险机构 i 的传染损失取决于行业中其他公司的表现，即保险公司 i 因而面临了传染损失：$DFC_{it} = \sum_j \pi_{ij, t}(REC_{jt} - REC_{jt}^*)$。

（5）累计总损失（CML_{it}）。综上，保险公司 i 因原保险业务发生了原保险赔款（DIC_{it}），因再保险分入业务发生了再保险赔款（REC_{it}），因再保险分出业务而从其他保险公司获得了摊回分保赔款（WRC_{it}），并且因其他保险公司陷入财务危机而无法全额支付摊回分保赔款而发生了传染损失（DFC_{it}）。因此，保险公司 i 所面临的累计总损失（CML_{it}）为其在风险传染过程中遭受的各类损失之和，即 $CML_{it} = DIC_{it} + REC_{it} -$

$WRC_{it} + DFC_{it}$。

（三）破产标准及系统性风险的衡量

当保险公司 i 的累计总损失（CML_{it}）超过某一临界值时，将陷入财务危机并面临破产清算。文献中大多以所有者权益作为金融机构的破产界限（隋聪等，2016；方意，2016）。然而，由于保险公司具有非常强烈的负债经营特点，保险实务中也存在不少所有者权益为负却仍然正常经营的保险公司。为了更符合保险行业特征，此处使用流动性资产[①]作为判断保险公司是否破产的标准。原中国银监会在2017年修订的《商业银行流动性风险管理办法》中也指出，优质流动性资产充足率越高，则商业银行抵御流动性风险的能力越强。这说明使用流动性资产作为破产临界值具有一定的合理性。

前文文献综述部分分析过，尽管有诸多模型和方法可用于衡量系统性风险，但由于保险行业数据的限制，一些方法不具有可行性。因此，本部分选择网络分析模型对保险业系统性风险进行度量与分析。

在多冲击强度的复杂网络模型中，学者们一般以系统损失率作为系统性风险的度量指标（贾彦东，2011；Davison 等，2019），偶尔也将传染违约金融机构达到10家或以上作为系统性风险传染效应存在性的判断依据（隋聪等，2016）。考虑到各年份的可比性及寿险和非寿险的可比性，并结合研究目的，将系统中25%的保险公司破产时的损失冲击强度作为系统性风险的代理变量，并定义为 γ_t。

换言之，能导致系统中25%的保险公司破产时的损失冲击强度（γ_t）越大，则说明保险系统第 t 年的稳定性越高，系统性风险越小；反之亦反。因此，损失冲击强度（γ_t）与系统性风险呈负相关关系。

[①] 流动性资产＝货币资金＋拆出现金＋交易性金融资产＋衍生金融资产＋买入返售金融资产＋应收利息＋应收保费＋应收代位追偿款＋应收分保账款＋应收分保未到期责任准备金＋应收分保未决赔款准备金＋应收分保寿险责任准备金＋应收分保长期健康险责任准备金＋保户质押贷款＋存出准备金＋其他应收款。

二、研究设计与数据

由于系统性风险的代理变量（γ_t）是基于行业层面的变量，因此本部分的分析与前面的分析不同，不再是基于公司层面的分析，而是基于行业层面的分析。而且，考虑到分别就非寿险业和寿险业进行回归分析的样本量较少，因此将非寿险业和寿险业合在一起，就整个保险业进行回归分析。首先，以非寿险业或寿险业系统性风险的代理变量（γ_{ht}）为被解释变量，其中，$h=1$ 为非寿险业，$h=2$ 为寿险业。以非寿险业或寿险业的承保风险关联（$\overline{URL}_{ht}$）为解释变量，实证检验承保风险关联性对系统性风险的影响。同时，在模型中加入承保风险关联（$\overline{URL}_{ht}$）的二次项，以考察可能存在的非线性关系。回归模型如式(3.34)：

$$\gamma_{ht} = \beta_0 + \beta_1 \overline{URL}_{ht} + \beta_2 \overline{URL}_{ht}^2 + \varepsilon_t \tag{3.34}$$

式中，$\overline{URL}_{ht}$ 代表第 t 年非寿险业或寿险业层面整体的平均承保风险关联性，等于各保险公司相应指标的年平均值。故数据来源与第二节完全相同，此处不再赘述。γ_{ht} 为承保风险引致的行业系统性风险的代理变量，实质上为系统中25%的保险公司破产时的损失冲击强度，由承保风险在系统中动态传染的仿真模拟过程而得，原始数据来源于各保险公司的财务报表。由于保险业层面的数据每年只有非寿险和寿险行业数据各一组样本，样本量总数较少，故本节研究将样本数据的时间跨度延长至2004-2019年。

三、实证分析结果

（一）初步分析及相关性检验

首先进行仿真模拟，得到导致系统中25%的保险公司破产时的损失冲击强度（γ_{ht}）。图3-6(a)和(b)分别展示了非寿险和寿险行业各年份中保险公司平均承保风险关联与系统性风险随时间的变化趋势。图

3-6(a)和(b)中,实线为系统性风险,对应左侧纵轴;虚线为承保风险关联,对应右侧纵轴;横轴则为相应的统计年份。

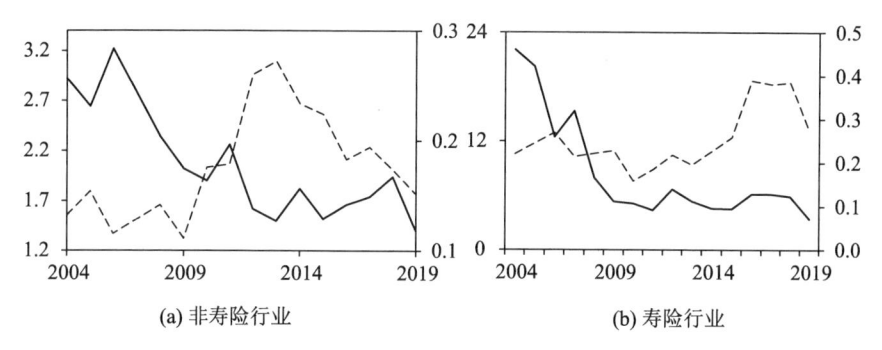

图 3-6　承保风险关联与系统性风险的关系

(a) 非寿险行业　　(b) 寿险行业

根据图 3-6 整体而言,直观来看,在行业层面上,非寿险业和寿险业的承保风险关联与系统性风险之间呈现出一定的负相关关系。然而由于数据量太少,负相关的趋势还不是非常明显。因此,在图 3-6 的基础上对承保风险关联性序列和系统性风险序列进行 Pearson 相关系数检验,得到两者之间的相关系数,在非寿险业为 $-0.662\,2$,对应的 P 值为 $0.007\,2$;而在寿险业则为 $-0.073\,0$,对应的 P 值为 $0.788\,1$。这表明,无论是寿险还是非寿险业,保险公司间的平均承保风险关联与系统性风险之间均存在负相关关系。这意味着,当系统整体的承保风险关联性增大时,系统稳定性下降,系统性风险上升。这与大部分文献中,当金融系统的互联性上升时,系统整体的脆弱性增加,从而系统性风险增加的结论相一致。

(二)承保风险关联对系统性风险的影响

根据式(3.34)进行回归分析,分析结果如表 3-6 所示。

表 3-6　承保风险关联对系统性风险的影响分析

自变量 \ 因变量	(1) γ_t	(2) γ_t
承保风险关联 $\overline{URL}_{ht}$	$-0.380\,5^{**}$ $(0.179\,2)$	$-0.801\,7^{*}$ $(0.409\,0)$

(续表)

自变量 \ 因变量	(1) γ_t	(2) γ_t
承保风险关联平方 $\overline{URL}_{ht}^2$		0.557 5 (0.487 3)
样本量	32	32
R-squared	0.130 7	0.168 2
F	4.510	2.933
p	0.042 1	0.069 2

注：***、**、*分别表示在1%、5%和10%的水平上显著，小括号中的数字为标准误。

表 3-6 中，模型 1 的分析结果显示，承保风险关联性（$\overline{URL}_{ht}$）对系统性风险的代理变量 γ_{ht} 具有显著的负向影响，即对系统性风险具有显著的正向影响，并且在 5% 的水平上显著。这说明，保险公司之间的承保风险关联性增加，的确会导致保险行业系统性风险的显著增加。但是，模型 2 中加入了承保风险关联性（$\overline{URL}_{ht}$）的二次项之后，承保风险关联性（$\overline{URL}_{ht}$）的一次项回归系数仍显著为负，但二次项不显著。这说明承保风险关联性（$\overline{URL}_{ht}$）对系统性风险的影响是单调为正的。

因此，结合表 3-6 和表 3-3 的分析结果，基本证实了图 3-1 中各个变量的影响关系。再保险联系和共同承保风险的确影响着承保风险关联性，而承保风险关联性最终也对系统性风险产生着影响。各变量之间的影响关系如图 3-7 所示。

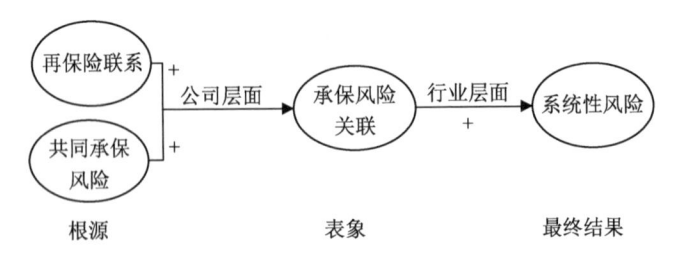

图 3-7 承保风险关联对系统性风险的影响

第四节 承保风险对系统性风险的影响机制分析

本章第一节和第二节分别通过理论分析和实证检验的方法证实,在公司层面上,再保险联系和共同承保风险均对保险公司之间的承保风险关联性具有正向影响。第三节的分析证实,在保险行业层面上,行业整体的承保风险关联性显著地正向影响着系统性风险,存在图 3-7 中的影响关系。

那么,再保险联系、共同承保风险和承保风险关联性在承保风险引致保险业系统性风险的过程中都扮演何种角色呢?它们之间是通过何种路径共同影响着系统性风险的变化?本节将使用中介效应来检查再保险联系、共同承保风险和再保险联系对保险业系统性风险的内在影响机制。

一、研究设计

在中介效应的分析中,对于解释变量 X 和被解释变量 Y,若 X 通过变量 M 来影响 Y,则称 M 为中介变量(温忠麟等,2005)。即变量 M 在 X 对 Y 的影响中存在中介效应。考虑一个最简单的中介效应模型,则变量 X、M 和 Y 满足如下关系:

$$Y = cX + \varepsilon_1 \tag{3.35}$$

$$M = aX + \varepsilon_2 \tag{3.36}$$

$$Y = c'X + bM + \varepsilon_3 \tag{3.37}$$

式(3.35)-式(3.37)中,c 衡量了 X 对 Y 的总效应,ab 衡量了 X 通过 M 影响 Y 的间接效应,即中介效应,c' 为直接效应。且总效应、直接效应和中介效应的关系满足:

$$c = c' + ab \tag{3.38}$$

中介效应的检验方法较多,其中一种常用的方式是检验通过中介变量渠道上的回归系数的乘积 ab 是否显著,若 ab 显著不为 0,则表明存在中介效应,否则不存在中介效应(温忠麟等,2004)。根据表 3-3 和表 3-6 中的回归结果,可以推测:承保风险关联性在再保险联系和共同承保风险影响保险业系统性风险 γ_t 的过程中,充当了中介变量的角色。因此,基于行业层面的分析,上述推测的检验模型为:

$$\gamma_{ht} = \beta_0 + \beta_1 \overline{REL}_{ht} + \beta_2 \overline{CRL}_{ht} + \varepsilon_t \quad (3.39)$$

$$\overline{URL}_{ht} = \theta_0 + \theta_1 \overline{REL}_{ht} + \theta_2 \overline{CRL}_{ht} + \varepsilon_t \quad (3.40)$$

$$\gamma_{ht} = \varphi_0 + \varphi_1 \overline{REL}_{ht} + \varphi_2 \overline{URL}_{ht} + \varphi_3 \overline{CVRL}_{ht} + \varepsilon_t \quad (3.41)$$

式中,若 $\theta_1 \varphi_2$ 显著不为 0,则表明在再保险联系($\overline{REL}$)影响保险业系统性风险 γ_{ht} 的过程中,承保风险关联性($\overline{URL}$)的中介效应显著存在;若 $\theta_2 \varphi_3$ 显著不为 0,则表明在共同承保风险($\overline{CRL}$)影响保险业系统性风险 γ_{ht} 的过程中,承保风险关联性($\overline{URL}$)的中介效应显著存在。则图 3-7 中的结构完全成立。本节的研究也是基于行业层面的研究,因此所使用的样本及样本数据的计算过程与前文第三节中完全相同。

二、实证分析

表 3-7 是式(3.39)-式(3.41)所示中介效应检验模型的分析结果。

表 3-7　　　　　　　基于一级指标的中介效应检验

自变量＼因变量	(1) γ_{ht}	(2) $\overline{URL}$	(3) γ_{ht}
承保风险关联 $\overline{URL}$			−0.414 0** (0.158 1)
再保险联系 $\overline{REL}$	−0.840 6*** (0.094 1)	0.382 8*** (0.103 8)	−0.682 1*** (0.104 6)
共同承保风险 $\overline{CRL}$	−0.206 2** (0.090 1)	0.299 4*** (0.099 5)	−0.082 2 (0.094 4)

(续表)

自变量 \ 因变量	(1) γ_{ht}	(2) $\overline{URL}$	(3) γ_{ht}
常数项	0.752 1*** (0.055 3)	−0.015 6 (0.061 0)	0.745 6*** (0.050 2)
Observations	32	32	32
R-squared	0.792	0.528	0.829
F	56.27	17.20	47.94
p	0.000 0	0.000 0	0.000 0
Coefficient		−0.158 5**	
Std Err		0.074 2	
Z		2.135	

注：***、**、* 分别表示在1％、5％和10％的水平上显著，小括号中的数字为标准误。

根据表3-7中的模型1—模型3可见，再保险联系（$\overline{REL}$）对系统性风险代理变量 γ_{ht} 的总影响效应为−0.840 6，并在1％的水平上显著。其中，直接影响效应为−0.682 1，间接影响效应为−0.158 5（即−0.414 0×0.382 8），并在5％的置信水平上显著为负。这表明，首先，再保险联系（$\overline{REL}$）对系统性风险具有显著的正向直接效应；其次，通过中介变量承保风险关联性（$\overline{URL}$）正向显著地间接影响着系统性风险。当再保险联系增加时，行业整体的承保风险关联性增加，各家保险公司之间承保风险的共振进一步增强，从而促使保险业系统性风险显著增加。即再保险联系通过承保风险关联性间接导致了系统性风险的上升。

同理，共同承保风险（$\overline{CRL}$）对系统性风险代理变量 γ_{ht} 的总影响效应为−0.206 2，置信水平为5％；其中，直接影响效应为−0.082 2，间接影响效应为−0.124 0（即−0.414 0×0.299 4），同样在5％的置信水平上显著为负。这也表明，共同承保风险（$\overline{CRL}$）对系统性风险具有显著的正向直接效应；其次，通过中介变量承保风险关联性（$\overline{URL}$）正向显著地间接影响着系统性风险。当行业整体的共同承保风险增加时,行业中大多数保险公司之间承保损失波动性的联动性增强,最终导致系统性风险上升。即共同承保风险通过承保风险关联性也间接导致了系统性风险的上升。

三、稳健性检验

为进一步分析保险业系统性风险的影响机制,并使前述结果更具说服力,本节基于再保险联系($\overline{REL}$)和共同承保风险($\overline{CRL}$)的二级指标,继续使用中介效应模型分析保险业系统性风险的影响机制。当然,这也是基于行业层面的数据研究。

表 3-8 分别检验了二级指标直接再保险联系($\overline{RE1}$)、间接再保险联系($\overline{RE2}$)、地理分布相似性($\overline{CR1}$)、险种结构相似性($\overline{CR2}$)在影响保险业系统性风险代理变量 γ_{ht} 的过程中,承保风险关联性($\overline{URL}$)是否都具有显著的中介效应。为了简化分析过程,当将再保险联系或共同承保风险中的一个指标替换为相应的二级指标时,保持另一个指标为一级指标。表 3-8 仅汇报了中介效应模型中的总效应、直接效应、间接效应以及 Sobel 检验的主要结果。

表 3-8　　　　　　　　二级指标的中介效应

指标名称	总效应	直接效应	间接效应	Sobel 系数	标准差	$p>\|z\|$
直接再保险联系 $\overline{RE1}$	−0.845 1	−0.686 6	−0.158 4	−0.158 4**	0.074 5	0.033 6
间接再保险联系 $\overline{RE2}$	−0.108 5	−0.211 0	0.102 5	0.102 5	0.215 8	0.634 7
地理分布相似性 $\overline{CR1}$	−0.098 9	0.041 7	−0.140 6	−0.140 6*	0.076 7	0.066 9
险种结构相似性 $\overline{CR2}$	−0.164 2	−0.076 7	−0.087 5	−0.087 5*	0.049 7	0.078 2

表 3-8 中的分析结果显示,直接再保险联系($\overline{RE1}$)对系统性风险代理变量 γ_{ht} 影响的总效应为−0.841 5,其中直接影响效应为−0.686 6,以承保风险关联性为渠道的间接影响效应为−0.158 4,Sobel 系数在 5% 的置信水平上显著为负。这表明,在直接再保险联系($\overline{RE1}$)影响系统性风险的过程中,承保风险关联性($\overline{URL}$)的中介效应显著,与表 3-7 中一级

指标的中介效应检验结果相一致。然而,在间接再保险联系($\overline{RE2}$)影响系统性风险代理变量γ_{ht}的过程中,承保风险关联性($\overline{URL}$)中介效应并不显著。这与表3-5中间接再保险联系($\overline{RE2}$)的变动不能显著改变承保风险关联性($\overline{URL}$)的回归结果相一致。

在地理分布相似性($\overline{CR1}$)和险种结构相似性($\overline{CR2}$)影响保险业系统性风险代理变量γ_{ht}的过程中,承保风险关联性($\overline{URL}$)的中介效应分别为-0.140 6和-0.087 5,且均在10%的置信水平上显著为负。这表明,地理分布相似性($\overline{CR1}$)和险种结构相似性($\overline{CR2}$)影响系统性风险的作用机制大致相同,都是通过承保风险关联性($\overline{URL}$)的中介效应。无论是地理分布相似性($\overline{CR1}$)还是险种结构相似性($\overline{CR2}$)的增加,都能在一定程度上导致行业中大多数保险公司之间保险赔付的共振增强,从而导致行业整体的承保风险关联性增加,最终导致系统性风险显著上升。

综上,二级指标的中介效应实证检验结果与一级指标大体相似,表明本节系统性风险影响机制分析结果具有稳健性。进一步地,系统性风险的影响机制也将更加明确。首先,再保险联系和共同承保风险均可直接影响保险行业的系统性风险,这将在后续第四章和第五章中进行进一步的深入模拟分析。其次,承保风险关联在再保险联系和共同承保风险影响系统性风险的过程中充当了中介变量。承保风险对系统性风险的影响已证实,具体的影响路径也被揭晓。

第五节 本章小结

一、研究结论

在已有文献的基础上,基于理论和实证两个角度,本研究详细分析了保险公司之间承保风险关联的根源及可能的影响因素。在理论层面上,首先基于保险公司承保业务的经营过程和有关关联交易的监管规定,详细分析了各环节是否具备影响承保风险关联的可能性;并进一步构建了理论模型,分析了再保险联系和共同承保风险对承保风险关联的影响过程。在实证层面上,基于中国各保险公司 2008-2019 年的实际经营数据,首先度量了保险公司之间的承保风险关联、再保险联系和共同承保风险等主要指标;然后构建线性回归模型,实证分析了再保险联系和共同承保风险对保险公司间承保风险关联的影响;继而对基准模型的回归结果进行了 Shapley 值分解,得到各变量对承保风险关联差异的贡献程度;最后探析了再保险联系和共同承保风险对保险公司承保风险关联造成影响的可能机制。本研究得出的主要结论如下:

(一) 公司视角

在公司视角上,研究结论基于理论层面和实证层面而展开:

1. 理论层面

(1) 保险公司承保风险相互关联的根源,一是因为保险公司的承保业务具有再保险联系,这是由直接再保险关系或间接再保险关系而形成的;二是因为承保业务面临着共同承保风险,这是在保险公司进行承保业务的空间分散和险种多元化过程中而形成的。

(2) 理论上,无论是直接再保险联系,还是间接再保险联系,都能为承保风险的传播提供渠道,从而促使保险公司间承保风险关联增大。实证检验则表现出上述理论分析结论并非对所有保险行业都成立。

(3) 理论上,无论是地理分布的相似性,还是险种结构相似性,均能增加保险公司间的共同承保风险,从而导致承保风险关联性上升。

2. 实证层面

(1) 非寿险行业中,再保险联系和共同承保风险均对于承保风险关联具有显著影响;具体而言,再保险联系体现为因直接再保险联系而产生的正向影响;由于保险公司在经营过程中具有较高的保费收入地理分布和险种结构的相似度,从而导致面临着较大的共同承保风险。

(2) 寿险业中,仅共同承保风险对承保风险关联具有显著影响;具体而言,仅保费收入险种结构的相似性和间接再保险联系具有显著的正向作用。

(3) 各影响因素的贡献度也不同。非寿险业中,共同承保风险对承保风险关联差异的影响贡献略大于再保险联系,但主要还是因为直接再保险联系所造成的;寿险业中,公司间承保风险关联的差异主要是由间接再保险联系、杠杆率相似度和保费收入险种结构的相似度引起的。

(二) 行业视角

在行业视角上,研究结论是基于实证分析而得到的:

(1) 承保风险关联性的确对保险业系统性风险具有显著正向的直接影响,从而初步证实了再保险联系和共同承保风险影响承保风险关联性,承保风险关联性继而影响系统性风险的过程。

(2) 中介效应的实证分析则证实了上述分段验证的结果,厘清了承保风险影响系统性风险的机制。其中,承保风险的根源是再保险联系和共同承保风险,两者的增加使得整个保险行业表现出承保风险关联更加紧密的表象,其结果就是系统性风险进一步增强。

二、政策建议

为更好地监管和控制保险公司之间的承保风险关联,避免由于关联性过大而引致保险行业整体爆发系统性风险。根据本部分结论,提出如下政策建议:

- 保险公司在制定策略的过程中,应避免因承保风险的关联度过高而致使公司受到其他公司的承保风险冲击的不利影响。
- 具体而言,非寿险公司为了降低与其他保险公司的关联度,应考虑降低直接的再保险联系,并降低在保费收入地理分布和险种结构方面的相似性,做到真正的差异化经营。
- 寿险公司若要降低与其他保险公司的关联,首先需要梳理与行业其他寿险公司间可能存在的间接再保险关系,其次是降低在杠杆比率方面的相似度,当然,改变保险业务的险种结构的相似度也具有一定的效果。
- 监管部门也应意识到,再保险联系和共同承保风险是导致保险公司承保风险产生关联,并进而可能导致系统性风险的重要因素,因此,鼓励保险公司在有限的地域和险种中进行真正的差异化经营,百花齐放,才能有效降低保险公司面临的风险敞口。
- 监管部门还应意识到再保险联系、共同承保风险和再保险联系在承保风险引致保险业系统性风险的过程中的角色和相互之间的关系,洞悉从承保风险根源到最终系统性风险结果的整个过程。监管部门也可以设置相应的监测指标进行实时的监管。

第四章 基于再保险联系的风险传染模拟

本书的第二章已经证实中国保险业是一个非稳定的系统,巨灾性质的巨额赔付事件具有引发保险业系统性风险的潜质。第三章证实了承保业务中的再保险联系和共同承保风险都是系统性风险的来源,通过增强承保风险关联性从而为系统性风险的爆发提供了风险传染的渠道。本部分将分别基于寿险业和非寿险业的承保业务,从保险公司之间的再保险联系的角度出发,就承保风险基于再保险联系的传染进行仿真模拟,预测不同损失冲击下可能存在的系统性风险水平,并找出导致系统性风险水平存在差异的影响因素。

第一节 非寿险业再保险联系对系统性风险的影响[①]

一、引言

防范和化解系统性风险,守住不发生系统性风险的底线,首先应对系统性风险进行全面的认识。具体而言,对于非寿险业,第一要明确非寿险业系统性风险的来源;第二要明确各来源的主次地位,即要明确各来源对系统性风险的影响。保险公司的业务包括承保业务和投资业务,其中承保业务为保险核心业务,投资业务为非核心业务。学者们已经普遍认为,投资业务的风险是非寿险业系统性风险的来源之一(Berdin 和 Sottocornola,2015),而对于承保业务中所蕴含的承保风险是否也是非

[①] 陆思婷,粟芳.非寿险承保风险引发系统性风险的复杂网络分析[J].保险研究,2021(2).

寿险业系统性风险的来源之一,学者们的观点却不太统一。Cummins 和 Weiss(2014)等认为,传统的保险承保业务不存在导致系统性风险的因素,因此不是非寿险业系统性风险的来源。Kanno(2016)则认为,虽然当前保险市场相对稳定,但也有发生再保险旋涡的可能性[①],因此承保风险也是非寿险业系统性风险的来源。

本部分将基于中国非寿险业数据,利用复杂网络模型,从行业层面明确非寿险业承保风险与系统性风险之间的量化关系。理论上,承保风险对系统性风险的影响是指承保风险通过系统内部机构之间的相互关联关系,从一个保险机构传递到另一个保险机构,并且由于存在风险放大效应,导致系统总损失大于承保风险损失的动态风险传染过程。在本部分中,将首先构筑保险公司之间的再保险网络,然后借助复杂网络模型测算基于再保险联系传染而对保险业带来的系统性风险,进而实现度量承保风险对非寿险业系统性风险影响的目的。本部分的创新主要包括:(1)建立了非寿险业承保风险基于再保险联系进行传染的理论模型,模拟了承保风险对系统性风险产生影响的过程;(2)结合最大熵值法和最小交叉熵原理,在构建再保险网络模型过程中对保险机构进行了分组处理,更为合理地解决了再保险交易的信息不完全问题;(3)构建了衡量承保损失与传染损失的定量模型,深入分析了承保风险、传染风险和系统性风险之间的关系。

二、文献综述

(一) 非寿险业系统性风险的存在

AIG 破产危机以前,学者们普遍认为相较于银行业,非寿险业存在系统性风险的可能性不大(Rossi 等,2002;Nebel,2004)。三十人研究小组早在一项报告(Group of Thirty,1997)中明确指出,保险公司不可能成

---

① 再保险旋涡由 Bain(1999)提出,但未明确提出传染多少次以上为再保险旋涡。Kanno(2016)也没有明确指出传染次数。牛晓健和吴新梅(2019)将两轮以上的风险传染称为再保险旋涡。

为系统性风险源头的核心机构；随后又进一步强调（Group of Thirty，2006），尽管保险公司的破产会产生沉重的私人成本并扰乱保险市场，但它们似乎并未对其他机构和市场产生重大的溢出效应，试图将保险业从系统性风险"罪魁祸首"的名单中洗脱出来。但事与愿违，2008年次贷危机中，AIG破产危机的发生将保险行业推到了风口浪尖，学者们开始研究保险业系统性风险的存在性。部分学者从保险业务入手，考察了保险公司各项主要业务潜藏系统性风险的可能性。Harrington（2009）指出，AIG的危机在很大程度上是受到AIG金融产品发行的CDS的影响，而非受监管的保险子公司发行的保险产品。Geneva Association（2010）、Cummins和Weiss（2014）、Berdin和Sottocornola（2015）也认为，只有当保险公司参与非传统保险活动时，才可能产生系统性风险。

另一部分学者则从保险公司之间、保险公司与银行机构之间的关联性角度考察非寿险业的系统性风险。Baluch等（2011）发现，随着保险公司与银行之间联系深入，以及保险公司对非传统保险活动投入的增加，近年来非寿险业系统性风险呈不断上升的态势。Billio等（2012）发现银行业和非寿险业具有更高的关联度，且由于银行和保险资产的流动性不足，使得它们成为系统性风险的天然储存库。Chen等（2014）也发现，保险公司与银行之间存在显著的双向因果关系，银行给保险公司带来了系统性风险，保险公司同样也为银行带来了系统性风险。

（二）系统性风险的度量

学者们采用各种方法，从宏观审慎与微观审慎两个维度评估了非寿险业的系统性风险。其中，基于宏观审慎角度评估系统性风险的方法是"自上而下"的，侧重于评估外生冲击对金融体系的影响程度，主要包括：系统性预期损失模型（Acharya等，2017）、边际预期损失模型（Acharya等，2012）、未定权益分析模型（Gray等，2011）、困境保费模型（Huang等，2012）、SRISK模型（Brownlees和Engle，2016）等。而基于微观审慎角度评估系统性风险的方法则是"自下而上"地考察风险在系统中的传染效应，主要包括：流动性调整VaR模型（Fragnière等，2010）、CoVaR模型(Adrian 等,2016)、格兰杰因果检验过程(Billio 等,2012)、银行间债务模型(Chen 等,2013)、下尾相依模型(Weiss 和 Muehlnickel,2014)、网络分析模型(Lin 等,2015;Kanno, 2016;Chen 等,2020)。然而,除未定权益分析模型和网络分析模型可借助资产负债表数据以外,其余模型皆基于股票市场、债券市场或衍生品市场的数据而开展。这对于中国保险业而言不太具有可行性。未定权益分析模型旨在分析系统性风险、潜在风险与政府担保之间的关系,也与我们的研究主题不太一致。因此,我们计划选择网络分析模型对非寿险业系统性风险进行度量与分析。

(三) 承保风险的相关研究

保费风险和准备金风险的存在都反映出,在预测最终索赔成本时可能存在较大的误差,因此承保风险的监管对非寿险公司至关重要(Harrington,2003)。从研究角度而言,对承保风险的研究主要集中于对承保风险的度量、管理和影响研究。在承保风险的度量问题上,Powers 和 Zanjani(2013)通过风险计量模型量化了保险公司的承保风险,并将其应用到保险公司的资本分配问题中。王正文和田玲(2014)也通过共单调模型和 Copula 模型对比分析了非寿险公司承保风险经济资本的度量方法及其拟合的准确性。承保风险对保险公司的影响也是颇受关注的一个话题。Barth 和 Feldhaus(1999)发现,监管环境与当地保险公司所承受的承保风险大小有一定关系,且承保风险在那些监管环境较宽松的州反而更低。赵桂芹和王上文(2008)运用结构方程模型探讨了产险公司资本结构与承保风险对获利能力的影响,发现资本结构与承保风险之间存在相互影响的关系。对于保险公司承保风险的管理,Gao 等(2016)使用静态完美信息古诺-纳什非合作博弈模型对主要自然巨灾保险市场的结构进行建模,发现保险公司在扩大市场份额与保持盈利能力之间要保持平衡,才能有效降低承保风险。综上,对承保风险的研究旨在为行业中保险公司的经营与管理服务,侧重于考察其对风险资本和盈利能力的影响,从而对其进行有效的管控。

（四）再保险联系对系统性风险的影响研究

Weiss等（2013）发现巨灾债券的发行可以有效降低该保险公司对系统性风险的贡献程度。Bobtcheff等（2016）认为，由于巨灾风险所造成的损失巨大且波及面广，因此承保灾难性风险的非寿险业务具有系统性影响，并有可能导致系统性风险。此外，保险机构之间通过再保险业务而紧密联系，非寿险公司有可能导致系统性风险，很大程度在于它们过分依赖再保险公司（Cummins和Weiss，2014）。Park和Xie（2014）通过分析再保险公司和美国非寿险公司的内在联系发现，若全球三大再保险公司同时倒闭且只能支付可收回金额的50%及以下时，保险公司与再保险公司之间的相互关联所带来的增量冲击会很大。Kanno（2016）也指出，再保险公司在再保险网络中占主导地位，且在全球金融危机之后，保险系统中许多交易对手违约都是通过全球再保险网络发生的。相似地，Davison（2019）在基于网络分析模型进行了一系列巨灾损失情景模拟和压力测试之后，也发现全球再保险市场上存在传染损失，且可能构成非寿险业的重大风险。牛晓健和吴新梅（2019）则利用风险传染动力学模型，研究了破产阈值、紧急折价抛售系数等因素对再保险市场稳健性的影响，发现中国的再保险复杂网络中有可能存在传染轮次为两轮及以上的再保险旋涡，但发生概率较低。由此可见，承保风险对系统性风险的影响以巨灾风险和再保险联系为条件。具体而言，保险机构之间存在着紧密的再保险联系是承保风险能够影响系统性风险的前提和基础，而巨灾风险的存在则是引发系统性风险的导火线。

三、再保险网络模型及传染机制

继续沿用前文第三章第二节中的再保险网络。假设非寿险业承保系统中有N家保险机构（包括直保公司和再保险公司），各保险机构因相互之间的再保险联系而直接关联，并存在再保险业务矩阵$\mathbf{A} = (\alpha_{ij})_{N*N}$。仍然采用式（3.28）和式（3.29）的假设和限制条件来进行再保险业务矩阵$\mathbf{A}$的拟合。

承保损失与传染损失之间的关系仍由图 3-5 表示。假设非寿险业中包含 N 个保险机构,构建衡量承保损失与传染损失的定量模型。

(一) 承保损失

假设保险系统遭受了 L 的初始损失,承保损失为当保险事故发生并导致初始损失 L 时的现金流出与现金流入的差值,由原保险赔款、再保险赔款和摊回分保赔款三部分组成:

1. 原保险赔款(DIC_i)[①]:保险公司 i 的保费收入为 $premium_i$;mks_i 为 i 的市场占有率。则若 i 为原保险公司,所面临的原保险赔款为 $DIC_i = L \times mks_i \times premium_i$;若 i 为再保险公司,所面临的原保险赔款为 $DIC_i = 0$。当发生初始损失 $L(L>0)$ 时,各保险机构需要向被保险人赔偿的原保险赔款分别为 DIC_1、DIC_2、⋯、DIC_N,且 $L = \sum_{i=1}^{N} DIC_i$。

2. 再保险赔款(REC_i):假设第 i 个保险机构需要向第 j 个保险机构赔偿的再保险赔款为 l_{ij},其中 $l_{ii} = 0$。若 i 与 j 没有分入业务,则 $l_{ij} = 0$。保险机构 i 对其他保险机构所承担的债务总额(简称"公司间债务")等于其应支付各保险机构的再保险赔款之和,即 $REC_i = \sum_{j=1}^{N} REC_{ij}$。

3. 摊回分保赔款(WRC_i):保险机构 i 从保险机构 j 摊回的分保赔款为 WRC_{ij}。显然,第 i 个保险机构从第 j 个保险机构摊回的分保赔款即为第 j 个保险机构向第 i 个保险机构支付的再保险赔款,即 $WRC_{ij} = REC_{ji}$。保险机构 i 对其他保险机构所享有的债权总额等于其应从各保险机构摊回的分保赔款之和,即 $WRC_i = \sum_{j=1}^{N} WRC_{ij}$。

综上,保险机构 i 的承保损失 UWL_i 为:

---

① 参照 Davison(2019),假设当初始损失发生时,原保险公司按照保费收入的市场份额比例"认领"损失。

$$UWL_i = DIC_i + REC_i - WRC_i = DIC_i + \sum_{j=1}^{N} REC_{ij} - \sum_{j=1}^{N} WRC_{ij}$$

(4.1)

承保损失是因保险事故发生而产生的最为直接的损失,是第 0 轮损失。显然,承保损失之和等于初始损失,即 $L = \sum_{i=1}^{N} UWL_i = \sum_{i=1}^{N} DIC_i$。

(二)流动性危机的判断

若非寿险业的所有分入机构都能维持正常运营并按时支付再保险赔款,则分出机构不会面临任何传染损失。因此,传染损失的发生以流动性危机的存在为前提。当非寿险业中的某一个或多个分入机构发生流动性危机而无力支付再保险赔款时,有再保险业务往来的分出机构将无法收回部分或全部摊回分保赔款,从而面临额外的传染损失,引发第 1 轮传染;然后可能发生多米诺骨牌效应。传染损失的发生会加重分出机构的财务压力,可能使得原本尚能正常运营的保险机构陷入流动性危机,并进一步将危机蔓延至其他保险机构,继续发生第 2 轮、第 3 轮传染损失……

当然,首先应判断保险机构是否发生了流动性危机,是否存在无力支付保险赔款的情况。隋聪等(2016)在度量银行业的系统性风险时以银行的所有者权益为基准,当损失大于所有者权益时,则认为该银行陷入流动性危机。然而,在中国非寿险业存在保险机构的所有者权益小于零但仍正常运营的情况[1]。原中国银监会在 2017 年修订的《商业银行流动性风险管理办法》中,也将优质流动性资产充足率列入流动性风险的监测计量指标中,并进一步指出,若该指标的值越高,则其抵御流动性风险的能力也越强。因此,可以将保险机构的流动性资产[2]作为所有者权益的代理

---

[1] 如 2018 年长安责任保险股份有限公司。
[2] 保险机构的流动性资产=货币资金+拆出现金+交易性金融资产+衍生金融资产+买入返售金融资产+应收利息+应收保费+应收代位追偿款+应收分保账款+应收分保未到期责任准备金+应收分保未决赔款准备金+应收分保寿险责任准备金+应收分保长期健康险责任准备金+保户质押贷款+存出准备金+其他应收款。

变量。即流动性危机的判断机制为：对于任意保险机构 j，若所发生的承保损失 UWL_j 小于其流动性资产 LQA_j，则认为该保险机构能维持正常的运营；否则认为存在流动性危机，从而引发了第1轮传染。此时，保险机构 j 的流动性缺口 LQG_j^0 定义为①：

$$LQG_j^0 = \begin{cases} 0; & 若 UWL_j \leqslant LQA_j \\ \min(UWL_j - LQA_j, REC_j); & 若 UWL_j > LQA_j \end{cases} \quad (4.2)$$

其中，右上角的0表示第0轮损失，下文同，均表示当前发生损失的轮数。

(三) 传染损失

1. 第1轮传染损失

与 Eisenberg 和 Noe(2001) 一致，假设当保险机构发生流动性危机时，将按同等比例偿还自己所承担的公司间债务。则保险机构 j 在第0轮发生流动性危机并引发了第1轮传染时，对保险机构 i 的违约金额为：$DFL_{ji}^1 = \dfrac{REC_{ji}}{REC_j} \times LQG_j^0$。

若在第0轮中有 N_0^* 家保险机构陷入流动性危机，则任意保险机构 i 因其他保险机构发生流动性危机而在第1轮中遭受的传染损失 DFL_i^1 为各保险机构对其违约的金额之和：

$$DFL_i^1 = \sum_{j=1}^{N_0^*} DFL_{ji}^1 \quad (4.3)$$

保险机构 i 在第1轮遭受的累计损失 CML_i 为第0轮承保损失 UWL_i 与第1轮传染损失 DFL_i^1 之和：

$$CML_i^1 = CML_i^0 + DFL_i^1 = UWL_i + DFL_i^1 \quad (4.4)$$

---

① 由于仅保险机构之间的债务会影响下一轮债务是否发生，故倘若保险机构陷入流动性危机时，其缺口为承保损失超过两倍流动资产的部分与公司间债务的较小者，下文同。

2. 引发第 2 轮传染的判断

继续判断是否有保险机构因其他保险机构违约而导致财务压力显著增加,从而判断是否将触发下一轮损失传染。流动性危机的判断机制仍相同:若任意保险机构 j 所发生的累计损失 CWL_j 小于其流动性资产 LQA_j,则认为该保险机构能维持正常的运营;否则认为存在流动性危机,引发下一轮传染;若没有一家保险机构陷入流动性危机,则传染停止。

由于在第 1 轮中分析的保险机构都是安然地度过了第 0 轮损失,即满足 $CML_j^0 = UWL_j \leqslant LQA_j$,则可以将上述判断机制调整为观察累计损失增长率的情况。即保险机构 i 在第 1 轮传染中的累计损失增长率为:$GRCL_j^1 = \dfrac{CML_j^1 - CML_j^0}{CML_j^0}$。若 $GRCL_j^1 < \varepsilon$ 成立(ε 为任意小的正实数,取 $\varepsilon = 0.000\,001$),则认为保险机构 j 在第 1 轮传染中增加的损失可以忽略不计,不至于陷入流动性危机。倘若所有保险机构都满足上述条件,$GRCL_j^1 < \varepsilon, \forall j = 1, 2, \cdots, N$,则传染停止。但若有任意一家保险机构 j 不符合上述条件,则陷入流动性危机,流动性缺口 LQG_j^1 如式(4.5),并引发第 2 轮传染损失:

$$LQG_j^1 = \begin{cases} 0; & 若 CML_j^1 \leqslant LQA_j \\ \min(CML_j^1 - LQA_j, REC_j); & 若 CML_j^1 > LQA_j \end{cases} \quad (4.5)$$

3. 第 2 轮传染损失

触发系统的第 2 轮传染损失时,与第 1 轮传染相似,保险机构 j 在发生流动性危机时对保险机构 i 的违约金额 $DFL_{ji}^2 = \dfrac{REC_{ji}}{REC_j} * LQG_j^1$。保险机构 i 在第 2 轮增加的传染损失为 $DFL_i^2 = \sum\limits_{j=1}^{N_1^*} DFL_{ji}^2, \forall j = 1, 2, \cdots, N_1^*$。

此时,保险机构 i 累计经受的传染损失为第 1 轮传染损失与第 2 轮传染损失之和,即 $DFL_i^1 + DFL_i^2$。累计损失为 $CML_i^2 = CML_i^1 +$

$DFL_i^2 = UML_i + DFL_i^1 + DFL_i^2$。

4. 后续轮次流动性危机的判断与传染损失的计算

当然,在计算每一轮传染损失之后,都应当继续判断是否有其他保险机构也陷入了流动性危机,财务压力是否有明显增加等,以此判断传染损失是否继续下去……直至传染过程收敛为止。当判断产生第 m 轮传染损失时,保险机构 i 的累计损失为 $CML_i^m = UML_i + \sum_{l=1}^{m} DFL_i^l$。

累计损失变化率为 $GRCL_i^m = \dfrac{CML_i^m - CML_i^{m-1}}{CML_i^{m-1}}$。是否发生 $m+1$ 轮传染的判断原则与前文相同,即当所有保险机构 $GRCL_i^m < \varepsilon$ 成立时,传染停止,否则继续触发第 $m+1$ 轮传染。

(四) 系统总损失

根据前文计算,假设在初始损失为 L 时,损失一共进行了 M 轮,则保险机构 i 的传染损失为 $\sum_{l=1}^{M} DFL_i^l$,累计损失为 CML_i^M。因此,系统传染损失为各保险机构传染损失之和,系统总损失则为各保险机构的累计损失之和,即:

$$DFL = \sum_{i=1}^{N} \sum_{l=1}^{M} DFL_i^l \tag{4.6}$$

$$CML = \sum_{i=1}^{N} CML_i^M = \sum_{i=1}^{N} UML_i + DFL \tag{4.7}$$

(五) 非寿险业再保险网络的风险放大效应

非寿险业再保险网络的风险放大效应(NME)是指,由于再保险业务网络中某一部分保险机构对其再保险交易对手发生违约,使得它们的财务压力加大;并进一步导致对系统中其他保险机构违约,发生多米诺骨牌效应,从而导致系统产生的最终损失远远地大于初始损失。将系统总损失与初始损失之比定义为再保险网络的风险放大效应,即:

$$NME = \frac{CML}{L} \tag{4.8}$$

四、研究设计与数据来源

根据上文的理论分析,非寿险业承保风险对系统性风险的影响包含两方面：一是由于非寿险业外部的不确定性因素而导致保险事故发生,使得保险机构面临重大风险并可能出现经营难以维持,即承保风险本身给非寿险业带来承保损失；二是由于保险公司之间的再保险网络存在放大效应,导致保险事故的损失影响在系统中进一步扩散,最终造成更为重大的不利影响,即传染风险对非寿险业造成的传染损失。由此可见,基于承保业务层面的系统性风险受承保风险和传染风险两部分的影响。前文建立了再保险网络模型和传染机制,并基于承保损失和传染损失之间的关系,以损失绝对数值的简单加总度量各种损失及系统总损失,并计算了相应的风险放大效应。然而,风险在传染过程中可能会被部分吸收或抑制(Chen 和 Sun,2020),基于绝对值的指标实际上高估了非寿险业系统性风险的大小。因此,在考虑系统性风险时,则不能采用损失绝对值的简单加总,而需要增加一个前提条件,即保险机构是否陷入流动性危机。故以保险机构陷入流动性危机为先决条件,基于上述再保险网络的理论模型进一步构建度量及分析非寿险业系统性风险的相关指标。

(一) 系统性风险的度量：系统损失率

根据学者们的研究,在基于多个初始损失强度的模型中,一般以系统损失率作为系统性风险的度量指标(贾彦东,2011；Davison,2019)。系统损失率反映了整个系统"功能丧失"的情况,是以金融机构的危机状态为前提而建立的,其值越大,则系统功能受损的情况就越严重,系统性风险也越大(贾彦东,2011)。本研究旨在探索系统性风险随初始损失规模的变化规律,属于多冲击强度模型。因此也可以效仿学者的做法,采用基于流动性资产的系统损失率(LRA)来度量非寿险业系统性风险。具体而言,系统损失率是指在风险动态传染过程中由于资不抵债而陷入流动性危机的流动性资产之和占行业总流动性资产的比例。系统损失率越大,则系统越不安全,系统性风险越大,反之则反。此外,从成因上看,资产损失由承保风险或传染风险引发,因此系统损失率由承保损失率($DLRA$)和传染损失率($ILRA$)组成：

$$LRA = \frac{\sum_{i=1}^{N^*} LQA_i}{\sum_{i=1}^{N} LQA_i} = \frac{\sum_{i=1}^{N_0^*} LQA_i}{\sum_{i=1}^{N} LQA_i} + \frac{\sum_{i=1}^{N^{**}} LQA_i}{\sum_{i=1}^{N} LQA_i} = DLRA + ILRA \tag{4.9}$$

其中,N 为保险机构数,N^* 为陷入流动性危机的保险机构数,$N^* = \sum_{l=0}^{M} N_l^*$,$N_0^*$ 为因承保风险而陷入流动性危机的保险机构数目,$N^{**} = \sum_{l=1}^{M} N_l^*$,为因传染风险而陷入流动性危机的保险机构数目的总计,LQA_i 为流动性资产。

(二) 再保险联系对系统性风险的影响特征

1. 传染深度和传染广度

系统损失率是度量系统性风险的指标,其从结果层面反映了非寿险业系统性风险的大小,中国金融稳定性报告(2010)提出,还可以用传染深度(CTD)和传染广度(CTB)来进一步考察金融系统的稳定性。黄聪和贾彦东(2010)也用此两个指标衡量了银行网络的稳定性和联系度,进而衡量冲击对系统的影响大小。其中,传染深度是指损失传染所进行的总轮数,而传染广度则是因传染损失而陷入流动性危机的保险机构数量,此二者反映了初始损失在再保险网络体系中的动态传染特征。

$$传染深度：CTD = M \tag{4.10}$$

$$传染广度：CTB = N^* = N_0^* + N^{**} \tag{4.11}$$

2. 传染强度和传染密度

与传染深度和传染广度不同,学者们对传染强度的定义没有统一的标准。李丽和周宗放(2015)将传染强度定义为当子公司发生违约时,母公司发生违约的可能性大小。钱茜等(2018)则将受传染个体在关联网络中所占比例定义为传染强度。为了考察承保风险在再保险网络中的传染机制,因此将传染强度(CTI)定义为因传染风险而陷入流动性危机的保险机构流动性资产之和与因承保风险而陷入流动性危机的保险机构流动性资产之和的比值,从陷入危机的流动性资产放大倍数的角度反映承保风险传染源对整个非寿险业系统的影响程度:

$$传染强度:CTI = \frac{\sum_{i=1}^{N^{**}} LQA_i}{\sum_{i=1}^{N_0^*} LQA_i} = \frac{ILRA}{DLRA} \quad (4.12)$$

在基于复杂网络结构的疾病传染模型中,学者们一般将在传播过程中受感染的节点与节点总数的比值定义为感染密度(高成毅,2017)。参照此定义并结合风险传染的动态过程,将再保险网络中系统性风险的传染密度(IFD)定义为,由于传染风险而陷入流动性危机的保险机构数量与因承保风险而陷入流动性危机的保险机构总数之比,从机构数量的放大倍数的角度反映风险传染源对整个非寿险业的影响效力,即:

$$传染密度:IFD = \frac{N^{**}}{N_0^*} \quad (4.13)$$

(三) 数据来源与说明

收集整理了2004-2018年中国保险市场上非寿险公司和再保险公司的资产负债表和损益表,涵盖了所有正常运营的非寿险公司和再保险公司。以2018年为例,样本包括86家非寿险公司和10家再保险公司,具有很好的代表性。根据一般会计准则,保险机构的流动性资产被定义为货币资金、拆出现金等相关科目之和,数据均来源于资产负债表;将损益表中的保险业务收入占非寿险总保险业务收入的比例作为非寿险公司的市场份额;将损益表中的分出保费和分入保费作为承保风险网络结构的测度。

此外,构建非寿险业再保险网络要求分出保费总量等于分入总量。但根据 2004-2018 年中国境内再保险业务交易数据,再保险业务分出总额大于分入总额,即中国境内非寿险的再保险分出业务有一部分被境外再保险机构所承接,与王丽珍(2015)、牛晓健和吴新梅(2019)所描述的中国再保险业务外流现象一致。因此增加一家虚拟的境外国际再保险机构来承接外溢的再保险业务,假定该机构的分出保费为 0,分入保费为境内再保险业务分出总额与再保险业务分入总额之差,并假设其流动资产为 0。

五、实证分析

基于保险公司损益表披露的"分出保费"和"分入保费"数据,根据前文的理论模型构建非寿险业再保险网络;而后,基于资产负债表的相关数据计算保险机构的流动性资产,进行承保损失和传染损失的仿真模拟;最后根据各指标度量中国非寿险业系统性风险,量化分析再保险网络的风险放大效应。

(一) 再保险联系网络的分析

1. 构建再保险联系网络

根据式(3.29)的约束条件,基于实际数据构建 2004-2018 年非寿险业再保险联系的网络(见图 4-1)。图 4-1 展现了中国非寿险业 2004-2018 年的再保险联系的网络结构。其中,节点代表保险机构,节点的大小表现了该机构在非寿险业中的重要性(暂以保险收入和总资产规模度量);两节点之间的连线代表相应两个保险机构之间存在的再保险业务交易,线条的粗细则由双方交易金额的相对大小所确定。

可以看到,随着保险市场的发展,中国保险机构的数量和经营规模不断扩大,保险机构之间的联系也越来越紧密。图 4-1 中,中国非寿险再保险联系网络在 2004 年仅有微弱的联系,原保险公司之间几乎没有直接的再保险联系,而仅以再保险公司为桥梁存在着间接联系。另外,从大节点

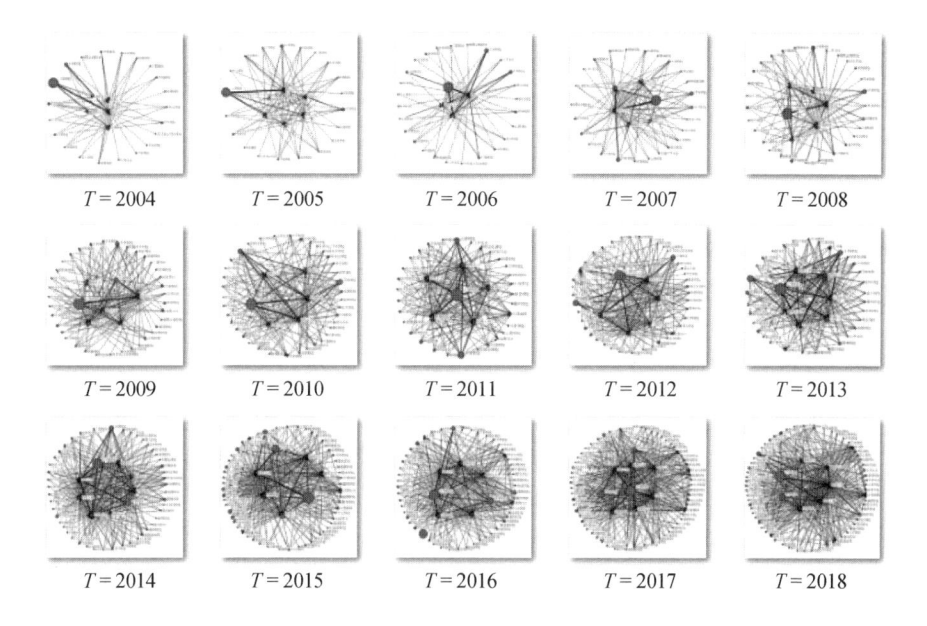

T=2004	T=2005	T=2006	T=2007	T=2008
T=2009	T=2010	T=2011	T=2012	T=2013
T=2014	T=2015	T=2016	T=2017	T=2018

图 4-1 非寿险业再保险联系网络(2004-2018 年)

数量来看,2004 年的非寿险业中存在寡头垄断的现象,具体表现为节点较大的机构数量极少。2008 年以后,中国非寿险业再保险联系逐渐开始具备一定规模,不同保险机构之间的再保险交易愈发频繁。随着保险市场的继续发展,2018 年,非寿险业不同机构间的再保险交易规模较 2008 年显著增大,交易更加频繁且交易量明显增加,表现为网络中线条更为密集。除此之外,不同机构间的竞争也日益加剧,使得原来寡头垄断的市场格局变为垄断竞争,"最重要"保险机构的重要性也被慢慢变得"重要"的保险机构所稀释,表现为节点较大的机构数量越来越多。

2. 承保损失与传染损失的仿真模拟

根据前文理论模型,当任意保险机构的承保损失显著大于其流动性资产时,该机构发生流动性危机,并触发第 1 轮传染损失;随后,计算其他机构因此而产生的额外损失,并以其他机构的财务压力是否显著增加为条件判断是否触发第 2 轮传染;若未能触发第 2 轮传染,则传染停止,否则计算在该轮传染过程中其他机构产生的额外损失并判断能否触发第

3轮传染,以此类推,直至传染停止为止。基于2018年的再保险网络结构,以初始损失1.78万亿元①为例,分析初始损失在非寿险系统中的动态传染过程及各保险机构的损失(见图4-2)。

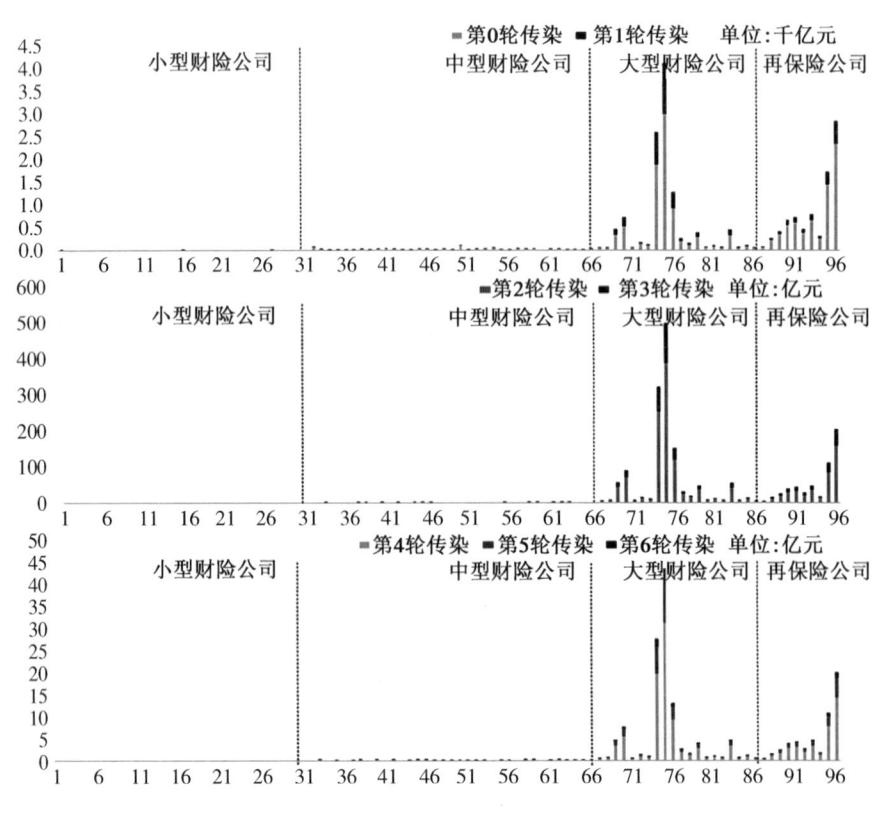

图 4-2 初始损失为 1.78 万亿元时非寿险保险机构的各轮传染损失

图 4-2 展示了初始损失为 1.78 万亿元时的风险传染过程。各子图中的纵轴为损失金额,横轴为保险机构编号,其中 1-31 为小型非寿险公司、32-66 为中型非寿险公司、67-86 为大型非寿险公司、87-96 为再保险公司。在初始损失为 1.78 万亿元的冲击强度下,损失在系统中进行了 6 轮传染;而且,随着传染次数的增加,保险机构所增加的传染损失显著

---

① 后文的研究显示,在该初始损失下,非寿险业的传染强度最大。故以此为例作为展示。

减少。在传染过程中,保险机构所遭受的传染损失在以数倍的速度减小。保险机构主要在最初的承保损失环节及随后的第1轮和第2轮传染环节中发生损失。也就是说,只要保险机构能安然挺过第2轮传染,则一般不至于在后续轮次中陷入流动性危机。

具体对于单个保险机构,在承保损失环节中,损失最大的为大型非寿险公司和再保险公司。这是因为,这两类机构承担了非寿险系统绝大多数的承保风险,前者承担了行业中91.87%的直保业务,后者则承担了92.06%的再保险业务[①]。当巨灾冲击降临于非寿险系统时,这两类机构因此遭受了最大比例的损失。在后续的风险传染过程中,也主要是大型非寿险公司和再保险公司承担着传染损失。大型非寿险公司承担了大量的直保业务,同时也向再保险公司和其他大型非寿险公司分出了大量的风险,从而当分入机构发生再保险违约时,面临着严重的传染损失。此外,中小型非寿险公司,尤其是小型非寿险公司,由于所承担的业务较小,因此受外在初始损失和系统内部风险传染的影响较低。

3. 再保险网络的风险放大效应

基于2004年、2011年和2018年相关数据所构建的再保险网络,假设发生各种损失金额不同的保险事故,即初始损失的外部冲击,模拟非寿险市场所发生的承保损失。根据式(4.6)、式(4.7)和式(4.8)得到相应的传染损失、最终的系统总损失以及再保险网络的风险放大效应(见图4-3)。

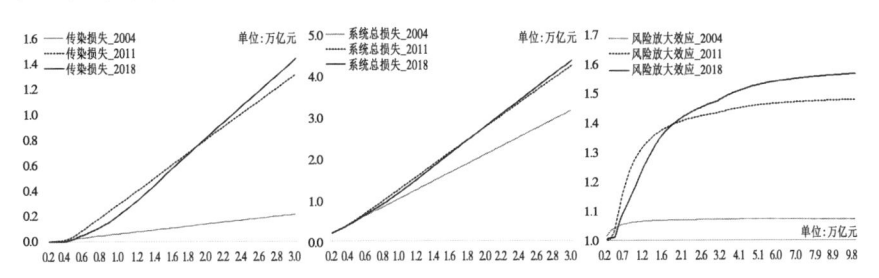

图 4-3 非寿险业的传染损失、系统总损失与风险放大效应

① 2018年,大型非寿险公司保费收入/非寿险业保费收入=91.86%;再保险公司分入保费/非寿险系统分入保费=92.06%。

图4-3中,横轴均为初始损失,纵轴分别为传染损失、系统总损失和风险放大效应。左图的传染损失曲线中,其一,三个年份触发传染风险的门槛相似,依次分别是1 200亿元、870亿元和1 100亿元。其二,2004年的传染损失明显小于2011年和2018年,这是因为2004年的再保险网络中各保险机构之间的联系相当稀疏,使得风险传染路径被截断,从而即使有保险机构破产,也不会导致其他公司陷入流动性危机。其三,2018年的传染损失增长非常快,明显超过了2011年。这是因为,2011年各保险机构之间的业务联系没有2018年紧密(见图4-1),因此保险机构的再保险违约对其他机构的影响程度也更低。由此说明,再保业务联系更紧密的非寿险业会加剧风险扩散与传递,使多米诺骨牌效应更显著,从而导致初始损失在非寿险业中产生了更大的影响后果。与传染损失曲线相对应,图4-3的中间图中,相同初始损失下,2004年的系统总损失明显小于2011年和2018年,而2018年的系统总损失曲线在2011年相交之后,逐渐开始大于2011年。

将最终的系统总损失与初始损失进行比较,根据式(4.8)得到再保险网络的风险放大效应;继而改变初始损失强度,得到风险放大效应随初始损失的变化趋势(见图4-3右图)。右图中,如传染损失结果相一致,2004年的风险放大效应缓慢上升并快速收敛至1.08左右,远小于同等冲击强度下2011年和2018年的风险放大效应。所模拟的损失冲击强度区间内,2011年的风险放大效应先快速上升,后增速快速减慢并逐渐收敛至1.48,2018年的风险放大效应曲线也有相似的变化趋势,但收敛极限值为1.60。进一步说明联系紧密的再保险网络结构有利于承保风险的扩散和传播,导致承保风险对非寿险业的系统性风险具有更大的影响效力。

(二)系统性风险的衡量与分析

1. 基于整个非寿险业的分析

基于各保险机构的流动性资产、承保损失和系统总损失,判断该保险机构是否陷入流动性危机,确定其陷入流动性危机的具体原因,并计算该保险机构的流动性资产之和与系统总流动性资产的比值,根据式(4.9)得到承保损失率、传染损失率和系统损失率,从而观察系统性风险的水平及变化(见图4-4)。

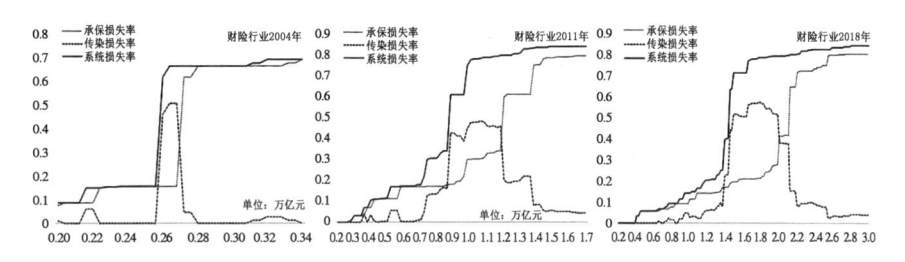

图 4-4 非寿险业的承保损失率、传染损失率与系统损失率

图 4-4 中,横轴为初始损失的冲击强度,纵轴为各种损失率。可以看到,分别基于 2004 年、2011 年和 2018 年再保险网络结构计算所得结果的曲线具有相似的形状趋势,不同点仅体现在曲线拐点的大小,下文仅基于 2018 年的测算结果进行深入分析。承保损失率曲线呈"S"形,并随初始损失的增加而逐渐增加。传染损失率曲线则呈现倒 U 形走势。从具体的计算结果来看,当初始损失小于 1 100 亿元时,所有机构运作良好,承保损失率为 0;当初始损失等于 1 100 亿元时,再保险公司开始发生流动性危机,承保损失率开始大于 0 并为 0.000 883,开始产生传染损失;但此时传染损失还较小,还没有保险机构因此而陷入流动性危机;当初始损失等于 6 400 亿元时,传染损失率开始增加,大于 0 并为 0.007 229[①];而后随着初始损失的继续增加而急速上升;在初始损失为 1.78 万亿元时,传染损失率逐渐达到极大值。自此以后,传染损失率逐渐减弱,取而代之的是承保损失率显著增强。这是因为,对于一个具体的保险机构而言,无论是直保公司还是再保公司,其流动性资产规模均有限,因此其能承受的初始损失也有限。当初始损失足够大时,它们将无力抵御,在承保风险层面就直接大面积宣布破产,故此时承保损失率奇高。

系统损失率为承保损失率与传染损失率之和,也呈现出"S"形。但

---

① 这两个转折点的数值都比较小,在图形中显示不出来。

是，与承保损失率不同，承保损失率曲线整体平缓且转折点靠后，而系统损失率因传染损失率的影响而导致转折点靠前。系统损失率整体上与传染损失率的峰值区吻合，当初始损失超过6 400亿元时，因传染风险的影响导致系统损失率开始急速上升；并在初始损失为1.78万亿元且传染损失率达到极值之后降低增长速度，继而保持与承保损失率的同等速度增长。这说明，在一定的损失金额下，非寿险业再保险网络的确对承保风险存在放大效应。

2. 系统损失率的变化过程

还可以深入观察系统损失率因传染而发生的动态增长过程，即观察每一轮传染之后系统损失率的净增长额。图4-5汇报了每一轮风险传染过程中系统损失率净增长额，横轴是初始损失，纵轴代表系统损失率，"第0轮传染"是指承保损失率。

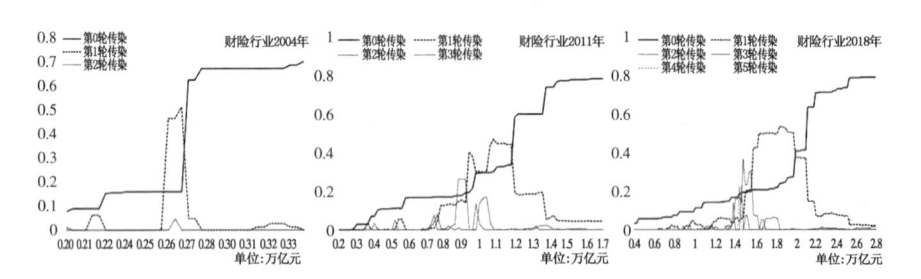

图 4-5 非寿险业系统损失率的动态变化过程

2018年第0轮传染中，承保损失率曲线呈"S"形，并随初始损失的增加而逐渐增加。第1轮的传染损失率曲线与图4-4中系统最终的传染损失率曲线大体相同，说明保险机构若因交易对手的再保险违约而陷入流动性危机，则此类型的危机大都发生在第1轮的风险传染过程中。因传染风险而陷入流动性危机的现象主要发生于第1-2轮传染中；当初始损失大于1.02万亿元时，也可能会引发第3轮或更高轮次的流动性危机，说明中国非寿险系统可能存在再保险旋涡，但可能性不大，与牛晓健和吴新梅(2019)的结论相似。此外，右图显示，在第3-5轮中陷入流动性危机的保险机构数量较少,因此大多数情况下,能挺过第 2 轮的风险传染,则在后续过程中,陷入流动性危机的可能性将显著降低。

3. 结合实务数据的分析

根据上文的分析,中国非寿险业当前尚属于稳定的系统。只有当初始损失大于 1 100 亿元时,才可能有保险公司开始陷入流动性危机,传染损失开始发生;而仅当初始损失超过 6 400 亿元时,传染损失继而导致更多的保险机构陷入流动性危机。

结合实务中的数据分析,实务表现也大体如此。2015 年 8 月 12 日,天津滨海新区某危险品仓库爆炸导致死伤惨重,已核定的直接经济损失高达 68.66 亿美元。相关评级机构认为保险损失可能高达 15 亿美元。苏黎世保险作为总部在当地的一家保险公司,承担了将近 12.46 亿元[①]的保险赔偿责任。苏黎世保险在承担赔偿责任之后业绩大幅下滑,在 2015 年第三季度宣布放弃收购英国 RSA 保险,并把重点放在改善财务状况上。2015 年,苏黎世保险的原保费收入规模占当年非寿险市场原保费收入规模的 0.74%,根据本部分假设,初始冲击作用于非寿险业时,各非寿险公司按其市场份额"认领"相应比例的保险损失,因此苏黎世保险所承担的 12.46 亿元损失在本研究中相当于发生了 1 683.35 亿元的系统初始损失冲击[②]。这与我们的研究结论大致相符,即当系统中单次的损失冲击规模超过 1 100 亿元[③]时,非寿险业开始处于危机状态。另一方面,该次事故仅对苏黎世保险等少数几家临近天津市的保险公司造成了较为

---

① 新闻报道中是 2 亿美元,按 2015 年美元兑人民币平均汇率 6.228 4 折算约为 12.46 亿元。

② Davison(2019)指出,巨灾的发生对保险公司的影响存在地域的差异,越靠近案发地的保险公司遭受的损失越严重。在天津港爆炸事件中,大地财险的损失约为 17.3 亿元,而其该年的市场份额为 3.15%,可见,巨灾事件对保险公司的影响确实存在地域差异,本节损失分配的假设有待改进。

③ 这里强调的 1 100 亿元是指单次的初始损失,而非一年累计的系统保险赔付额。同时,本节假设损失发生之后赔付是即时的,保险公司没有足够的时间筹备更多的流动性资产来支付赔款。在现实的非寿险经营过程中,赔付通常是滞后的,尤其是涉及赔付额较大的案件,理赔时间则更长,从而保险公司有充足时间筹集所需要的现金流。因此,在现实的非寿险行业中致使系统处于危机状态的单次初始损失应适当大于 1 100 亿元。

严重的承保损失,但这些承保损失并未通过保险机构之间的再保险业务关系而蔓延至其他保险机构,即此时系统性风险对非寿险业损失的影响程度极低,也恰好印证了我们的研究结论,在初始损失大于 6 400 亿元时传染风险开始对非寿险业系统性风险发挥作用。

(三) 系统性风险的特征

1. 传染深度和传染广度

根据式(4.10)和式(4.11)计算非寿险业因再保险联系而导致的传染深度和传染广度(见图 4-6)。

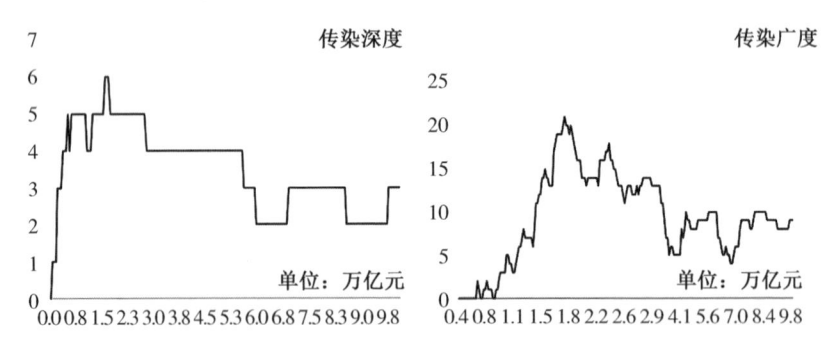

图 4-6 非寿险业再保险联系的传染深度与传染广度(基于 2018 年网络结构)

图 4-6 中,横轴均为初始损失;纵轴则分别为传染深度和传染广度,单位均为 1。可以看到,随着初始损失的增大,表现损失传染次数的传染深度最多为 6 次,并逐渐下降到 2 次,大致具有先升后降的特征。传染广度也经历了先升后降的过程,峰值大约为 21 家左右。传染广度与传染深度的走势大致相似,都有着先升后降的特征。另一方面,左图中,当初始损失大于 6 400 亿元时,传染深度普遍开始等于大于 2,即非寿险系统将触发大于两轮的风险传染。这说明中国非寿险系统可能存在再保险旋涡,但可能性不大,与牛晓健和吴新梅(2019)的结论相似。这是因为当冲击规模较小时,系统中处于流动性危机的机构数量较少,所形成的行业间交易对手违约金额的缺口也相对较小,从而导致交易对手陷入流动性危机的可能性也较小,因此传染深度和传染广度较低。随着初始损失的不

断增大,系统中处于流动性危机的机构数量不断增大,相应的违约金额缺口也不断上升,使得在违约传染过程中,造成其他保险机构发生更大的损失和更大的流动性危机,因此传染深度和传染广度较大。当初始损失上升至一定程度时,系统中绝大多数的保险机构已然处于危机状态,违约金额也很大,因此只需经过较少次数的传染便可使得较多的其他保险机构陷于危机状态,传染深度和传染广度反而下降。值得注意的是,此时传染深度和传染广度的下降并不意味系统由不安全转到了相对安全的状态,恰恰相反,此时的非寿险业已经基本瘫痪。

2. 传染强度和传染密度

根据式(4.12)和式(4.13)计算非寿险业因再保险联系而导致的传染强度和传染密度(见图 4-7)。

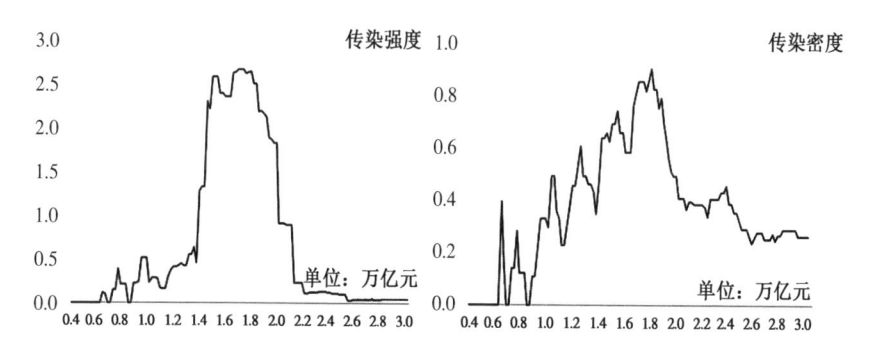

图 4-7 非寿险业再保险联系的传染强度与传染密度(基于 2018 年网络结构)

图 4-7 中,横轴为初始损失,左图是传染强度,与传染损失率曲线相似,传染强度曲线也呈现倒 U 形。由此也说明,传染风险对非寿险业的影响仅在一定范围内起显著作用。当初始损失较小时,原保险人与相应的再保险人能够自我消化,因此风险不会通过保险机构之间的关联而向其他保险机构传播;当初始损失增大到一定程度时,非寿险业中几乎所有的保险机构都在最初的承保损失冲击阶段因损失过大而陷入流动性危机,因此此时的传染风险更多地体现为加剧当前的财务危机,而不是促使更多的保险机构陷入流动性危机。就中国 2018 年非寿险业承保系统而

言,当初始损失约为1.78万亿元时,传染强度为最大,此时1万亿元的单位初始损失能导致大约2.70万亿元的资产陷入流动性危机。

图4-7右图展示了传染密度随初始损失的变化趋势。随着初始损失的不断增加,传染密度经历了先快速上升后迅速下降的过程,并在初始损失规模超过一定程度时,呈现出了厚尾的特征。这与图4-4中传染损失率的变化基本上保持了一致,但传染密度曲线波动性更大。当初始损失较大时,在承保损失环节就会出现大面积的破产,因而被传染的密度反而降低了。就中国2018年非寿险业承保系统平均而言,当初始损失约为1.78万亿元时,传染密度也为最大,此时1万亿元的单位初始损失能导致大约0.91个保险机构陷入流动性危机。

第二节 寿险业再保险联系对系统性风险的影响

一、引言

"偿二代"5号文件中明确指出,寿险业具有死亡巨灾风险,并规定保险公司应计量死亡巨灾风险最低资本。可见,寿险承保业务的风险也可能是系统性风险的来源之一。寿险公司在全球新冠肺炎疫情中的赔付也证实了上述观点。疫情中,中国保险公司仅对警务人员的赔偿就将增加7.7亿元,增量大约为2019年寿险业原保险赔付金额的0.12%(许闲等,2020)。而在其他疫情更加严重的国家中,泰国寿险公司因担心赔付过高纷纷申请停售新冠保险,英国寿险公司则计划剔除一切与新冠肺炎有关的责任以降低承保风险,美国寿险公司为防止行业整体破产而坚决拒绝为新冠肺炎的相关索赔买单。劳合社首席执行官约翰·尼尔更是将新冠肺炎疫情称为"其他重大灾害完全无法与之相提并论的保险业历史上最昂贵的事件"。这些经历都印证了寿险承保风险也可能导致爆发系统性风险。

本部分基于上述背景,提出并拟解决以下两个问题:寿险承保风险是否可能导致系统性风险?承保风险对寿险业系统性风险的影响又有多大？同理，将基于中国寿险业数据利用复杂网络模型对上述问题进行解答，从行业层面明确寿险业承保风险与系统性风险之间的量化关系和动态变化过程。创新主要包括：(1)首次将承保风险传染机制应用于寿险业中，证实了承保风险在寿险业中基于再保险网络进行传递，在一定损失的前提下也能引发系统性风险；(2)通过多强度的损失冲击模拟，考察了寿险系统性风险随承保风险冲击强度的动态变化趋势；(3)根据风险传染的特征指标，进一步分析了承保风险在寿险业再保险联系中的传染特性。

二、文献综述

(一) 关于寿险业的系统性风险

学者们普遍认为寿险业之所以存在系统性风险，是因为众多寿险公司在经营非传统的承保业务和非传统的投资业务。对于非传统的承保业务，如 CDS 和 CDO 等金融担保保险对流动性有着直接影响，不仅增加了保险公司的市场风险，同时也增加了金融危机的脆弱性（Geneva Association，2010；IAIS，2010）。同理，对于非传统投资业务，如果保险公司的流动性出现枯竭，短期融资将会以折价方式紧急出售，从而加剧了金融市场的价格波动，增加了系统性风险（Geneva Association，2010；Besar 等，2011）。Eling 和 Pankoke(2016)也认为寿险业的非核心业务是导致保险行业存在系统性风险的重要原因。Berdin 和 Sottocornola(2015)则通过比较寿险和非寿险业的经营业务发现，保险行业存在系统性风险，且由于非传统承保业务和投资业务的存在，使得寿险业的系统性风险大于非寿险业。Chang 等(2018)比较了中国台湾和美国保险业系统性风险影响因素的差异，发现非核心活动和保险公司之间的互联性是中国台湾保险业系统性风险的主要驱动因素，而杠杆率和非核心活动是美国保险业系统性风险的主要驱动因素。另外，寿险业普遍具有较高的杠杆率和流动性风险，也是导致系统性风险存在的重要原因。Harrington(2009)指出，由于寿险业的杠杆率比较高，当保单持有人的提现行为导致寿险公司以较低的价格处置资产时，保险公司将更容易陷入经营困境。Cummins

和 Weiss(2014)则认为,由于寿险业的经营周期长,因此面临着比非寿险业更大的流动性风险。

(二) 关于承保风险对系统性风险的影响

关于承保风险对系统性风险的影响研究,学者们一般在非寿险和再保险公司经营数据的基础上,基于巨灾风险和保险机构之间的再保险关联关系而展开。Weiss 等(2013)发现,巨灾债券的发行可以有效降低该保险公司对系统性风险的贡献程度。Bobtcheff 等(2016)认为,由于巨灾风险所造成的损失巨大且波及面广,因此承保灾难性风险的非寿险业务具有系统性影响,并有可能导致系统性风险。此外,保险机构之间通过再保险业务而紧密联系,非寿险公司有可能导致系统性风险,很大程度在于它们过分依赖再保险公司(Cummins 和 Weiss,2014)。Park 和 Xie(2014)通过分析再保险公司和美国非寿险公司的内在联系发现,若全球前三大再保险公司同时倒闭且只能支付可收回金额的 50% 及以下时,保险公司与再保险公司之间的相互关联所带来的增量冲击会很大。Kanno(2016)也指出,再保险公司在再保险网络中占主导地位,且在全球金融危机之后,保险系统中许多交易对手违约都是通过全球再保险联系发生的。相似地,Davison(2019)在基于网络分析模型进行了一系列巨灾损失情景模拟和压力测试之后,也发现全球再保险市场上存在传染损失,且可能构成非寿险业的重大风险。牛晓健和吴新梅(2019)则利用风险传染动力学模型,研究了破产阈值、紧急折价抛售系数等因素对再保险市场稳健性的影响,发现中国的再保险复杂网络中有可能存在传染轮次为两轮及以上的再保险旋涡,但发生概率较低。

由此可见,承保风险对系统性风险的影响以巨灾风险和再保险关联为条件。具体而言,保险机构之间存在着紧密的再保险关联是承保风险能够影响系统性风险的前提和基础,而巨灾风险的存在则是引发系统性风险的导火线。由于寿险业承保风险在系统中的传染机制与非寿险业相似,都是建立在巨灾风险和再保险关联的基础之上,因此上述理论和模型也适用于寿险业。

三、实证分析

(一) 数据来源与说明

仍然采用前文第三章中构造的再保险网络模型和第四章第一节中各个有关系统性风险衡量的指标。我们收集了 2004-2018 年中国保险市场上寿险公司和再保险公司的资产负债表和损益表，涵盖了所有正常运营的寿险公司和再保险公司，具有很好的代表性。根据一般会计准则，保险机构的流动性资产定义为货币资金、拆出现金等相关科目之和，数据均来源于资产负债表；将损益表中的保险业务收入占非寿险总保险业务收入的比例作为非寿险公司的市场份额；将损益表中的分出保费和分入保费作为承保风险网络结构的测度。此外，构建再保险网络要求分出保费总量等于分入总量。与上节同理，增加一家虚拟的境外国际再保险机构来承接外溢的再保险业务，假定该机构的分出保费为 0，分入保费为境内再保险业务分出总额与再保险业务分入总额之差，并假设其流动资产为 0。

基于保险公司损益表披露的"分出保费"和"分入保费"数据，根据理论模型构建寿险业再保险网络；而后，基于资产负债表的相关数据计算保险机构的流动性资产，进行承保损失和传染损失的仿真模拟；最后根据各指标度量中国寿险业系统性风险，量化分析再保险网络的风险放大效应。

(二) 再保险网络的实证分析

1. 构建寿险再保险网络

根据式(3.29)的约束条件，基于实际数据构建 2004-2018 年寿险业的再保险网络(见图 4-8)。图 4-8 展示了中国寿险业 2004-2018 年的再保险网络结构。各节点和连线的定义及大小关系与图 4-2 相同。

可以看到，一方面，随着中国保险市场的快速发展，寿险业中保险机构的数量和经营规模不断扩大，机构之间的联系也更加紧密。但另一方面，整体而言，中国寿险业基于再保险的联系远不如非寿险业紧密。图 4-8 中，中国寿险业再保险网络在 2004 年仅存在微弱的联系，且存在明

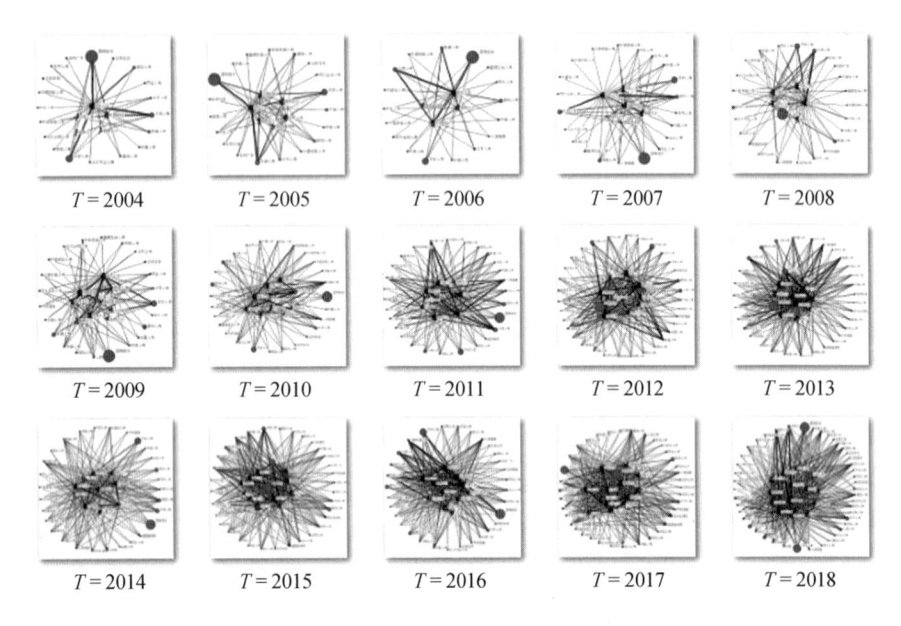

图 4-8 寿险业再保险网络(2004-2018 年)

显的寡头垄断现象,表现为节点较大的机构数量极少。随着保险市场的不断发展,2018 年,寿险业不同机构之间的再保险交易规模不断增大,且联系更加紧密。与非寿险业不同的是,虽然机构数量和经营规模不断上升,但寡头垄断的态势依然突出,表现为节点较大的机构数量依然极少,而节点小的机构数量不断增加。

2. 承保损失与传染损失的仿真模拟

根据前文理论模型,当系统中一家或多家保险机构当前累计总损失大于其流动性资产时,这些机构发生流动性危机并触发第 1 轮传染损失,加大了其他公司的财务压力,因此可能进一步触发更多轮的风险传染。基于寿险业 2018 年的再保险网络结构,以初始损失 3.80 万亿[①]元为例,分析初始损失在寿险系统中的动态传染过程及各保险机构的损失大小(见图 4-9)。

---

① 后文的研究显示,在该初始损失下,寿险业的传染强度最大。故以此为例作为展示。

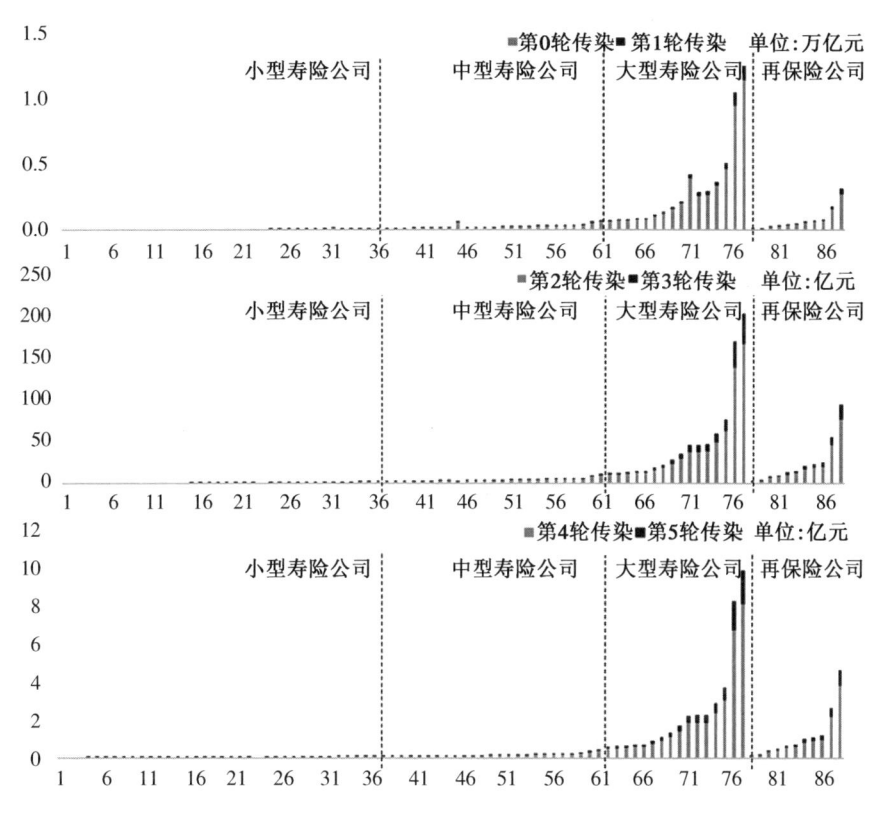

图 4-9　初始损失为 3.80 万亿元时寿险机构的各轮传染损失

在初始损失为 3.80 万亿元的冲击强度之下,共发生了 5 轮的风险传染。与非寿险业的分析结果相似,传染次数每增加一轮,保险机构所增加的传染损失则以数倍的速度下降。同样的,当具体到单个保险机构时,从图 4-9 中可以发现,每一轮风险传染的过程中,损失最多的是大型寿险公司,再保险公司次之,小型寿险公司则最少。正如图 4-8 所呈现的寡头垄断态势,大型寿险公司和再保险公司分别垄断了寿险业的原保险业务和再保险业务,故而当巨灾风险发生时,这两组公司也首当其冲地承受着最大量的损失。

3. 再保险网络的风险放大效应

基于 2004 年、2011 年和 2018 年相关数据所构建的寿险业再保险网络,不断增加初始损失的冲击强度,观察系统总损失与传染损失随初始损失的变化趋势(见图4-10)。

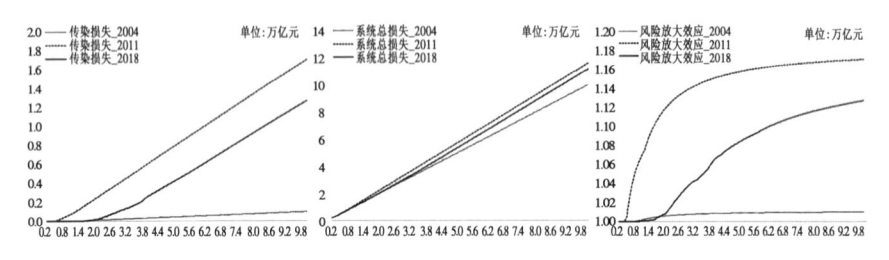

图 4-10 寿险业的传染损失、系统总损失及风险放大效应

图4-10中,横轴均为初始损失,纵轴则分别为传染损失、系统总损失和风险放大效应。传染损失方面,2018年触发传染风险的门槛显著高于2004年和2011年。根据模拟数据显示,2004年、2011年和2018年触发传染损失的门槛分别是8 000亿元、4 400亿元和10 000亿元。这一方面是因为保险公司流动性资产的逐年上升使得各公司足以抵御更大规模的初始损失冲击,另一方面则是因为保险机构之间的再保险联系紧密程度在增加,使得传染损失风险更容易发生。系统总损失方面,由于传染损失较低,2004年寿险业的系统总损失显著低于2011年和2018年。而由于2011年传染损失触发门槛较低,且该曲线斜率与2018年传染损失曲线斜率相近,因此在所模拟的冲击强度范围内,2011年系统总损失始终大于2018年。

图4-10右图展示了寿险再保险网络在2004年、2011年和2018年的风险放大效应,横轴为初始损失的大小,纵轴为风险放大效应。与图4-10左、中图结果相一致,由于2004年网络模型中各保险机构的联系不甚紧密,使得损失不容易在系统中进行传染,故而使得该年系统整理的风险放大效应极低。一方面,由于模拟冲击强度范围内,2011年的传染损失始终高于2018年,使得2011年的风险放大效应也因此高于2018年。另一方面,右图中,2011年的风险放大效应曲线在经历了快速上升区间后已渐入平缓并逐渐收敛至1.17,而2018年的曲线则一直处于缓慢上升

趋势,即2018年的风险放大效应有可能在更大损失冲击强度中超过2011年(如图4-3所示)。另外,对比于图4-3中非寿险再保险网络的风险放大效应可以发现,同一年份下,寿险业的风险放大效应均显著低于非寿险业。从传染损失的净增长率(即风险放大效应-1)来看,寿险业传染损失的净增长率的极限值约为非寿险业的五分之一。即说明,承保风险对系统性风险的影响在寿险业要显著小于非寿险业。这是因为长期以来都认为非寿险公司必须重视承保风险管理;而寿险业的承保风险管理却并非关键(Harrington,2003),从而导致寿险业中保险机构之间的联系紧密程度不如非寿险业,因此承保风险在寿险业的传染力度较低,风险放大效应也相对较弱。

(三) 系统性风险的衡量与分析

1. 基于整个寿险业

图4-11的左、中、右图分别展示了2004年、2011年和2018年整个寿险业的承保损失率、传染损失率以及系统损失率,图中,横轴为初始损失的冲击强度,纵轴为各种损失率。

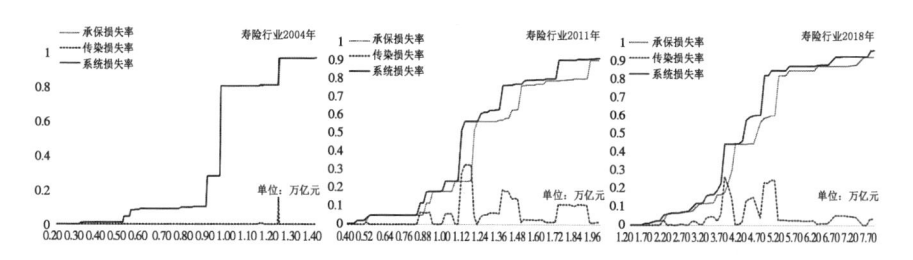

图4-11 寿险业的承保损失率、传染损失率与系统损失率

左图中,与图4-10结果相一致,2004年的寿险业中承保损失率曲线与系统损失率几乎重合,而传染损失率除了在1.23万亿元的损失冲击下显著大于0以外,其余均等于0或接近于0。再次说明中国寿险业在2004年基于再保险交易而建立的联系依然十分微弱,使得风险传染路径被截断,从而导致系统中几乎所有的保险机构仅因自身所遭受的巨灾风险，而非传染风险而陷入流动性危机。中图和右图中，2011年和2018年各种损失率曲线形状较为相似，不同点仅体现在拐点及拐点所对应极值的大小，因此下文仅基于2018年的测算结果进行深入分析。右图中，承保损失率曲线呈平缓的"S"形，在初始冲击小于3.7万亿元的区间内缓慢上升，在3.7万亿-5.2万亿元区间内快速增大，随后以更平缓的速度爬升至1。系统损失率为承保损失率与传染损失率之和，也呈现出平缓的"S"形，且与承保损失率曲线非常相似。相应地，传染损失率曲线在3.7万亿-5.2万亿元的区间内波动幅度较大，而在该区间外则很平缓且接近于0。传染损失率最大值为0.27，再次说明在中国寿险业中基于承保风险的系统性风险传染损失率较低，即承保风险对寿险业的影响较小，且显著小于非寿险业。

2. 系统损失率的变化过程

图4-12展示了每一轮传染之后系统损失率的净增长额，横轴是初始损失，纵轴代表系统损失率，"第0轮传染"是指承保损失率。

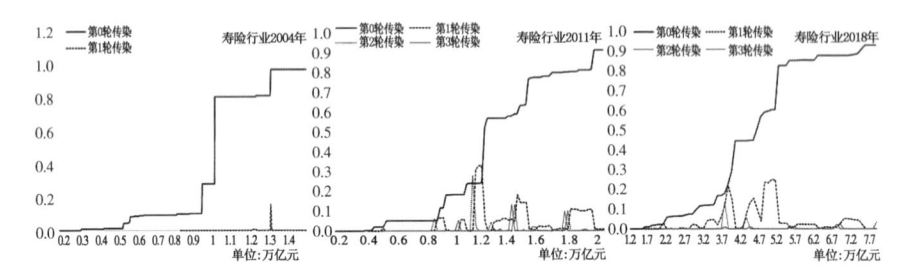

图4-12 寿险业的系统损失率的动态变化过程

右图中，2018年第0轮风险传染中，承保损失率曲线呈平缓的"S"形，并随初始损失的增加而逐渐增加。与非寿险业的研究结果相似，寿险业的第1轮传染损失曲线与图4-11中传染损失率曲线大体相同，再次说明保险机构的传染破产现象大都发生在第1轮的风险传染过程中，若保险公司能安然度过第1轮风险传染，则在很大程度上，该公司也能度过整个风险传染过程。与非寿险业不同的是，寿险业在第2轮和第3轮风险传染之后系统损失率的净增长额均较低,说明中国寿险业的再保险旋涡发生可能性远小于非寿险业。

(四) 系统性风险的特征

图 4-13 的左图和右图分别展示了寿险业基于 2018 年再保险网络结构的传染深度和传染广度,横轴均为初始损失,纵轴则分别为传染深度和传染广度。

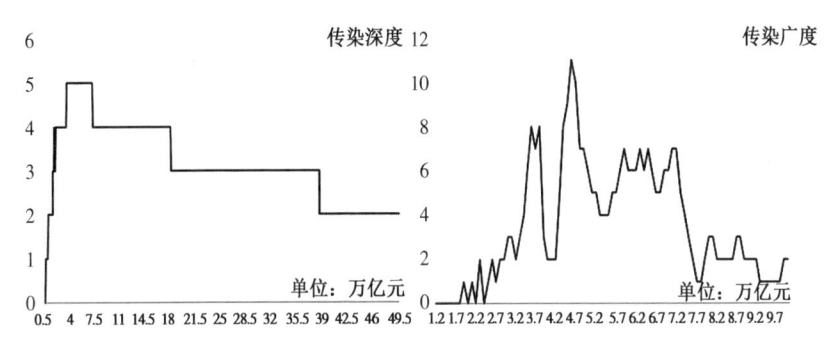

图 4-13　寿险业的传染深度与传染广度(基于 2018 年网络结构)

根据前文定义,传染深度是指承保风险在寿险系统中的传染次数,而传染广度则是指风险传染过程中因被传染而陷入流动性危机的保险机构的数量。左图中,传染深度大体上具有先升后降的特征,最大值为 5,即承保风险在寿险业中最高可进行 5 轮的风险传染。右图中,传染广度也随损失冲击强度的增加大体上经历了先上升后下降的过程,但整体而言波动性较大。当初始损失处于 3.5 万亿-7.2 万亿元区间时,平均约有 6 家保险机构因风险传染而陷入流动性危机。对比图 4-6 可以看出,寿险业基于承保风险的传染深度和传染广度均显著低于非寿险业。

图 4-14 的左图和右图分别展示了寿险业基于 2018 年网络结构的传染强度和传染密度,横轴均为初始损失,纵轴则分别为传染强度和传染密度。根据前文定义可以看出,传染强度是从陷入危机的流动性资产放大倍数的角度反映风险传染源对整个寿险系统的影响程度,传染密度则从机构数量的放大倍数的角度反映风险传染源对整个寿险业的影响效力。

左图中,传染强度在1.8万亿-5.2万亿元的初始损失区间内波动性较大,在此区间内,一个保险机构平均而言能因再保险违约而导致0.3家其他的保险机构陷入流动性危机。当初始损失大于5.2万亿元时,传染强度曲线贴近于0。右图中,传染密度曲线与图4-13中传染广度的曲线形状大体相似,总体而言呈先升后降趋势,但波动性较大。当初始损失冲击强度位于1.8万亿-7.5万亿元区间时,平均1单位危机资产能导致0.11单位安全资产陷入流动性危机。对比图4-7可以看出,寿险业基于再保险网络的传染强度和传染深度也显著低于非寿险业。

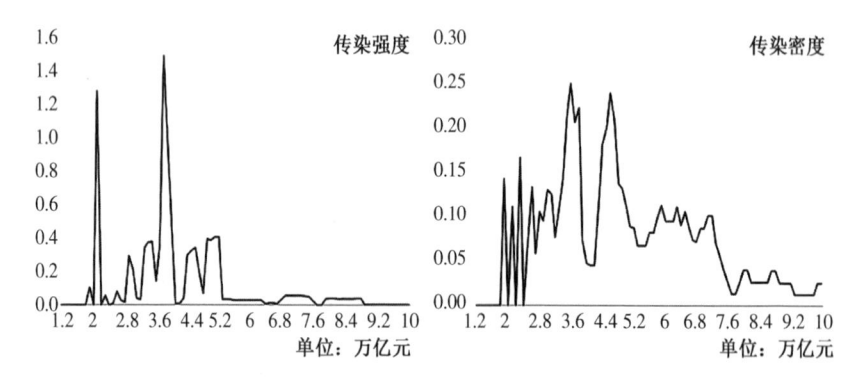

图 4-14 寿险业的传染强度与传染密度(基于2018年网络结构)

第三节 非寿险业和寿险业再保险联系引致系统性风险的比较[①]

一、引言

前文已经证实,无论是非寿险业还是寿险业,承保风险基于再保险网络的传染都是其系统性风险的来源之一。不同之处在于两者触发的条件

---

① 陆思婷,粟芳.保险业承保风险引致系统性风险的复杂网络分析——基于财险业与寿险业的比较.财经论丛,2022(04):46-56.

不一样,在非寿险业中,当1 100亿元的损失冲击作用于系统时,可导致系统发生风险传染。而在寿险业中,则至少需要10 000亿元的损失冲击作用于系统,方可导致传染损失的产生。可见,承保风险基于再保险网络传染并引致保险业系统性风险在非寿险业和寿险业中存在差异。那么,两者之间的差异究竟有多大呢？这需要进一步的考究。

本部分将基于上述背景,提出并拟解决以下两个问题:从再保险联系的角度出发,相对于非寿险承保风险而言,寿险承保风险对系统性风险的影响程度如何？从行业层面和公司层面,究竟又是哪些因素在承保风险基于再保险联系传递并引致系统性风险的过程中发挥着作用？为解决上述问题,将基于保险公司间再保险业务关系构建复杂网络模型,观察寿险和非寿险再保险网络的差异;并以外生赔付率冲击作为系统初始损失,分别模拟测算其对寿险和非寿险系统性风险的影响;再基于OLS和面板数据probit回归深入分析对寿险和非寿险承保风险引致系统性风险过程中存在影响的因素。本部分具有以下边际贡献:(1)基于复杂网络模型再次证实,无论是非寿险还是寿险,承保风险基于再保险联系的风险传染是保险业系统性风险的重要来源之一;(2)通过多种检验方法证实,从再保险联系的角度出发,相对于非寿险而言,寿险承保风险对系统性风险的影响程度较小,远低于非寿险承保风险的影响程度;(3)从再保险联系的角度出发,基于行业层面和公司层面,捕捉了导致寿险和非寿险承保风险对系统性风险影响差异的根本原因。

二、文献综述

有关保险业系统性风险的存在性以及系统性风险衡量的相关文献不再赘述。下面主要对有关系统性风险成因和影响因素的文献进行综述。关于保险业系统性风险的成因和影响因素的研究主要是基于系统性风险的主导因素和贡献因素而展开。FSB等(2009)将企业规模、互联性、可替代性和风险传递速度等归为系统性风险的主导因素,而将杠杆率、流动性风险、政策法规等归为贡献因素。

有关主导因素的分析主要集中于企业规模和互联性两个维度。其中,在企业规模方面,Weiss和Muehlnickel(2014)指出,保险公司对系统性风险的贡献主要取决于公司规模,且其在金融危机前对投资收入和非投保人债务的依赖程度也对系统性风险有着正向影响。Muehlnickel和Weiss(2015)进一步指出,公司规模和非传统融资活动都增加了保险企业并购整合的不确定性,且与行业系统性风险之间存在很强的正相关性。Bansal(2016)比较了保险公司与银行、券商、房地产公司之间的系统重要性关系,发现随着其规模的不断增大,保险业的系统性问题将对宏观经济产生破坏性的影响。在互联性方面,Baluch等(2011)发现由于保险公司与银行的关联日益紧密,且对非传统保险业务日趋重视,保险行业的系统性风险有逐年上升的态势。Park和Xie(2014)认为保险公司之间的再保险联系是造成潜在系统性风险的关键。Bierth等(2015)认为大型保险公司与保险业的相互关联是保险公司系统性风险敞口的重要驱动因素,而保险公司对系统性风险的贡献则主要为其杠杆率所推动。

有关贡献因素的分析主要集中于杠杆率和流动性风险。其中,在杠杆率方面,Harrington(2009)在讨论AIG和保险业在2007-2009年全球金融危机中的作用时提出,由于AIG控股公司的杠杆率很高,使得整个投资组合受到抵押贷款相关证券价值下降的严重影响。Chang等(2018)比较了中国台湾和美国保险业系统性风险影响因素的差异,发现非核心活动和保险公司之间的互联性是中国台湾保险业系统性风险的主要驱动因素,而杠杆率和非核心活动是美国保险业系统性风险的主要驱动因素。在流动性风险方面,王桂虎和郭金龙(2018)指出,资产负债流动性错配指数与金融危机之间呈显著正相关关系,即流动性风险能够促进保险业系统性风险的增加。何奕等(2019)则发现流动性风险,特别是短期流动性风险是中国金融机构之间大额支付系统中系统性风险的主要来源。

本部分将基于保险公司之间因再保险业务往来而产生的关联网络,

分析保险业承保风险通过再保险联系不断放大并引发系统性风险的过程,并考虑上述各研究中所考虑的影响因素,观察它们在风险传递过程中所起的放大或阻碍的作用。

三、理论模型及研究设计

(一)再保险网络

本部分将在上述有关再保险联系研究所建立的再保险网络基础上,根据研究目的和数据的可获得性对模型进行微调。采用第三章第三节中的承保损失和传染损失之间的关系,并沿用其中对各种损失的度量、破产标准和对系统性风险的衡量,得到与系统性风险呈负相关关系的损失冲击强度。

(二)寿险与非寿险系统性风险的差异分析

使用配对样本 t 检验、Wilcoxon 符号秩检验和单因素方差分析三种方式来分析寿险和非寿险系统性风险是否存在差异,并分析寿险和非寿险中有关的影响因素是否存在差异。

1. 配对样本 t 检验

配对样本 t 检验常被用于检验两配对样本总体均值之间的差异是否在统计学上具有显著性,适用于样本量较小且总体标准差未知的情形。设 $X_i = \{x_{i1}, x_{i2}, \cdots, x_{in}\}$ 是一组配对样本,$i \in \{1, 2\}$。$d = \{d_1, d_2, \cdots, d_n\}$ 是样本 X_2 和 X_1 之间的差,即有 $d_j = x_{2j} - x_{1j}, j \in \{1, 2, \cdots, n\}$。则配对样本 t 检验的零假设为 $H_0: \bar{d} = 0$,检验统计量为 $t = \dfrac{\bar{d} - 0}{s_d / \sqrt{n}} \sim t(n-1)$。其中,$\bar{d} = \dfrac{1}{n} \sum_j d_j$ 为样本 d 的均值,$s_d = \sqrt{\dfrac{1}{n} \sum_j (d_j - \bar{d})^2}$ 为样本 d 的标准差。当统计量 t 的绝对值大于某一临界值时,拒绝原假设,认为样本 X_2 与 X_1 的均值存在显著差异。

2. Wilcoxon 符号秩检验

Wilcoxon 符号秩检验是一种非参数检验方法，对样本分布和样本量大小均无要求，因此也适用于本部分的差异分析。令 X_1 和 X_2 分别表示两个总体的样本，则该检验的零假设为：X_1 与 X_2 所代表的两个总体是相同的。具体步骤如下：先按每对数据差值 d 的绝对值 $|d|$ 从小到大排序，并给出相应的秩 R；然后分别计算差值为正和负的两部分的秩之和，记为 T_1 和 T_2；并建立检验统计量 $Z = \dfrac{(T_1-T_2)-0}{\sqrt{n(n+1)(2n+1)/6}} \sim N(0,1)$。当统计量 Z 的绝对值较大时，拒绝原假设，认为被检验的两个样本所代表的总体是不相同的。

3. 单因素方差分析

单因素方差分析也可用于检验两个样本平均值之间的差异。假设 X_1 和 X_2 相互独立，且分别服从正态分布 $N(u_1, \sigma^2)$ 和 $N(u_2, \sigma^2)$，但 u_1、u_2 和 σ^2 均未知。则方差分析的原假设为 $H_0: u_1 = u_2$，检验统计量为：$F = \dfrac{[\sum_{j=1}^{2}\sum_{i=1}^{n}(x_{ij}-\overline{x}_{.j})^2]/(2-1)}{[\sum_{j=1}^{2}\sum_{i=1}^{n}(\overline{x}_{.j}-\overline{\overline{x}})^2]/(n-1)} \sim F(1, n-1)$。当统计量 F 的值较大时，拒绝原假设，认为两个样本之间的均值存在显著差异。

(三) 系统性风险的影响因素分析

1. 解释变量与预测方向

根据上述再保险网络中各种损失的理论推导过程，可以从行业整体和公司个体层面分析在承保风险引致系统性风险过程中可能具有影响的各种因素。

赔付率：首先，根据本部分的研究设计，处于稳态的保险系统所受损失冲击的强度按行业平均赔付率的倍数递增。显然，平均赔付率越高，则损失冲击的强度越大，从而导致保险公司更容易陷入财务困境。另外，系统性风险的代理变量 γ_t 实际上是行业中 25% 的保险公司破产时的损失冲击强度，故可以推测，在行业层面上，γ_t与行业实际的平均赔付率(LR_t)存在负相关关系。在公司层面上，第i家保险公司自身的赔付率(LR_{it})是保险公司控制赔款支出能力的体现。一般而言，赔付率越高，则说明保险公司在防灾减损方面的工作有待加强，即风险管理能力不足（魏华林和杨霞，2007）。因此推测，保险公司赔付率(LR_{it})与其稳定性呈负相关关系。

再保险分入率：保险公司的再保险赔款是因分入业务而产生的。实务中，原保险公司的再保险分入业务具有比原保险业务更加突出的信息不对称问题。分入公司虽然不直接承保保险标的，但却通过分入业务间接承受承保风险带来的不利影响。因此，再保险分入比例越高，保险公司面临的风险也将越大。由此推断，在公司层面上，再保险分入率(IN_{it})与保险机构的稳定性呈负相关关系。同理，在行业层面上，保险业平均再保险分入率(IN_t)应与系统性风险的代理变量γ_t存在负相关关系。

再保险分出率：根据摊回分保赔款的计算，承保业务的分出有助于降低保险公司i的总损失，同时也会增加系统中其他保险机构的财务负担。因此推测，在公司层面上，再保险分出率(RE_{it})与保险机构的稳定性呈正相关关系。而在行业层面上，行业平均再保险分出率(RE_t)则与系统性风险的代理变量γ_t存在负相关关系。

公司间互联性：由传染损失的计算过程不难发现，保险公司可能遭受的传染损失与行业中保险公司之间的联系紧密程度密切相关。Baluch等（2011）也指出，工业系统性风险有逐年上升趋势的部分原因是保险与银行之间的关联日益紧密，而王丽珍（2015）通过模拟保险公司分别在完全分散型市场和相对集中型保险市场中的不同表现，发现在完全分散型市场中，承保风险的间接传染效应更弱。即在联系最紧密的系统中，系统性风险反而有所降低。因此推断，行业整体的联系紧密程度对系统性风险的影响是非线性的。具体而言，当系统整体联系紧密度较低时，增加机构之间的联系会增加整体的系统性风险，但当系统整体联系紧密度较高时,增加机构之间的联系反而会降低整体的系统性风险水平。在行业层面上,可以用网络结构平均度①(AD_t)来表示保险网络联系的紧密程度,并引用其二次项(AD_t^2)来度量上述分析的非线性关系。在公司层面上,节点出度(OD_{it})和节点入度(ID_{it})分别表示与保险公司 i 有直接再保险分出和分入业务往来的公司数量。节点出度(OD_{it})越大,则表示该公司向更多的其他公司分出保险业务,从而其承保风险得以被充分分散化。但根据模型设定,系统性风险爆发时,系统中有 25% 的保险机构将因资不抵债而破产,因此向更多的公司分出保险业务,同时也意味着该公司更容易遭受传染损失,即增加了传染损失发生的可能性。因此,暂且认为节点出度(OD_{it})对保险机构的稳定性有显著影响,但方向不确定。类似地,节点入度(ID_{it})越大,则表示该公司接受更多其他公司的分入业务,从而面临更大的信息不对称问题。暂且推断节点入度(ID_{it})对保险机构的稳定性有显著的负向影响。

偿付能力:根据所设定的破产标准,在其他条件不变的前提下,流动性资产相对于保费收入规模越大,则偿付能力越强,从而保险机构越不容易破产。以此类推,当系统中所有公司的破产条件都变得更加苛刻时,系统也将更难爆发系统性风险。因此推断,在行业层面上,保险行业平均的偿付能力(SV_t)与系统性风险的代理变量 γ_t 存在正相关关系,而在公司层面上,保险公司 i 的偿付能力(SV_{it})则对其自身的稳定性有显著的正向影响。即偿付能力的增加既能降低保险机构自身的破产风险,也能降低行业整体的系统性风险。

2. 基于行业层面的分析

以系统性风险的代理变量 γ_{ht} 为被解释变量,其中,$h=1$ 为非寿险业,$h=2$ 为寿险业。上述理论模型中分析的影响因素为解释变量,构建如下线性回归模型:

---

① 网络结构平均度表现了保险公司之间再保险业务往来的平均密度,网络结构平均度越大,则机构之间的联系越紧密(石大龙和白雪梅,2015)。

$$\gamma_{ht} = \alpha_0 + \alpha_1 LR_{ht} + \alpha_2 RE_{ht} + \alpha_3 AD_{ht} + \alpha_4 AD_{ht}^2 + \alpha_5 SV_{ht} + \varepsilon_{ht}$$
(4.14)

其中，LR_{ht}、RE_{ht}、AD_{ht} 和 SV_{ht} 分别为寿险业或非寿险业第 t 年的行业平均赔付率[①]、平均再保险分出率、网络结构平均度和平均偿付能力。考虑到网络结构平均度的影响可能是非线性的，故同时考虑网络结构平均度的二次项。此外，对于保险行业整体而言，再保险业务的分出和分入是同一笔资金的起点和终点。因此，行业平均再保险分入率与平均再保险分出率之间具有高度相关性，故而在实证模型中舍弃平均再保险分入率。表 4-1 是上述各影响因素变量的计算和假设的影响方向。

表 4-1　系统性风险影响因素的变量——行业层面

变量名称	变量含义	与 γ_{ht} 的假设方向	文献出处
平均赔付率 LR_{ht}	各家保险公司当年赔付率的平均值	－	郑苏晋等（2015）
平均再保险分出率 RE_{ht}	各家保险公司当年再保险分出率的平均值	－	王丽珍（2015）
网络结构平均度 AD_{ht}	与保险公司 i 有再保险交易的保险公司总数除以保险公司样本数 N	－/+	石大龙和白雪梅（2015），刘志洋（2020）
网络结构平均度平方 AD_{ht}^2	网络结构平均度的平方	+	
平均偿付能力 SV_{ht}	用流动性资产占保费收入的比率代替偿付能力，此处是各家保险公司当年的均值	+	

3. 基于公司层面的分析

从微观的公司层面来看，究竟有哪些因素在承保风险传染过程中有显著的影响呢？同理，以特定保险公司 i 在导致 25% 保险公司破产的外

[①] 考虑到寿险公司的满期给付是保单到期日仍未发生理赔时的保费返还，实际上并没有发生保险事故，因此将其从赔付支出中剔除，即寿险公司的赔付率为：赔付率＝（赔付支出－满期给付）/保险业务收入。

部损失冲击下的具体表现为被解释变量,采用上述理论模型中分析的各影响因素在公司层面的微观表现为解释变量,构建以下基于面板数据的 probit 回归模型,即:

$$prob(Stab_{it}=1)=f(\beta_0+\beta_1\,LR_{it}+\beta_2\,IN_{it}+\beta_3\,RE_{it}+\beta_4\,OD_{it}$$
$$+\beta_5\,ID_{it}+\beta_6\,SV_{it}+\delta'\mathbf{Z}+u_{it}) \quad (4.15)$$

其中,$f(\cdot)$ 服从标准正态分布;$Stab_{it}$ 为保险公司 i 在第 t 年的风险传染过程中的表现,当外部损失冲击 γ_t 导致了 25% 的保险公司破产时,若保险公司 i 没有破产,则 $Stab_{it}=1$,否则 $Stab_{it}=0$。实证分析中,LR_{it}、IN_{it}、RE_{it}、OD_{it}、ID_{it} 和 SV_{it} 分别表示保险公司 i 在第 t 年的赔付率、再保险分入率、再保险分出率、节点出度、节点入度和偿付能力;$\mathbf{Z}$ 表示保险公司层面的其他一些控制变量,暂时根据相关文献考虑保险公司的产权属性 SOE_{it}、资本属性 FOR_{it}、公司年龄 AGE_{it} 和市场占有率 MAR_{it}。表 4-2 是上述各影响因素变量的含义和假设的影响方向。

表 4-2　　系统性风险影响因素的变量——公司层面

变量名称	变量含义	与 $Stab_{it}$ 的假设方向	文献出处
赔付率 LR_{it}	寿险:(赔付支出－满期给付)/保险业务收入 非寿险:赔付支出/保险业务收入	－	王丽珍 (2015)
再保险分入率 IN_{it}	分入保费/保险业务收入	－	
再保险分出率 RE_{it}	分出保费/保险业务收入	＋	王丽珍 (2015)
节点出度 OD_{it}	保险公司 i 办理分出业务的保险公司家数	＋/－	王宇等 (2019)
节点入度 ID_{it}	保险公司 i 办理分入业务的保险公司家数	－	张伟平等 (2020)
偿付能力 SV_{it}	流动性资产/保险业务收入	＋	
产权属性 SOE_{it}	国有企业=1,非国有企业=0		

(续表)

变量名称	变量含义	与 $Stab_{it}$ 的假设方向	文献出处
资本属性 FOR_{it}	外资公司＝1,中资公司＝0		
公司年龄 AGE_{it}	当前年份－成立年份		
市场占有率 MAR_{it}	保险业务收入/市场保费收入		

(四) 数据说明

样本数据的时间为2004年至2018年,所有原始数据均来源于《中国保险年鉴》和保险公司官网。具体而言,保险公司层面的经营数据来源于各年《中国保险年鉴》,而关于企业特征方面的数据则来源于保险公司官网,经手工整理而得;保险行业层面的数据则经模型计算而得。在样本选择上,仅保留经营满一年及以上的公司,并剔除任意变量中含有异常值的公司。最终所采用的样本中,寿险公司和非寿险公司在各年份的市场占有率均达到90%以上,因此具有一定的代表性。

四、实证分析

(一) 再保险网络的分析

首先基于寿险和非寿险业务的真实数据,利用式(4.2)中的拟合模型分别构造样本年寿险和非寿险再保险网络,如图4-1和图4-8所示。比较两张图不难发现,随着样本年中国保险市场的快速发展,保险公司数和保险业务量都在不断增加之中,无论是寿险还是非寿险,保险公司之间的联系都更加紧密,保险再保险网络的紧密度都在不断增加之中。而就寿险与非寿险相比较而言,在任意样本年,寿险公司之间联系的紧密程度均低于非寿险公司。这是因为,相对于非寿险业务而言,寿险业务的波动性较小,较少具有巨灾风险,因而对于再保险的运用较少,也不需要像非寿险公司那样还需进一步分散再保险交易对手的风险。图4-15中显示了样本年中寿险和非寿险再保险网络的网络结构平均度,也显示出一致的结论。

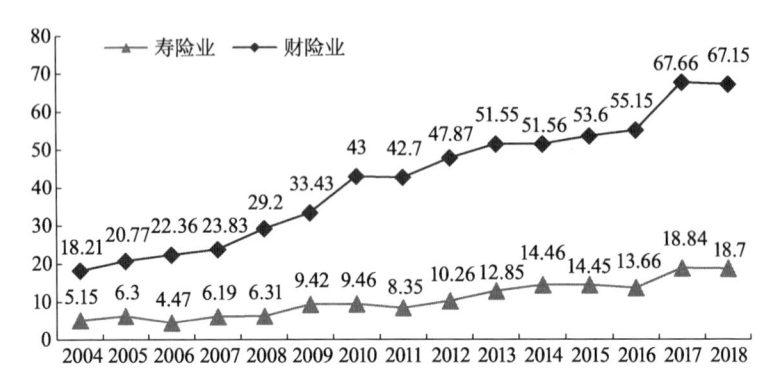

图 4-15 寿险和非寿险再保险网络的网络结构平均度

（二）系统性风险及其差异

1. 寿险和非寿险系统性风险

基于理论模型中的风险传染机制，通过不断增加每个样本年中的外部损失冲击强度，观察与分析寿险和非寿险在不同水平的外部损失冲击作用下的损失变化现象，以及逐步破产的过程，直至分别导致寿险和非寿险业中 25% 的保险公司破产。此时的外部损失冲击强度 γ_t 则为系统性风险的代理变量。根据前文理论分析的设定，外部损失冲击强度 γ_{ht} 越大，表明保险系统当时的系统性风险越小。样本年中 γ_{ht} 的变化趋势如图 4-16 所示。

图 4-16 寿险和非寿险业的 γ_{ht} 变化趋势

图 4-16 中,左图和右图分别表示寿险和非寿险业的 γ_{ht} 的变化趋势曲线,横轴为年份,纵轴为导致 25%的保险公司破产时的外部损失冲击 γ_{ht}。可以看到,总体而言,无论是寿险还是非寿险,导致系统中 25%的保险公司破产的外部损失冲击强度 γ_{ht} 都呈现出不断下降的趋势,且均在 2010 年以后趋于平稳。根据前文的理论模型,外部损失冲击强度 γ_{ht} 与系统性风险具有负相关关系。这就说明,无论是寿险还是非寿险,承保风险基于再保险联系所导致的系统性风险随样本年而逐渐呈现出不断上升的趋势。但自 2010 年开始,系统性风险均没有显著变化,基本保持了稳定。此外,对比图 4-16 中的纵轴可以看见,同样都是导致系统中 25%的保险公司破产,寿险能承受的外部损失冲击强度 γ_{ht} 明显较大,相同样本年中大约为非寿险的 5 倍左右。这说明,寿险承保风险基于再保险联系所导致的系统性风险水平整体上是显著地小于非寿险,且仅约为非寿险五分之一的风险水平。这一结论与现实情况是相符的。非寿险承保业务具有更强的保障性,而寿险承保业务具有较为突出的投资性。因此,因寿险承保风险基于再保险联系所导致的系统性风险水平显然是低于非寿险。

2. 寿险和非寿险系统性风险的差异

从图 4-15 中已经能观察到寿险与非寿险系统性风险存在明显差异,表 4-3 进行严谨的差异检验。

表 4-3　　　　　　　寿险和非寿险系统性风险的差异

变量名称	配对样本 t 检验			Wilcoxon 符号秩检验			单因素方差分析		
	均值之差	t	显著性	秩和差	Z	显著性	均方误差	F	显著性
冲击强度 γ	7.302	5.422	0.000***	225	4.667	0.000***	399.821	22.826	0.000***

注:***、**、*分别表示在 1%、5%和 10%的水平上显著。

由表 4-3 可以看到,三种方法的检验结果都表明,使系统中 25%的保险公司破产的冲击强度 γ_{ht} 在寿险和非寿险中存在显著差异。由此再次说明,寿险承保业务风险与非寿险承保业务风险所导致的系统性风险的水平具有显著的差异。

(三) 承保风险基于再保险联系引致系统性风险差异的影响因素: 行业层面

1. 影响因素的回归分析

根据上文理论分析,在承保风险基于再保险联系引致系统性风险的过程中,保险行业的平均赔付率、平均再保险分出率、网络结构平均度和平均偿付能力都可能会直接影响保险公司,从而影响导致25%的保险公司破产时外部损失冲击γ_{ht}的强度。基于式(4.14)中的回归模型加以验证,表4-4展示了模型的回归结果。

表 4-4　　影响因素的回归分析结果(行业层面)

变量名称	(1) 模型1	(2) 模型2	(3) 模型3	(4) 模型4	(5) 模型5
平均赔付率 LR_{ht}	−0.769 9*** (0.051 4)				−0.719 7*** (0.221 1)
平均再保险分出率 RE_{ht}		−0.764 5*** (0.099 1)			−0.399 2** (0.176 5)
网络结构平均度 AD_{ht}			−2.348 7*** (0.251 7)		−1.038 3*** (0.312 7)
网络结构平均度平方 AD_{ht}^2			1.610 3*** (0.264 4)		0.685 3** (0.253 6)
平均偿付能力 SV_{ht}				0.449 7** (0.204 3)	0.133 5** (0.056 1)
常数项	0.740 4*** (0.029 4)	0.712 4*** (0.051 4)	0.840 8*** (0.035 5)	0.262 8*** (0.082 4)	1.275 1*** (0.217 6)
Observations	30	30	30	30	30
R-squared	0.889 2	0.679 8	0.905 5	0.147 5	0.963 3
F	224.7	59.45	129.3	4.844	100.7

注: ***、**、*分别表示在1%、5%和10%的水平上显著,小括号中的数字为标准差。

由表 4-4 中可以看到，无论是单变量回归还是整体回归，各影响因素的影响方向和显著度都是一致的。其中，平均赔付率(LR_{ht})和平均再保险分出率(RE_{ht})对 γ_{ht} 的影响为负，且均在 1% 的置信水平上显著。根据外部损失冲击强度 γ_{ht} 与系统性风险之间的负相关关系，则平均赔付率(LR_{ht})和平均再保险分出率(RE_{ht})对承保风险所导致的系统性风险具有正向影响。这说明行业的平均赔付率和平均再保险分出率的增加都能促使系统性风险的上升。这是因为，行业平均赔付率的上升意味着行业整体承保风险的上升，行业会面临较大的赔偿压力；而平均再保险分出率的上升表示保险公司之间的联系因为再保险交易量的增加而变得更加紧密，更加具有一荣俱荣、一损俱损的关系。因此，当其他条件不变时，行业平均赔付率和平均再保险分出率的增加会加剧当前系统的不稳定因素，从而导致系统性风险水平增加。

表示保险机构之间再保险联系紧密程度的网络结构平均度(AD_{ht})的一次项系数在 1% 的水平上负向显著，而二次项系数 AD_{ht}^2 则在 1% 的水平上正向显著，这说明网络结构平均度(AD_{ht})对 γ_{ht} 的影响是一个 U 形结构，即网络结构平均度对系统性风险的影响是倒 U 形的。也就是说，保险机构之间的再保险联系紧密程度与系统性风险之间存在着倒 U 形的关系。当保险机构之间的再保险联系很弱时，承保风险的传染渠道被截断，从而溢出效应较低，导致系统性风险也相应较低；当再保险联系逐渐增强时，承保风险得以快速传染，导致溢出效应增加，系统性风险也随之快速增加；然而，当保险机构之间的再保险联系增加到一定程度时，承保风险的溢出效应将在整个行业中得以充分地分散，因此系统性风险又会逐渐降低。

平均偿付能力(SV_{ht})对 γ_{ht} 的影响为正，且在 5% 的置信水平上显著，这说明保险行业整体偿付能力的增强有助于降低系统性风险。当保险公司的偿付能力增强时，其抵御非预期赔付风险的能力也将随之增强，从而不容易发生破产，自然地也就不会将破产风险传染给其他的保险公司。

2. 影响因素的差异分析

表 4-4 中回归模型的结果表明,保险业的承保风险、再保险分出比例、偿付能力和机构之间的联系紧密程度都会直接影响系统性风险的大小。但是,由于样本数的限制,无法就寿险和非寿险分别进行回归,分析上述各影响因素在不同行业中对于系统性风险的不同影响程度。但表 4-3 中也显示,寿险和非寿险承保业务风险所引致的系统性风险存在着较大差异。那么,寿险和非寿险中的这些影响因素也必定存在着明显差异,而且在很大程度上可能正是因为这些因素存在差异,才使寿险和非寿险承保风险基于再保险联系会导致不同水平的系统性风险。因此先采用差异检验方法检验寿险和非寿险的这些影响因素是否存在差异(见表 4-5)。

表 4-5 寿险和非寿险影响因素的差异分析(行业层面)

变量名称	配对样本 t 检验 均值差	t	显著性	Wilcoxon 符号秩检验 秩和差	Z	显著性	单因素方差分析 均方误差	F	显著性
平均赔付率	−0.33	−25.75	0.00***	−225	−4.67	0.00***	0.83	321.80	0.00***
平均再保险分出率	−0.18	−14.43	0.00***	−225	−4.67	0.00***	0.23	279.68	0.00***
网络结构平均度	−15.64	−10.10	0.00***	−221	−4.58	0.00***	1 834.36	50.16	0.00***
平均偿付能力	1.76	1.82	0.09*	61	1.27	0.21	23.34	3.76	0.06*

注:由于表格篇幅限制,仅保留小数点后两位。

表 4-5 中三种检验结果均显示,寿险和非寿险的平均赔付率、平均再保险分出率及网络平均度的差异都在 1% 的置信水平上显著。平均偿付能力的差异在配对样本 t 检验和单因素方差分析中以 10% 的置信水平显著,而在 Wilcoxon 符号秩检验中不显著。这说明两个行业的偿付能力存在一定差异,平均而言寿险偿付能力大于非寿险(t 值和 Z 值均为正),但也偶尔存在非寿险大于寿险的情形(Wilcoxon 检验的秩和之差较小)。综上可以认为,寿险和非寿险承保业务风险基于再保险联系导致不同水

平系统性风险的原因,主要是这两个行业的平均赔付率、平均再保险分出率、网络结构平均度及平均偿付能力四个因素均存在显著差异。

3. 影响因素的敏感性检验

由于样本数的限制,无法就寿险和非寿险分别进行回归,故继续进行敏感性检验,展示上述寿险和非寿险影响因素的不同影响程度。具体做法是,分别就寿险和非寿险逐一地将上述各影响因素提升至原来的 2 倍,并保持其他变量不变,从而单独考察不同行业中的某一因素对系统性风险最终水平的影响程度。在检验网络结构平均度的影响时,考虑到其特殊性,则采用将非寿险各影响因素维持在原水平,并相应地将寿险其他三个影响因素调整至非寿险水平,从而观察寿险系统性风险最终水平的变化幅度。

(1) 平均赔付率的影响

将寿险和非寿险平均赔付率分别调高为 2 倍,观察系统性风险的变化,如图 4-17 所示。左图和右图分别为寿险和非寿险的检验结果,图中实线为参数调整后的 γ_{ht} 的变化趋势曲线,虚线则为基准模型中的 γ_{ht} 变化趋势曲线,下文同。

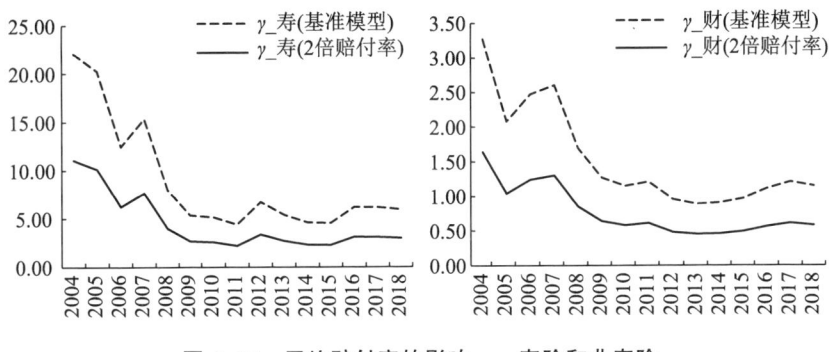

图 4-17 平均赔付率的影响——寿险和非寿险

由图 4-17 可知,无论是寿险还是非寿险,当平均赔付率上升为 2 倍时,使系统中 25% 的保险公司破产所需要的外部损失冲击 γ_{ht} 均变为原来的二分之一。也就是说,倘若保险市场的平均赔付率上升,则只需要较小倍数的外部损失冲击,就可以导致 25% 的保险公司破产,也即表明当时的系统性风险水平较大。具体的变动比例则说明,平均赔付率的变化对系统性风险的影响是同比例的。当平均赔付率提升至原来的 2 倍时,基于承保风险角度的系统性风险也随之变为原来的 2 倍。平均赔付率代表的就是承保风险,故再次印证了承保风险与系统性风险之间存在正相关关系的推断。由于再保险网络结构等其他因素均维持原状,从而整体的风险溢出效应也维持在原有水平。因此,承保风险的提升对系统的影响仅体现为稳定性同比例下降,也即系统性风险同比例上升。

(2) 平均再保险分出率的影响

图 4-18 展示了再保险分出因素的影响结果。与平均赔付率不一样,虽然平均再保险分出率上升为 2 倍时,同样也导致了外部损失冲击 γ_{ht} 的下降,但下降幅度远未达原来的二分之一(图中给出了基准模型二分之一的参考线)。这说明,再保险分出比例的上升对系统性风险的正向影响效力较弱,且弱于平均赔付率的影响程度。这是因为当保险公司的分出比例上升时,对应的分入公司的财务压力也将有所上升;但这些分入公司同样也会分出保险业务,从而在一定程度上分散了财务压力。因此,再保险分出率的提升对系统性风险的正向影响相对较弱。另外,在左图中,寿险再保险分出率的翻倍上升仅给外部损失冲击 γ_{ht} 带来微弱影响,而且显著低于其在非寿险中的影响程度。这说明再保险分出率对于寿险系统性风

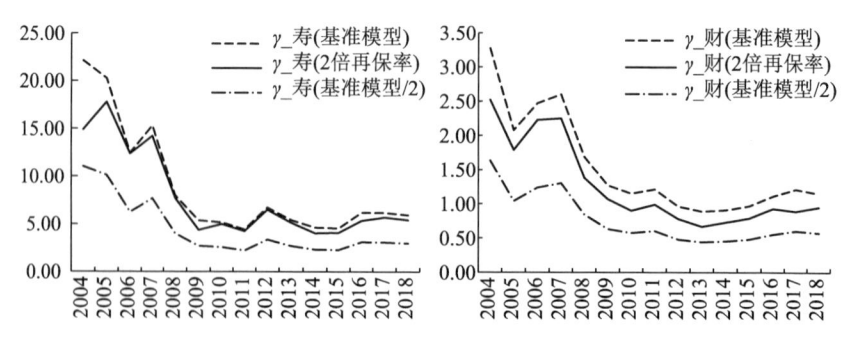

图 4-18 平均再保险分出率的影响——寿险和非寿险

险的影响力度相对较小,显著低于非寿险。这是因为,相对于非寿险而言,寿险对于再保险的使用本来就处于极低的水平,即使翻倍,整体的再保险量也不大,相关的承保损失仍然还是主要由寿险公司自身承担,而相应的再保险人仅承担了极小一部分,财务压力的变化较小,最终导致系统性风险的上浮程度也很小。

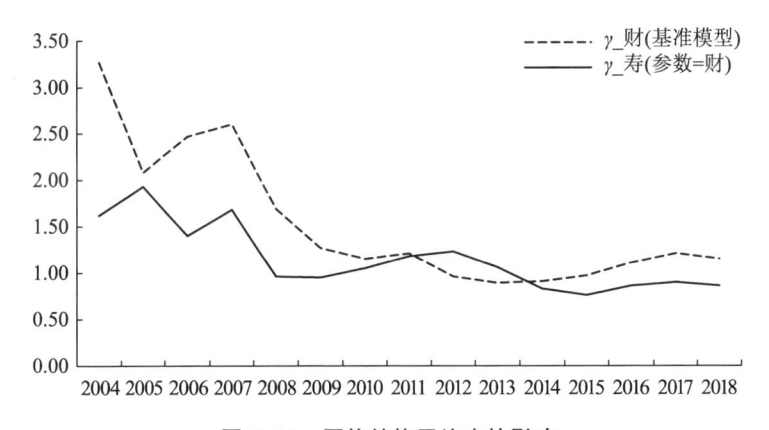

（3）网络结构平均度的影响

网络结构平均度反映了保险公司之间的再保险业务联系紧密程度,是根据再保险网络结构中保险公司之间的再保险业务连接的具体水平计算而得,所以无法简单地通过参数调整来增大为原来的 2 倍。故采用下列方法进行分析：维持非寿险中各参数均保持不变,得到非寿险系统性风险;将寿险各参数均调整至非寿险的水平,仅保持网络结构平均度不变,并计算得到寿险系统性风险。这时,寿险与非寿险系统性风险的主要差异就仅来自机构之间联系的紧密程度,从而可观察出代表保险公司再保险业务联系紧密程度的网络结构平均度对系统性风险的影响,如图 4-19 所示。

图 4-19 网络结构平均度的影响

比较图 4-19 和图 4-16 可以看到,当将寿险参数均调整为与非寿险相同,而仅保留寿险的网络结构平均度时,要使 25% 的寿险公司破产的外部损失冲击 γ_{ht} 与非寿险的差距迅速缩小。不但不再是图 4-17 中的

5倍左右,而是非常接近甚至出现了交叉现象,即存在寿险系统性风险大于非寿险系统性风险的情况。也就是说,在调整了寿险其他参数并保持与非寿险相同水平之后,寿险系统性风险普遍大于非寿险,偶尔存在小于非寿险的情形。可见,两行业之间其他参数的差异是导致其系统性风险存在差异的重要因素,相对而言,网络结构平均度对系统性风险的影响不是单纯的正向或负向的关系,与表4-4中的回归分析一致,再次证实了网络结构平均度对系统性风险具有非线性影响的特点。网络结构平均度的增加在提升风险溢出效应的同时也增加了风险的分散程度,从而可能对系统性风险产生正向或负向的影响。也就是说,网络结构平均度对系统性风险的影响是视其自身的初始水平以及变化幅度的大小而定。

(4) 平均偿付能力的影响

同理,将平均偿付能力都增加为两倍,观察导致系统中25%的保险公司破产的外部损失冲击 γ_{ht},如图4-20所示。很明显,图4-20与图4-17中平均赔付率的影响情况相似,无论是寿险还是非寿险,当平均偿付能力增加为两倍时,欲使系统中25%的保险公司破产的外部损失冲击 γ_{ht} 也都增加为2倍,即系统性风险相应变为原来的二分之一。这说明,平均偿付能力的变化对系统性风险的影响也是同比例的。平均偿付能力对系统性风险的影响原理与平均赔付率相似,两者的影响都明显具有倍数的关系,但影响方向相反。当平均偿付能力翻倍时,系统抵御非预期损失风险的能力也同样翻倍,但由于其他因素等均保持不变,因此平均偿付

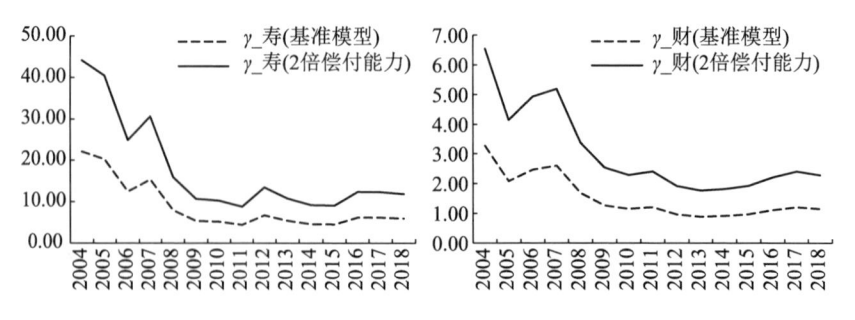

图 4-20 平均偿付能力的影响——寿险和非寿险

能力的提升对系统性风险的影响表现为系统稳定性同幅度增加,也即系统性风险同比例下降。

(四) 承保风险基于再保险联系引致系统性风险差异的影响因素: 公司层面

从微观层面,分析保险公司的内部因素是否对风险传染过程中保险公司的不同表现有显著影响,可以帮助保险公司找出在承保风险引致系统性风险过程中的影响因素,加以管控从而增强保险公司经营的稳定性。表 4-6 汇报了根据式(4.15)分别基于寿险和非寿险公司面板数据的 probit 回归结果。表 4-6 中,模型 1 的解释变量表现寿险和非寿险公司是否因自身业务而导致破产。若没有破产,则 $Stab_{it}=1$,否则 $Stab_{it}=0$。这表现了保险公司自身经营的稳定性。类似地,模型 2 的解释变量表现寿险和非寿险公司是否因其他保险机构无法支付部分或全部再保险赔款而导致破产,即是否被传染至破产。同理,若没有破产,则 $Stab_{it}=1$,否则 $Stab_{it}=0$。

表 4-6　　系统性风险影响因素的分析(公司层面)

变量名称	寿险公司		非寿险公司	
	模型 1	模型 2	模型 1	模型 2
赔付率 LR_{it}	−0.752 5 (0.862 6)	1.739 9 (1.281 8)	1.543 5 (0.946 3)	−0.652 8 (0.886 5)
再保险分入率 IN_{it}	2.587 7 (2.078 2)	0.992 1 (1.702 8)	−8.501 7*** (3.078 8)	1.233 0 (1.435 3)
再保险分出率 RE_{it}	1.245 9** (0.527 9)	−1.068 8* (0.564 6)	3.517 8*** (0.935 5)	−1.740 5*** (0.663 7)
节点出度 OD_{it}	−1.452 3*** (0.222 3)	−0.490 4 (0.668 6)	1.298 3*** (0.198 9)	−0.090 2 (0.180 8)
节点入度 ID_{it}	−0.323 0*** (0.066 7)	0.061 1 (0.109 1)	−0.245 2** (0.116 7)	0.085 2 (0.079 0)

(续表)

变量名称	寿险公司		非寿险公司	
	模型1	模型2	模型1	模型2
偿付能力 SV_{it}	0.378 4*** (0.033 0)	0.057 2** (0.022 3)	1.132 0*** (0.143 3)	0.391 4*** (0.109 5)
产权属性 SOE_{it}	−0.213 5 (0.343 2)	0.319 3 (0.482 0)	−1.169 7* (0.605 8)	−0.042 3 (0.300 1)
资本属性 FOR_{it}	−0.374 7* (0.222 0)	0.038 5 (0.229 7)	−1.169 6** (0.454 9)	0.191 9 (0.278 9)
公司年龄 AGE_{it}	−0.008 4 (0.021 7)	−0.012 2 (0.024 8)	−0.034 2 (0.029 0)	0.026 9 (0.019 8)
市场占有率 MAR_{it}	0.635 1 (1.935 2)	−3.640 4** (1.703 0)	5.234 4** (2.490 2)	−2.945 0* (1.519 9)
年份固定效应	是	是	是	是
公司固定效应	否	否	否	否
Observations	952	952	872	845
chi2	6.986 9	0.000 0	29.754 8	0.004

注：***、**、*分别表示在1%、5%和10%的水平上显著,括号中的数字为标准差。

首先,分析模型1中寿险公司和非寿险公司的回归结果。赔付率(LR_{it})均不显著,这说明同一行业中不同保险公司的赔付率具有一定的相似性,而并非存在某些保险公司的赔付率特别高而另一些保险公司则特别低的现象,保险公司赔付率的差异不是导致保险公司在风险传染过程中破产的关键因素。再保险分入率(IN_{it})在寿险公司中不显著,而在非寿险公司中在1%的置信水平负向显著。这说明再保险分入比例的增加不会影响寿险公司的经营稳定性,但会降低非寿险公司的稳定性,从而促使非寿险公司系统性风险增加。这也是因为,寿险公司较少运用再保险;而非寿险公司的再保险业务运用较为频繁,不仅对再保险公司分出,同时也向其他非寿险公司分出。这使得非寿险公司之间的联系更加直接而紧密。因此在非寿险公司中,分入比例的增加不仅意味着该公司接受了更多的承保风险,同时也意味着行业整体的风险溢出效应增强,最终导致保险公司经营稳定性降低。再保险分出率(RE_{it})在寿险公司和非寿险公司中分别以5%和1%的置信水平正向显著。这说明,保险公司增加保险业务的分出比例有利于增加自身的经营稳定性,降低破产风险。显而易见,若保险公司将更多承保业务分出给其他公司,则当非预期承保损失发生时,就能得到更多的摊回分保赔款,从而降低了自身财务压力,使经营更加稳定。再结合表4-4中有关行业平均再保险分出率的回归结果可以发现,保险公司分出业务的行为对系统整体的稳定性具有负外部性,这与前文理论推断相一致。即承保业务的分出一方面能降低保险公司自身的系统性风险,但另一方面则使其他保险公司的赔偿压力增大,保险公司之间的联系更加紧密,从而促使行业整体系统性风险上升。节点出度(OD_{it})的回归系数在寿险公司中显著为负,而在非寿险公司中显著为正,置信水平均为1%。结合前文理论分析可以认为,节点出度(OD_{it})的增加在寿险公司中更多地体现为传染损失发生概率的增加,从而降低了保险公司的稳定性。而在非寿险公司中则更多地表现为承保风险的分散效应增强,因而有助于增加保险公司的经营稳定性。节点入度(ID_{it})在寿险公司和非寿险公司中分别以1%和5%的置信水平负向显著,说明无论是在寿险公司还是非寿险公司,分入业务交易对手的增加都使保险公司遭受了更大的信息不对称风险,从而降低了公司经营的稳定性。偿付能力(SV_{it})在两个行业中均以1%的置信水平正向显著,说明保险公司增加偿付能力也有助于增加经营稳定性,从而降低破产风险。结合表4-4的回归结果可以发现,保险公司增加自身偿付能力的行为对系统整体的稳定性具有正外部性,这一结果也与前文理论推断相符合。即当系统中所有保险公司都不容易破产时,承保风险的溢出效应将更难出现并且会得到抑制,从而使得系统不容易爆发系统性风险。控制变量方面,在非寿险公司中,非国有和市场占有率较高的公司具有更高的稳定性,但在寿险公司中均不显著。另外,外资公司稳定性均低于中资公司。

其次,分析模型 2 中寿险公司和非寿险公司的回归结果。可以发现,保险公司因受其他保险公司传染而陷入破产的可能性主要受再保险分出率(RE_{it})、偿付能力(SV_{it})和市场占有率(MAR_{it})的影响。具体而言,再保险分出率(RE_{it})在寿险公司和非寿险公司中分别以 10% 和 1% 的置信水平显著,说明当系统中其他保险机构因为发生破产而无法偿付债务时,再保险分出比例高的保险公司更易遭受破产。结合模型 1 可见,再保险的使用是一把"双刃剑",一方面可以帮助保险公司降低承保风险,另一方面却又增加了保险公司"被牵连"的可能性,使其在其他保险公司破产时表现得更加脆弱。这一结论与王丽珍(2015)相似。偿付能力(SV_{it})分别以 5% 和 1% 的置信水平显著为正,再次说明保险公司偿付能力的增加有助于增加保险公司的经营稳定性,即使在其他保险机构无法对其偿还再保险赔款时,偿付能力充足的保险公司也更易维持稳定经营的状态。市场占有率(MAR_{it})分别以 5% 和 10% 的置信水平显著为负,说明市场占有率高的保险公司在其他公司破产时"受牵连"的可能性更大。这一结果的出现与构建模型时使用的假设有关[①],因此市场占有率高的保险公司在其他公司破产时更加脆弱。

最后,结合模型 1 和模型 2 的分析结果可以发现,模型 2 中影响显著的因素明显少于模型 1。这说明,相较于受其他保险公司传染而破产而言,保险公司自身破产的影响因素更多。保险公司自身经营的稳健性更加脆弱,更多的因素都会对其产生影响。其次,相比于寿险公司而言,非寿险公司自身是否破产受到更多因素的影响,如再保险分入率(IN_{it})和产权属性(SOE_{it})。这是因为,长期以来都认为非寿险公司必须重视承保风险管理;而寿险的理赔波动不大,相对而言承保风险管理并非关键(Harrington,2003)。因此,寿险公司的承保风险管理能力大体相似,从而导致其在风险传染过程中的影响不显著。而不同的非寿险公司则有

[①] 本节假设所有再保险业务均为比例再保险,则当再保险分出比例相同时,市场占有率高的保险公司实际上的分出业务量更大。其次假设保险公司破产时按比例偿还债务,实际分出量较大的保险公司传染损失更大。

不同的承保风险管理能力,从而导致非寿险公司的稳定性受到更多其他因素的影响。但是,无论是寿险公司还是非寿险公司,其是否被传染而破产的影响因素及影响方向大体相似。这是因为无论是寿险还是非寿险,承保风险的传染机制是相同的,所以导致保险公司受传染而破产的影响因素差异不大。

第四节 本章小结

一、非寿险业再保险联系对系统性风险的影响

在已有文献的基础上和真实数据的基础上,采用复杂网络理论模型准确描述了非寿险业承保风险基于再保险联系的传染机制,并就其传染过程进行了模拟,对不同情况下因流动性危机而导致系统性风险的可能性进行了测算。本部分得到如下的主要结论:

- 中国非寿险业的承保业务因再保险联系而越来越密切关联,再保险网络对承保风险的放大作用明显,承保风险基于再保险网络的传染的确是导致非寿险业发生系统性风险的来源之一。
- 承保风险基于再保险网络引发传染风险的门槛较高,基于实际数据的模拟,当初始损失为1 100亿元以下时,只有承保损失,即第0轮;当初始损失大于1 100亿元时,开始有保险机构处于危机状态并开始第1轮传染;当初始损失大于6 400亿元时,才会有保险机构因传染风险而陷入流动性危机,继续开始第2轮传染。
- 中国非寿险系统虽然存在再保险旋涡,但发生的概率极低。基于实际数据的模拟,只有当初始损失大于1.02万亿元时,将触发大于2轮的风险传染,即发生再保险旋涡。
- 在承保风险基于再保险网络的传染过程中,保险机构的损失主要为承保损失和前两轮传染的损失,后续轮次的损失至少以数倍的速度下降;保险机构主要在第0-2轮传染中陷入流动性危机,在后

续传染轮次中陷入流动性危机的可能性较低。

研究结果证实,承保风险基于再保险网络传染确实是中国非寿险业系统性风险的来源之一。因此非常有必要对巨灾风险进行防范,尽管目前还不太可能产生撼动中国非寿险业并引发系统性风险的承保风险,但随着非寿险再保险网络愈加密集,非寿险承保风险通过再保险联系的放大效应也将不断增大。

二、寿险业再保险联系对系统性风险的影响

参照非寿险业的做法,将复杂网络模型应用于寿险业,模拟寿险承保风险基于再保险联系在系统中传染的动态过程,并量化了传染过程。本部分得出如下结论:

- 随着时间的推移,中国寿险业承保业务也因再保险联系而具有越来越紧密的联系,当初始损失冲击足够大时,承保风险通过再保险联系也能导致寿险业爆发系统性风险。
- 基于实际数据的模拟结果表明,寿险业中承保风险基于再保险联系引发传染风险的门槛极高。只有当初始损失冲击大于1万亿元时,才有可能触发第1轮的风险传染,远远大于非寿险业。
- 寿险承保风险基于再保险联系引致系统性风险的传染损失率、传染广度、传染强度和传染密度等曲线的波动性均较大。
- 承保风险基于再保险联系对系统性风险的影响在寿险业中显著小于非寿险业,表现为寿险业再保险网络的风险放大效应的极限值始终小于同期非寿险业的极限值,且约为同期非寿险业的五分之一左右。

上述结论均表明,当损失冲击足够大时,承保风险基于再保险联系进行风险传染,也能触发寿险业的系统性风险。但是,承保风险触发系统性风险的门槛极高且影响力度不强,因此寿险业在风险管理的过程中,应当首先管理好包括资产风险在内的其他风险,其次才是寿险承保风险。另外,研究结果也表明,应当在一定程度上加强对大型寿险公司和再保险公

司的监管,提高其风险防控能力,从而进一步提高寿险业承保风险的传染门槛,增强寿险业的经营稳定性。

三、非寿险业与寿险业基于再保险联系传染的比较分析

基于保险公司真实的经营数据,分别构建了寿险和非寿险再保险网络模型;通过仿真,模拟了寿险和非寿险承保风险导致系统性风险的过程,并量化了因寿险和非寿险承保风险基于再保险联系导致系统性风险的水平;然后在理论上分析了风险在再保险网络传导过程中具有影响的各种因素,并基于行业层面和公司层面进行实证分析和敏感性检验。主要得到以下研究结论:

- 无论是寿险业还是非寿险业,承保风险基于再保险联系都会进行传染,并的确是导致系统性风险的来源之一。当承保风险足够大时,大量保险公司将面临破产并触发系统性风险。当前中国保险业的承保风险还是可控的,即使通过再保险联系进行传染,也远未达到触发系统性风险的水平。但是,在样本年的研究中,承保风险基于再保险联系的传染放大效应随时间不断递增,直到2010年左右开始趋于稳定。
- 样本年中,寿险承保风险基于再保险联系进行传递的水平较低,大约为非寿险承保风险五分之一的水平。
- 在承保风险基于再保险联系进行传递的过程中,从行业层面的影响因素来看,平均赔付率和平均再保险分出率有显著正向影响,平均偿付能力有显著的负向影响,而保险公司间的再保险联系紧密程度的影响则是非线性的。从各影响因素的影响敏感性来看,平均赔付率和平均偿付能力的影响较为敏感,使系统性风险具有同比例的变化,而平均再保险分出率的影响敏感性较弱,使系统性风险的变化幅度较低。
- 在承保风险基于再保险联系进行传递的过程中,从公司层面的影响因素来看,再保险分出率、节点出度、节点入度及偿付能力是影

响保险公司自身稳定经营的关键因素,非寿险公司除此之外还受到再保险分入率的影响。再保险分出率和偿付能力则是影响保险公司是否被传染的关键因素。

研究结果揭示,巨灾性质的承保风险是基于再保险联系进行传递并导致保险业爆发系统性风险的根源,因此控制保险业(尤其是非寿险业)的巨灾风险仍是防范系统性风险的关键所在。另外,由于再保险的使用可以降低分出公司的财务压力,但同时却对行业整体的稳定性具有较强的负外部性,因此十分有必要探究寿险和非寿险业的最优再保险使用策略,以达到从公司自身和行业整体都能降低系统性风险的目的。最后,由于无论是公司层面还是行业层面,保险公司偿付能力的提升都是防控保险行业系统性风险的优良举措,因此应当继续加强对保险公司偿付能力的监管。

第五章 共同承保风险对系统性风险的影响

前文研究证实中国保险业系统的确存在着系统性风险,而承保风险基于再保险联系进行的传染也的确是导致保险业发生系统性风险的来源之一。现实中,每一家保险公司都会经营若干类型的保险险种。但不同险种并非完全独立,而是会因标的物的自身联系或标的物具有风险共性而产生联系,也体现为保险公司面对着共同承保风险。本章内容将集中于不同险种间的风险相关性及由其引起的共同承保风险,在公司层面验证面临共同承保风险这一特征对公司承保风险的影响,在行业层面验证面临共同承保风险这一特征对系统性风险的影响,并进而从地域层面的角度分析不同省份的承保风险之间的关联关系及其影响。

第一节 共同承保风险的概述

一、引言

保险实务中,根据所保障的标的物不同而将保险业务分成不同的险种,比如非寿险市场上的机动车辆保险、企业财产险、农业保险等;寿险市场上的人寿保险、健康保险、意外伤害保险。不同类型险种的承保风险是具有相关性的,具体体现为当某类险种在发生赔付的同时,另一类险种也会相应发生一定程度的赔付。也正是因为如此,在中国现行偿二代监管体系中,计算保险公司非寿险业务保费风险最低资本时,也考虑了不同保险业务即险种之间的相关性。本章将险种风险的这种特征称之为险种风险的关联性,保险公司因而面临着共同承保风险,并深入分析其在公司层面、行业层面和地域层面的不同表现,以及对系统性风险的影响。

无论是公司层面还是行业层面,共同承保风险都是以保险公司经营的不同类型的险种间风险相关性为基础。险种间的风险关联性是由于多种原因而产生的。首先,不同险种所保障的保险标的物具有一定的相关性,比如都保障人的生命;其次,保险标的物所面临的风险具有一定的共性,比如都保障相同的风险;除此之外,不同风险之间本身也具有一定的相关性。因此,不同险种的风险之间具有一定的相关性,因而不能将险种分割地考察(胡利琴等,2009)。保险集团在管控集团的整体风险时,也需要把整个集团具有不同风险分布差异的险种风险损失总合起来,而其中的关键之处就是量化风险之间的关联性(杨旭和聂磊,2008)。目前,有关险种关联性的研究主要集中于保险公司的偿付能力。

理论研究方面,陈迪红等(2008)采用线性相依结构,基于不同险种赔付率的相关性,计算了保险公司的内部经济资本,研究了保险业务组合的相依性结构及险种间的风险分散效应。Tang 等(2009)、吴杰等(2014)和李秀芳等(2016)则采用了 copula 模型进行研究。监管方面,欧盟保险业 Solvency II 采用了相关系数矩阵来汇总险种的各类风险;在中国《保险公司偿付能力监管规则第 4 号:保险风险最低资本(非寿险业务)》中,也采用了风险相关矩阵来汇总计算保费风险最低资本。

二、共同承保风险及本研究中的相关定义

本部分将深入研究因保险公司不同险种的风险相关性而使保险公司面临共同承保风险,在公司层面、行业层面和地域层面的不同表现和影响,先将各个相关术语定义如下:

险种风险相关性:是指不同险种的承保风险之间具有同向变化的特征,即某一个险种发生损失时,另一个险种也会发生损失的现象。

共同承保风险:当发生一起灾难时,即使不考虑再保险联系,在原保险层面上,也会有多家保险公司同时发生赔款,这一现象被称为保险公司面临着共同承保风险。其原因可能是:首先,同一保险标的被多家保险

公司所承保,即存在共同保险;其次,即使不同保险公司承保了不同保险标的,但由于承保险种相同,也会同时发生损失;最后,即使不同保险公司承保了不同保险标的的不同险种,但由于保险公司所经营的不同险种之间具有风险相关性,因而也会同时发生损失。

险种结构:指基于公司层面的角度,各家保险公司中不同险种保费收入所占的份额,是单纯的保费收入的比重。

险种集中度:是考虑到不同险种的承保风险具有相关性,因而在险种结构的基础上考虑不同险种风险相关性的共同影响之后,所具有的险种集中程度。这一个概念比单纯的险种结构考虑更加深入。

风险集中度:不同风险具有不同的发生概率,因此在险种集中度的基础上进一步考虑了各险种的损失概率,从而综合反映出保险公司所暴露的风险程度。这是一个综合了险种结构、险种风险相关性和险种损失概率,在公司层面反映承保风险分散情况的指标。

承保业务相似度:这是指保险公司承保业务结构之间的相似性,也即保险公司险种结构的相似度。这是单纯考虑保险公司不同险种保费收入比重的相似程度,描述各家保险公司在险种经营方面的相似程度。把各家保险公司两两之间的承保业务相似度进行合并,则可以得出行业层面的承保业务相似度,从而整体上概括保险行业中各家保险公司承保业务的相似度。在此基础上,再结合险种风险相关性,从而分析承保业务相似度对系统性风险的影响。

承保风险的空间关联性:是指从地域层面的角度,以各省份为研究单位,观察与分析不同省份的承保风险在空间层面上所具有的相关关系。

三、研究框架

本部分将从公司层面、行业层面和地域层面三个不同的角度,分别深入研究因保险公司不同险种的风险相关性而使保险公司面临共同承保风险这一特征对于公司经营、行业系统性风险和地域风险控制方面的影响。研究框架如图 5-1 所示。

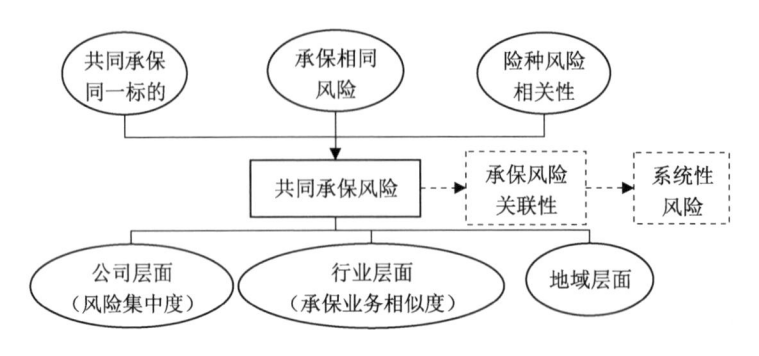

图 5-1 共同承保风险的研究框架

（1）在公司层面，倘若保险公司所经营的险种具有较大的相关性，不同险种可能会受同一风险的影响而同时发生损失，换言之，险种经营表现为集中于某些风险。此时，倘若这些风险是属于损失概率较高的高风险类，则该保险公司也会面临较高的赔付率；反之，倘若这些风险是属于损失概率较低的低风险类，则该保险公司面临较低的赔付率。因此，公司层面的风险集中度是将险种结构、险种风险相关性与不同类型险种的损失概率相结合，综合考虑其对保险公司整体承保风险的影响。

（2）在行业层面，各家保险公司有着不同的保险战略和专长，经营着不同的险种并占据一定的市场，形成了各自的险种结构。不同保险公司的险种结构具有一定的相似性，即承保业务相似度。但是各险种又具有一定的风险相关性。因此，在行业层面上，险种风险相关性和承保业务相似度共同作用，引起的共振可能使损失放大，严重时可能导致若干保险公司同时破产，从而引发系统性风险。

（3）在地域层面，不同地域的风险之间也可能存在相关性，从而让承保风险在空间上也具有一定的联系。同时，这种相关性可能也是具有输入与输出的方向性的，一些省份是风险的输出省份，而另一些省份是风险的被影响省份。因此，全面清晰地从空间角度了解不同省份之间风险的关联关系，能够确定出需要重点监管的省份，从而防止发生某个风险较大省份爆发风险并波及其他省份甚至全国的灾难性事件。

第二节 风险集中度对保险公司承保风险的影响

一、引言

　　细看近年来我国发生过的重大保险事故,无不是损失金额巨大且涉及多险种同时发生赔付。以"2015年天津港8·12特大火灾爆炸事故"为例,各家保险公司的赔付合计超100亿元。这次事故发生的近因是火灾,但同时触发了车险、财产险(包括企财险、机器损坏险和营业中断以及天津港周边居民区的家财险等)、团体意外伤害险、责任险(包括雇主责任、公众责任等)等多险种的赔付。实务中,保险公司都是按险种分别核保,核保时虽有划分风险单位并严格控制最大自留额,但忽视了综合考察承保同一风险单位不同险种的风险。随着保险产品逐步增多,保险覆盖面越来越广,因相同的风险同时触发多个险种赔付、多个投保人索赔的概率大大提高。理论上,险种的划分依据是保险标的。比如机动车辆保险的保险标的是车辆,企业财产险的保险标的是企业财产。虽然不同险种的保险标的不同,但其所保障的保险责任却有相似之处,都包括自然灾害和意外事故。那么,当某种风险发生,比如洪水发生时,车辆和企业财产可能会同时发生损失;保险公司可能会同时在机动车辆保险和企业财产险中发生赔款。也就是说,保险公司不同类型险种的赔偿存在着相关性(杨旭,2008;熊婧和汤薇,2021)。正因为如此,在我国现行偿二代监管体系中计算保险公司非寿险保费风险的最低资本时,考虑了因不同险种保障风险的相似性而隐含的险种风险相关性。

　　倘若某家保险公司所经营的险种具有较大的相关性,则整体上表现为集中于某些风险。倘若这些风险是属于损失概率较高的高风险险种,则该保险公司也会面临较高的赔付率;反之,倘若这些风险是属于损失概率较低的低风险险种,则该保险公司面临较低的赔付率。所以,险种风险相关性必定会影响保险公司最终的承保风险。一些学者曾从保险公司的险种多元化分析了其对保险公司承保风险的影响（Liebenberg 和 Sommer,2008；许莉等,2010；陈华和丁宇刚,2016；高天一和丁宇刚,2019）。但是,单纯考虑某家保险公司的险种结构还不够,还应结合险种之间的相关性以及不同险种的损失概率。也就是说,即使某家保险公司的险种结构较为分散,但所经营的险种都具有很高的相关性,实际上这家公司也具有了较高的集中度；进而再结合风险发生概率,最终影响到该家保险公司的赔付。

所以,在研究险种结构对承保风险的放大或缩小效应时,倘若脱离了险种风险相关性及损失概率,均非全面的考虑。考虑到险种分类的一致性及相关数据的可得性,本部分以非寿险为研究对象,基于各类非寿险险种的相关性,提出保险公司的险种集中度和风险集中度的概念,具体而言,险种集中度是在保险公司所经营的险种结构基础上,考虑不同险种风险相关性的共同影响而最终体现出来的险种集中程度；而风险集中度则是在险种集中度的基础上进一步考虑了各险种的损失概率,综合反映出保险公司所暴露的整体风险程度。然后通过理论推导构建保险公司承保风险模型,分析险种集中度和风险集中度对承保风险的影响。并基于实务数据进行实证分析,采用面板回归检验保险公司的险种集中度和风险集中度对承保风险的影响。最后提出控制承保风险的有效建议。

相较于其他相关研究,本部分可能的创新在于：(1)基于险种因所保障风险具有相似性的特征,提出了险种风险相关性的概念,并验证了险种的风险的确存在相关性特征；(2)结合前人关于险种结构的研究,加入对险种风险相关性及损失发生概率的考虑,提出了保险公司险种集中度和风险集中度的概念；(3)理论推导并实证检验了保险公司的险种集中度与风险集中度对保险公司承保风险的影响,发现险种集中度对承保风险没有稳定的影响,但风险集中度显著地正向影响着承保风险；(4)强调保险公司在控制承保风险时,不仅要分散所经营的险种,更为核心的是需分散所保障的风险。

二、文献综述

(一)险种风险相关性的研究

不同险种所保障的保险责任具有一定的相似性,可能会保障相同的风险;同时,风险之间也具有一定的相关性。这些都使得不同险种具有一定的相关性。如果保险公司经营的各险种之间具有较强的相关性,保险事故发生时险种之间的共振会加重损失(熊婧和汤薇,2021)。因此,保险公司在管理险种的过程中不能将险种分割考察(胡利琴等,2009)。保险集团通常需要把整个集团具有不同风险分布的各险种风险损失综合起来组合管理,而风险损失总合过程中的关键步骤是量化风险之间的相依性(杨旭和聂磊,2008)。

回顾文献可以发现,有关险种风险相关性的研究主要是针对保险公司的偿付能力方面。学者们用线性相依结构(陈迪红等,2008)及 copula 模型(Tang 等,2009;吴杰等,2014;李秀芳等,2016),基于不同险种赔付率的相关性计算保险公司内部经济资本,研究险种组合中的相依性结构及风险分散效应。实际应用中,欧盟保险业 Solvency II 采用相关系数矩阵的方法来汇总险种的各类风险;我国《保险公司偿付能力监管规则第 4 号:保险风险最低资本(非寿险业务)》中也采用风险相关矩阵汇总计算保费风险最低资本。

(二)产品集中度的研究

对于产品集中度和经营风险之间的关系在银行业已经讨论了很久,但目前还没有得出一个统一的结论(Shim,2017;彭雪梅和曾紫芬,2018)。一部分学者认为产品集中度越高,冲击所带来的影响越小,稳定性越高,经营风险越低(Chang 等,2008;Jakob 和 Tigran,2012);另有一部分学者认为产品集中度越高,创新与竞争受到阻碍,经营风险越高(刘孟飞等,2012;Soedarmono 等,2013;Anginer 等,2014)。

保险领域中,陈华和丁宇刚(2016)指出,产品集中度对保险公司的期望利润以及整体风险水平具有重大影响,高天一和丁宇刚(2019)也认为,保险公司的产品集中度会影响公司专业服务可得性和风险水平。但是,究竟是专业化经营还是多元化经营对保险公司有正向影响,学者们也莫衷一是。支持多元化经营的学者们例如：Fiegenbaum 和 Thomas(1990)发现,相较于多元化经营的保险公司,专业化经营保险公司的赔付水平更高；Meador 等(2000)发现,产品集中度越高,则公司的效率越低。支持专业化经营的学者们例如：Ma 和 Elango(2008)发现,相较于多元化经营的保险公司,专业化经营程度更高的保险公司能更多获得国际市场拓展带来的投资组合风险降低及范围经济效应。Cummins 等(2010)发现,集中化是比分散化更好的战略选择。Shim(2011)发现,险种经营更具针对性的保险公司的表现要优于产品多元化的保险公司。仲赛末和赵桂芹(2018)认为寿险公司的产品集中度与财务绩效之间呈显著的正相关关系。此外,孙祁祥等(2015)认为,产品集中度对寿险公司的利润和风险有正反两方面的作用：一方面,不同的寿险产品在承保、理赔、投资和风险管理等方面有不同特点和要求,而集中经营某些产品能加强保险公司在该险种上的数据和经验积累,逐步形成特定产品的专业优势,进而增加收益、降低风险。另一方面,不同的保险产品能满足消费者的不同需求,保险公司同时经营这些产品,可以通过交叉营销、共享品牌来降低成本、增加收益,还可以获得风险对冲的效果。结合当前国内外针对保险公司产品集中度的研究发现,少有学者考虑了险种本身的风险以及风险之间的相关性,相关研究还有待于进一步完善。

(三) 保险公司承保风险的研究

保费风险和准备金风险的存在反映了保险业务估损金额与实际赔付之间可能存在的差异(Harrington,2003),因此承保风险成为非寿险公司经营管理过程中的关注重点。目前国内外对保险公司承保风险的研究主要集中在风险的度量和管理等方面。很多学者使用计量模型量化保险公司的承保风险,Powers 和 Zanjani(2013)进一步研究了保险公司资本分配问题,王正文和田玲(2014)研究发现共单调模型能够得到比 Copula 模型更精确的承保风险经济资本度量结果。在保险公司承保风险的管理方面，Gao 等（2016）对巨灾保险市场结构构建纳什均衡模型，发现保险公司可以通过权衡扩大市场份额与保持盈利能力以降低承保风险。因为保险业务具有信息不对称、收益滞后、传染性强等特点，所以保险公司在经营管理时更加需要考虑风险因素（孙祁祥，2015）。

本研究将在前人研究基础之上，结合我国保险行业的现实，聚焦于非寿险公司，以不同险种因承保相同风险及风险相关性导致存在共同承保风险这一特征为背景，在险种风险相关性的基础上结合保险公司的险种结构，以及不同险种的损失概率，构建保险公司的险种集中度及风险集中度指标，进而分析其对保险公司承保风险的影响。

三、理论模型[①]

（一）风险传染的理论分析

基于保险公司层面分析时，研究对象为保险公司，分析保险公司在险种结构与险种风险相关性的综合影响下，承保风险会有什么变化。首先，每个保险公司都经营若干类型的险种，各险种损失有其自身的规律。假设保险公司 a 经营了三个险种 A、B 和 C，当外部发生风险冲击时，险种 A、B、C 各自会发生单独的损失。比如洪水在机动车辆保险、企业财产险和家庭财产险中都属于保险责任，发洪水时，这三个险种都会发生损失。其次，不同的险种之间并非是完全独立的，而是存在着一定的相关性，一类险种发生损失时另一类险种也会发生损失。比如交通事故属于机动车辆保险的保险责任，在交通事故中，除了机动车辆保险会发生赔偿之外，人身意外伤害保险和责任保险也可能会发生赔偿。所以，由于风险相关性，险种 A 还可能会因险种 B 和 C 发生损失而同时发生损失。险种间风险的相互关联如图 5-2 所示。

[①] 本研究构造的理论模型对于财险公司和寿险公司都成立，故用"保险公司"统称。后文实证分析用财险数据。

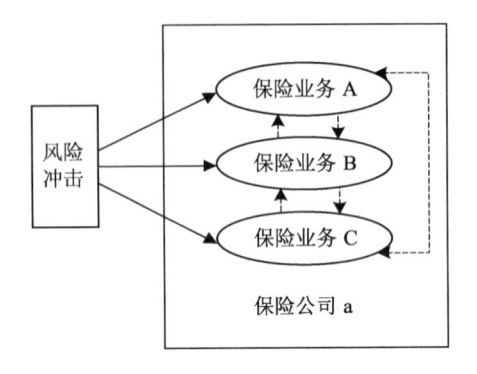

图 5-2 险种的风险传染

所以,保险公司承保险种所发生的损失包括两个部分:第一个部分是险种自身单独所发生的损失;第二个部分是与其他险种有关联的损失。

(二) 风险传染模型

设保险市场上总共有 N 家保险公司,共经营了 K 类保险业务。其中,第 i 家保险公司在第 t 年的总保费收入为 a_{it},第 k 类险种的保费收入为 a_{ikt},即 $a_{it}=\sum_{k=1}^{K}a_{ikt}$;保费收入向量为 $\boldsymbol{A}_{it}=(a_{i1t},a_{i2t},\cdots,a_{iKt})^{T}$。$\omega_{ikt}$ 为第 i 家保险公司第 t 年第 k 类险种的公司内份额,即 $\omega_{ikt}=\dfrac{a_{ikt}}{a_{it}}$,$\sum_{k=1}^{K}\omega_{ikt}=1$;险种结构向量为 $\boldsymbol{\Psi}_{it}=(\omega_{i1t},\omega_{i2t},\cdots,\omega_{iKt})^{T}$。显然,$\boldsymbol{\Psi}_{it}=\dfrac{\boldsymbol{A}_{it}}{a_{it}}$,$\boldsymbol{A}_{it}=\boldsymbol{\Psi}_{it}\times a_{it}$。类推,保险行业在第 t 年的总保费收入为 a_{t},其中第 k 类险种的保费收入为 a_{kt},即 $a_{t}=\sum_{k=1}^{K}a_{kt}=\sum_{i=1}^{N}a_{it}=\sum_{k=1}^{K}\sum_{i=1}^{N}a_{ikt}$。第 t 年的保费收入的矩阵为 $\boldsymbol{A}_{t}=\begin{pmatrix}a_{11t}&a_{21t}&\cdots&a_{N1t}\\a_{12t}&a_{22t}&\cdots&a_{N2t}\\\vdots&\vdots&\ddots&\vdots\\a_{1Kt}&a_{2Kt}&\cdots&a_{NKt}\end{pmatrix}$,险种结构矩阵为

$$\boldsymbol{\Psi}_t = \begin{pmatrix} \omega_{11t} & \omega_{21t} & \cdots & \omega_{N1t} \\ \omega_{12t} & \omega_{22t} & \cdots & \omega_{N2t} \\ \vdots & \vdots & \ddots & \vdots \\ \omega_{1Kt} & \omega_{2Kt} & \cdots & \omega_{NKt} \end{pmatrix}。$$

由上述分析推而广之得到更具一般性的风险传染模型：设保险公司共经营了 K 类险种，其中第 i 家保险公司在第 t 年的总保费收入为 a_{it}，第 k 类险种的保费收入为 a_{ikt}，则 $a_{it} = \sum_{k=1}^{K} a_{ikt}$；保费收入向量为 $\boldsymbol{A}_{it} = (a_{i1t}, a_{i2t}, \cdots, a_{iKt})^T$。$\omega_{ikt}$ 为第 i 家保险公司第 t 年第 k 类险种的公司内份额，即 $\omega_{ikt} = \dfrac{a_{ikt}}{a_{it}}$，$\sum_{k=1}^{K} \omega_{ikt} = 1$；险种结构向量为 $\boldsymbol{\Psi}_{it} = (\omega_{i1t}, \omega_{i2t}, \cdots, \omega_{iKt})^T$。显然，$\boldsymbol{\Psi}_{it} = \dfrac{\boldsymbol{A}_{it}}{a_{it}}$，$\boldsymbol{A}_{it} = \boldsymbol{\Psi}_{it} \times a_{it}$。

险种的损失发生有其内在的独特规律，与保险公司及样本年基本没有关系。首先考虑险种本身的单独损失。假设第 k 类险种本身的期望损失概率为 p_k，则各类险种的期望平均损失概率向量为 $\boldsymbol{P} = (p_1, p_2, \cdots, p_k)$。保险公司 i 在第 t 年第 k 类险种本身发生的期望损失金额为 $p_k \times a_{ikt}$。其次，由于不同险种所保障的风险具有一定的相关性，这导致险种的损失也具有一定的相关性。假设险种的风险相关矩阵为：

$$\boldsymbol{R} = \begin{pmatrix} 1 & r_{12} & \cdots & r_{1K} \\ r_{21} & 1 & \cdots & r_{2K} \\ \vdots & \vdots & \ddots & \vdots \\ r_{K1} & r_{K2} & \cdots & 1 \end{pmatrix} \tag{5.1}$$

其中，r_{kz} 为第 k 类险种损失概率与第 z 类险种损失概率的相关系数。显然，险种的风险相关矩阵 $\boldsymbol{R}$ 是对称矩阵，即 $r_{kz} = r_{zk}$，且 $r_{kk} = 1$。保险公司第 k 类险种发生了损失 $p_k \times a_{ikt}$ 时，考虑到险种间的相关性，公司第 z 类险种也会发生损失 $p_k \times r_{kz} \times a_{izt}$。以此类推，考虑第 k 类险种发生损失对其他所有险种所产生的影响。则第 k 类险种发生损失 $p_k \times a_{ikt}$ 时,非寿险公司 i 在第 t 年因第 k 类险种所遭受的总损失为:

$$l_{ikt} = p_k \times \sum_{z=1}^{K} r_{kz} \times a_{izt} = p_k \times (r_{k1} \quad r_{k2} \quad \cdots \quad r_{kK}) \times \boldsymbol{A}_{it} \quad (5.2)$$

即第 k 类险种对保险公司 i 的最终影响包括两个部分:是第 k 类险种因自身规律而发生的损失 $p_k \times a_{ikt}$;二是因第 k 类险种而导致的其他所有种类险种的损失 $p_k \times \sum_{z=1, z \neq k}^{K} r_{kz} \times a_{izt}$。倘若保险公司 i 在第 t 年中所有 K 类险种都按自身规律发生了损失,同时也影响了其他种类的险种发生损失,则保险公司 i 在第 t 年遭受的总损失为:

$$l_{it} = \boldsymbol{P} \times \boldsymbol{R} \times \boldsymbol{A}_{it} = \boldsymbol{P} \times \boldsymbol{R} \times \boldsymbol{\Psi}_{it} \times a_{it} \quad (5.3)$$

剔除保险公司经营规模的影响,在式(5.3)两边都除以第 i 家保险公司在第 t 年的总保费收入 a_{it},则得到第 i 家保险公司在第 t 年的总赔付率 c_{it}:

$$c_{it} = l_{it} / a_{it} = \boldsymbol{P} \times \boldsymbol{R} \times \boldsymbol{\Psi}_{it} \quad (5.4)$$

赔付率越高,则表明保险公司可能面临着较大的承保风险,可能会发生亏损。由式(5.4)可以看到,保险公司 i 在第 t 年的承保风险与各类险种的损失概率 $\boldsymbol{P}$、险种风险相关矩阵 $\boldsymbol{R}$ 和险种结构 $\boldsymbol{\Psi}_{it}$ 有关。其中,各类险种的损失概率 $\boldsymbol{P}$ 是独立于保险公司之外的外生变量,是由所保障风险自身的本质所确定的;险种风险相关矩阵 $\boldsymbol{R}$ 也是由险种特征确定的外生变量;保险公司可以控制的变量就是险种结构 $\boldsymbol{\Psi}_{it}$。很明显,倘若保险公司所经营的险种具有较高的相关性,且又集中于损失概率较大的风险,则可能面临较大的承保风险。

(三)定义与假设

本研究提出险种集中度与风险集中度两个概念。

1. 险种集中度

诸多学者基于赫芬达尔-赫希曼指数(Herfindahl-Hirschman Index,

简称 HHI)进行了研究(Yanase 和 Piman,2017;高天一和丁宇刚,2019)。这是保险文献中衡量险种集中化或多元化最常用的指标。HHI 指数是由 $\sum_{i=1}^{K}(\omega_{ikt})^2$ 计算而得。其中,ω_{ikt} 是非寿险公司 i 在第 t 年中第 k 类险种的保费收入占其总保费收入的份额。但是很明显,HHI 指数仅仅考虑了保险公司的险种结构,却未考虑险种风险相关性的影响。本研究综合考虑了险种风险相关性,提出"险种集中度"的定义:保险公司的险种集中度是在考虑了险种风险相关性之后保险公司的真实险种结构,是对保险公司所经营险种集中程度的真实综合评价。即综合考虑保险公司 i 在第 t 年的险种结构 $\boldsymbol{\Psi}_{it}$ 及险种风险相关矩阵 $\boldsymbol{R}$。参考"偿二代"中的做法,与转置矩阵相乘后再开方。令保险公司 i 在第 t 年的险种集中度为 $line_{it}$:

$$line_{it}=\sqrt{\boldsymbol{\Psi}_{it}^T\times\boldsymbol{R}^T\times\boldsymbol{R}\times\boldsymbol{\Psi}_{it}} \tag{5.5}$$

学者们有关 HHI 指数的研究认为,保险公司的 HHI 指数对公司赔付支出可能存在两方面影响。首先,险种越集中,当某类险种出现大额赔款时,非寿险公司的损失越严重;其次,险种集中度高,则可能使非寿险公司处理该险种理赔和定价的能力提升,从而更准确地控制赔付支出(Yanase 和 Piman,2017;高天一和丁宇刚,2019)。将式(5.4)与式(5.5)结合起来可以发现,无法脱离险种损失概率而单独分析险种集中度 $line_{it}$ 与承保风险 c_{it} 之间的关系。因为,倘若保险公司的险种集中度 $line_{it}$ 尽管很高,但都集中于损失概率较低的险种,则最终的赔付率也可能会比较低。另外,当保险公司将险种集中于某些领域,则其在这一领域可能具有更加丰富的承保经验和较强的风险管理能力,因此预期险种集中度与承保风险相关,但影响方向不确定。暂且提出假设:

假设 5.1:保险公司险种集中度与承保风险存在显著的相关关系,但影响方向不确定。

2. 风险集中度

根据本研究对风险集中度的定义,风险集中度是在险种集中度基础上进一步考虑了险种损失发生概率之后保险公司的风险暴露程度,即综合考虑保险公司 i 在第 t 年的险种集中度 $line_{it}$ 及险种本身的损失概率 P。定义保险公司 i 在第 t 年的风险集中度为 $risk_{it}$。考虑到 P 也是一个向量,而风险集中度 $risk_{it}$ 应当是一个数,从而方便进行比较分析。故定义:

$$risk_{it} = P \times R \times \Psi_{it} \tag{5.6}$$

很显然,比较式(5.4)和式(5.6),风险集中度 $risk_{it}$ 就等于用赔付率 c_{it} 表示的承保风险。也就是说,理论推导的结果显示,保险公司险种的风险集中度实际上就是最终的赔付率,那么,两者显然是正相关的关系。故提出假设:

假设 5.2:保险公司的风险集中度与承保风险具有显著的正相关关系。

四、实证研究设计

(一) 险种风险相关矩阵 R 的计算

根据前述分析,本研究假设建立在不同险种之间存在线性相关关系的基础之上。欧盟 Solvency II 中,不同险种之间的相关系数矩阵是采用线性相关系数(CEIOPS,2011)。可以借鉴金融市场的相关研究,通过计算两个金融机构股价变动的相关性或两个市场股指变动的相关性,生成机构或市场之间的关联网络。因此,通过计算两类险种赔付率之间的线性相关系数,生成险种的相关性网络。假设 $ratio_{ikt}$ 为保险公司 i 在第 t 年中第 k 类险种的赔付率,对各类险种赔付率进行相关性分析。通过计算两两险种赔付率的 pearson 相关系数,同时对相关系数的显著性进行检验[①],可以计算得到式(5.1)中险种风险相关矩阵 R。

参照《非寿险公司偿付能力监管规则第 4 号:保险风险最低资本(非

---

① 相关系数的计算和显著度检验均通过 stata 软件中的 pwcorr 命令同时完成。

寿险险种)》,根据中国非寿险市场的具体情况和数据的可获得性,将非寿险险种分为九类:车险、财产险(企财险、家财险、工程险)、船货特险(货运险、船舶险、特殊风险保险)、责任险、农业险、信用保证险、意外伤害险、短期健康险、其他险,即 $K=9$。

(二) 险种集中度的计算

根据式(5.5),保险公司 i 在第 t 年的险种集中度 $line_{it}=\sqrt{\boldsymbol{\Psi}_{it}^T \times \boldsymbol{R}^T \times \boldsymbol{R} \times \boldsymbol{\Psi}_{it}}$。险种风险相关矩阵 $\boldsymbol{R}$ 由式(5.1)已得到,险种结构 $\boldsymbol{\Psi}_{it}$ 则为保险公司 i 在第 t 年各类险种占公司总保费收入的份额,即 $\omega_{ikt}=\dfrac{a_{ikt}}{a_{it}}$, $\boldsymbol{\Psi}_{it}=(\omega_{i1t},\omega_{i2t},\cdots,\omega_{iKt})^T$。

(三) 风险集中度的计算

根据式(5.6),保险公司 i 在第 t 年的风险集中度 $risk_{it}=\boldsymbol{P}\times\boldsymbol{R}\times\boldsymbol{\Psi}_{it}$。其中,险种风险相关矩阵 $\boldsymbol{R}$ 和险种结构 $\boldsymbol{\Psi}_{it}$ 计算同上;$\boldsymbol{P}=(p_1,p_2,\cdots,p_k)$ 是各类险种本身的损失概率,可采用式(5.7)进行下列反推而得到。

根据式(5.2)的理论分析,保险公司 i 在第 t 年因第 k 类险种所遭受的总损失包括两个部分:一部分是第 k 类险种因自身规律而发生的损失;另一部分是因第 k 类险种发生损失而导致其他险种发生的损失。也就是说,第 k 类险种导致的最终损失是经险种风险相关矩阵调整之后的损失。同理,基于实际数据观察到的最终赔付率就是经险种风险相关矩阵调整之后的损失概率。假设 c_{ikt} 是保险公司 i 在第 t 年中第 k 类险种的最终赔付率,即 $c_{ikt}=l_{ikt}/a_{ikt}$,l_{ikt} 和 a_{ikt} 分别是保险公司 i 在第 t 年中第 k 类险种的赔付支出和保费收入。$\boldsymbol{C}_{it}$ 为赔付率向量,$\boldsymbol{C}_{it}=(c_{1t},c_{2t},\cdots,c_{Kt})$。$\boldsymbol{C}$ 为所有保险公司在样本年中各类险种赔付率的期望值向量,即 $\boldsymbol{C}=(c_1,c_2,\cdots,c_N)$。则有式(5.7):

$$\boldsymbol{P}\times\boldsymbol{R}=\boldsymbol{C} \qquad (5.7)$$

将式(5.7)与式(5.6)结合,则风险集中度 $risk_{it} = P \times R \times \Psi_{it} = C \times \Psi_{it}$。

(四) 实证模型

基于实际数据采用回归分析来验证假设 5.1 和 5.2,被解释变量代表保险公司 i 在第 t 年的承保风险,即为赔付率 $c_{it} = l_{it}/a_{it}$,等于保险公司 i 第 t 年总赔付支出除以总保费收入。

根据假设 5.1 和假设 5.2 设定模型,如式(5.8)所示。X_{it} 为控制变量的向量,ε_{it} 为误差项。

$$c_{it} = \alpha + \beta_1 line_{it} + \beta_2 risk_{it} + \beta_3 X_{it} + \varepsilon_{it} \tag{5.8}$$

(五) 控制变量

根据相关文献和我国保险业的发展历程,选取如下控制变量(见表 5-1)。

表 5-1 主要变量和预期符号

		符号	含义	预期
解释变量	险种集中度	line	险种结构与险种风险相关矩阵的合成	+/−
	风险集中度	risk	险种损失发生概率、险种结构与险种风险相关矩阵的合成	+
控制变量	公司特征 资本属性	country	中资为 0,外资为 1	−
	险种线数	nopro	经营险种的种类	+
	公司规模	size	保险公司总资产的自然对数	+
	市场份额	share	公司保费收入占行业总保费收入的比例	+
	公司成立时间	age	保险公司自成立之后的年数	+
	杠杆率	lev	公司总负债除以总资产	+
行业特征	市场集中度	concmk	$HHI = \sum_{i=1}^{K}(\omega_{ikt})^2$。$\omega_{ikt}$ 是保险公司 i 在第 t 年的保费收入占行业总保费收入的份额	+
	自然灾害损失	lossna	当年国内自然灾害造成的直接经济损失的自然对数	+

1. 微观方面

资本属性(*country*)：设定该变量为虚拟变量，中资公司为 0；其他为 1。公司股权结构因素会对公司经营管理产生影响(Fan 和 Wong,2002)。陈为梅(2015)指出，相对而言，外资保险相比国内拥有悠久的发展历史，其在险种设计、市场运作、精算、服务等方面可能拥有先进的经验，陈华和丁宇刚(2016)也指出外资保险公司风险管理意识一般强于非外资公司。因此预期资本属性变量与保险公司承保风险负相关。

险种数(*nopro*)：保险公司所经营险种的种类数。相关研究讨论了险种差异可能会影响公司的整体风险水平(Shortridge 和 Avila,2004 年；Cole 和 McCullough,2006)。张强春(2014)认为保险公司所经营的险种数较多时，经验也较为分散。因此预期险种数与承保风险正相关。

公司规模(*size*)：选取保险公司总资产的自然对数进行衡量。Coles 等(2008)认为公司规模影响着公司的经营管理。资产规模越大的公司一般险种规模也越大，意味着承担的风险越大，因此赔付可能性及支出也更多，预期该变量为正向影响变量。

市场份额(*share*)：公司保费收入占行业总保费收入的比例，市场份额越大，险种规模也越大。市场份额大的公司具有较大的行业影响力，会受监管机构的密切注意和严格监管，因而可能会更加注重履行赔付义务。因此，预期市场份额与承保风险具有正相关关系。

公司成立时间(*age*)：为公司从成立到本研究样本分析年度的年数。成立时间越长，保险公司向市场提供的保险产品种类越多，承保的险种量越大，险种之间的相关性越强，承保风险越高。因此预期该变量与公司承保风险正相关。

杠杆率(*lev*)：杠杆率越高，公司的破产风险越大(仲赛末和赵桂芹,2018)。故预期该变量与公司承保风险正相关。

2. 宏观层面

选用两个变量作为行业及外界整体风险大环境的衡量。

市场集中度(*concmk*)：借鉴杨天宇和钟宇平(2013)衡量银行集中度

的做法,也采用行业 HHI 来衡量非寿险市场集中度。市场集中度越高,市场竞争越激烈,保险公司可能会更加注重客户维护,因而实行更充分的赔付政策,预期该变量与公司承保风险正相关。

自然灾害损失①(lossna):为当年国内自然灾害造成的直接经济损失值,取自然对数值。其代表自然灾害引起行业承保损失的可能性。自然灾害引起的损失越大,可能保险公司发生赔付的可能性就越大,承保风险就越高。

(六) 数据来源

本部分的研究对象是在中国境内营业的所有非寿险公司,在 2019 年存续的 87 家非寿险公司中剔除了 25 家 2015 年之后成立的,并剔除政策性保险公司中信保和自保公司中石油专属,最终收集、整理了 60 家非寿险公司 2005 年到 2019 年的数据。样本非寿险公司在 2019 年的保费收入市场份额达到了 97% 以上,赔付支出的比重也超过了 97%,因此所选取的样本公司具有一定代表性。数据来源于《中国保险年鉴》、CSMAR 数据库及各家非寿险公司年报中公开披露的财务信息及其他各种信息。

五、实证分析

(一) 险种赔付率及市场份额

《中国保险年鉴》公布了不同险种的保费收入和赔付支出,未详细披露各险种的未决赔款准备金和未到期责任准备金。因此采用简单赔付率,即为当年赔款支出与保费收入比(见表 5-2)。

表 5-2 险种样本年的平均赔付率

1. 车险	2. 财产险	3. 船货特险	4. 责任险	5. 农业险	6. 信用保证险	7. 意外伤害险	8. 短期健康险	9. 其他险
54.20%	52.25%	49.40%	43.28%	67.33%	34.59%	32.45%	76.67%	48.06%

---

① 指旱灾、台风、冰雹、暴雨、洪涝、低温冷冻害和雪灾等。

表 5-2 中,短期健康险赔付率最高(76.67%),其次为农业险(67.33%)和车险(54.2%)。

图 5-3 是样本年各险种的保费占比。考虑到车险的比重非常大,故把车险单独放在左图。右图中,为了能看出不同险种保费收入在整体非寿险险种的比重变化情况,仅保留了赔付率相对略高的短期健康险、农业险、财产险和船货特险。样本年的车险保费占比呈钟形变动,2010 年达到峰值 76.23%,2011-2016 年保持在 75% 左右,2017 年开始迅速降低,至 2019 年为 64.04%。其他险种的保费占比变化也不完全一致,财产险和船货特险的变动趋势相近,除 2008 年有所上升之外其余年份均呈下降趋势,健康险的保费占比逐年上升,农业险的保费占比波动上升。

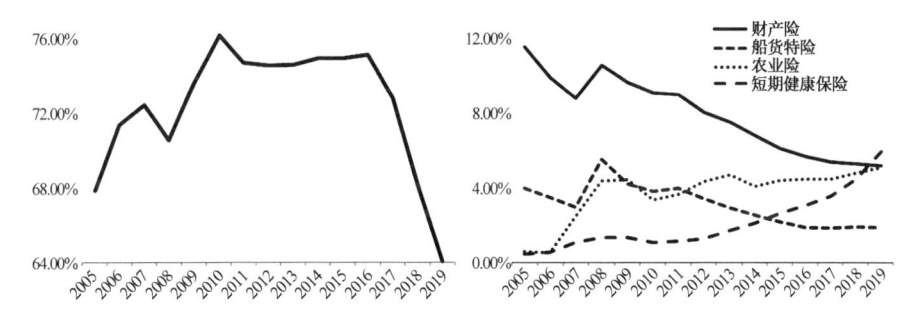

图 5-3　险种样本年的保费占比

(二) 险种风险相关矩阵的计算

整理 60 家样本非寿险公司在 2005-2019 年九大险种的赔付率数据,去除无效值后(剔除赔付率小于 0、大于 2 的异常值以及保费收入为 0 的观测值),共计 5 270 个观测值。进行线性相关性分析,得到险种的风险相关矩阵 R,以及各相关系数的显著度(见表 5-3)。

表 5-3 中第一行是两类险种的相关系数,第二行是该相关系数的显著度。可以看到,相关系数的绝对值大小与其显著度正相关。整体上,除健康险和其他险的相关系数为负且不显著之外,其余的各类险种的相关关系都是正向的。

表 5-3　　　　　　　　　　　　险种的风险相关矩阵

	1. 车险	2. 财产险	3. 船货特险	4. 责任险	5. 农业险	6. 信用保证险	7. 意外伤害险	8. 短期健康险	9. 其他险
1	1								
2	0.338 4 (0.000)	1							
3	0.262 7 (0.000)	0.227 8 (0.000)	1						
4	0.272 0 (0.000)	0.280 8 (0.000)	0.180 5 (0.000)	1					
5	0.121 5 (0.027)	0.190 3 (0.000)	0.109 8 (0.050)	0.099 5 (0.067)	1				
6	0.188 9 (0.000)	0.093 7 (0.035)	0.151 9 (0.001)	0.036 2 (0.416)	0.259 3 (0.000)	1			
7	0.463 9 (0.000)	0.204 7 (0.000)	0.200 2 (0.000)	0.261 4 (0.000)	0.116 8 (0.032)	0.122 9 (0.006)	1		
8	0.135 5 (0.003)	0.071 5 (0.103)	0.112 9 (0.012)	0.084 8 (0.053)	0.099 1 (0.097)	0.136 1 (0.008)	0.196 5 (0.000)	1	
9	0.233 4 (0.000)	0.217 0 (0.000)	0.147 4 (0.011)	0.150 4 (0.007)	0.172 3 (0.030)	0.111 5 (0.096)	0.096 4 (0.090)	−0.094 0 (0.147)	1

具体来看，车险与意外伤害险、财产险、责任险、船货特险等险种的相关系数较高且显著度较高。其中，车险与意外伤害险的相关系数为 0.463 9。一般伴随着车祸的发生，不仅车会发生损失，相关人员也会受到意外伤害，因此二者联系紧密。车险与财产险的相关系数为 0.338 4，车辆属于企业财产，也是家庭财产。一些保险事故的发生是与两者均相关，二者的相关性较高。车险与责任险的相关系数为 0.272 0，交通事故的肇事方往往需要承担赔偿责任，因此二者相关性很高。车险与船货特险的相关系数为 0.262 7，船货特险中包含货运险，而车辆事故中很多也是与货运车辆有关的，因此二者相关性也较高。同理，财产险和责任险（0.280 8）、船货特险（0.227 8）、意外伤害险（0.204 7）的损失往往也是随之发生的，因此这些险种之间的相关系数也较为显著。船货特险与意

外伤害险(0.200 2)、责任险(0.180 5)的相关系数较为显著;责任险与意外伤害险(0.261 4)、农业险与信用保证险(0.259 3)、意外伤害险与短期健康险(0.196 5)的相关系数也比较显著。另外一些联系可能性较小的险种之间,如财产险与信用保证险和短期健康险、责任险与农业险和信用保证险以及短期健康险、农业险与短期健康险等险种的相关系数都很不显著。

(三)险种集中度的计算与初步分析

根据(5.5)式,非寿险公司 i 在第 t 年的险种集中度 $line_{it} = \sqrt{\boldsymbol{\Psi}_{it}^T \times \boldsymbol{R}^T \times \boldsymbol{R} \times \boldsymbol{\Psi}_{it}}$,通过计算得到各非寿险公司的险种集中度。

1. 公司险种集中度的描述性统计分析

各样本公司在不同的样本年中,具有不同的险种集中度。首先对各家非寿险公司在各样本年中的险种集中度进行描述性统计,并按照中资、外资以及大型、小型(以公司总资产为基础进行排序,高于中位数为大型,剩下的为小型)进行分类统计(见表5-4)。

表 5-4 非寿险公司险种集中度的描述性统计分析

	均值	最大值	最小值	中位数	标准差
全样本	1.075	1.263	0.754	1.092	0.103
中资	1.107	1.249	0.754	1.131	0.091
外资	1.013	1.263	0.817	0.996	0.095
大型	1.121	1.263	0.754	1.142	0.089
小型	1.024	1.228	0.817	1.008	0.092

在表5-4中可以看到,全样本非寿险公司的险种集中度均值为1.075,中位数为1.092。均值略小于中位数,说明险种集中度偏小的非寿险公司略多一些。从中资和外资的险种集中度比较而言,中资非寿险公司的险种集中度均值为1.107,中位数为1.131,均高于外资非寿险公司的均值(1.013)和中位数(0.996)。这说明中资非寿险公司的险种集中度水平总体上高于外资非寿险公司。进一步还可以作中资与外资非寿险公司

样本年均值的散点图(见图 5-4)。

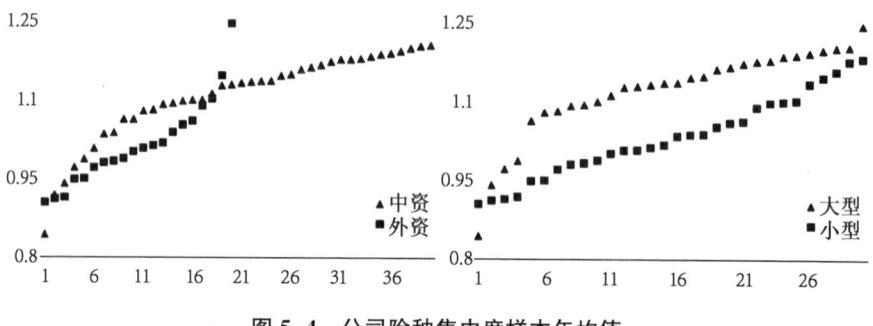

图 5-4 公司险种集中度样本年均值

图 5-4 左图中,在样本年中平均而言,有极个别的外资非寿险公司具有明显较高的险种集中度,极个别的中资非寿险公司具有明显较低的险种集中度。除此之外,中资非寿险公司的险种集中度普遍高于外资非寿险公司。就大型和小型非寿险公司而言,大型非寿险公司险种集中度均值为 1.121,中位数为 1.142,均高于小型非寿险公司的均值(1.024)和中位数(1.008)。因此,大型非寿险公司险种集中度水平总体高于小型非寿险公司。图 5-4 中右图的样本年平均值散点图也显示,大型与小型非寿险公司险种集中度的差距非常明显,而且大型非寿险公司相对而言更为分散。

2. 行业险种集中度

根据各非寿险公司在各样本年的险种集中度,以其各自在各样本年中的市场份额为权重,经过加权平均计算,得到 2005-2019 年平均的非寿险业险种集中度(见图 5-5)。

在整个样本期间,非寿险业的险种集中度波动没有明显的规律。2005 年中国保险业全面开放的第一年,非寿险公司的经营均处在摸索阶段,整体的行业险种集中度还不算高。随着非寿险公司险种结构的稳定,渐渐形成比较利于经营的模板化发展模式,因此险种集中度不断升高;2008 年金融危机时,非寿险业的险种集中度明显下降。但随即保持上升,到 2010 年达到最高,2010-2014 年平缓下降,2016 年开始陡降。

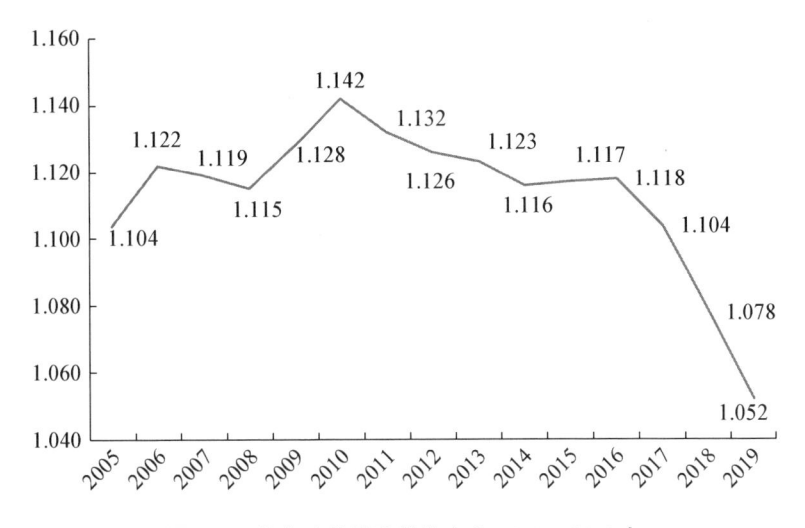

图 5-5 非寿险业的险种集中度：2005-2019 年

将非寿险行业的险种集中度（见图5-5）与险种的保费占比（见图5-3）相比较可得，除2007年和2013年的变动方向相反外，两者在其他样本年的变化趋势基本吻合。具体来看，2007年，尽管车险的市场份额也上升了，但农业险突飞猛进，市场份额从0.55%上升到了2.54%。根据表5-3所得到的险种的风险相关性，农业险与车险的风险相关性不显著，因而行业险种集中度反倒下降。2013年，虽然车险的市场份额小幅上升，但其他类保险如农业险和短期健康险的市场份额上升更快。但农业险和短期健康险与车险的风险相关性均不显著，故行业的险种集中度下降。这说明险种集中度的概念具有一定的合理性，在受市场第一大险种——车险保费占比的主要影响下，同时兼顾了其他类险种的保费占比及险种间的相关性。

3. 险种集中度与承保风险的初步分析

图5-6是有关公司险种集中度与承保风险的散点图，横轴是各样本公司在各样本年的险种集中度，纵轴是代表承保风险的赔付率。可以看到，险种集中度的分布比较分散，与赔付率的线性关系较弱，而初步拟合的趋势线表明二者存在微弱的正相关关系。两者之间是否具有显著的关

系,还有待于进一步分析。

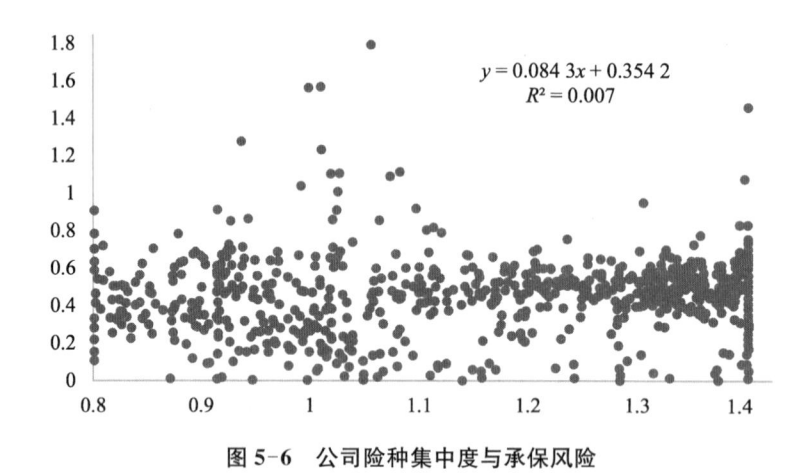

图 5-6 公司险种集中度与承保风险

$y = 0.084\,3x + 0.354\,2$
$R^2 = 0.007$

(四) 风险集中度的计算与初步分析

1. 公司风险集中度的描述性统计分析

根据(5.6)式计算,得到各家非寿险公司样本年的风险集中度。描述性统计如表 5-5 所示。

表 5-5　　　　非寿险公司风险集中度描述性统计分析

	均值	最大值	最小值	中位数	标准差
全样本	0.520	0.679	0.396	0.524	0.044
中资	0.535	0.679	0.401	0.530	0.039
外资	0.493	0.653	0.396	0.488	0.040
大型	0.530	0.679	0.401	0.528	0.034
小型	0.510	0.666	0.396	0.499	0.051

表 5-5 中,全样本的风险集中度均值为 0.520,中位数为 0.524。与表 5-4 险种集中度的描述性统计相似,风险集中度的均值也略小于中位数,但两者差异不及险种集中度那么大。这也说明略微多公司的风险集中度

偏低。中资非寿险公司的风险集中度水平总体上是明显高于外资公司；大型非寿险公司的风险集中度水平总体高于小型公司。但与大型非寿险公司相比较而言，小型非寿险公司风险集中度的分布较为分散，差异较大。绘制分组的散点图，如图 5-7 所示。

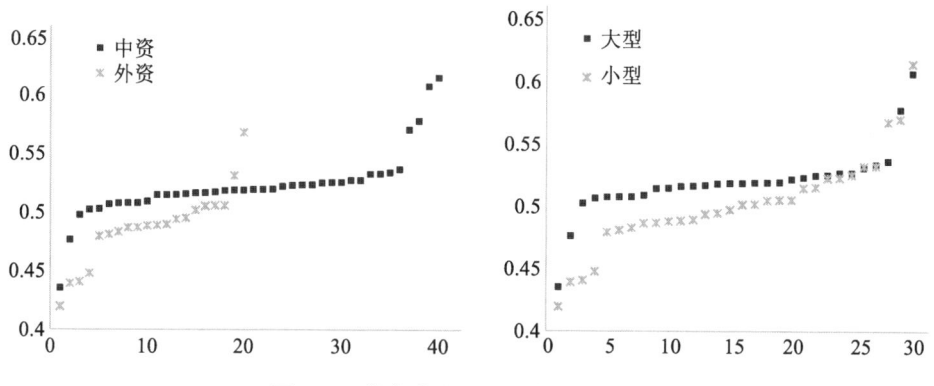

图 5-7　非寿险公司风险集中度的比较

在图 5-7 中可以看到，整体上而言，中资非寿险公司的风险集中度均高于外资非寿险公司。在外资非寿险公司中，仅有极个别非寿险公司的风险集中度较高。而大型非寿险公司的风险集中度虽平均而言高于小型非寿险公司，但小型非寿险公司的风险集中度差别较大，较为分散。

2. 行业风险集中度

同理，以各家非寿险公司在各样本年的市场份额为权重进行加权平均，得到 2005-2019 年行业风险集中度均值（见图 5-8）。

比较图 5-5 和图 5-8 可以看到，风险集中度的表现与险种集中度有些差别。这是因为，本研究所定义的风险集中度不仅考虑了保险公司险种结构和各险种之间的相关性，同时还考虑了不同险种的损失概率。风险集中度表现了保险公司承保风险的集中程度。在整个样本期间，非寿险行业的风险集中度在 2006-2008 年陡增。根据前文分析，保险公司因第 k 类险种所遭受的总损失包括两个部分，即最终对应于第 k 类险种损失发生概率的总损失包括两个方面的因素，其一是因自身规律而发生的

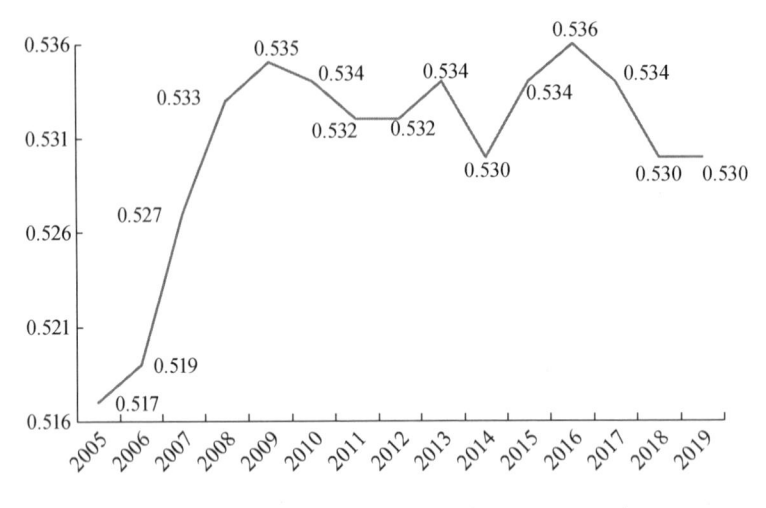

图 5-8　非寿险行业的风险集中度：2005-2019 年

损失,其二是因其他所有险种损失的发生而导致第 k 类险种发生的损失。所以风险集中度在 2006-2008 年陡增的原因,是车险与财产险的风险相关性显著且 2008 年车险和财产险的赔付率大幅提高。2016 年起,风险集中度虽随着车险保费占比的大幅减少出现降低趋势,但降幅远小于险种集中度,这是因为农业险和健康险的市场份额明显增加且健康险和农业险的赔付率均远高于车险,并且车险的赔付率从 2016 年开始也有大幅提升。

3. 保险公司风险集中度与承保风险的初步分析

图 5-9 是保险公司风险集中度与承保风险的散点图。横轴是各家非寿险公司在样本年的风险集中度,纵轴是代表承保风险的赔付率。

比较图 5-9 与图 5-6,图 5-9 中的散点较为集中,风险集中度与赔付率的线性关系更强。初步拟合的趋势线也表明,风险集中度与赔付率之间存在更为明显的正相关关系。因此,相对于险种集中度而言,风险集中度对公司承保风险具有更加明显的影响,初步表明假设 5-2 成立。

（五）回归分析过程

1. 数据的初步分析

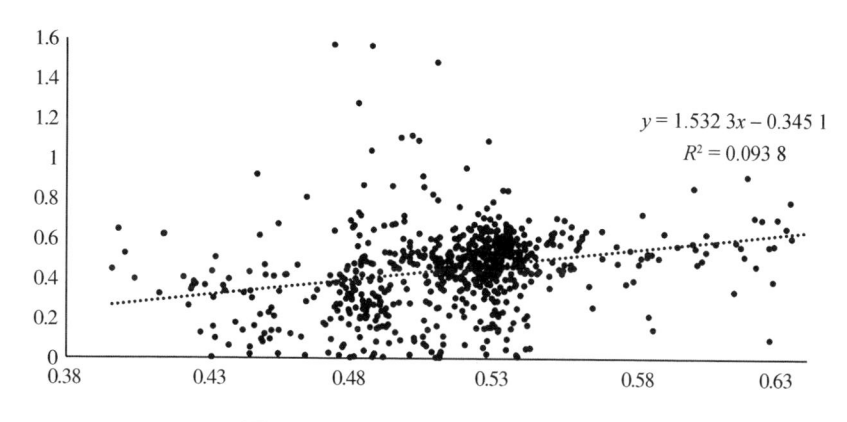

图 5-9 公司风险集中度与承保风险

各变量的描述性统计如表 5-6 所示。

表 5-6　　　　　主要变量描述性统计结果

变量	N[①]	均值	中位数	标准差	最大值	最小值
承保风险($ratio$)	757	0.45	0.470	0.207	1.568	0.000
险种集中度($line$)	757	1.075	1.092	0.103	1.263	0.754
风险集中度($risk$)	757	0.521	0.524	0.044	0.679	0.396
资本属性($country$)	757	0.330	0.000	0.470	1.000	0.000
险种线数($nopro$)	757	7.271	8.000	1.396	9.000	1.000
公司规模($size$)	757	8.254	8.030	1.684	13.587	5.027
市场份额($share$)	757	0.020	0.003	0.060	0.525	0.000
公司成立时间(age)	757	8.812	8.000	5.485	27.000	0.000
杠杆率(lev)	757	0.640	0.670	0.277	3.542	0.018
市场集中度($concmk$)	757	0.197	0.182	0.029	0.310	0.178
自然灾害损失($lossna$)	757	8.193	8.093	0.411	9.372	7.622

2. 假设检验

根据式(5.8),考虑到数据的一致性和可得性,对60家非寿险公司的

---

① 一些样本公司是2005年之后才成立的,故总样本数小于60×15。

样本数据进行面板数据分析。由于险种集中度和风险集中度之间可能存在相关关系(经 Pearson 相关系数检验,两者的相关系数为 0.185 2,在 99% 的置信水平下显著),故分别在模型一、二和三中考虑险种集中度(line)、风险集中度(risk)及二者同时作用的回归模型(见表 5-7)。

表 5-7　　　　　　　　模型选择及回归分析结果汇总

		模型一		模型二		模型三	
		系数	p 值	系数	p 值	系数	p 值
解释变量	险种集中度(line)	0.251 2*	(0.090)			0.141 6	(0.357)
	风险集中度(risk)			1.312 2***	(0.000)	1.180 9***	(0.001)
控制变量	资本属性(country)	−0.020 8	(0.790)	−0.002 5	(0.975)	−0.005 1	(0.947)
	险种线数(nopro)	0.032 8***	(0.000)	0.025 0***	(0.003)	0.026 3***	(0.002)
	公司规模(size)	0.055 6***	(0.000)	0.048 6***	(0.000)	0.050 2***	(0.000)
	市场份额(share)	−0.003 7	(0.995)	0.347 9	(0.532)	0.264 7	(0.638)
	公司成立时间(age)	0.011 5***	(0.000)	0.012 7***	(0.000)	0.013 0***	(0.000)
	杠杆率(lev)	0.117 4***	(0.000)	0.120 1***	(0.000)	0.116 1***	(0.000)
	市场集中度(concmk)	0.619 3	(0.110)	0.673 9*	(0.073)	0.737 0*	(0.057)
	自然灾害损失(lossna)	0.023 2	(0.145)	0.026 0*	(0.099)	0.025 2	(0.111)
截距项(cons)		−0.999 7***	(0.001)	−1.356 2***	(0.000)	−1.465 7***	(0.000)
拟合优度(R-square)		0.302 3		0.315 2		0.315 0	
Fixed effect 检验		4.20***		2.88***		2.88***	
LM 检验		102.34***		26.54***		23.93***	
Hausman 检验		35.39***		30.48***		31.78***	
模型选择		Fixed		Fixed		Fixed	

注:***、**、*分别表示在 1%、5% 和 10% 的水平上显著。

首先确定究竟应采用混合回归、固定效应还是随机效应模型。就模型一进行固定效应分析,F 值为 4.2,拒绝原假设,即应选择固定效应模型;对数据进行随机效应分析,并进行 BP-LM 检验,得到 chibar 值 102.34,拒绝原假设,即应选择随机效应模型;最后用 Hausman 检验,得到 F 值为 35.39,拒绝原假设,故选择使用固定效应模型。对模型二和模型三对应的数据进行的分析也得到了一致的结果。

根据模型一的回归结果,险种集中度(line)与非寿险公司承保风险在10%的水平上显著正相关(0.2512)。回归系数正向显著,但10%的显著水平对于核心解释变量来说要求过低,假设5.1勉强成立。参考前述分析过程,一方面,相关研究也表明,险种集中度对公司赔付风险的作用是在两方面力量权衡的结果:当保险公司将险种集中于某些领域,则其在这一领域可能会具有更加丰富的承保经验和较强的风险管理能力;但险种越集中,当某类险种出现大额赔款时,非寿险公司的损失也会越严重。另一方面,本研究中险种集中度(line)是考虑了险种风险相关性之后非寿险公司的真实险种结构,是对非寿险公司所经营险种集中程度的综合评价,将(5.4)式与(5.5)式结合起来发现,无法脱离险种的损失概率来单独地分析险种集中度(line)与承保风险(ratio)之间的关系。因为,倘若尽管保险公司的险种集中度很高,但都集中于损失概率较低的险种,则最终的赔付率也可能会比较低。

模型二的回归结果与假设5.2一致,风险集中度(risk)与非寿险公司承保风险在1%的水平上显著正相关(1.3122),即公司风险集中度越高,非寿险公司承保风险越高。这与前述公司险种的风险传染模型推导一致。这表明,不能脱离险种的损失概率来单独地分析险种集中度(line)与承保风险(ratio)之间的关系,非寿险公司在经营中考虑控制承保风险时,不应仅考虑险种集中度,还应考虑保险公司所集中经营险种的损失概率,二者联合起来对承保风险的影响才是决定性的。

根据模型三的回归结果可以看到,当同时考虑险种集中度和风险集中度两个影响因素时,险种集中度(line)的p值由0.09变为0.357,系数是正向不显著的;风险集中度(risk)的系数仍然是在1%的水平上正向显著,为1.1809。这表明风险集中度(risk)对非寿险公司承保风险的影响作用是具有决定性的。假设5.1不完全成立,假设5.2成立。

再观察模型一、二、三中控制变量的回归分析结果,可以看到各因素的影响方向及显著度具有高度的一致性,这表明控制因素的选择是合适的,回归结果也是具有稳定的现实意义的,与预期也是基本一致。对非寿险公司承保风险具有显著影响的因素包括险种线数($nopro+$)、公司规模($size+$)、公司成立时间($age+$)和杠杆率($lev+$)。从非寿险公司的微观层面来看,险种数越多,资产规模越大,成立时间越长,杠杆率越高,则该公司的承保风险越高。此外,非寿险市场的市场集中度在模型二和模型三中与承保风险正向显著,这说明市场集中度也会对公司承保风险产生一定的作用,与预期方向一致。其他因素的影响均不显著。

(六) 稳健性检验

1. 异方差检验和序列相关问题检验

使用 xttest3 命令检验模型中是否存在组间异方差,得到模型一、二、三的 chi2 值分别为 5 643.84、4 761.47、4 729.44,拒绝原假设,说明存在着组间异方差。

本研究用到的面板数据 $T=15$,T 相对较大,可能无法完全反映时序相关性,存在序列相关。采用 Wooldridge 检验法检验固定效应模型是否存在序列相关问题,得到模型一、二、三的 F 值为 20.793、19.955、19.881,拒绝原假设,存在序列相关问题。故表 5-7 的估计量需要修正,三个模型的"异方差—序列相关"稳健型标准误如表 5-8 所示。虽然系数的估计值未发生变化,但此时的标准误明显增大了,致使得到的估计结果更加保守。从回归结果来看,核心解释变量风险集中度($risk$)依然在 1% 的水平上显著,险种集中度($line$)均不显著。控制变量杠杆率(lev)变得不显著,公司规模($size$)的显著水平提高,其余结果同表 5-7。这表明在控制了异方差和序列相关问题后,核心解释变量的显著情况基本保持一致。

表 5-8 模型的"异方差—序列相关"稳健型标准误汇总

		模型一		模型二		模型三	
		系数	p 值	系数	p 值	系数	p 值
解释变量	险种集中度($line$)	0.251 2	(0.156)			0.141 6	(0.448)
	风险集中度($risk$)			1.312 2***	(0.001)	1.180 9***	(0.006)

(续表)

		模型一		模型二		模型三	
		系数	p 值	系数	p 值	系数	p 值
控制变量	资本属性(country)	−0.020 8	(0.562)	−0.002 5	(0.948)	−0.005 1	(0.890)
	险种线数(nopro)	0.032 8***	(0.002)	0.025 0**	(0.022)	0.026 3**	(0.019)
	公司规模(size)	0.055 6**	(0.023)	0.048 6*	(0.059)	0.050 2*	(0.052)
	市场份额(share)	−0.003 7	(0.997)	0.347 9	(0.716)	0.264 7	(0.784)
	公司成立时间(age)	0.011 5**	(0.012)	0.012 7***	(0.006)	0.013 0***	(0.006)
	杠杆率(lev)	0.117 4	(0.136)	0.120 1	(0.112)	0.116 1	(0.127)
	市场集中度(concmk)	0.619 3	(0.154)	0.673 9*	(0.083)	0.737 0*	(0.066)
	自然灾害损失(lossna)	0.023 2	(0.112)	0.026 0*	(0.077)	0.025 2	(0.086)
截距项(cons)		−0.999 7***	(0.004)	−1.356 2***	(0.000)	−1.465 7***	(0.000)
拟合优度(R-square)		0.302 3		0.315 2		0.315 0	
F 统计量		40.72***		54.08***		59.3***	

2. 共线性及内生性检验

运用 stata 软件做面板数据回归时,存在显著多重共线性的解释变量会被剔除,本研究的数据在做回归时软件没有提示"Warning-collinearities detected"。此外,运用方差膨胀因子(VIF)分别对三个模型进行多重共线性检验,VIF 均值分别为 1.99、2.02、2.00,均明显偏小,因此认为不存在有害的多重共线性问题。

考虑到承保风险与风险集中度(risk)和险种集中度(line)之间可能的双向因果关系,针对这两个变量可能存在的内生性,依据工具变量的选择标准,选用行业集中度(WHHI)作为模型一中险种集中度(line)的工具变量,选用行业集中度(WHHI)、行业车险业务占比(auto)、行业赔付率(LOR)三个变量作为模型二中的风险集中度(risk)以及模型三中风险集中度(risk)和险种集中度(line)的工具变量。这些反映险种行业特征的变量相对于单个公司而言是外生的,但这些行业特征会影响保险公司的多元化经营行为,即业务结构的选择。三个模型豪斯曼检验的估计量分别为 23.39、40.85 和 49.47,说明存在内生性。考虑到模型存在异方差性和自相关性,于是用 GMM 估计代替 2SLS。GMM 估计的结果如表 5-9 所示。从三个模型 Sargan 检验的 p 值来看,工具变量的选择是有效的。三个模型的回归结果与面板固定效应的回归结果基本一致,进一步说明了主回归结果的稳健性。

表 5-9 以险种集中度和风险集中度为内生变量的 GMM 估计

		模型一		模型二		模型三	
		系数	p 值	系数	p 值	系数	p 值
解释变量	险种集中度($line$)	6.268 3***	(0.006)			−4.505 3	(0.328)
	风险集中度($risk$)			18.977 2***	(0.003)	26.579 3**	(0.021)
控制变量	资本属性($country$)	−0.046 5	(0.743)	0.220 4	(0.253)	0.336 7	(0.235)
	业务线数($nopro$)	0.046 4***	(0.003)	−0.066 7*	(0.079)	−0.116 5	(0.104)
	公司规模($size$)	0.096 4***	(0.001)	−0.020 4	(0.608)	−0.080 7	(0.321)
	市场份额($share$)	−2.653 6*	(0.061)	3.708 1**	(0.033)	7.133 4*	(0.090)
	公司成立时间(age)	0.039 9***	(0.001)	0.040 2***	(0.001)	0.030 9	(0.102)
	杠杆率(lev)	−0.065 2	(0.449)	0.050 7	(0.465)	0.157 7	(0.271)
	市场集中度($concmk$)	4.954 6***	(0.005)	3.373 2***	(0.009)	1.307 7	(0.631)
	自然灾害损失($lossna$)	−0.008 1	(0.794)	0.046 6	(0.203)	0.079 0	(0.180)
Hausman 估计量		23.39***		40.85***		49.47***	
Sargan 检验 p 值		0.000 0(恰好识别)		0.423 2		0.907 5	

3. 替换变量的稳健性检验

为进一步证明以上实证结果的稳健性,采用变换变量的方式来进行检验。首先在承保风险的度量指标的选择方面,用赔付支出的对数值取代赔付率再次进行回归,直接采用"异方差—序列相关"稳健型标准误以控制异方差和序列相关问题。结果显示,险种集中度($line$)和风险集中度($risk$)分别在 5% 和 1% 的水平下显著。再者将只反映简单险种结构的 HHI 指数作为核心解释变量,不考虑险种间相关性和风险损失率,固定效应回归得到的"异方差—序列相关"稳健型标准误显示,HHI与承保风险不存在显著相关关系。可见在研究保险公司承保风险时不应该只考虑简单险种结构的影响。

第三节 承保业务相似度对保险业系统性风险的影响[①]

一、引言

在保险行业层面,各家保险公司有着不同的保险战略和专长,经营着不同的险种并占据一定的市场,形成了各自的保险业务结构。倘若不同保险公司的险种结构具有一定的相似性,各保险业务又具有一定的相关性,则在保险行业层面上表现为险种风险过于集中。进而,当某一种风险发生时,多个险种可能同时发生赔偿。从行业层面来看,保险公司因具有相似的险种结构而发生共振,从而使保险行业的总损失翻番,出现多家保险公司同时破产的现象,最终可能引发保险行业的系统性风险。反之,倘若不同保险公司的承保业务结构具有较大差异,则风险在保险公司之间进行了区隔,爆发系统性风险的可能性就大大降低。也就是说,从行业层面来看,就是要把鸡蛋放进一个篮子。即使鸡蛋被摔了,也只会损失一篮鸡蛋,而不会发生共振并导致所有篮子的蛋都发生损失的系统性风险。显然,即使不考虑再保险,由于公司间面临着共同承保风险,保险公司之间也会发生共振。因此,本部分基于保险公司承保业务的相似度,基于行业层面提出市场结构的概念,并区分为异质型和同质型两类,然后结合险种的风险相关性及损失概率,在行业层面分析了其对系统性风险的最终影响。

由于本部分的研究同样是基于不同类型险种的风险相关性,因此,同样地,考虑到险种分类的一致性及相关数据的可得性,本部分将以非寿险

[①] 熊婧,汤薇.保险业务结构的同质化对财险业系统性风险的影响[J].保险研究,2021(04).

为研究对象,通过理论推导构建模型,分析承保业务相似度水平各异的市场结构,以及不同市场结构中保险行业系统性风险的表现;然后基于险种风险相关性进行实证分析,模拟不同市场结构下的系统性风险,从而检验具有不同险种结构相似度的市场结构下系统性风险的表现,最后基于研究结果进行评价并提出了行之有效的建议。本部分的创新之处在于:(1)基于险种结构的基础,提出了保险行业层面的承保业务相似度的概念,并提出了不同类型的市场结构概念;(2)理论推导并实证模拟证实,承保业务相似度较高的保险市场具有较高的系统性风险;(3)有别于"不要把鸡蛋放在一个篮子"的风险分散,本部分认为从保险行业层面来说,应当采用"将鸡蛋放在一个篮子"的集中策略,不同保险公司不仅最好经营不同的保险业务,更重要的是分别聚焦不同的风险,从而降低行业的系统性风险。

二、文献综述

(一) 承保业务结构的相关研究

众多学者有关保险公司业务结构的研究主要集中在公司层面的业务多元化,研究其对公司绩效或总体风险承担的影响(Leland,2007;Tanriverdi,2006;刘孟飞等,2012;赵伟,2013;仲赛末和赵桂芹,2018),大致得出"不要把鸡蛋放在一个篮子里"的结论。

具体来看,行业层面的研究,主要都是从同质化对行业风险的影响入手,也称为业务相似度,比如金融机构的业务同质化与系统性风险的关系等等,且基于银行和投资领域的研究较多。Raffestin(2014)发现,投资组合的多元化使投资者的个人资产更安全,但投资者间通过持有共同资产而建立了联系,这种联系会在资产和投资者之间产生"内生协方差",并通过在系统中迅速传播冲击从而增加系统风险。Fricke(2016)借鉴股票相关性的测度方法,基于资产、行业和区域分布三种角度测算了1996-2013年间日本银行业务的同质化水平,发现日本银行间的业务同质化程度整体呈下降趋势,但少数银行间的业务同质化程度则显著提高,而这部分银行持有大部分资产,这很可能会引起系统性风险。Cai 等(2018)利用欧式距离测度方法,基于银团贷款组合的相似性,通过分析银行业务的相互关联性,发现银行间的业务同质化水平越高,则受到同一危机冲击的可能性就越大,同质化水平与银行层面的系统性风险正相关。

国内学者的研究中,对于金融机构间业务相似度的研究才刚刚起步,大多停留于描述业务相似度水平的表面研究。如李泽广等(2017)运用广义杰卡德相似度模型测度了中国上市银行的业务相似度,认为尽管中国上市银行的业务相似度略有下降,但整体而言,中国上市银行的业务相似度仍然处于较高水平,隐含着较为显著的潜在系统性关联风险。张晓明等(2019)采用欧式距离指标从资产组合、投资分布等多个视角测度了银行业务相似度、保险业务相似度以及银行与保险的业务相似度,研究发现,不论是银行业与保险业内部,还是银行业与保险业之间,业务相似度整体均呈现上升趋势,这表明中国金融体系系统性风险存在加重趋势。李泽广等(2017)和张晓明等(2019)均只是在宏观上测算了不同行业的业务相似度,并认为业务相似度的提升就代表了系统性风险的提升,而并未实证检验这一结论的准确性。

目前,鲜有文献研究保险公司的承保业务相似度对系统性风险产生影响的问题。仅王向楠(2018)研究了寿险公司承保业务相似度与风险联动性,并通过实证检验发现当两家寿险公司的承保业务结构从完全不同到完全相同时,它们的资产风险联动性和破产风险联动性均将提高十几个百分点。

(二)金融机构系统性风险的相关研究

有关金融业系统性风险的研究则可分为两方面,一部分文献是用指标法来对整体系统性风险和系统重要性金融机构进行评估和计量。度量整体系统性风险的指标,可以分为基于 CoVar 的指标、预警指标、宏观压力测试指标等(郭金龙等,2014)。衡量系统重要性的金融指标法,广为流传的是 2011 年巴塞尔委员会发布的《全球系统重要性银行:评估方法与附加损失吸收能力要求》的监管文件,将对全球系统重要性金融机构的识别与监管理念运用到银行业,提出从规模、全球活跃度、关联性、可替代性和复杂性五个方面对全球系统重要性银行进行评估(朱南军等,2018)。另一部分文献中,学者们通过网络分析法来分析系统性风险的产生、传染与爆发。

网络模型可进一步细分为直接关联网络模型和间接关联网络模型。直接关联网络模型以银行间相互持有的资产负债为研究对象。如 Iori 等(2006)通过模拟银行同业拆借,假设每家银行都面临流动资产和随机投资机会的波动从而产生流动性短缺的风险,银行间市场同时发挥两种力量,可以使参与者分担这种风险,但也可能使一家银行的危机通过系统传播。王晓枫等(2015)根据真实的统计数据模拟了银行同业业务的资产负债状况,构造了银行同业间市场的拆借网络,通过破产银行因同业负债无法偿还使关联银行资产受损和因同业资产的索回而使关联银行流动性趋紧的双向风险传染方式,刻画了银行风险传染的基本路径。间接关联网络模型假设银行持有某些共同种类的资产,在资产价格受到负面冲击后,假设银行为维持目标杠杆会降价抛售所持资产(Greenwood 等,2015)。方意等(2016)借鉴 Greenwood 等(2015)的银行持有共同资产的网络模型,将系统重要性银行、系统脆弱性银行及传染风险等指标有机结合,提出并度量了系统重要性传染路径指标,实证发现,银行体系的系统性风险总体呈上升趋势,系统性风险和各家银行的系统重要性程度均与规模等因素具有较强的正相关关系。

近期,中国学者们也开始利用复杂传染动力学模型和网络模型来研究保险公司系统性风险。王丽珍(2015)首先运用传染动力学模型针对中国再保险风险进行研究,借鉴银行业系统性风险的研究范式,采用矩阵法模拟生成再保险业务转移数据,测度保险业系统性风险的业务传染效应。牛晓健等(2019)则是在此基础上更进一步,以保险公司间的再保险业务关系为出发点构建复杂的传染动力模型,并通过构建网络模型论证了"联系太紧密而不能倒"的保险机构相比于"太大而不能倒"的保险机构,一旦倒闭对再保险市场稳健性的影响更大。

系统性风险的相关问题比较复杂，涉及领域较宽。诸多因素均可能在风险的传递过程中起到放大或阻隔的作用。本部分的研究以险种风险的相关性为中心，立足于保险市场中各家保险公司的险种结构，兼之考虑不同险种风险之间所具有的相关性因素，从而在保险行业层面衡量各家保险公司的承保业务相似度，进而分析承保业务相似度较高的市场结构对保险业系统性风险的影响。

三、理论模型

（一）市场结构的假设

有关险种的风险相关矩阵及保险公司 i 在第 t 年遭受总损失等模型，仍然延用前文式(5.1)到式(5.3)。进而，假设保险业有 A、B 和 C 三家保险公司，三家保险公司经营规模相同，且具有相同的所有者权益和相同的保费收入 a，即保险行业总保费收入为 $3a$。保险市场上总共只有 1、2 和 3 共三类险种，三类险种的相关矩阵为 $\boldsymbol{R}=\begin{pmatrix} 1 & r_{12} & r_{13} \\ r_{21} & 1 & r_{23} \\ r_{31} & r_{32} & 1 \end{pmatrix}$。为了方便比较，假设 1 和 2 类险种的相关性最大，1 和 3 次之，2 和 3 最小，但均小于 0.5[①]。即：

$$0.5 > r_{21} = r_{12} > r_{31} = r_{13} > r_{32} = r_{23} \tag{5.9}$$

存在异质型和同质型两种市场结构：

异质型市场结构：保险公司 A 只经营 1 类险种，保险公司 B 只经营 2 类险种，保险公司 C 只经营 3 类险种。即三家保险公司的险种均不重复；则保险公司 A 的保费收入为 a，全部来自 1 类险种；保险公司 B 的保费收入为 a，全部来自 2 类险种；保险公司 C 的保费收入为 a，全部来自 3 类险种。

---

① 根据下文险种风险相关矩阵的计算结果而初步设定。

同质型市场结构：保险公司 A、B 和 C 均分 1、2 和 3 类险种的保费收入；即三家保险公司的险种结构完全相同，均分别经营 1 类险种 1/3、2 类险种 1/3 和 3 类险种 1/3。则公司 A、B 和 C 的保费收入均各为 a，每家保险公司来自 1、2 和 3 类险种的保费收入均分别为 $a/3$。

异质型市场结构下，行业的承保业务结构为 $\Psi_{异} = \begin{bmatrix} 1 & 0 & 0 \\ 0 & 1 & 0 \\ 0 & 0 & 1 \end{bmatrix}$。同质型市场结构下，行业的承保业务结构为 $\Psi_{同} = \begin{bmatrix} 1/3 & 1/3 & 1/3 \\ 1/3 & 1/3 & 1/3 \\ 1/3 & 1/3 & 1/3 \end{bmatrix}$；两类市场结构的图形如图 5-10 所示。

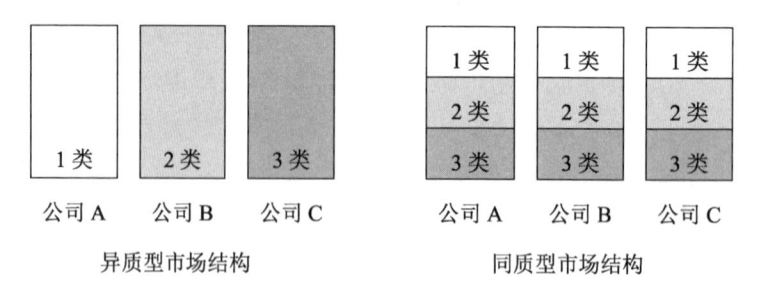

图 5-10 市场结构假设

显然，在异质型市场结构中，每家保险公司承保的险种均不同，分别承保着不同的风险，从行业层面来看，风险分散在不同的保险公司中。而在同质型市场结构中，每家保险公司的险种、险种结构甚至份额均完全相同，从行业层面来看，承保风险较为集中，承保业务相似度水平达到最高。

（二）承保业务相似度对系统性风险的影响模型

1. 正常情况下的赔偿金额

先分析正常情况下各保险公司的赔偿金额。假设在保险市场中，1、2 和 3 三类险种均按照其自有规律正常地发生损失，即损失概率向量为

$\boldsymbol{P}=(p_1, p_2, p_3)$，且险种风险相关矩阵为 $\boldsymbol{R}=\begin{bmatrix} 1 & r_{12} & r_{13} \\ r_{21} & 1 & r_{23} \\ r_{31} & r_{32} & 1 \end{bmatrix}$。则根据式(5.3)，异质型市场结构中，各保险公司的损失金额为：

$$\begin{aligned} l_A^1 &= (p_1 + p_2 r_{21} + p_3 r_{31}) \times a; \\ l_B^1 &= (p_1 r_{12} + p_2 + p_3 r_{32}) \times a; \\ l_C^1 &= (p_1 r_{13} + p_2 r_{23} + p_3) \times a \end{aligned} \quad (5.10)$$

也就是说，以保险公司 A 为例，尽管保险公司 A 只经营了 1 类险种，但由于险种的相关性，当 2 类和 3 类险种发生损失时，会导致 1 类险种的损失增加。以此类推。

在同质型市场结构中，各保险公司的损失金额为：

$$l_A^2 = l_B^2 = l_C^2 = \boldsymbol{P} \times \boldsymbol{R} \times \begin{pmatrix} \dfrac{a}{3} & \dfrac{a}{3} & \dfrac{a}{3} \end{pmatrix}^T = (l_A^1 + l_B^1 + l_C^1) \times \dfrac{1}{3}$$

(5.11)

2. 考虑偿付能力的破产临界点

每家保险公司都有偿付能力要求，当损失金额超过一定数额时，就可能出现保险公司破产的现象。假设 A、B、C 三家保险公司的破产临界值均为 S，当保险公司的损失金额超过 S 时，保险公司破产。当然，在正常经营的情况下，l_A^1、l_B^1、l_C^1、l_A^2、l_B^2、$l_C^2 < S$。假设在第 t 年发生了极端风险事件，导致保险公司的损失金额增加，观察在不同市场结构中的三家保险公司的破产过程。考虑到模型中三类险种是对称的，先分析仅 1 类保险业务发生巨额损失时的情况。当 p_{1t} 逐渐增加，考虑到式(5.9)中险种风险相关性的大小，并观察式(5.10)与式(5.11)，显然，与 p_{1t} 有关的变量从大到小依次为：$l_A^1 > l_A^2 = l_B^2 = l_C^2 > l_B^1 > l_C^1$。

第一个临界点：异质型市场结构中 A 公司破产。首先在异质型市场结构中发生风险事件导致 A 公司破产，此时 $l_A^1 = S$。由于 B 和 C 公司是因险种风险相关性而受到次要影响,故损失小于 S,未破产。而同质型市场结构中,各家保险公司的损失为异质型市场结构中的平均值,故小于 S,未破产。即有:

$$l_A^1 = S;\ l_B^1 < S;\ l_C^1 < S;\ l_A^2 = l_A^2 = l_A^2 = (l_A^1 + l_B^1 + l_C^1) \times \frac{1}{3} < S$$

(5.12)

第二个临界点:异质型市场结构中的 A 公司破产,同质型市场结构中三家公司均破产。而且,需注意的是,在异质型市场结构中,由于 A 公司已经在第一个临界点破产,起到了阻隔风险的作用,故 p_{1t} 逐渐增加暂时不会继续产生影响。即有:

$$l_A^1 = S;\ l_B^1 < S;\ l_C^1 < S;\ l_A^2 = l_A^2 = l_A^2 = (l_A^1 + l_B^1 + l_C^1) \times \frac{1}{3} = S$$

(5.13)

第三个临界点:异质型市场结构中的 A 公司和 B 公司破产,同质型市场结构中三家公司均破产。随着 p_{1t} 继续增加,异质型市场结构中的 B 公司将破产。而同质型市场结构中的三家公司已经在第二个临界点破产了,故没有变化。即有:

$$l_A^1 = S;\ l_B^1 = S;\ l_C^1 < S;\ l_A^2 = l_A^2 = l_A^2 = (l_A^1 + l_B^1 + l_C^1) \times \frac{1}{3} = S$$

(5.14)

第四个临界点:异质型市场结构中三家公司均破产,同质型市场结构中三家公司均破产。随着 p_{1t} 继续增加,异质型市场结构中的 C 公司将破产。而同质型市场结构保持不变。即:

$$l_A^1 = S;\ l_B^1 = S;\ l_C^1 = S;\ l_A^2 = l_A^2 = l_A^2 = (l_A^1 + l_B^1 + l_C^1) \times \frac{1}{3} = S$$

(5.15)

同理,倘若1类险种和2类险种同时发生了巨额损失,p_{1t} 和 p_{2t} 同时同幅度增加,或者1类、2类和3类险种同时发生巨额损失,p_{1t}、p_{2t} 和 p_{3t} 同时同幅度增加,则在不同市场结构中具有不同的破产情况。由于篇幅限制,本部分省略了推导的过程,不同市场结构中各家保险公司的破产结果见表 5-10 和图 5-11。

表 5-10　　　　　　　不同市场结构下的破产情况

		异质型市场结构		同质型市场结构	
		损失金额	破产情况	损失金额	破产情况
p_{1t} 增加	临界点一	$l_A^1 = S; l_B^1 < S; l_C^1 < S$	A 破产	$l_A^2 = l_A^2 = l_A^2 < S$	0
	临界点二	$l_A^1 = S; l_B^1 < S; l_C^1 < S$	A 破产	$l_A^2 = l_A^2 = l_A^2 = S$	3 家破产
	临界点三	$l_A^1 = S; l_B^1 = S; l_C^1 < S$	A、B 破产	$l_A^2 = l_A^2 = l_A^2 = S$	3 家破产
	临界点四	$l_A^1 = S; l_B^1 = S; l_C^1 = S$	A、B、C 破产	$l_A^2 = l_A^2 = l_A^2 = S$	3 家破产
p_{1t} 和 p_{2t} 增加	临界点一	$l_A^1 = S; l_B^1 = S; l_C^1 < S$	A 和 B 破产	$l_A^2 = l_A^2 = l_A^2 < S$	0
	临界点二	$l_A^1 = S; l_B^1 = S; l_C^1 < S$	A 和 B 破产	$l_A^2 = l_A^2 = l_A^2 = S$	3 家破产
	临界点三	$l_A^1 = S; l_B^1 = S; l_C^1 = S$	A、B、C 破产	$l_A^2 = l_A^2 = l_A^2 = S$	3 家破产
p_{1t}、p_{2t} 和 p_{3t} 增加①	临界点一	$l_A^1 = S; l_B^1 < S; l_C^1 < S$	A 破产	$l_A^2 = l_A^2 = l_A^2 < S$	0
	临界点二	$l_A^1 = S; l_B^1 = S; l_C^1 < S$	A 和 B 破产	$l_A^2 = l_A^2 = l_A^2 = S$	3 家破产
	临界点三	$l_A^1 = S; l_B^1 = S; l_C^1 = S$	A、B、C 破产	$l_A^2 = l_A^2 = l_A^2 = S$	3 家破产

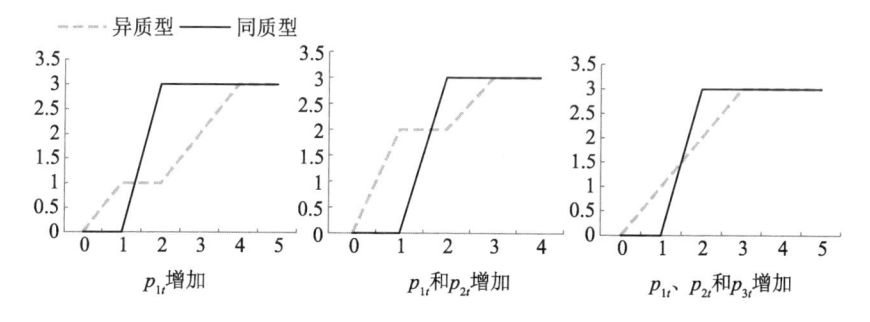

图 5-11　不同市场结构下的破产情况

① $l_A^1 > l_A^2 = l_B^2 = l_C^2 > l_C^1$;$l_A^2 > l_B^1 > l_C^1$。但 $l_A^2 = l_B^2 = l_C^2$ 与 l_B^1 的关系不确定,取决于 $r_{21} + r_{23}$ 与 $2r_{31}$ 间的相互关系。简化考虑,$l_A^2 = l_B^2 = l_C^2$ 与 l_B^1 相同。因此也有个逐渐变化的过程。

将表 5-10 中不同市场结构下破产保险公司的数目画图,如图 5-11 所示。图 5-11 中,表现出了三种情况下不同市场结构中的破产过程。其中,横轴表示了各个破产临界点,纵轴表示了在该临界点上的破产公司数。由于只是理论推导,没有基于实际数据计算,无法得知各临界点的大小即相互之间的距离。图 5-11 中临界点两两之间的距离是没有意义的。

分析表 5-10 和图 5-11 可以看到,在上述所有分析情况下,随着风险损失不断增大,三家保险公司均破产的市场完全崩溃的现象均更早出现在同质型市场结构中。显然,这是因为在异质型市场结构中,各家保险公司的风险具有较大差异,虽然其可能更早地出现了一家保险公司破产的现象,但正是这一家破产的保险公司把风险暂时地阻隔在保险市场之外,仅通过险种风险相关性影响着其他保险公司。这样实际上是保护了其他保险公司,并大大地延迟了三家公司均破产、市场完全崩溃的时间。而在同质型市场结构中,各家保险公司的承保业务完全同质,风险没有阻隔,只能一荣俱荣、一损俱损。所以,根据理论模型的分析,提出以下假设:

假设 5.3:保险行业中,承保业务相似度与系统性风险具有正向相关的关系。随着承保风险的增加,在承保业务相似度水平更高的市场中具有更高的系统性风险水平。

当然,在本部分的理论分析中,只假设存在着三类险种和三家保险公司,而且规模均相同。实务中存在着更多险种,不同险种的规模也各不相同;存在着更多的保险公司,而且各家保险公司的所有者权益规模不同,偿付能力或破产临界值也各不相同。因此,实务中情况可能会更为复杂。按照图 5-11 的情形进行推理,估计在不同的市场结构中,保险公司的破产数目或系统性风险水平并非具有绝对的差异,而可能是交替增加的。但同质型市场结构具有更高的系统性风险的总体趋势应是始终存在的。

四、实证研究设计

(一) 承保业务相似度的衡量[①]

按照前文设定的变量符号,保险行业在第 t 年的总保费收入为 a_t,

在第 t 年的保费收入的矩阵为 $\boldsymbol{A}_t = \begin{pmatrix} a_{11t} & a_{21t} & \cdots & a_{N1t} \\ a_{12t} & a_{22t} & \cdots & a_{N2t} \\ \vdots & \vdots & \ddots & \vdots \\ a_{1Kt} & a_{2Kt} & \cdots & a_{NKt} \end{pmatrix}$,险种结构矩

阵为 $\boldsymbol{\Psi}_t = \begin{pmatrix} \omega_{11t} & \omega_{21t} & \cdots & \omega_{N1t} \\ \omega_{12t} & \omega_{22t} & \cdots & \omega_{N2t} \\ \vdots & \vdots & \ddots & \vdots \\ \omega_{1Kt} & \omega_{2Kt} & \cdots & \omega_{NKt} \end{pmatrix}$。Cai 等(2018)在证明银行业资产重

叠程度时,利用欧几里得距离来帮助量化。本部分也借鉴这种做法,利用欧几里得距离来代表保险行业中各家公司的承保业务相似度。设 d_{ijt} 为第 t 年第 i 家保险公司与第 j 家保险公司之间的承保业务相似度。

$$d_{ijt} = 1 - \frac{1}{\sqrt{2}} \sqrt{\sum_{k=1}^{K} (\omega_{ikt} - \omega_{jkt})^2} \quad (5.16)$$

其中,ω_{ikt} 为第 i 家保险公司第 t 年第 k 类保险业务的公司内份额,即 $\omega_{ikt} = \dfrac{a_{ikt}}{a_{it}}$。两家保险公司的险种结构越相似,则它们承保业务相似的程度越高,d_{ijt} 越大。进而得到第 t 年保险行业的承保业务相似度矩阵:

$$\boldsymbol{D}_t = \begin{pmatrix} 1 & d_{12t} & \cdots & d_{1Nt} \\ d_{21t} & 1 & \cdots & d_{2Nt} \\ \vdots & \vdots & \ddots & \vdots \\ d_{N1t} & d_{N2t} & \cdots & 1 \end{pmatrix} \quad (5.17)$$

---

① 险种风险相关矩阵 $\boldsymbol{R}$ 的计算与第二节相同,故省略。

$\boldsymbol{D}_t$ 为对称矩阵，$d_{ijt}=d_{jit}$，$d_{ijt}\in(0,1)$，$d_{iit}=1$。为了便于后续的比较与分析，需要把承保业务相似度矩阵合并为一个数，从而代表行业层面整体上的承保业务相似度。因此，以各家保险公司的市场份额为权重。设 w_{it} 为保险公司 i 第 t 年的保费收入占保险行业总保费收入的市场份额，即 $w_{it}=\dfrac{a_{it}}{\sum_{i=1}^{N}a_{it}}=\dfrac{a_{it}}{a_t}$，当然，$\sum_{i=1}^{N}w_{it}=1$。各保险公司第 t 年在行业中的市场份额分布向量为 $\boldsymbol{W}_t=(w_{1t},w_{2t},\cdots,w_{Nt})^T$。保险行业的承保业务相似度为：

$$BH_t = \sum_{i,j=1, i\neq j}^{N} (w_{it}+w_{jt})d_{ijt}/[2(N-1)] \quad (5.18)$$

上文的理论模型中设定了理想状态下的异质型市场结构和同质型市场结构，根据所设定的市场份额计算，显然可得，异质型市场结构中，行业内所有公司的险种都完全异质，即 d_{ijt} 全部为 0，保险行业的承保业务相似度为 $BH_t=0$。同质型市场结构中，行业内所有公司的险种都完全同质，即 d_{ijt} 全部为 1，保险行业的承保业务相似度为 $BH_t=1$。

（二）保险公司的破产模拟

总共有 K 类险种，每类险种都可能发生损失。先就其中一类险种发生损失的情况进行模拟，观察保险公司的破产过程。在保险行业层面，假定 1 类险种在第 t 年发生的总损失金额为 l_{1t}，总保费收入为 $\sum_{i=1}^{N}a_{i1t}$，1 类险种第 t 年的损失概率为 $p_{1t}=l_{1t}/\sum_{i=1}^{N}a_{i1t}$。则由于其他类险种与 1 类险种的风险相关，保险公司 i 在第 t 年因 1 类保险业务所遭受的总损失为：

$$l_{i1t} = p_{1t} \times \sum_{z=1}^{K} r_{1z} \times a_{izt} = \dfrac{l_{1t}}{\sum_{i=1}^{N}a_{i1t}} \times (r_{11} \quad r_{12} \quad \cdots \quad r_{1K}) \times \boldsymbol{A}_{it}$$

$$= \frac{l_{1t}}{\sum_{i=1}^{N} a_{i1t}} \times (r_{11} \quad r_{12} \quad \cdots r_{1K}) \times \Psi_{it} \times a_{it} \tag{5.19}$$

在(5.19)式中,1 类险种在第 t 年的总保费收入为 $\sum_{i=1}^{N} a_{i1t}$ 是已知的,保险公司 i 在第 t 年的保费收入 a_{it} 也是已知的。Ψ_{it} 实际上表现了不同的市场结构。因此,只需要变化 1 类险种在第 t 年发生的总损失 l_{1t},就可以观察在考虑了险种的风险相关性之后,保险公司 i 的总损失随 1 类险种损失金额的变化过程。当然,当保险公司 i 所遭受的总损失 l_{i1t} 达到并超过了一定的破产界限值时,该保险公司就破产了。

一般认为,当一家公司资不抵债,即资产负债表的权益部分非正时,该家公司破产(Upper,2004;隋聪,2016)。考虑到保险公司所具有的负债经营特征,一些保险公司即使在正常经营时,损失金额已然超过了所有者权益。因此,将第 i 家保险公司在第 t 年资产负债表中的 2 倍所有者权益 $2e_{it}$ 作为破产界限值。一旦保险公司因 1 类险种而遭受的总损失超过了这一界限值,则该保险公司破产,即破产的判断公式为:

$$l_{i1t} > 2e_{it} \tag{5.20}$$

(三) 系统性风险的衡量

前文的文献综述中也可以看到,学者们在研究系统性风险时,采用的衡量方法各不相同。本部分借鉴 Upper(2004)的做法,在判断保险公司受 1 类险种损失的影响是否破产之后,以保险行业内破产公司的总资产占行业总资产的比值来衡量保险行业的系统性风险水平。假设第 i 家保险公司第 t 年的总资产为 $Asset_{it}$,在第 t 年中总共有 N_{1t} 家保险公司陷入破产困境,则保险行业的系统性风险水平为:

$$SYSRISK_t = \frac{\sum_{i=1}^{N_{1t}} Asset_{it}}{\sum_{i=1}^{N} Asset_{it}} \tag{5.21}$$

显然,通过增加 1 类险种在第 t 年的行业总损失 l_{1t},根据各家保险公司的权益数据可以模拟出各家保险公司是否破产的情况,得到具体破产的保险公司数目 N_{1t},然后根据(5.21)式就可以衡量系统性风险水平。$SYSRISK_t$ 越大,表明保险行业的系统性风险越高。

(四) 假设的模拟检验

为了验证本部分根据理论模型分析所提出的假设,需要模拟出异质型和同质型两种市场结构,然后变化其中一类保险业务的损失金额,从而观察在两种不同市场结构下系统性风险的变化情况。考虑到不同样本年中,保险公司的数目在不断增加,每年的实际数目都不相同,缺乏比较的基础。倘若固定在某一样本年,而人为设计两种市场结构,又难以精确模拟微观市场结构的数据,模拟效果必定不好。故模拟的具体思路如下:

首先将样本公司的范围缩小,仅保留在样本年中自始至终都有数据的保险公司。并假设保险市场上只有这几家保险公司,根据它们各年各类险种的保费收入计算出市场份额等表示保险市场结构的相关数据。

其次,基于这部分样本公司的实际数据,根据式(5.18)计算,得到各样本年行业的承保业务相似度。选择承保业务相似度最高的样本年作为同质型市场结构,并将该年中样本公司各险种的份额结构作为 $\Psi_{同}$;而选择承保业务相似度最低的样本年作为异质型市场结构,并将该年中样本公司各险种的份额结构作为 $\Psi_{异}$。

假设保险市场具有同质型市场结构 $\Psi_{同}$,变动 1 类险种的行业总损失,按照式(5.19)计算模拟保险公司的破产情况,并按照式(5.21)计算相应的系统性风险;同理假设保险市场具有异质型市场结构 $\Psi_{异}$,模拟破产情况。观察、比较在不同市场结构下,系统性风险随 1 类险种损失金额变化的情况,从而检验本部分的假设。

(五) 不同保险业务对系统性风险影响的敏感性分析

倘若保险公司 i 在第 t 年中,所有 K 类险种都按自身规律发生了损失,同时也影响了其他险种发生损失,则保险公司 i 在第 t 年遭受总损失

为 $l_{it} = P \times R \times A_{it}$。此时,考虑了所有 K 类险种发生的损失。然后,假设仅第 k 类险种发生了巨额损失,损失金额不断增加;同时让其他险种仍按照期望损失率发生损失。继续按照前面所介绍的模拟方法,在不同的市场结构下计算系统性风险水平,从而能够观察到系统性风险对于不同险种损失情况的不同反应。

(六) 数据来源

与本章第二节研究设计的情况相同,考虑到险种分类的一致性及相关数据的可得性,本部分的研究对象是在中国境内营业的所有非寿险公司,最终收集、整理了 60 家非寿险公司的数据,样本年为 2005 年到 2017 年。本部分所选取的样本非寿险公司在 2017 年的保费收入市场份额达到了 95% 以上,因此所选取的样本公司具有一定代表性。数据来源于《中国保险年鉴》、CSMAR 数据库及各家非寿险公司年报中公开披露的财务信息及其他各种信息。在本部分的研究中,也均采用简单赔付率的定义,即赔付率等于赔款支出与当年的保费收入之比。

本部分将以非寿险公司的数据进行实证分析。在划分非寿险的险种时,参照 Elango(2008)及《非寿险公司偿付能力监管规则第 4 号:保险风险最低资本(非寿险业务)》,根据中国非寿险市场的具体情况和数据的可获得性进行改进,将非寿险险种划分为车险、财产险(企财险、家财险、工程险)、船货特险(货运险、船舶险、特殊风险保险)、责任险、农业险、信用保证险、意外伤害险、短期健康险、其他险,共九大类,即 $K=9$。在这 9 类保险业务中,车险的市场份额始终最大,因此将车险作为 1 类险种,分析在不同市场结构下,车险损失的变化对保险市场系统性风险的影响。

五、实证分析

(一) 险种风险相关矩阵的计算

基于 60 家样本非寿险公司在 2005-2017 年中九大险种的经营数据,通过计算得到简单赔付率。各类险种赔付率的平均值如表 5-11 中的第一行,即平均损失概率 p_k。可以看到,农业险的平均损失概率最高,为63.8%;其次为短期健康险,达到了63.1%。相对而言,市场份额最大的车险平均损失概率却不算高。在剔除无效值之后,进行线性相关分析并检验相关系数的显著度,得到险种风险相关矩阵 $\boldsymbol{R}$,以及各相关系数的显著度(见表5-11)。

表5-11 险种平均损失概率及险种风险相关矩阵[①]

	1	2	3	4	5	6	7	8	9
p_k	53.4%	51.2%	47.5%	42.4%	63.8%	23.8%	28.0%	63.1%	52.7%
1. 车险	1								
2. 财产险	0.3860 (0.000)	1							
3. 船货特险	0.3004 (0.000)	0.2388 (0.000)	1						
4. 责任险	0.2958 (0.000)	0.3038 (0.000)	0.1729 (0.000)	1					
5. 农业险	0.0928 (0.130)	0.2025 (0.001)	0.1015 (0.107)	0.0939 (0.122)	1				
6. 信用保证险	0.2027 (0.000)	0.0633 (0.193)	0.1338 (0.007)	0.0075 (0.878)	0.2065 (0.003)	1			
7. 意外伤害险	0.4842 (0.000)	0.2308 (0.000)	0.2300 (0.000)	0.2857 (0.000)	0.1513 (0.013)	0.1594 (0.001)	1		
8. 短期健康险	0.1797 (0.000)	0.1197 (0.014)	0.1796 (0.000)	0.0885 (0.070)	0.1162 (0.088)	0.1545 (0.007)	0.2507 (0.000)	1	
9. 其他险	0.2701 (0.000)	0.2631 (0.000)	0.1946 (0.002)	0.1639 (0.008)	0.0856 (0.354)	0.0500 (0.505)	0.1023 (0.101)	−0.0213 (0.787)	1
$\sum_{j=1,j\neq k}^{K}\|r_{kj}\|$	2.2117	1.8080	1.5516	1.412	1.0503	0.9777	1.8944	1.1102	1.1509
$p_k \times \sum_{j=1,j\neq k}^{K}\|r_{kj}\|$	1.1810	0.9257	0.7370	0.5987	0.6701	0.2327	0.5304	0.7005	0.6065

整体来看,非寿险公司当前所经营的9类险种之间的确存在着显著的相关性。这种相关性特征使得险种之间和保险公司之间产生了风险联系,可能具有传染关系,从而放大风险。

进一步分析,将第 i 类险种与其他8类险种的相关系数绝对值进行

---

① 表5-11与表5-3中险种风险相关矩阵的相关系数及显著度的计算方法完全相同。只是由于各部分研究所采用的样本年和样本数据不同,因此具体数值的大小有细微差别,但结果整体保持了一致。这也证实了相关研究的稳定性。

加总,如表5-11倒数第二行$\sum_{j=1,j\neq k}^{K}|r_{kj}|$所示。可以看到,整体上,车险与各类保险业务的相关性最强,这可能是因为,尽管车险的标的物仅仅是车辆,但车辆与其他财产一样都面临着同样的风险。其次则是意外伤害险,这是因为,尽管意外伤害险保障的是人,而任何财产发生意外的过程中都可能有人员的伤亡。第三是财产险,第四则是船货特险,然后是责任险。这说明,保险公司在进行险种的战略布局时,还应考虑险种之间的相关性,尽量选择经营相关性较小的险种,而不要同时经营相关性较大的险种。

再结合不同险种各自的损失概率进行分析,即用赔付率均值乘以相关系数绝对值之和,见表5-11最后一行$p_k \times \sum_{j=1,j\neq k}^{K}|r_{kj}|$。这个数据揭示出对保险公司而言风险真正较大的险种。综合来看,最高的仍然是车险。虽然车险自身的损失概率不高,但由于其与其他险种的关联性最大,因此保险公司在经营中要谨慎地发展车险业务。其次仍然是财产险、船货特险和责任险。值得注意的是,虽然意外伤害险与其他险种的相关性较强,但其赔付率不高;而农业险和短期健康险的赔付率较高,但其与其他险种的相关性不高。保险公司在进行险种的战略布局时应当充分认识到不同险种的风险特征。

(二) 承保业务相似度

考虑到非寿险公司的险种结构需要经过一定时间的调整,才会基本稳定下来,为了更准确地衡量保险公司间的承保业务相似度,对于每一家公司,仅使用其经营三年以后的各年财务数据。表5-12是各样本年中的样本公司数目。

表 5-12　　各样本年经营满三年的样本公司数目

年份	2005	2006	2007	2008	2009	2010	2011	2012	2013	2014	2015	2016	2017
公司数	13	16	27	33	37	41	47	49	54	57	60	60	60

根据对承保业务相似度的定义及式(5.18),通过计算得到2005—

2017年各样本年非寿险业的承保业务相似度(见图5-12)。

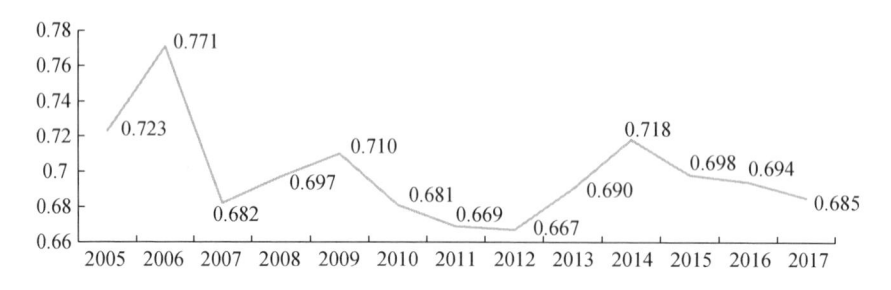

图 5-12　承保业务相似度(60家样本公司)

从图5-12可以看到，在整个样本期间，非寿险业承保业务相似度的波动非常明显，整体上具有震荡向下的微弱趋势，与Fricke(2016)及李泽广等(2017)对于银行的研究结果相似。结合表5-11中计算得到的险种风险相关性进行分析。2005年开始，虽然车险市场份额不算最高，但与车险相关性较高的财产险和船货特险的市场份额较高，故导致最终的相似度较高，为0.723。2006年，这一态势继续加剧，非寿险业的险种主要集中在以车险为核心的风险群。而随着非寿险业中安华农业、安信农业、阳光农业保险的加入及稳定经营，整体市场结构发生了质的变化。农业险的急速发展使得非寿险业的承保业务相似度明显下降，在2007年达到低点0.682。2007—2009年，非寿险公司的数量进一步增加，新进的非寿险公司大多从车险开始入手，此时行业内整体险种结构又逐渐趋同，承保业务相似度进一步提升至0.710。但随着长安责任、国元农险等专业经营责任险、农业险等非车险保险公司加入及稳定经营，相似度又进一步降低至谷底，达到0.667。2014年，农业险市场份额明显下降，健康险市场份额仍较低，相似度急剧上升，达到了0.718。随着众安在线、中原农险等专注于非车险的保险公司加入及稳定经营，承保业务相似度又逐步降低至2017年的0.685。

虽然，市场份额与承保业务相似度并不具有完全相同的含义，承保业务相似度的高低还要看市场份额在各家保险公司之间的分配，但是可以明显看到的是,表5-11中险种风险相关性的计算结果显示,农业险与其他险种的相关性不强。因此,从非寿险承保业务相似度的变化过程可以发现,当行业中加入了一些偏向经营非主流保险业务的非寿险公司时,就会扰动非寿险业原有的业务格局,使得行业内非寿险险种结构趋向异质化,相似度降低。

(三) 破产及系统性风险的模拟分析

1. 固定样本公司的承保业务相似度

根据前文的研究设计,需固定样本公司,在不同的市场结构下观察系统性风险随车险损失的不同变化。故以2006年为初始年,以2006—2017年间一直存续的16家非寿险公司作为研究对象[①],从而保持了各样本年中样本的统一性。以这16家非寿险公司在各样本年实际的保费收入等相关数据计算,得到承保业务相似度(见图5-13)。

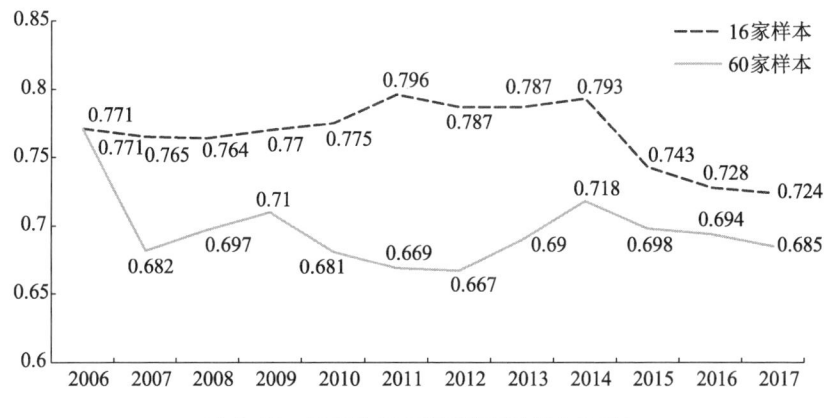

图 5-13 承保业务相似度(不同样本公司)

为了方便比较,将图5-12中基于60家样本公司的承保业务相似度也绘入图5-13。可以看到,两者的差别还是非常大的。这说明,随着保险行业中不断地加入更多的新公司,新公司具有新气象,带来了不同的保

---

① 此时对应的非寿险公司的保费收入市场份额最低也达到66.7%,该样本组具有一定的代表性。

险业务格局,承保业务的相似度明显下降①。

基于16家样本公司的计算结果中,2011年的承保业务相似度最高,为0.796;2017年的承保业务相似度最低,为0.724。因此,将2011年的市场结构命名为同质型市场结构,即 $\Psi_{同}=\Psi_{2011}$;而将2017年的市场结构命名为异质型市场结构,即 $\Psi_{异}=\Psi_{2017}$。进而,通过不断增加行业中车险业务的总体风险损失,分别计算受险种风险相关性影响之后各家样本公司遭受的承保风险损失的变化情况。

2. 基于2011年市场规模的模拟分析

假设保险市场具有2011年的宏观规模,即16家样本公司的总保费收入和所有者权益保持在2011年的水平。但有两种市场结构,其一为同质型市场结构,$\Psi_{同}=\Psi_{2011}$;其二为异质型市场结构,$\Psi_{异}=\Psi_{2017}$。依据本研究设计的式(5.19),基于2011年的总保费收入规模计算承保损失,根据式(5.20)以2011年各家样本公司的所有者权益为破产界限值判断是否破产,并根据式(5.21)计算系统性风险,从而模拟出在不同市场结构中的破产公司数及系统性风险的变化情况,如图5-14所示。

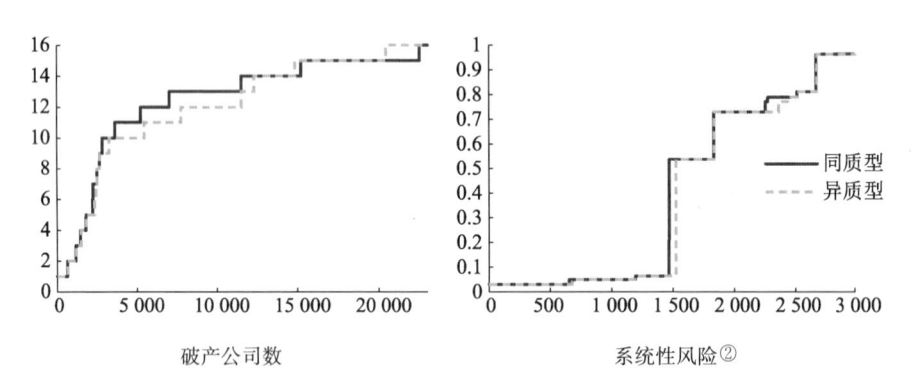

图5-14 基于2011年保险市场的系统性风险模拟

---

① 这也说明监管机构在审批保险机构进入保险市场时的原则和举措是有效的,在一定程度上避免了低水平重复设置。

② 当车险损失为3 000亿元时,同质型市场结构中的系统性风险为96.41%,异质型市场结构中的系统性风险为96.3%;当车险损失为22 516亿元时,两个市场结构中的系统性风险才都达到了100%。为了使图形更加清晰,缩短了横轴,仅绘制到车险损失为3 000亿元时。

图 5-14 中横轴代表车险的损失,单位为 1 亿元人民币;左图纵轴为破产公司数,右图纵轴为系统性风险,即破产公司总资产占行业总资产的比例。从左图可以看到,整体上,无论车险损失为何值,同质型市场结构中的破产公司数目均明显高于异质型市场结构。另外,右图有关系统性风险的变化中,无论车险损失为何值,同质型市场结构的系统性风险均明显大于异质型市场结构,破产公司的总资产占行业总资产的比重更大。因此,基本可以判断,本部分的假设 5.3 成立,同质型市场结构中具有更高的系统性风险。这与 Cai 等(2018)和李泽广等(2017)对于银行的研究结果比较相似,与王向楠(2018)对于寿险的研究结果也较相似。

3. 基于 2017 年市场规模的模拟分析

同样假设保险市场具有 2017 年的宏观规模,即 16 家样本公司的保费收入和所有者权益保持在 2017 年的水平。仍有同质型和异质型两种市场结构,计算因车险风险而导致的承保损失,以 2017 年各家样本公司的所有者权益为破产界限值判断是否破产,并计算系统性风险(见图5-15)。

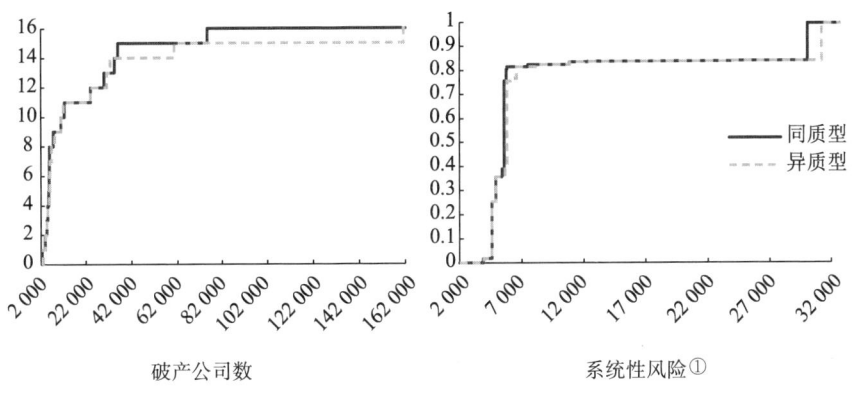

图 5-15 基于 2017 年保险市场的系统性风险模拟

① 当车险损失为 32 000 亿元时,同质型市场结构中的系统性风险为 99.47%,异质型市场结构中的系统性风险为 99.47%;当车险损失为 161 306 亿元时,两个市场结构中的系统性风险才都达到了 100%。为了使图形更加清晰,缩短了横轴,仅绘制到车险损失为 32 000 亿元时。

图 5-15 中的横轴、纵轴与图 5-14 完全相同。图 5-15 中的情况与图 5-14 基本保持了一致。随着车险损失的不断增加,同质型市场结构中的破产公司数目一直高于异质型市场结构;系统性风险方面,整体上同质型市场结构的系统性风险大于异质型市场结构。只是与图 5-14 相比较而言,系统性风险相同水平下车险损失金额变大了许多。这是因为,随着保险市场的发展,保险公司的保费收入、所有者权益规模整体上均大幅增长,2017 年保险市场承受风险的能力有所加强。基于 2017 年保险市场的模拟分析也证实了本部分的假设成立。

4. 基于四分位点的详细比较

将上述基于 2011 年和 2017 年市场规模并分同质型和异质型市场结构的模拟分析中,破产公司数目和系统性风险各自的四分位点总结如表 5-13 所示。

表 5-13　保险市场系统性风险模拟的四分位点比较(亿元)①

		破产公司数					系统性风险				
		1	4	8	12	16	>0	25%	50%	75%	100%
2011	异质型	0	1 526	2 519	7 745	20 449	0	1 526	1 526	2 362	20 449
	同质型	0	1 470	2 512	5 223	22 516	0	1 470	1 470	2 255	22 516
2017	异质型	2 934	4 941	6 594	24 027	161 306	2 934	4 609	5 819	5 819	161 306
	同质型	2 564	4 930	5 830	24 022	75 392	2 564	4 607	5 604	5 604	75 392

表 5-13 中更显而易见,基于 2011 年市场规模的模拟分析,在异质型市场结构中,除了 16 家保险公司全部破产时的车险损失要小于同质型市场结构以外,其他几个分位点上,异质型市场结构的车险损失均大于同质型市场结构。系统性风险的水平也具有相同的表现,除 100% 之外,各四分位点上,异质型市场结构的车险损失金额均大于同质型市场结构。这表明,在相同损失金额的车险风险事故下,同质型市场结构的系统性风险

---

① 2011 年中华联合财险所有者权益小于 0,因此基于 2011 年所有者权益进行模拟时,即使没有发生任何损失,初始破产公司数已经为 1,系统性风险大于 0。倘若剔除中华联合财险,则同质型市场结构中首次出现破产公司的初始损失为 653 亿元,异质型市场结构中则为 678 亿元。

更大,均明显大于异质型市场结构。基于2011年市场规模的模拟结果与本部分的假设5.3相符。

基于2017年市场规模的模拟分析中,无论是破产公司数目还是系统性风险,在各分位点上的车险损失,异质型市场结构均要大于同质型市场结构。也就是说,与同质型市场结构相比较而言,同等的承保损失下,异质型市场结构的系统性风险更小。基于2017年市场规模的模拟结果更是完全与假设5.3相符。

本研究在理论分析中,采用的是最为极端的市场结构,异质型市场结构中承保业务相似度为0,而同质型市场结构的承保业务相似度为1,并假设各家保险公司的所有者权益均相等。在这些简化且极端的假设下,同质型市场结构和异质型市场结构的破产公司数目是交替进行,因此提出了保守的假设,认为两个市场结构中,破产公司的数目并非具有绝对差异,而可能是交替进行。模拟过程中,采用的异质型市场结构中的承保业务相似度为0.724,同质型市场结构中的承保业务相似度为0.796,两者的差异并没有理论模型中那么大。但模拟结果就已经显示,尽管偶尔出现交替的现象,但整体上同质型市场结构的系统性风险明显地大于异质型市场结构。由于实务中保险公司的所有者权益相差较大,故异质型市场结构更易阻隔风险,而同质型市场结构中更易出现一荣俱荣、一损俱损的现象。

(四) 不同保险业务对系统性风险影响的敏感性分析

根据前文的研究设计,假设所有险种都按期望损失概率发生损失,保险公司 i 在第 t 年遭受总损失为 $l_{it}=\boldsymbol{P}\times\boldsymbol{R}\times\boldsymbol{A}_{it}$。然后,仅变动其中一种保险的赔付率,保持其他险种的赔付率不变,观察系统性风险随其发生的变化(见图5-16)。由于篇幅限制,仅汇报基于2017年市场的模拟结果。

图5-16中,为了让不同险种对系统性风险的影响具有可比性,横轴采用了赔付率[①],纵轴仍为系统性风险,即破产公司总资产占行业总资产的比例。

---

① 这里模拟的步长是0.005赔付率。根据所有者权益计算,同质型市场结构和异质型市场结构的初始系统性风险均为0.08%。

异质型市场结构

同质型市场结构

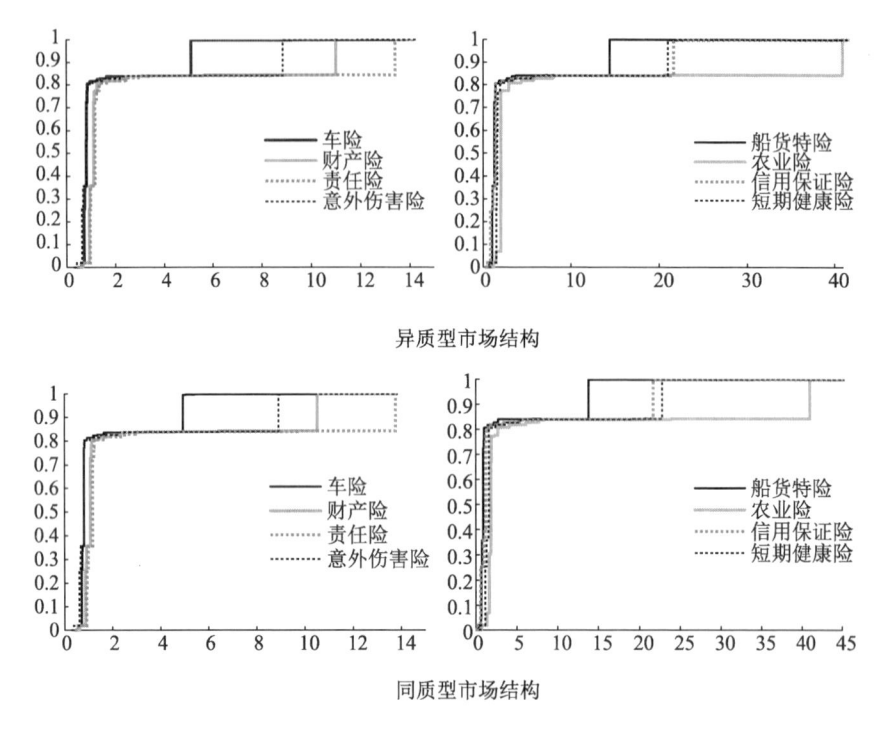

图 5-16　不同市场结构下险种赔付率对系统性风险的影响模拟

1. 同类市场结构下的分析

图 5-16 中显示,当市场结构相同时,即在异质型市场结构或同质型市场结构下,不同险种的赔付率变化对系统性风险影响的排序基本是相同的。比如,在异质型市场结构中,当系统性风险处于相同水平时,将各险种的赔付率从小到大进行排序,车险＜意外伤害险＜财产险＜责任险＜船货特险＜短期健康险(接近)信用保证险＜农业险;在同质型市场结构中也存在着这一关系。这说明倘若按险种赔付率对系统性风险的影响大小排序,则车险＞意外伤害险＞财产险＞责任险＞船货特险＞短期健康险(接近)信用保证险＞农业险。有意思的是,这一排序与表 5-11 中保险业务对其他保险业务的相关性之和的排序高度一致。

表 5-14 中汇报了不同市场结构下,受不同险种赔付率变化的影响,系统性风险各分位点上各险种赔付率的具体数值。可以更加直观地看出

上述排序的规律。这说明,从保险市场整体上来讲,即使在不同的市场结构中,不同险种风险对整个市场影响的相对排序是由其自身的风险特质以及市场份额所决定的。其中,车险赔付率对于系统性风险的影响是最大的。而倘若把赔付率与险种的保费收入规模结合起来,即转换为损失金额,则可以看到,从损失金额来看,意外伤害险对于系统性风险的影响是最大的。相对而言,意外伤害险发生较小金额的损失,也会导致较高的系统性风险。因此,需重视车险和意外伤害险的赔付变化对系统性风险的影响。

表 5-14 不同市场结构下险种赔付率对系统性风险的影响比较

	系统性风险	车险	意外伤害险	财产险	责任险	船货特险	短期健康险	信用保证险	农业险
异质型	>0.08%	0.070	0.125	0.150	0.195	0.195	0.275	0.315	0.525
	25%	0.185	0.345	0.420	0.540	0.540	0.585	0.865	1.355
	50%	0.290	0.535	0.605	0.760	0.800	1.165	0.990	1.405
	75%	0.320	0.550	0.635	0.820	0.900	1.165	1.060	1.405
	100%	25.785	16.500	28.735	27.695	32.960	88.525	43.975	72.880
同质型	>0.08%	0.050	0.090	0.095	0.130	0.135	0.225	0.230	0.355
	25%	0.170	0.330	0.360	0.500	0.475	0.620	0.810	1.305
	50%	0.280	0.535	0.555	0.755	0.735	1.270	1.260	1.480
	75%	0.280	0.535	0.600	0.805	0.795	1.270	1.260	1.570
	100%	11.89	22.875	22.055	33.930	33.795	58.210	59.160	90.285

2. 不同市场结构下的分析

比较在不同市场结构下,同一险种的赔付率对系统性风险的影响(见表 5-14)。表 5-14 中展现出了系统性风险各分位点所对应的各险种赔付率。当触发系统性风险时,所有险种在异质型市场结构下的赔付率高于同质型市场结构。这说明同质型市场结构的系统性风险要大于异质型市场结构,即使当险种的赔付率水平较低时也容易被触发。各分位点上,除了个别险种的个别分位点之外,绝大部分险种在异质型市场结构下的赔付率均高于同质型市场结构。这说明,整体上,不同险种在异质型市场结构的系统性风险均明显小于同质型市场结构,仅个别险种偶尔会出现交替的现象。异质型市场结构通过让不同保险公司承受不同风险,而在保险公司之间进行了风险的分隔,整体上具有更强的风险承受能力。

第四节 承保风险的空间传染[①]

一、引言

众所周知,金融机构之间的互联性是引发金融行业乃至整个经济体系统性风险的重要前提之一(Baluch 等,2011;Park 和 Xie,2014)。我国自然灾害发生频率较高,受自然灾害影响的地域面积也较广(史培军等,2017)。因此,不同省份可能会因受到共同的损失冲击而存在风险的空间关联性,比如一次台风可以使沿海多个省份同时发生巨大的财产损失;也可能因为保险标的在不同省份之间的转移而存在相关性,比如货运险中的被保险货物在其他省的运输途中因遭受保险事故而发生损失,又如投保了旅游意外险的游客在外省游玩期间遭受到身体或生命的损失等等。那么,从空间的角度来看,各省份之间是否存在风险的关联性?这是否会导致保险公司的承保风险也存在空间联系?在某些特定情况下,是否会因此而导致整个保险业爆发系统性风险呢?

本研究在已有文献和上述研究背景下,提出并拟解决以下三个问题:(1)从空间的角度分析,各省份保险市场的承保风险之间是否存在着空间关联性?承保风险基于空间的传染能否引致保险业爆发系统性风险?(2)从单个省份来看,各省份的承保风险和保险系统性风险的水平如何?其影响其他省份以及受其他省份影响的力度如何?(3)为什么各省份因承保风险引致的系统性风险会存在差异?其中发挥作用的影响因素有哪

[①] 陆思婷,粟芳.保险承保风险引致系统性风险的空间复杂网络分析.财经理论与实践,2022(1):51-58.

些？本部分的研究将使用 Härdle 等(2016)提出的 TENET 风险模型和一般线性回归模型来解答上述问题。首先根据各省份保险市场的月度保险经营数据构建 TENET 模型,继而计算各省份承保风险的 CoVaR 值,衡量承保风险溢出、承保风险接收和系统性风险等,最后使用回归模型排查引致系统性风险差异的影响因素。本研究期望做出些许贡献:(1)从空间的视角分析并衡量承保风险通过空间关联而引致保险系统性风险的可能性;(2)横向和纵向比较我国各省份保险市场承保风险的溢出和接收水平的变化趋势;(3)分析在承保风险引致系统性风险过程中发挥作用的地域层面的影响因素。

二、文献综述

(一) 基于空间视角的承保风险

基于空间视角研究承保风险的相关文献中,一般会具体到某一类风险,且主要集中于农业巨灾风险、台风灾害风险和自然灾害风险等领域(周延和郭建林,2011;张峭和王克,2011;殷洁等,2013)。其中,在农业巨灾风险方面,周延和郭建林(2011)在设计差异化农业巨灾保险费率的过程中,发现我国农业巨灾风险具有西部高东部低、北部高南部低的空间特征。张峭和王克(2011)则对农业灾害风险进行了分类别的区划,发现旱灾风险主要集中于我国北部的八个省份、洪涝风险主要集中于沿长江中下游的几个省份,而台风风险则主要分布于华南沿海省份等。在台风灾害方面,殷洁等(2013)指出,当轻度台风发生时,海南、广东、福建和浙江等地的沿海城市将成为高风险地区;而当重度台风发生时,高风险地区的范围将进一步扩展至江苏、江西、山东和辽宁等沿海地区。周延和屠海平(2017)进一步对我国台风灾害风险进行了分类别的区划,将广东、浙江等省份定位为风险级别最高的 A 类地区,而把上海、山东等省份定位为 B 类地区,把天津、北京等定位为风险级别最低的 C 类地区。在自然灾害风险方面,梁来存(2010)发现自然灾害风险对我国粮食生产安全的影响呈现北高南低的区域分布特征和连片性特征。史培军等(2017)探索了我国自然灾害风险的分异规律,发现洪涝风险影响着我国 60％以上的大陆地区,旱灾和风沙风险主要影响我国东北、华北和西北地区,而台风和风暴等风险则主要影响我国华东和华南地区。上述文献的研究结果都表明,不同省份的自然灾害风险和农业巨灾风险具有一定的异质性,但同时也在一定程度上存在着空间的关联关系。

(二) 基于空间视角的系统性风险

一些学者从空间视角考察了系统性金融风险,有时也将基于空间视角的系统性金融风险称为区域性金融风险。王擎等(2018)将区域性金融风险定义为,在特定经济区域内由于外部环境等因素作用所导致的区域内部的金融脆弱性,且这种脆弱性在某些情景之下可能会触发风险的扩散与传染,从而引致更大区域的系统性风险。王营和曹廷求(2017)使用社会网络模型分析了我国区域性金融风险的空间关联关系,发现我国各省份之间的区域性金融风险具有很高的关联性,且自 2008 年金融危机以来,省际区域性金融风险的空间传染效应有所增强。Chen 等(2020)也从空间视角构建了我国的系统性风险网络模型,发现在股票指数相关性较高的年份中拥有更高的系统性风险,且我国东部地区的金融业系统性风险最高。陈守东等(2020)发现,在样本期间内,我国区域性金融风险呈震荡上升的趋势,且具有较强的空间溢出效应。郭文伟等(2020)发现,我国东部和中部地区的系统性风险溢出效应要大于西部地区,但东部地区金融机构的自身风险则明显小于中部和西部地区。显然,保险业作为金融业中的一个部分,保险业系统性风险与整个金融体系的系统性风险具有相似之处。但由于保险业的风险本质与金融业还是有差异,因而保险业系统性风险在空间方面的表现与金融业应当有所不同。

(三) 基于空间视角系统性风险的研究方法

从研究方法来看,学者们主要从区域性金融风险的量化和空间溢出效应两个维度来考察各省份的区域性金融风险。在量化维度上,学者们主要采用综合指标法。王擎等(2018)基于 CAMELS 评价体系,利用我国 31 个省份商业银行的资本充足、资本质量和流动性风险等五个维度的多个指标,构建了各省份的区域性金融风险系数指标。沈悦等(2017)和陈守东等(2020)则分别采用了 AHP 熵权法和熵权法来构建区域性金融风险的度量指标。上述各位学者所采用方法的差异在于变量权重的确定方式不相同。

在空间溢出效应维度上,学者们分别从定性和定量两个角度来分析。在定性角度上,沈悦等(2017)和陈守东等(2020)分别基于 ESDA 探索性空间数据分析技术和空间杜宾模型证实了我国各省份之间存在区域性金融风险的空间溢出效应,然而此两个模型均不能直观展示任意两个省份之间风险的空间溢出效应强弱程度。在定量角度上,学者们主要基于复杂网络模型而展开。王营和曹廷求(2017)使用引力模型并综合考虑了地区的不良贷款率、GDP、人口总数和地理距离等多个因素,构建了我国各省份之间区域性金融风险的空间溢出效应网络模型。但此模型存在一定的不合理之处,即当两个省份的人均 GDP 相等时,这两个省份之间的空间溢出效应为零。相似地,Chen 等(2020)利用我国 31 个省份的地区股票指数收益率的相关系数构造了区域性金融风险的空间溢出效应网络模型。该方法基于即时的市场数据和移动窗口法,因此可以较好地反映区域性金融风险在任意两个省份之间直接溢出效应所具有的时变性,但却不能刻画间接的风险溢出效应,从而可能会导致结果被低估。

综上,上述网络模型在刻画区域性金融风险的空间溢出效应方面均存在些许瑕疵。而在其他关于系统性风险空间溢出效应的网络模型中,TENENT 风险模型能够较好地捕捉风险的间接溢出效应,能更准确地度量两个机构之间的风险溢出总量。TENET 风险模型由 Härdle 等(2016)提出,目前主要应用于金融机构之间系统性风险空间溢出效应的度量和系统重要性机构的识别。Härdle 等(2016)将 TENET 风险模型运用于全球系统重要性金融机构的识别,发现该模型能准确识别出 2008 年全球金融危机中的重要机构。Chen 和 Sun(2020)也发现该模型能大致识别出 IAIS 于 2013 年 7 月公布的 9 家全球系统重要性保险机构。可见,TENET 风险模型能有效捕捉系统中金融风险的空间溢出效应,且对系统重要性机构的识别具有独特优势。因此,本研究将参照上述文献的做法,基于我国 31 个省份(直辖市、自治区)的保险经营数据,利用 TENET 风险模型,从空间视角构建承保风险在省与省之间的空间溢出网络模型。

三、理论模型与研究设计

(一) 基于 TENET 风险模型的承保风险网络

本部分基于空间视角,利用 Härdle 等(2016)提出的 TENET 风险模型,测算我国各省份基于承保风险的系统性风险水平和传染效力的大小,并在此基础上构建省际承保风险的空间溢出网络。TENET 模型的实现过程分为以下三个步骤:首先利用 Chao 等(2015)提出的线性分位数回归模型计算每个省份承保风险的在险价值 VaR,其次采用 Fan 等(2017)提出的单指数模型计量每个省份承保风险的条件在险价值 CoVaR,最后根据上一步估计而得的梯度构建省际的承保风险空间溢出网络。具体如下:

首先,通过线性分位数回归模型估计省份 i 在第 t 时刻 τ 分位数水平下承保风险的在险价值 VaR:

$$X_{it} = \alpha_i + \gamma_i M_{t-1} + \varepsilon_{it} \tag{5.22}$$

$$Prob(X_{it} \geqslant VaR_{it\tau}) = 1 - \tau \tag{5.23}$$

结合式(5.22)和式(5.23),得:

$$\widehat{VaR}_{it\tau} = \hat{\alpha}_i + \hat{\gamma}_i M_{t-1} \tag{5.24}$$

式中,X_{it} 为省份 i 的承保风险[①],M_{t-1} 为第 $t-1$ 期的宏观经济变量。Chao 等(2015)证实,宏观经济因素对公司股票的价格波动有线性影

---

① 各省份的承保风险度量方法详见表 5-15。

响。而在我国保险市场中,单鹏等(2016)发现,车损险的地区出险差异主要受人口结构、城市化发展程度等宏观环境因素的影响。张伟等(2005)也指出,经济发展和社会保障水平等因素会影响保险业的发展。因此,本研究使用宏观经济因素来拟合各省份承保风险的在险价值 VaR 的做法具有一定的合理性。

继而,采用 Fan 等(2017)提出的单指数模型来测算每个省份承保风险的条件在险价值 CoVaR。该模型为非线性模型且具备变量选择的功能,因而在曲线拟合和高维估计中具有独特优势:

$$X_{it} = g(\beta_{i|R_i}^T R_{it}) + \varepsilon_{it} \qquad (5.25)$$

$$Prob(X_{it} \geqslant CoVaR_{i|\widetilde{R}_{it\tau}} \mid X_{-i,t} \geqslant \widehat{VaR}_{\widetilde{R}_{-i,t\tau}}) = 1 - \tau \qquad (5.26)$$

结合式(5.25)和式(5.26),得:

$$\widehat{CoVaR}_{i|\widetilde{R}_{it\tau}} = \hat{g}(\hat{\beta}_{i|\widetilde{R}_i}^T \widetilde{R}_{it}) \qquad (5.27)$$

式中,$g(\cdot): R^1 \to R^1$ 为某个未知的非线性光滑连接函数;$R_{it} \stackrel{\text{def}}{=} \{X_{-i,t}, M_{t-1}, B_{i,t-1}\}$ 为省份 i 在第 t 期时所面临的信息集合,$X_{-i,t}$ 是除省份 i 以外所有其他省份的承保风险,即: $X_{-i,t} \stackrel{\text{def}}{=} \{X_{1t}, \cdots, X_{i-1,t}, X_{i+1,t}, \cdots, X_{Nt}\}$;$B_{i,t-1}$ 为省份 i 的一些可能与承保风险相关的特征变量;$\widetilde{R}_{it} \stackrel{\text{def}}{=} \{\widehat{VaR}_{-i,t\tau}, M_{t-1}, B_{i,t-1}\}$ 表示省份 i 在第 t 期所面临的当其他省份承保风险水平处于 VaR 时的信息集合,与 $X_{-i,t}$ 的定义相似,$\widehat{VaR}_{-i,t\tau} \stackrel{\text{def}}{=} \{\widehat{VaR}_{1t\tau}, \cdots, \widehat{VaR}_{i-1,t\tau}, \widehat{VaR}_{i+1,t\tau}, \cdots, \widehat{VaR}_{Nt\tau}\}$。

最后,根据 $\hat{g}(\hat{\beta}_{i|\widetilde{R}_i}^T \widetilde{R}_{it})$ 计算梯度,并以此构建省际承保风险的空间溢出网络,即:

$$\hat{D}_{i|\widetilde{R}_i} \stackrel{\text{def}}{=} \frac{\partial \hat{g}(\hat{\beta}_{i|\widetilde{R}_i}^T \widetilde{R}_{it})}{\partial R_{it}} \bigg|_{R_{it} = \widetilde{R}_{it}} = \hat{g}'(\hat{\beta}_{i|\widetilde{R}_i}^T \widetilde{R}_{it}) \hat{\beta}_{i|\widetilde{R}_i} \qquad (5.28)$$

式中,$\hat{D}_{i|\widetilde{R}_i}$ 则为在 $R_{it} = \widetilde{R}_{it}$ 处各协变量边际效应的梯度,可进一步将其分解为 $\hat{D}_{i|\widetilde{R}_i} = \{\hat{D}_{i|-i}, \hat{D}_{i|M}, \hat{D}_{i|B}\}$。其中,$\hat{D}_{i|-i}$、$\hat{D}_{i|M}$ 和 $\hat{D}_{i|B}$ 分别

表示其他省份的承保风险、宏观经济因素和省份 i 自身的特征变量对省份 i 承保风险的边际影响。因此,可用偏导数矩阵的绝对值 $|\hat{D}_{i|-i}|$ 来构建承保风险空间溢出网络的连接矩阵。以第 s 个窗口期为例,有:

$$\boldsymbol{A}_s = \begin{pmatrix} 0 & |\hat{D}^s_{2|1}| & \cdots & |\hat{D}^s_{N|1}| \\ |\hat{D}^s_{1|2}| & 0 & \cdots & |\hat{D}^s_{N|2}| \\ \vdots & \vdots & \ddots & \vdots \\ |\hat{D}^s_{1|N}| & |\hat{D}^s_{2|N}| & \cdots & 0 \end{pmatrix} \quad (5.29)$$

上述矩阵未考虑各省份之间的地理和经济距离所产生的影响。在式(5.29)的基础上,参照李婧等(2016),在承保风险空间溢出网络的构建过程中加入经济地理距离权重矩阵。令 $\boldsymbol{W}_1$ 和 $\boldsymbol{W}_2$ 分别表示各省份间的地理距离权重矩阵和经济距离权重矩阵,则各省份间经济地理距离权重矩阵 $\boldsymbol{W}_d$ 为 $\boldsymbol{W}_1$ 与 $\boldsymbol{W}_2$ 的乘积。考虑了地理和经济距离的承保风险空间溢出网络为 $\boldsymbol{A}_s$ 与 $\boldsymbol{W}_d$ 的 Hadamard 乘积:

$$\boldsymbol{AW}_s = (AW^s_{ij})_{N \cdot N} = \boldsymbol{A}_s \odot \boldsymbol{W}_d$$

$$= \begin{pmatrix} 0 & W_{12}|\hat{D}^s_{2|1}| & \cdots & W_{1N}|\hat{D}^s_{N|1}| \\ W_{21}|\hat{D}^s_{1|2}| & 0 & \cdots & W_{2N}|\hat{D}^s_{N|2}| \\ \vdots & \vdots & \ddots & \vdots \\ W_{N1}|\hat{D}^s_{1|N}| & W_{N2}|\hat{D}^s_{2|N}| & \cdots & 0 \end{pmatrix}$$

(5.30)

其中,

$$\boldsymbol{W}_1 = \begin{pmatrix} 0 & 1/d^2_{12} & \cdots & 1/d^2_{1N} \\ 1/d^2_{21} & 0 & \cdots & 1/d^2_{2N} \\ \vdots & \vdots & \ddots & \vdots \\ 1/d^2_{N1} & 1/d^2_{N2} & \cdots & 0 \end{pmatrix},$$

$$W_2 = \begin{bmatrix} \overline{Z}_1/\overline{Z} & & & \\ & \overline{Z}_2/\overline{Z} & & \\ & & \ddots & \\ & & & \overline{Z}_N/\overline{Z} \end{bmatrix} \quad (5.31)$$

$$W_d = (W_{ij})_{N \cdot N} = W_1 \cdot W_2$$

$$= \begin{bmatrix} 0 & \overline{Z}_2/(\overline{Z} \cdot d_{12}^2) & \cdots & \overline{Z}_N/(\overline{Z} \cdot d_{1N}^2) \\ \overline{Z}_1/(\overline{Z} \cdot d_{21}^2) & 0 & \cdots & \overline{Z}_N/(\overline{Z} \cdot d_{2N}^2) \\ \vdots & \vdots & \ddots & \vdots \\ \overline{Z}_1/(\overline{Z} \cdot d_{N1}^2) & \overline{Z}_2/(\overline{Z} \cdot d_{N2}^2) & \cdots & 0 \end{bmatrix}$$

(5.32)

式中，AW_s 即为本研究构建的第 s 个窗口期省际承保风险空间溢出网络的连接矩阵；$\odot$ 为 Hadamard 乘积算子，表示对应位置元素的相乘；d_{ij} 为省份 i 与 j 之间省会城市的直线距离，$\overline{Z}_i = \sum_t (Z_{it}/N)$ 为样本期内第 i 个省份地区生产总值的平均值，$\overline{Z} = \sum_i \sum_t (Z_{it}/NT)$，$N$ 和 T 分别为省份总个数和时间总期数。

（二）系统性风险及相关指标的度量

参照 Chen 和 Sun(2020)，从条件期望损失 CTL、风险溢出水平 SRE 和风险接收水平 SRR 三个维度来构建基于空间视角的承保风险引致系统性风险的度量指标 SR。同样以第 s 个窗口期为例：

条件期望损失：$\widehat{CTL}_{is} = PM_i^s \cdot \widehat{CoVaR}_{i|\hat{R}_{is\tau}}$ (5.33)

风险溢出水平：$SRE_{is} = \widehat{CTL}_{is} \cdot \{\sum_{j \in k_{is}^{out}} AW_{ij}^s \cdot \widehat{CTL}_{js}\}$ (5.34)

风险接收水平：$SRR_{is} = \widehat{CTL}_{is} \cdot \{\sum_{j \in k_{is}^{in}} AW_{ji}^s \cdot \widehat{CTL}_{js}\}$ (5.35)

系统性风险：$SR_{is} = SRE_{is} + SRR_{is}$ (5.36)

式中，PM_i^s 表示省份 i 在第 s 个窗口期的原保费收入；k_{is}^{out} 和 k_{is}^{in} 分别表示省份 i 在第 s 个窗口期溢出风险和接收风险的集合。

（三）引致系统性风险差异的区域影响因素分析

分别以系统性风险 SR、风险溢出水平 SRE 和风险接收水平 SRR 为被解释变量，以 TENET 风险模型所使用的各省份自身特征变量作为解释变量，将宏观经济变量作为控制变量，构建如下线性回归模型：

$$Y_{is} = \theta + \delta' B_{is} + \varphi' M_s + \varepsilon_{is} \tag{5.37}$$

式中，Y_{is} 指代 SR、SRE 和 SRR 中的一个，根据研究目的的不同而选取。B_{is} 和 M_s 分别表示第 s 个窗口期中省份 i 的特征变量和宏观经济变量。表 5-15 展示了本研究模型的变量列表以及相应的计算过程。

表 5-15　　　　TENENT 风险模型的变量选择

变量名称			变量含义
TENENT 风险模型的被解释变量		承保风险	承保风险＝－Ln(1＋月度赔付率)，月度赔付率＝(当月累计赔付额－上月累计赔付额)/(当月累计保费收入－上月累计保费收入)
解释变量：地区层面	保险市场发育	保险深度($INSDEP$)	保费收入/GDP
		保费增长率($GRINS$)	(当月保费收入－上年同期保费收入)/上年同期保费收入
		HHI 指数($HHIIndx$)	非寿险、寿险、健康险、意外险的 HHI 指数
	地区风险	交通事故财损($ACCWloS$)	交通事故造成的直接经济损失/保费收入
		自然灾害财损($DSTWloS$)	自然灾害造成的直接经济损失/保费收入
		交通事故人伤($ACCInjS$)	交通事故造成的人员伤亡总数/常住人口数量
		自然灾害人伤($DSTInjS$)	自然灾害造成的人员伤亡总数/常住人口数量
	保险资金运用	资产增长率($GRTCapt$)	保险总资产增长率
		银行存款占比($Depo\_Capt$)	保险业银行存款余额/保险总资产
		资金运用余额占比($Inve\_Capt$)	保险资金运用余额/保险总资产

(续表)

	变量名称	变量含义
控制变量：宏观层面	金融环境	金融景气指数($PDCIndx$)	企业商品价格指数
		上证指数增长率($SHSCI$)	当期上证指数月度收益率/上年同期月度收益率
	经济环境	一年定存利率($IRTimDep1Y$)	
		美元兑人民币汇率($ExchAR$)	
		全国GDP增长率($GRGDP$)	(当期GDP－上年同期GDP)/上年同期GDP

学者们常用简单赔付率（赔付支出/保费收入）度量保险公司的承保风险，赔付率越高，则承保风险越大，如李艺华和郝臣（2019）等。在金融体系的系统性风险评估中，一般以"Ln(1＋股票收益率)"来度量股票收益风险，进而计算它的在险价值VaR和条件在险价值CoVaR。如Härdle等（2016）等。VaR和CoVaR越小，则发生极端风险时，金融机构可能遭受的损失额越大。为符合上述设定，以"－Ln(1＋月度赔付率)"来度量保险公司的承保风险，从而满足"承保风险的VaR和CoVaR值越小，则发生极端风险时，损失越严重"的基本设定。简言之，为满足TENET风险模型的基础设定，对常用的承保风险度量指标（简单赔付率）做了一个对数形式的单调变换。这一改变的好处在于，它只改变了定量值的尺度，而不影响原有的协整关系。因此，这一做法相较于简单赔付率而言，仅改变了值的大小和符号，而不影响各公司之间承保风险的相对大小关系。另外，由于银保监会官网所公布的月度数据均为累计数据，因此采用当月与上月的差额来获得保险公司的月度保费收入和赔付支出数据。从而有：月度赔付率＝（当月累计赔付额－上月累计赔付额）/（当月累计保费收入－上月累计保费收入）。

（四）数据来源和模型说明

本部分的样本期为2008年1月至2019年12月，包含我国除香港、台湾和澳门地区之外的 31 个省的非寿险和寿险经营数据。原始数据来源于银保监会官网的统计数据。各省份的特征变量数据来源于中经统计网,宏观经济变量的数据则来源于中经产业网。在数据处理上,由于累计赔款存在极少量的缺失值,故采用了线性插值的方式对缺失值进行了补充。另外,由于各省的风险状况相关指标和 GDP 数据分别为年度和季度数据,因而在使用 TENET 风险模型之前,参照 Li 和 Zhu(2008)的做法,给非月度数据加上一个均值为 0 且标准差为原数据标准差之千分之一的正态分布随机变量,以形成一组伪月度数据,并将其应用于 TENET 风险模型。

在计算承保风险的在险价值 VaR 和条件在险价值 CoVaR 的过程中,选择的分位点为 $\tau=0.05$,所选择的时间窗口大小为 24,即使用前两年的承保风险数据来拟合当期的 VaR 和 CoVaR。因此共计得到 120 个窗口的拟合结果。

四、实证分析

(一) 省际承保风险网络

首先基于我国各省非寿险和寿险的月度经营数据,利用 TENET 风险模型的前两个步骤,即式(5.22)到式(5.27)所示的过程,计算各省份承保风险的在险价值 VaR 和条件在险价值 CoVaR。进而根据该模型的步骤三,即式(5.28)到式(5.32)所示过程分别构造我国省与省之间基于非寿险承保风险和寿险承保风险的空间传染网络模型。

1. 承保风险、在险价值和条件在险价值

根据表 5-15 的公式分别计算各省份的非寿险和寿险承保风险,然后基于式(5.22)到式(5.24)计算承保风险的在险价值 VaR($\tau=0.05$),最后基于式(5.25)到式(5.27)计算承保风险的条件在险价值 CoVaR。根据表 5-15,本研究以 $-\text{Ln}(1+赔付率)$ 作为承保风险的度量指标,$-\text{Ln}(1+赔付率)$ 越小,则承保风险越大,即承保风险与其度量指标之间为负相关。另外,与系统性风险相关文献中 VaR 和 CoVaR 的经济学含义相似,省份 i 的 VaR 表示第 i 个省份发生损失程度不小于 VaR 的承保风险的概率为5%。而当已知其他省份发生了不小于VaR的承保风险损失时,该省份 i 发生不小于CoVaR的承保风险损失的概率为5%。考虑到非寿险承保风险与寿险承保风险显著不同,因此本研究将分别分析这两个行业。图5-17和图5-18分别展示了我国四大经济区[①]中代表性省份的非寿险和寿险承保风险、在险价值VaR和条件在险价值CoVaR。图中,圆点代表各省份承保风险,虚线为VaR,实线为CoVaR。

（1）非寿险承保风险

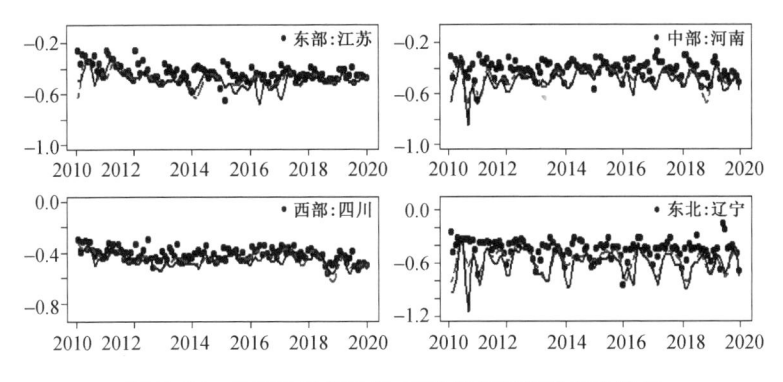

图 5-17 非寿险承保风险、在险价值与条件在险价值

根据图5-17,总体而言,承保风险、VaR和CoVaR拟合得都比较好。这四个代表性省份的非寿险承保风险具有显著的差异。总体而言,江苏、河南和四川省非寿险承保风险相对较小,而且在样本期间内比较平稳,大体在-0.4附近波动。但具体而言,江苏省的CoVaR在2016-2017年间、河南省的VaR和CoVaR在2011年前后出现显著下行波动,这表明,在某些特殊情境下,承保风险的尾部风险随外界环境的不利变化以及其他

[①] 参照国家统计局的分类法,我国经济区域划分为东部、中部、西部和东北四大地区。东部包括北京、天津、河北、上海、江苏、浙江、福建、山东、广东和海南10个省份;中部包括山西、安徽、江西、河南、湖北和湖南6个省份;西部包括内蒙古、广西、重庆、四川、贵州、云南、西藏、陕西、甘肃、青海、宁夏和新疆12个省份;东北包括辽宁、吉林和黑龙江3个省份。由于篇幅限制,仅汇报我国四大经济区财险和寿险中代表性省份的承保风险、VaR和CoVaR。代表性省份是指在样本期间内各经济区中平均保费收入规模最大的省份。www.stats.gov.cn/ztjc/zthd/sjtjr/dejtjkfr/tjkp/201106/t20110613_71947.htm。

省份承保风险的上升而上升。此外,与上述三省不同,辽宁省非寿险承保风险在整个样本期间内虽然波动性较大,但同时也具有明显的周期性,这可能与当地的自然和气候环境有关。

(2) 寿险承保风险

由图 5-18 可见,广东、河南、四川和辽宁省的寿险承保风险、VaR 和 CoVaR 在样本期间内拟合得也较好,但各省之间也存在着明显差异。整体而言,这四个省的寿险承保风险、VaR 和 CoVaR 在样本期间均较稳定,大体在 -0.2 附近波动。与图 5-17 中各省份的非寿险承保风险相比而言,上述省份的寿险承保风险水平更低,且波动性更低。另外,河南、四川和辽宁三个省份的寿险承保风险、VaR 和 CoVaR 均在 2017 年初和 2018 年初出现了显著下行的趋势。

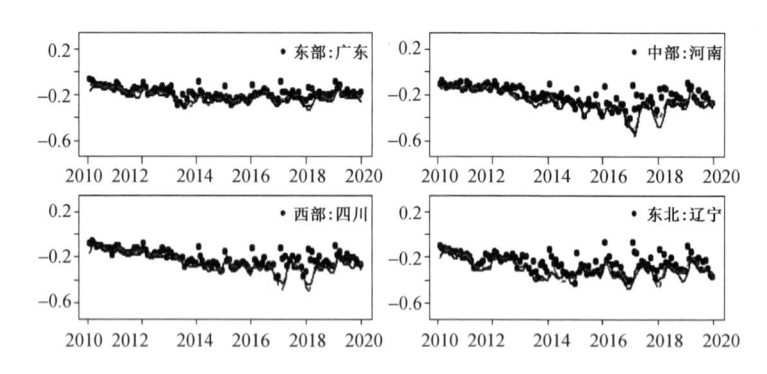

图 5-18 寿险业承保风险、在险价值与条件在险价值

2. 承保风险的空间传染网络

基于式(5.28)得到其他省份承保风险对省份 i 的边际影响,$i=1, 2, \cdots, N$。然后根据式(5.29)分别得到非寿险和寿险承保风险空间溢出网络的一般连接矩阵,最后依据式(5.30)-(5.32)对连接矩阵进行权重调整,得到经地理经济距离加权调整的承保风险空间溢出网络模型(见图 5-19)。从图 5-19 中的最下方开始,依次为东部、中部、西部和东北地区各省份,不同地区用不同形状的节点分别指代。

其中,省份之间连线的起点为风险溢出的省份,终点为接收风险的省

非寿险业　　　　　　　　　　寿险业

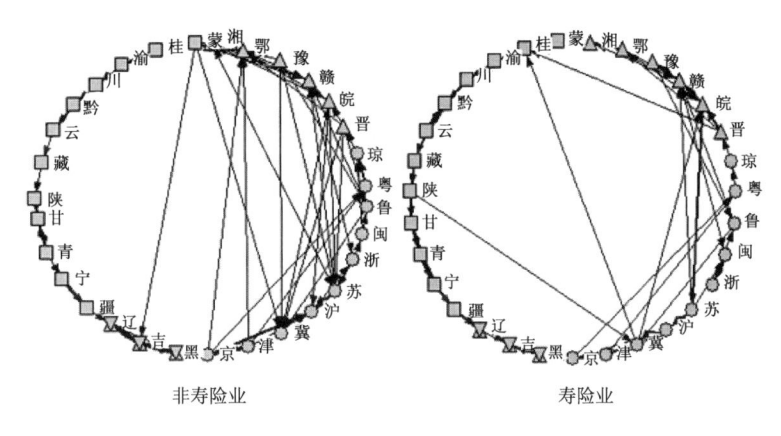

图 5-19　承保风险的空间传染路径

份,线条的粗细则表示受影响程度的大小。为使各省份之间承保风险的空间传染关系表现得更加清晰,本研究参照 Härdle 等(2016)的做法,在绘制空间传染路径图的过程中舍弃了偏导数之和小于 1 的连线。

(1) 非寿险承保风险的空间传染网络

就非寿险承保风险的空间传染路径而言(见图 5-19 左图),东部地区承保风险的主要溢出者为北京、河北和江苏。其中北京非寿险承保风险的主要接收对象为天津和广东,河北非寿险承保风险的主要接收对象为北京和江苏,江苏非寿险承保风险的主要接收对象则为上海和山西。可见,东部地区非寿险承保风险不仅对临近省份有负向的影响,同时也对相隔较远的其他省份产生不利的冲击。中部地区承保风险的主要溢出者为河南和湖北。前者对河北、山东、安徽和湖北等多个省份均有显著的承保风险溢出,而后者则同时向湖南、安徽和江西等多省输出承保风险。总体而言,虽然这两个省份非寿险业承保风险的空间溢出路径较多,但基本是与之接壤的省份,即中部地区非寿险业承保风险的传染距离较短。西部地区承保风险的空间溢出呈现出明显的单向性和路径单一性,如贵州向云南、云南向西藏、宁夏向新疆等的单向风险传播。与西部地区不同,东北地区承保风险的空间溢出则呈现出明显的双向性,如辽宁与吉林、吉林与黑龙江、黑龙江与辽宁两两之间均存在非寿险承保风险的相互溢出关系。

(2) 寿险承保风险的空间传染网络

就寿险单独而言(见图 5-19 右图),寿险承保风险在各省份之间的空间传染路径与非寿险大体相似,但也存在些许差异。具体而言,东部地区,寿险承保风险的主要溢出者依然为北京、河北和江苏三个省份。但河北省不仅向北京、天津、安徽、上海、广东、广西等多个省份溢出寿险承保风险,同时也受到北京、天津、山东等多省承保风险的不利影响。中部地区,河南和湖北两个省份的多向溢出性在寿险承保风险中并未显现,反而是山西向安徽、安徽向江苏等单向溢出关系更为明显。西部地区,风险溢出的单向性和路径单一性在寿险承保风险中同样明显,大致的空间传染路径基本与非寿险相似。东北地区中,寿险承保风险的空间传染仅存在辽宁到吉林的单向路径以及吉林与黑龙江之间的双向路径。同时,通过对比可以发现,东北地区的寿险承保风险在各省份之间的空间传染明显少于非寿险。另外,对比图 5-19 中连线的粗细程度也可见,东北地区寿险承保风险对其他省份的影响程度要明显弱于非寿险。

根据图 5-19 整体而言,在 2008-2019 年非寿险和寿险承保风险的空间传染网络中,各省份间的空间联系较稀疏,远不如王营和曹廷求(2017)所构建的区域性金融风险空间关联网络那么稠密。这说明,无论是非寿险还是寿险承保风险,在省与省之间的空间关联性都较低。也就是说,整体上而言,承保风险在不同省份之间进行空间传染的可能性较低,由此而传递风险并引发系统性风险的可能性也较低。

(二) 承保风险的空间溢出与接收的时间趋势

在通过 TENET 风险模型的三个步骤,得出每个窗口期内各省份与其他省份的关联关系以后,根据式(5.33)计算各省份在每个窗口期的条件期望损失 CTL,进而根据式(5.34)和式(5.35)分别计算每个省份加权的风险溢出水平 SRE 和风险接收水平 SRR,最后对每个省份的 SRE 和 SRR 按年进行加总,得到各省份每年的风险溢出总量和风险接收总量。图 5-20 和图 5-21 分别为各省份非寿险和寿险的风险溢出及风险接收总量的时间趋势热力图和柱状图。

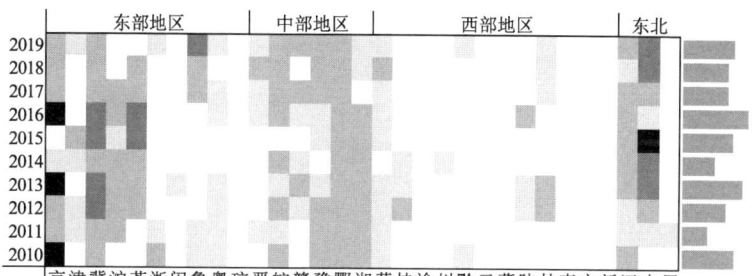

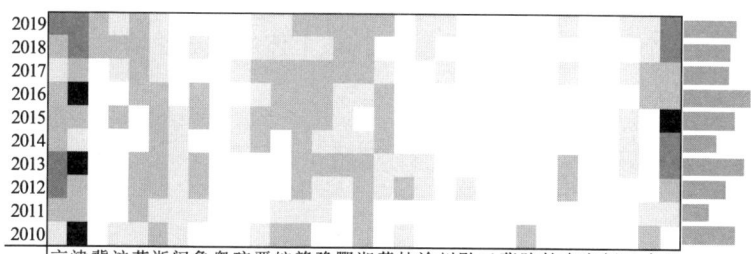

图 5-20　非寿险承保风险的空间溢出和接收总量的时间趋势热力图和柱状图

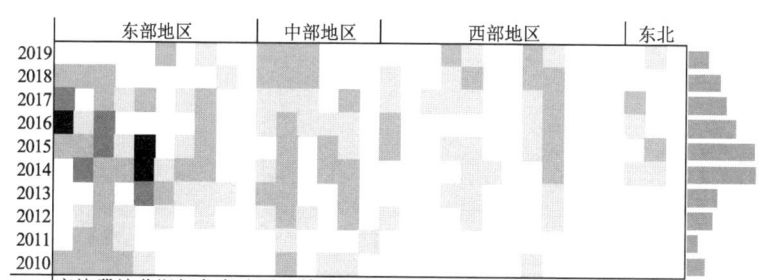

图 5-21　寿险承保风险的空间溢出和接收总量的时间趋势热力图和柱状图

其中，热力图共有从白到黑6个颜色分块，颜色从浅到深的划分依次是对应统计量取值位于50％分位点以下、50％-75％、75％-95％、95％-99％、99％-99.5％以及99.5％分位点以上。前三者为低关联度或低风险状态，而后三者则指代高关联度或高风险状态。一般而言，当系统整体的风险溢出和风险接收总量增加时，行业中个体之间的空间关联度增强，且行业整体的系统性风险上升。当系统中某个体的风险溢出量上升时，该个体处于风险积累状态并对其他个体的负向影响程度增加。而当系统中某个体的风险接收量上升时，该个体的脆弱性增加且受其他不利冲击影响的敏感性增加(Härdle等，2016)。

1. 非寿险承保风险的空间溢出与接收

图5-20中显示，地理分布上，非寿险承保风险在各年的风险溢出量和风险接收量大体上呈现从东部、东北、中部到西部依次递减的规律。时间趋势上，各年份虽有波动，但总体而言相对平稳。

对于风险溢出总量，东部地区的北京、河北、上海和江苏四个省份的风险溢出量较大，在样本年都达到了75％分位点以上。其中，北京在2010年、2013年和2016年三个年份的风险溢出量尤为突出，显著高于其他省份的风险溢出水平。通过回溯样本数据并结合实务发现，北京的非寿险业确实在上述年份中经历了巨灾风险的赔付冲击。比如，北京市在2009年底的初雪中经历了20年不遇的大雪转局部暴雪，随后又遭遇数十年不遇的大雪，交通严重堵塞，直接经济损失达十数亿元。在2016年，由于受到特大火灾和特大暴雨等一系列极端风险事件的影响，北京的财产一切险、工程险和农业险赔款支出显著上升。由此也能看出，本研究的模型能够有效地捕捉各省份承保风险的高风险状态。在中部地区，除山西省非寿险承保风险溢出总量普遍较低以外，湖北、湖南等其余省份的风险溢出量均维持在50％-95％分位点区间内，且随时间变化的趋势不强。这说明中部地区非寿险承保风险的溢出量较低且很稳定。在西部地区，内蒙古由于毗邻河北、吉林的风险相对较大的地区而导致承保风险溢出总量相对偏大，其他省份的风险溢出总量则在样本年中均很低，大体上位于 50% 分位点以下。在东北地区,吉林省的非寿险承保风险溢出总量最大,辽宁省次之,黑龙江最小。其中,吉林省在半数样本年中都达到了 95% 分位点以上,甚至在 2015 年达到了 99% 分位点。结合实务和样本数据发现,受寒流的不利影响,吉林省在大部分样本年的年底均发生了较高的赔付支出,从而承保风险也相应地有所上升。

风险接收实际上是风险溢出的另一面,前者为风险的起点,后者为终点。因此,非寿险承保风险接收总量与风险溢出总量在四大经济区的排名相同,即东部＞东北＞中部＞西部。在东部地区,北京、天津和浙江的风险接收总量较大,尤其是天津和北京。根据之前研究,天津是北京非寿险承保风险的主要溢出对象,而北京则是河北非寿险承保风险溢出的重要接收者。因此,在北京和河北风险溢出量大的年份中,天津和北京的风险接收量也应当有所上升,图 5-20 的结果恰好印证了上述推断。在中部地区,各省份的风险接收总量在 2015 年以后普遍有所加大,但这些省份的风险溢出总量却无显著增加。这说明中部地区在 2015 年以后受到其他经济区承保风险的影响程度变大,这可能是因为《促进中部地区崛起规划》的实施以及"十三五"规划促进中部地区经济社会全面发展的政策,不仅极大地加强了中部地区各省份与其他省份的人力和物力交流,同时也拓宽了非寿险业承保风险在中部省份的传染渠道,导致中部地区风险接收总量的整体增大。与风险溢出总量情况相似,西部地区的风险接收总量整体上也处于 50% 分位点以下。在东北地区,黑龙江风险接收量变化过程与吉林省风险溢出量的时间趋势大体相似,印证了图 5-20 中吉林对黑龙江的风险溢出关系。

2. 寿险承保风险的空间溢出与接收

就寿险承保风险而言(见图 5-21),从地理分布位置来看,寿险承保风险在各年的风险溢出量和风险接收量大体上呈现出从东部依次向中部、西部和东北部递减的变化规律。从时间先后来看,则呈现出先上升后下降的变化趋势。

对于风险溢出总量,在东部地区,北京、河北、江苏和山东四个省份的寿险风险溢出总量较大。其中,河北省在样本期间内一直维持较高水平的风险溢出总量,而北京、江苏和山东三个省份的寿险风险溢出总量则表现为先上升后下降的过程。而且,北京和江苏分别在 2014-2015 年和 2016 年达到风险溢出量的最高值,且均位于行业整体的 99% 分位点以上。然而,与非寿险业不同的是,即使寿险风险溢出量达到最高值,北京和江苏两地的寿险赔付率在上述年份中却并未出现极端的异常值,仅为小幅度的增长变化。因此,各省份寿险风险溢出量的上升也可能是因为保费规模的快速增长使承保风险被大量积累,而不仅是因为外生巨灾承保风险冲击的影响。在中部地区,各省份的寿险风险溢出总量均维持在较低水平,但山西、安徽和江西三个省份在 2016 年以后有轻微的上升趋势。在西部地区,除内蒙古和甘肃以外,其余省份的寿险承保风险溢出总量大致维持在 75% 分位点以下,且在大部分样本年中处于 50% 分位点以下。说明西部地区各省份的寿险承保风险溢出总量普遍较低且稳定,这与图 5-20 中非寿险的结果相一致。在东北地区,辽宁、吉林和黑龙江三个省份的寿险承保风险溢出总量大体上维持在 50% 分位点以下,并仅在少数年份中有轻微的上升,这与图 5-20 中非寿险大不相同。这说明东北三省的非寿险承保风险关联与寿险承保风险关联还存在较大差异。

对于风险接收总量,在东部地区,北京、天津、河北、江苏和山东等五个省份的寿险承保风险接收总量相对较高,均位于 75% 分位点以下,而广东、海南等其余五个省份的寿险承保风险接收总量则在样本年中普遍低于 50% 分位点。另外,结合之前的研究,作为北京寿险承保风险溢出的主要接收对象,天津的寿险承保风险接收总量也在 2016 年达到了最高值。在中部地区,江西和安徽两省的寿险承保风险接收总量相对较高,但两者变化趋势不同。前者在样本期间内相对稳定,而后者则经历了先上升后下降的变化趋势,与寿险风险溢出量随时间的变化趋势相一致。在西部地区,青海省的寿险承保风险接收总量相对较高,其余省份在大部分年份均位于 50% 分位点以下,而在其他年份则基本上位于 75% 分位点以下。这说明中部地区寿险承保风险接收总量也普遍处于较低水平,这也与图 5-20 非寿险结果一致。东北地区中,各省份的寿险承保风险接收总量在大多数样本年中位于 50% 分位点以下,仅在少数年份处于 50%-75% 分位点之间,这说明东北地区的寿险风险接收总量也相对较低。

根据图 5-20 和图 5-21 右侧的柱状图可以看到,整体而言,非寿险承保风险的空间溢出总量在样本期间基本保持稳定,但 2013 年和 2016 年的非寿险承保风险的空间溢出总量略高于其他年份。寿险承保风险的空间溢出总量则在样本期间经历了先上升后下降的过程,并在 2014 年和 2015 年达到最大。根据图 5-20 和图 5-21 的热力图,就省份单独而言,非寿险行业中,除北京、河北、吉林等少数几个省份在个别年份中存在明显的承保风险溢出量增加,同时天津和黑龙江等少数几个省份的风险接收量在少数年份中显著上升以外,其余省份的风险溢出量和风险接收量在样本期间内波动性不大。寿险业的结果与非寿险行业大体相似,除北京、天津和江苏等省份的风险溢出量,以及北京、天津和安徽等省份的风险接收量在个别年份中显著增加以外,其余省份的风险溢出量和风险接收量均无明显恶化的趋势。

(三) 各省因承保风险引致的保险业系统性风险

表 5-16 和表 5-17 展示了在 120 个窗口期中,各省份承保风险溢出和承保风险接收的排名情况。

1. 承保风险的空间溢出水平

表 5-16 分析了非寿险和寿险风险的空间溢出水平前五名,以及受这些省份影响最多的前五个省份的情况。表 5-16 中,总保费规模为 2008-2019 年各年原保费收入的加总,单位为亿元,保费排名是总保费规模在 31 个省份中的排名情况。

表 5-16　　　　　　承保风险空间溢出水平的前五名

保险行业	溢出节点	空间溢出水平	受影响节点前 5 名	总保费规模	保费排名
非寿险业	江苏	15.13	浙、沪、皖、湘、晋	6 686.48	2
	河北	10.03	京、豫、鲁、晋、津	4 004.22	6

(续表)

保险行业	溢出节点	空间溢出水平	受影响节点前5名	总保费规模	保费排名
非寿险业	山东	9.97	京、豫、蒙、津、晋	4 805.21	4
	北京	8.51	津、鲁、冀、沪、苏	3 608.20	8
	湖北	5.62	苏、赣、湘、皖、浙	2 405.85	13
寿险业	河北	44.21	京、鲁、豫、陕、鄂	9 245.03	7
	江苏	28.77	皖、浙、京、鄂、沪	16 987.63	2
	北京	15.35	津、沪、冀、辽、晋	11 672.82	5
	山东	12.67	京、豫、赣、津、鄂	12 652.39	3
	江西	10.61	鄂、湘、渝、豫、云	3 642.97	20

根据表5-16可以看到，非寿险中，承保风险空间溢出水平排名最高的前五名分别是来自东部的江苏、河北、山东和北京，以及来自中部的湖北。前四个省份对应的总保费规模均位于行业上游水平，而排名第五位的湖北总保费规模则仅位于行业的中游水平。这说明，在非寿险业中，保费规模大的省份一般具有较大的风险溢出量，同时也存在少数保费规模不大但风险溢出水平高的省份。这一规律在寿险中更加明显。寿险中，风险空间溢出水平最高的前四名同样出自东部地区，从高往低依次是河北、江苏、北京和山东，这些省份的总保费规模均位于行业前列。同样，寿险承保风险的空间溢出水平第五的江西来自中部地区，但其保费规模则仅位于寿险业的下游水平。

另外，通过观察受承保风险空间溢出水平前五省份影响最大的省份可发现，受影响最多的省份主要位于溢出省份的周边。如受江苏非寿险承保风险影响最多的五个省份中，前三个省份均与江苏接壤，而后两个省份则与江苏省临近。这说明，各省份对其他省份的承保风险溢出在很大程度上受两者之间的空间地理距离的影响。

与系统重要性机构相似，承保风险的空间溢出水平较高的省份应当成为系统重要性省份，因为这些省份的保险经营业务对其他省份具有较为明显的空间溢出效应，因此，当这些省份的保险业发生了较大损失或波动时，势必会引起其他省份的变化和波动。因此，这些省份都应当作为监管的重点对象,对其进行严格监管。

2. 承保风险的空间接收水平

表 5-17 汇报了在样本期间承保风险的空间接收水平的前五名,以及对这些省份产生影响最大的前五个省份的分布情况。表 5-17 中总保费规模的计算以及保费排名的定义与表 5-16 相同。

表 5-17　　　　　　承保风险空间接收水平前五名

保险行业	受影响节点	风险接收水平	溢出节点前5名	总保费规模	保费排名
非寿险业	北京	13.23	鲁、冀、豫、辽、粤	3 608.2	8
	浙江	9.27	苏、沪、粤、皖、鄂	5 300.03	3
	天津	9.08	京、冀、鲁、豫、蒙	1 215.83	28
	江苏	8.31	皖、鄂、沪、豫、粤	6 686.48	2
	黑龙江	5.31	吉、辽、蒙、京、沪	1 437.86	24
寿险业	北京	46.28	冀、鲁、津、苏、蒙	11 672.82	5
	安徽	29.31	苏、鄂、沪、晋、陕	5 431.55	12
	江苏	14.90	浙、沪、皖、京、晋	16 987.63	2
	湖北	9.91	赣、皖、陕、鲁、冀	7 548.45	10
	天津	9.60	京、鲁、冀、川、晋	3 040.26	22

根据表 5-17 可看到,非寿险业中,承保风险的空间接收水平最高的省份分别是北京、浙江、天津、江苏和黑龙江,前四者来自东部,而黑龙江则来自东北。这说明这几个省份的非寿险承保风险脆弱性较高。另一方面,北京、浙江和江苏的总保费规模在全国各省中排名均靠前,而天津和黑龙江则排名靠后,说明各省份非寿险承保风险的空间接收量受当期保费规模的影响程度较低,可能主要与其他因素有关。这一规律在寿险中亦有体现。寿险承保风险的空间接收量排名第一和第三的分别是北京和江苏,此二者寿险总保费规模排名为第五和第二。寿险承保风险的空间接收量排名第二和第四的安徽和湖北两省总保费规模均位于行业中游水平,而第五名天津的寿险保费规模则位于行业下游水平。同理,与系统脆弱性机构相似,承保风险空间接收水平较高的省份容易被其他省份的波动所影响,也应作为监管重点对象。

3. 承保风险引致的系统性风险

根据式(5.36)将每个省份的加权风险溢出水平 SRE 和风险接收水平 SRR 加总,形成各省份在每个窗口期基于承保风险的系统性风险 SR。图 5-22 和图 5-23 分别汇总了我国 31 个省份在 2010-2019 年非寿险业和寿险业系统性风险的具体分布情况。

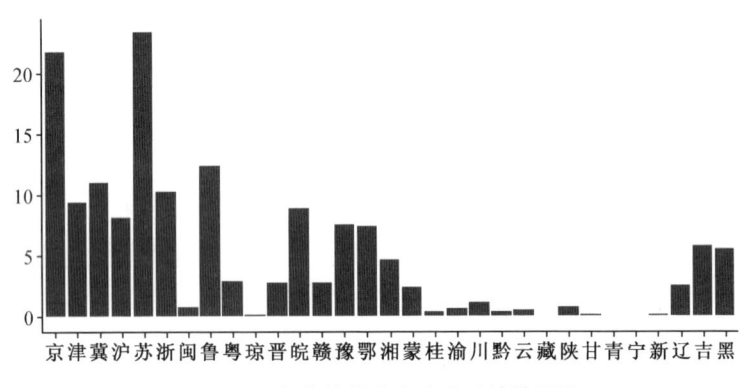

图 5-22　各省份的非寿险业系统性风险

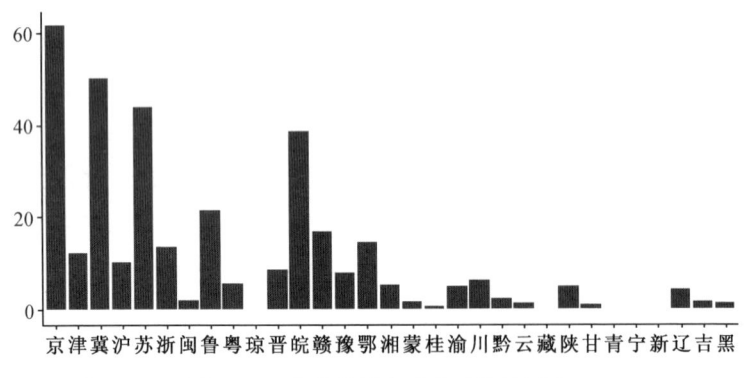

图 5-23　各省份的寿险业系统性风险

(1) 非寿险承保风险引致的系统性风险

就非寿险而言(见图 5-22),各省份非寿险市场基于承保风险的系统性风险大体上呈现从东部沿海依次向西部内陆地区递减的变化规律,与 Chen 等(2020)关于区域性金融风险的结论相一致。在东部地区,由于多个省份的承保风险空间溢出和空间接收量均独占鳌头,江苏和北京两个省份的系统性风险均遥遥领先于其他省份。而在东部地区其他省份中,除纬度最低的海南、广东和福建三省以外,其余省份的系统性风险相对而言普遍较高。因此应尤其重视对这些省份的风险管理,且应特别重视对北京和江苏这类系统性风险高省份的承保风险管控。在中部地区,非寿险业系统性风险则呈现越靠近东部地区则越高的规律,如安徽高于河南与湖北,而河南和湖北则高于湖南和山西等。东北地区的非寿险业系统性风险则略低于中部地区,而西部地区的系统性风险则远低于东部、中部和东北地区。这与西部地区的承保风险溢出量和承保风险接收量以及样本年期间内各月非寿险保费收入规模均较低有关。

(2) 寿险承保风险引致的系统性风险

就寿险而言(见图5-23),各省份基于寿险承保风险的系统性风险大体上呈现出东部和中部显著高于西部和东北部的特点。东部地区中,北京、河北和江苏三个省份的寿险系统性风险远大于系统中的其他省份。因此,这三个省份应当作为寿险监管的重点对象。结合图5-21可以发现,这三个省份的寿险风险的空间溢出量和空间接收量均很大。结合表5-16和表5-17发现,与这三个省份基于寿险承保风险的联系最紧密的省份基本上是保费收入规模位于行业前列的省份。因此,北京、河北和江苏三个省份的寿险系统性风险远大于其他省份。这表明,关联性高、经营规模大的个体往往具有较高的系统性风险,这与 Härdle 等(2016)提出应当将"大而不能倒"和"联系紧密而不能倒"结合起来考虑金融机构系统重要性的结论相一致。中部地区,由于寿险风险的空间接收量很大的缘故,安徽的寿险系统性风险也独树一帜。除此以外,东部和中部地区除海南、广东和福建三个省份的寿险系统性风险明显偏低以外,其余省份则大致相同。西部地区中,四川、重庆和陕西的寿险系统性风险略高于西部地区其他省份。类似地,辽宁的寿险系统性风险也略高于东北其余二省。

(四) 系统性风险差异的影响因素分析

基于式(5.37)构建的线性回归模型,分析表5-15中各省份的地区特征的各个变量对该省承保风险的空间溢出和空间接收水平的影响,以及对系统性风险的影响(见表5-18)。表5-18中,模型1、2和3的被解释变量分别是各省在各窗口期的系统性风险(SR)、风险溢出(SRE)和风险接收(SRR)。同理,分别对非寿险和寿险进行分析。

表5-18　　　　　　　系统性风险差异的影响因素分析

变量名称	非寿险承保风险 模型1 SR	非寿险承保风险 模型2 SRE	非寿险承保风险 模型3 SRR	寿险承保风险 模型1 SR	寿险承保风险 模型2 SRE	寿险承保风险 模型3 SRR
保险深度(INSDEP)	−0.008 5 (0.010 6)	0.004 6 (0.008 7)	−0.014 6* (0.007 7)	−0.039 2*** (0.010 5)	−0.024 7*** (0.007 9)	−0.018 7** (0.007 8)
保费增长率(GRINS)	0.004 5 (0.017 7)	−0.003 5 (0.014 5)	0.008 8 (0.012 9)	0.003 5 (0.012 1)	0.008 2 (0.009 2)	−0.004 3 (0.009 0)
HHI指数(HHIIndx)	−0.030 0*** (0.007 4)	−0.020 8*** (0.006 1)	−0.012 0** (0.005 4)	0.007 5 (0.006 9)	0.007 0 (0.005 3)	0.001 3 (0.005 2)
交通事故财损(ACCWloS)	0.049 4*** (0.012 2)	0.027 9*** (0.010 0)	0.026 6*** (0.008 8)			
自然灾害财损(DSTWloS)	0.040 8*** (0.010 8)	0.022 0** (0.008 8)	0.023 0*** (0.007 8)			
交通事故人伤(ACCInjS)				0.005 4 (0.005 0)	−0.002 5 (0.003 8)	0.008 5** (0.003 8)
自然灾害人伤(DSTInjS)				0.011 6** (0.005 9)	−0.003 1 (0.004 5)	0.016 0*** (0.004 4)
资产增长率(GRTCapt)	0.004 5 (0.009 0)	0.002 6 (0.007 3)	0.002 4 (0.006 5)	0.040 1*** (0.006 7)	0.021 8*** (0.005 1)	0.022 7*** (0.005 0)
银行存款占比(Depo_Capt)	0.064 2*** (0.021 9)	0.030 2* (0.017 9)	0.040 9*** (0.015 9)	0.232 6*** (0.016 3)	0.127 9*** (0.012 4)	0.129 8*** (0.012 1)
资金运用余额占比(Inve_Capt)	0.057 0*** (0.016 6)	0.029 8** (0.013 6)	0.033 2*** (0.012 0)	0.222 7*** (0.012 5)	0.122 3*** (0.009 4)	0.124 3*** (0.009 3)
金融景气指数(PDCIndx)	0.003 0 (0.009 2)	0.002 3 (0.007 5)	0.001 0 (0.006 7)	0.010 5 (0.006 9)	0.006 3 (0.005 3)	0.005 3 (0.005 2)
上证指数增长率(SHSCI)	−0.003 1 (0.005 7)	−0.000 9 (0.004 7)	−0.002 6 (0.004 1)	−0.012 9*** (0.004 3)	−0.007 1** (0.003 3)	−0.007 2** (0.003 2)
一年期定存利率(IRTimDep1Y)	−0.008 2 (0.009 5)	−0.004 4 (0.007 7)	−0.004 6 (0.006 9)	0.003 9 (0.007 1)	0.002 2 (0.005 4)	0.002 2 (0.005 3)
美元兑人民币汇率(ExchAR)	0.030 2*** (0.007 1)	0.016 5*** (0.005 8)	0.016 8*** (0.005 2)	−0.001 8 (0.005 5)	−0.001 1 (0.004 1)	−0.001 0 (0.004 1)

(续表)

变量名称	非寿险承保风险			寿险承保风险		
	模型1	模型2	模型3	模型1	模型2	模型3
	SR	SRE	SRR	SR	SRE	SRR
GDP增长率 (GRGDP)	−0.002 5 (0.013 6)	−0.002 4 (0.011 1)	−0.000 3 (0.009 8)	0.016 3 (0.010 0)	0.008 4 (0.007 6)	0.009 7 (0.007 5)
常数项	−0.010 9 (0.025 5)	−0.011 6 (0.020 9)	−0.000 1 (0.018 5)	−0.263 5*** (0.018 8)	−0.152 3*** (0.014 3)	−0.139 5*** (0.014 0)
年份固定效应	控制	控制	控制	控制	控制	控制
省份固定效应	控制	控制	控制	控制	控制	控制
Observations	3 708	3 708	3 708	3 672	3 672	3 672
chi2	1 401	857.1	923.6	760.2	464.5	501.8
R^2	0.277	0.190	0.202	0.174	0.114	0.122
p	0.000	0.000	0.000	0.000	0.000	0.000

注：＊＊＊、＊＊、＊分别表示在1％、5％和10％的水平上显著，括号中的数字为标准误；Observations为回归模型中总的样本数量；Chi2为使用stata命令"xtreg"进行面板数据回归分析时，其回归结果所汇报的针对参数联合检验的Wald chi2检验结果，而p值则为该检验结果的显著程度。

1. 非寿险系统性风险的影响因素

根据表5-18，在非寿险中，有关保险市场发育状况的指标，HHI指数（$HHIndx$）在三个模型中均显著为负，即HHI指数高的地区具有更低的系统性风险，即保险产品集中度较高的省份，系统性风险反倒比较低。结合实际数据分析，目前，我国有一些省份的保险市场的发达程度较低，保险产品种类非常少，HHI指数较高。但同时，这些省份的保费规模一般较低，经济体量也比较低，在整个经济和保险市场中的地位和作用也不明显，从而具有较低的风险溢出水平、风险接收水平和系统性风险。保险深度（$INSDEP$）在模型3中显著为负，置信水平为10％，但在模型1和模型2中均不显著。保费增长率（$GRINS$）在三个模型中均不显著。保费增长率是一个地区保费收入水平增长速度的展示，高速增长的保费收入往往需要配套更加完善的经营管理制度和更严格的风险控制手段，否则一旦当保费高速增长模式不能维持时,其积累的风险将迅速凸显,严重情况下能够导致公司陷入财务危机,如 2007-2009 年的中华保险危机。回归结果中,保费增长率($GRINS$)系数不显著,说明当前保险市场中,各省份保费收入的增长模式基本合理,暂时不存在增长过快的风险隐患,从而保费增长率在合理范围内的变化不会显著影响省份之间承保风险的溢出效应。

在关于地区风险状况的指标中,交通事故财损($ACCWloS$)和自然灾害财损($DSTWloS$)在三个模型中均以 1% 的置信水平显著为正。这说明因交通事故和自然灾害而遭受的财产损失的增加会导致该地区承保风险溢出量增加,进而导致系统性风险增加。显然,这一方面是因为当自然灾害和交通事故增加时,相应的保险理赔也随之增加,从而承保风险增大,进而导致承保风险的溢出量在一定程度上有所上升。另一方面,是由于自然灾害的分布存在明显的连片性特征(梁来存,2010)。一般而言当一个地区的自然灾害风险增加时,与之接壤或邻近省份的自然灾害风险也会相应地上升。因此,当一个省份承保风险的空间溢出水平因自然灾害风险而提高时,它的承保风险的空间接收水平实际上也将因自然灾害而有所上升。

在表示保险资金运用情况的指标中,银行存款占比($Depo\_Capt$)和资金运用余额占比($Inve\_Capt$)均在三个模型中显著为正,即投资性存款和其他投资资产的增加会促使非寿险系统性风险上升,从而侧面证实了保险应"脱虚向实"、凸显保险保障功能的正确性。在表示宏观经济环境的指标中,美元兑人民币汇率($ExchAR$)在三个模型中均以 1% 的置信水平显著为正,即当美元对人民币升值时,非寿险行业中各省份的风险溢出水平 SRE、风险接收水平 SRR 以及系统性风险水平 SR 均有显著的上升趋势。一个可能的原因是,在非寿险行业中,保险公司承保了大量的船舶保险、航空运输保险和远洋货物运输保险等。这些保险的保险标的往往涉及对外贸易,因此其价格的变动与汇率波动息息相关,在一定程度上与承保风险的溢出效应和接收水平存在关联。然而,金融景气指数($PDCIndx$)、上证指数增长率($SHSCI$)、一年期定存利率($IRTim$-$Dep1Y$)等变量的系数则不显著。一个可能的原因则是,在非寿险行业中,大多数保险合同为短期合同,其保险期限只有一年或更短,因此非寿险保单进入金融市场的占比较低,从而金融市场的波动对承保风险溢出效应和接收水平等的影响幅度也较低。

2. 寿险系统性风险的影响因素

寿险的回归结果与非寿险大体相似。在表示保险市场发育状况的指标中,保险深度($INSDEP$)在三个模型中均显著为负,即保险深度大的省份具有更低的系统性风险。其中的原因也与非寿险相似。保险深度为保费收入与GDP总量的比值,由于GDP总量较低,使得西部和部分中部地区反而具有高于大部分东部地区的保险深度。然而实际上,这些省份的保险覆盖率却仍然不足,保险规模也明显较小。因此这些省份寿险承保风险的空间溢出水平和空间接收水平都很低,从而导致系统性风险也很低。与非寿险行业结果相似,保费增长率($GRINS$)回归系数在三个模型中也均不显著。说明在寿险业中,整体上暂时也不存在显著的增速过高风险。这得益于2016年以来监管部门秉持"保险姓保"的监管导向,坚决呼吁寿险经营回归保障,使得寿险需求与供给更加契合,也有效遏制了增长过快所带来的持续性不强、结构性不佳等风险隐患。HHI指数($HHIIndx$)的回归结果亦不显著,说明寿险业中,各省份的保费收入结构对省份整体的承保风险的溢出效应影响较低。

在表示地区风险状况的指标中,交通事故人伤($ACCInjS$)在模型3中以5%的置信水平显著为正,自然灾害人伤($DSTInjS$)则在模型1和模型3中分别以5%和1%的置信水平显著为正。这说明严重的交通事故和自然灾害事故同样会增加当地的承保风险,进而促使当地寿险系统性风险增加。在表示保险资金运用的指标中,资产增长率($GRTCapt$)、银行存款占比($Depo\_Capt$)和资金运用余额占比($Inve\_Capt$)在三个模型中均以1%的置信水平显著为正。这说明,过去几年中寿险总资产的异常膨胀(如安邦集团总资产在2012-2016年超速增长)和高风险投资业务比例的上升都会促使系统性风险增加。

在表示宏观经济环境的变量中,上证指数增长率($SHSCI$)在三个模型中均显著为负。也就是说,当上证指数增长率提高、股票市场整体收益率上扬、投资者持有的股票价值增加时,寿险业中各省份承保风险的溢出水平、接收水平及系统性风险均显著降低。回顾寿险业的经营特征,寿险业的保险公司多以长期合同为主,在漫长的保障期内,寿险合同的现金价值不断上升。为实现套期保值,寿险公司往往会将其投放到资本市场中,因此,当股票市场整体表现良好时,其收益也将比较可观,从而可以抵消一部分赔款损失带来的负向冲击。金融景气指数($PDCIndx$)、一年期定存利率($IRTimDep1Y$)等变量的回归系数则在三个模型中均不显著,说明整体而言,寿险业中各省份的承保风险溢出水平、接收水平等主要受股票市场的影响,而受其他宏观经济指标影响的程度较低。结合非寿险和寿险系统性风险影响因素三个模型的回归结果来看,影响不同省份承保风险的空间溢出水平、空间接收水平和系统性风险的因素基本一致,即主要都来自地区特征和保险行业本身。首先,西部和部分中部的保险市场欠发达的地区中,由于保险覆盖率不足而使系统性风险相对较低;其次,各地区自身的风险状况,如交通事故和自然灾害事故的增多直接或间接地增加了非寿险和寿险的系统性风险;最后,当保险更多地脱离保险保障而更侧重于投资时,各地区的保险系统性风险会随之而增加。

第五节 本章小结

由于多种原因,比如各家保险公司可能因共同保险而同时承保同一个标的,或不同险种承保的保险责任中包含着相同的风险,或者不同风险之间本身就存在着关联性,或者风险从空间角度存在关联性,因此,保险公司的承保风险彼此关联,使各家保险公司面临着共同承保风险。显然,这一特征对于承保风险的传染有着非常重要的影响作用。并且,其在公司层面、行业层面和空间层面都有着不同的表象和影响。本部分经过理

论和实证研究,得出了下列结论:

一、公司层面应关注风险集中度

在对保险公司承保风险的相关研究中,大部分学者都只是考虑了保险公司各险种的简单结构。本研究引入了两个新因素,各险种的风险相关性和损失发生概率,提出了保险公司险种集中度及风险集中度的概念,从风险的角度更合理地分析了保险公司的险种结构对承保风险的影响,构造险种风险的传染模型,并基于非寿险市场的数据通过面板回归对假设进行了实证检验。研究发现:

- 险种之间的确存在着风险相关性,整体上,非寿险中基本不存在能相互对冲风险的险种,只存在显著正相关和不显著相关两种关系。在将来的相关研究中必须要重视这种险种之间的风险相关性。
- 无论理论分析还是实证研究都证实,险种集中度对承保风险的作用不够显著,单纯考虑保险公司的险种结构对承保风险的影响是不正确的。
- 必须从风险的角度,结合险种的损失概率以得到保险公司的风险集中度,再分析其与承保风险之间的关系,理论分析和实证研究都证实,风险集中度对保险公司的承保风险的确具有显著的正向作用。

因此,我国保险公司在控制自身承保风险的过程中,应当注意:

- 保险公司应认识到,险种结构对于公司承保风险的确存在显著影响。但保险公司在平衡险种结构时,应当从风险的角度考虑,单纯考虑保费收入结构是极其不合理的。应当不但考虑不同险种之间的风险相关性,还要考虑不同险种特有的损失发生概率,合理控制风险集中度。关于险种风险相关性和风险集中度的测度可参考本研究的理论模型推导部分。
- 保险公司在具体调整险种结构时,可以从以下几个方面考虑,如减少赔付率较高的险种的参与,为赔付率较低的险种提供更大的承保能力；或权衡降低具有显著风险相关性的两个或多个险种中次要险种的承保比例，并可提高其他与主要险种不具有显著风险相关性的险种承保比例；对于风险单位较大的保险标的，例如大型企业客户，在制定保险方案时不应分开考虑各个险种，而应综合考虑客户想投保的多险种加权风险；对标的地理位置过分集中的险种也是如此，应当考虑标的地理位置周边一定区域内所有险种的综合风险情况，避免因自然灾害或重大意外事故造成风险集中。这样不仅能在整体上控制风险，还能增加保费收入、保持市场占有率和影响力。

- 虽然不同险种的风险相关性和损失发生概率是由各险种所保障风险的特征所决定的外生变量，但保险公司仍可通过对投保人进行保前风险审核、日常监督和风险管理、严格控制理赔风险等诸多方面来进行预防和控制。当下我国保险市场仍处于蓬勃发展、各家公司争相抢占市场份额的阶段，尚属于"粗放式经营"，以保费为第一要义且往往容易忽视风险。随着将来我国保险行业的进一步发展，必将往"集约式发展"的道路迈进，所以保险公司和监管部门应当考虑险种的风险集中度对承保风险的影响，这样才能促使我国保险业健康平稳地发展。

二、行业层面应降低承保业务相似度

本研究认为，尽管每家保险公司都是独立地经营，但它们所经营的各险种具有高度相似性，各家保险公司因具有共同承保风险而联系在一起。除此之外，不同险种之间也由于多种原因而存在着显著的相关性。这种险种风险相关性使不同险种的损失发生了共振，进一步加深了保险公司之间的共振关系，让它们一损俱损，从而容易引发系统性风险，导致保险行业的动荡。本研究在各家保险公司险种结构的基础上，加入了险种风险相关性的概念，提出了承保业务相似度的概念，并由此建立了险种结构与系统性风险的理论模型。通过理论推导发现，倘若某一保险市场上承

保业务的相似度较高,则在发生相同金额的承保损失时,可能有更多的保险公司会破产,系统性风险的水平更高。进而,基于非寿险市场的实务数据衡量不同样本年中的承保业务相似度,并进行模拟分析,检验结果进一步证实了理论模型推导的结论。本部分的研究结论表明:

1. 险种之间的确存在着显著的相关性,尤其是车险与其他非寿险的相关性非常显著;相对而言,农业险较为独立。

2. 在不同样本年中,非寿险市场上承保业务相似度始终较高,整体上具有震荡向下的微弱趋势。

3. 从行业层面来看,保险市场上承保业务相似度与系统性风险水平具有显著的正向相关的关系,承保业务相似度较高的保险市场具有明显较高的系统性风险。

4. 不同险种对系统性风险的影响是受其自身风险特质而决定的,即使在承保业务相似度不同的保险市场上,不同险种对系统性风险的影响排序大多也不变。

根据本部分的研究结论,当保险公司在进行战略决策、调整业务结构时,首先,不仅应考虑不同险种的期望损失概率,同时还应综合考虑与其他险种之间的相关性。比如,即使自身的期望损失概率不高,如意外伤害保险,但由于与其他险种具有较高的相关性,因此一次事故也可能导致公司的多个险种发生赔款。其次,在搭配险种及设定险种结构时,必须考虑险种风险相关性,应尽量选择相关性较低的不同险种,而不要同时经营相关性较高的不同险种。否则,发生一次事故,也可能导致保险公司发生巨额赔款,影响公司经营的稳定性。

而对于保险行业而言,特别是监管机构,一定要注意控制行业层面的共同承保风险,降低保险市场上的承保业务相似度,不要让各家保险公司都做同样的事情,而要尽量让每家保险公司做不同的事情。与"不要把鸡蛋放在一个篮子里"的理论不同,在保险行业层面上,一定要坚守"把鸡蛋集中放在一个篮子"的原则。通过将承保风险集中在某家或某几家保险公司,从而进行承保风险的分隔,降低保险公司所面临的共同承保风险,由此才能降低保险行业的系统性风险。比如,可以多批准一些专业保险公司,优先批准填补保险市场的保险公司进入保险市场;在偿付能力监管中坚持考虑险种风险的相关性;采取一定的政策导向,避免保险公司共同扎堆于车险;鼓励经营行业中份额较少的险种,努力开拓保险行业蓝海等措施。

三、承保风险基于地域层面的传染影响不大

本研究尝试从空间维度上探索承保风险基于空间的传染是否具有引发保险行业系统性风险的潜质,即在空间维度上是否存在承保风险的风险传染渠道。因此,本研究在已有文献的基础上,采用 Härdle 等(2016)提出的 TENET 风险模型,从空间视角上构建了基于省份之间的承保风险空间溢出网络模型,以分析非寿险和寿险业中承保风险在各省份之间的传播关系。本研究主要得到了以下结论:

- 无论是非寿险还是寿险,承保风险都具有一定的空间传染性,但总体上各省份之间的空间传染性比较弱,传染量相对极低。因此,承保风险通过省份之间的空间传染从而导致爆发保险系统性风险的可能性不大。而且,承保风险在省份之间的空间传染存在较为明显的地域集中特征。大多数省份都是被接壤或邻近的省份所影响或影响着接壤与邻近的其他省份。
- 从省份的角度来看,无论是非寿险还是寿险,承保风险的空间溢出和接收总量最高的前五个省份均较为集中于东部地区。各省份基于承保风险的系统性风险大体上呈现从东部沿海向西部内陆地区依次递减的变化规律。其中,北京和江苏的承保风险空间溢出、空间接收和系统性风险的水平相对都较高,河北和山东的承保风险空间溢出水平较高,天津则是承保风险空间接收水平较高。而且,多数省份承保风险的空间溢出量和接收量在整个样本期间内无明显变化,但北京、江苏等少数几个省份的则在明显的上升之中,这些省份都应被作为监管的重点。

- 从时间趋势上,就行业总体而言,非寿险承保风险的空间溢出总量在样本期间内虽偶有波动,但基本保持稳定,仅2013年和2016年的空间溢出总量略高于其他年份。寿险承保风险的空间溢出总量则大体上呈现先上升后下降的时间趋势,并在2014年和2015年达到最大。就单个省份而言,非寿险和寿险业中,除北京、天津等少数省份的风险溢出量或风险接收量在某些年份中存在显著的增加迹象以外,其余大多数省份的风险溢出量和风险接收量均无明显的恶化趋势。
- 导致不同省份承保风险的空间溢出水平、接收水平以及系统性风险存在差异的主要因素是各省份自身的风险状况以及保险资金运用情况。

基于上述理论分析和实证研究结果,为抑制和防范保险承保风险通过省份之间的空间联系进行传染,并引发更大范围的系统性风险,本研究提出如下政策建议:

- 对各省份之间的空间传染进行持续性监控;尽管当前承保风险通过省份之间的空间联系的传染性较弱,进一步导致爆发系统性风险的可能性也较低,但是这并不代表未来都会一直如此。一些宏观经济变量在传染过程中也会发挥一定的作用,因此需持续监控各省份之间的空间联系。
- 与系统重要性机构和系统脆弱性机构一样,非常有必要对那些具有较高空间溢出和空间接收的省份进行密切监管,也非常有必要对那些系统性风险水平在不断增加的省份进行严格监管。相对而言,东部地区应严格监管。具体到省份,则应当严格监管北京、江苏、河北、山东、天津等。
- 从省份的角度来讲,要控制好自身的系统性风险水平,首先是做好交通事故和自然灾害事故的防损减灾工作,一方面降低事故发生的可能性,另一方面则力求在最大程度上降低风险事故发生后的财产损失和人员伤亡,从而降低各地区承保风险的溢出总量;其次则是积极贯彻和落实"保险姓保"的行业发展方针,提高保险产品的保障属性,让保险业更加稳健发展。

尽管由于寿险业的数据限制,本章的部分实证研究仅针对非寿险公司展开,但所研究的险种的关联风险,无论是公司层面,还是行业层面,均以险种间的风险相关性为基础,因而如同本章引言中的分析一样,研究结论对于寿险公司和寿险业也是适用的。特别地,针对寿险公司,年金保险以生存为给付条件,因而其与意外伤害保险、健康保险等的赔付风险应该是负相关的。也就是说,与非寿险不同,寿险不同险种的风险相关性还可能存在对冲效应。在这种情况下,保险公司在进行险种搭配及设定险种结构时,还可以考虑选择相关性互补或相关性较低的不同险种。当然,将来当寿险数据可获得之后,也可以继续进行基于寿险数据的相关研究。

第六章 保险业系统性风险的根源:资产风险

承保和投资是保险公司经营的两个轮子,缺一不可。因此,除了保险公司主要的承保业务带来的承保风险和保险业务关联风险,保险公司另一项重要业务投资业务,也会带来相应的风险。那么资产风险是否是导致保险业爆发行业系统性风险的根源之一呢?不同的保险公司在资产风险引致系统性风险的过程中又分别扮演着怎样的角色?又有哪些关键因素导致了保险公司的角色差异?本部分将聚焦于保险公司的投资业务,评估其可能引发的行业系统性风险大小,基于此分解影响因素,并分析不同保险公司在其中的角色和地位。

第一节 资产风险对保险业系统性风险的影响[①]

一、引言

前文已经证明当前的中国保险业系统为一个非稳定系统。风险蕴涵于业务之中,保险公司的主要业务包括承保业务与投资业务。因此,从业务根源的角度来看,在保险公司的投资业务经营中也会产生风险[②],也有可能成为行业系统性风险的来源。随着保险公司不断地成长、发展,资产规模持续扩大,保险公司已然成为金融体系中最重要的机构投资者之一,

---

[①] 邹奕格,陆思婷. 投资业务风险对保险业系统性风险的影响冲击[J].保险研究,2020(09):34-51。在已发表论文的基础上,将数据已更新至 2019 年,但研究结论没有改变。这也表现出研究结论的稳健性。

[②] 根据本章的研究设计,本章中所有的"风险"都是指"资产风险",只是在行文过程中,出于文字的精炼,有时省略了"资产"二字。

也更加活跃于资本市场。IAIS 在 2010 年的立场报告中也申明股市投资等渠道会引发或放大保险公司的风险。相较于传统的承保业务，学者们也更加相信，投资业务会是系统性风险的来源（Cummins 和 Weiss，2013）。自 2012 年以来，监管部门逐步放开了保险行业资金运用的限制，市场化进程不断加速。无论在投资渠道、投资范围、投资比例，还是在资金运作、资金管理以及资金托管机构等方面，保险公司都拥有更多的自主选择、决定权。但随之而来的是，部分保险公司的投资业务偏好于高风险资产，投资策略较为激进。最近 13 年保险资金运用余额的数据如图 6-1 所示，保险行业对高风险资产（另类投资①）的投资比例在不断提高。

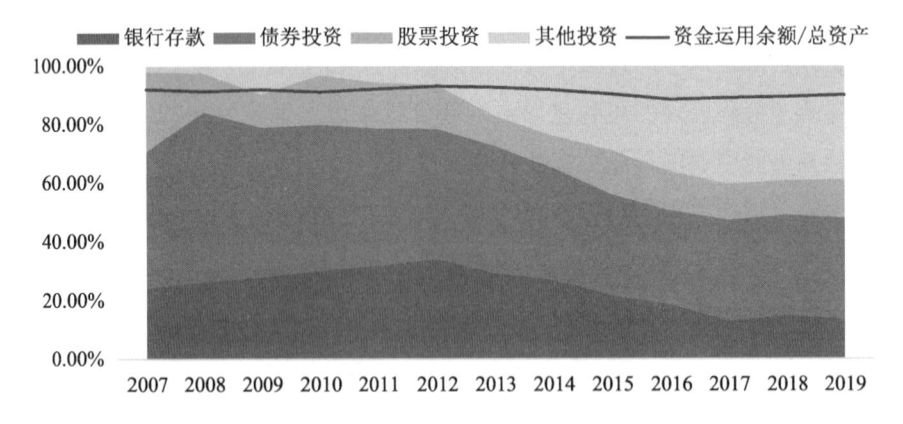

图 6-1　2007-2019 年保险业资金运用余额分布

资料来源：原保监会官方网站。

保险公司在投资业务中将资金集中运用于高风险资产。现实中更为关键的投资问题在于，各家保险公司的投资渠道极其类似，从而导致大部分保险公司拥有相同的资产风险敞口。一旦某项资产的价格剧烈下跌，就会同时导致许多保险公司的资产迅速缩水，进而影响这些保险公司的偿付能力。当然，这种影响会对所有持有该项资产的保险公司同时产生，

---

① 保险业把对基础设施和不动产投资计划、股权投资计划、银行理财产品、集合资金信托计划和其他金融产品等非标资产的投资归为另类投资。

这也是共同资产风险冲击具有系统性影响的关键。保险公司为了止损或是满足监管要求,势必立即抛售该类或相关资产。而抛售行为不但会造成资本市场上资产价格继续下降,甚至还会由于各种资产的价格相关性而导致其他资产的价格也发生变化,进而引起一系列连锁反应,导致更多的保险公司陷入财务困境。除此之外,保险公司由于再保险业务或相互持有头寸等原因也具有一定的联系,这些或直接或间接的关联有可能在整个保险体系内进一步放大资产价格下跌的影响,从而发生多米诺骨牌的效应而使保险行业遭受更大的集体损失,更多的保险公司也可能陷入偿付无力的困境,甚至进而引发保险业的系统性风险。

那么,资本市场上因某一类资产价格振荡而带来的资产风险,究竟是否会导致保险公司的投资业务发生风险,进而导致其他保险公司的投资业务发生风险,并最终爆发保险行业的系统性风险呢?具体的影响程度又如何呢?本部分聚焦于保险公司核心业务之一的投资业务,验证投资业务中所孕育的风险是否是导致保险行业产生系统性风险的来源,并深入分析直接损失和传染损失的影响程度。结合2007年至2019年的年度实际数据搭建保险公司间的传染网络。

本部分在下列方面可能具有一定的创新:(1)建立了保险投资业务对保险业系统性风险影响的理论模型,并对其中的影响过程、影响途径进行了深入剖析;(2)基于实际的财务数据模拟和度量了在共同资产风险冲击下保险业系统性风险的水平,揭示了直接损失与传染损失之间的关系及演变规律,以及寿险业和非寿险业对系统性风险的不同贡献;(3)构建了保险公司之间的传染网络结构,并深入剖析了传染网络结构近年的变化情况。

二、文献综述

(一)中国保险投资业务的相关研究

保险投资业务的核心是投资管理。如果资金运用合理,则对内部经营者而言可以提高投资收益,对外部消费者而言可以降低保费(孙键,

2002)。但在早期甚至到现在,中国保险市场上的保险投资都存在着较大问题,比如投资收益率不高、资产负债期限错配、投资结构过于保守等(姜茂生,2014)。自 2012 年 6 月备受关注的 13 项保险资金投资新政①陆续出台后,保险投资不断专业化、多元化,与其他金融行业的壁垒也不断被打破,投资领域不断扩大(张雪薇,2017)。最引人注目的是,另类投资一跃成为占比第一的种类,但另类投资业务的种类繁多,交易对手方繁杂。另类投资资产与传统金融资产的风险管理模式相去甚远,风险管理团队也亟须面对这类产品风险管理的新需求(张凤鸣,2019)。因此,保险投资业务的风险管理逐渐引发人们的关注,保险投资的稳健性和持续盈利对整个保险行业也至关重要。

(二)中国保险投资业务的监管与发展

保险投资业务是保险业发展的重要支柱,也一直都是保险监管的核心内容之一。近年来,为了进一步提高投资资金运用效率、控制投资资金运用的风险,监管机构连续发布各项规定,以求在保险投资方面有所突破。2012 年,原保监会连续放宽了一系列投资交易品种、额度上限和交易对手的限制。13 项保险资金投资新政陆续出台,促进了保险市场进一步开放与市场化。与此同时,资产风险的传染性和复杂性也与日俱增。保险公司进一步暴露在资本市场上,直面货币市场、股票市场以及房地产市场上的各类泡沫。

2014 年,原保监会延续放开监管的道路。为了深入、稳步拓宽投资范围,相继出台了一系列通知②。至此,保险资金可以投资于创业板、优

---

① 《保险资金投资债券暂行办法》《保险资金委托投资管理暂行办法》《关于保险资金投资股权和不动产有关问题的通知》《保险资产配置管理暂行办法》《保险资金境外投资管理暂行办法实施细则》《关于保险资金投资有关金融产品的通知》《关于调整基础设施债券投资计划管理暂行规定》《关于保险资产管理公司有关事项的通知》《保险资金参与金融衍生品交易暂行办法》《保险资金参与股指期货交易监管规定》《保险资产管理产品暂行办法》《拓宽保险资管范围的通知》《保险机构融资融券管理暂行办法》。

② 《中国保监会关于保险资金投资创业板上市公司股票等有关问题的通知》《关于保险资金投资优先股有关事项的通知》和《关于保险资金投资创业投资基金有关事项的通知》。

先股、创业投资基金等,并试点了私募股权投资基金;保险资金长期投资的独特优势帮助保险公司成为重要的机构投资者,为支持国家重大工程和民生工程、为战略性新兴产业发展提供资金支持。与此同时,保险公司的投资收益大幅提高。但随之而来的是另类投资规模快速增长。2015年,经济下行压力增大,低利率对大量持有固定收益的保险业产生了巨大的影响;且债券的主要发行方为传统行业,在经济下行和结构调整的背景下,收益率持续下滑;股票市场价格下跌明显,A股市场暴跌。保险公司的投资业务面临着巨大的挑战。

2016年之后,在之前各项政策的鼓励下,中国保险行业的投资规模持续扩大。但国内外经济金融形势复杂多变,不确定因素增多。这些因素推进了保险投资业务内部控制指引的建设。监管机构进一步对未上市股权、不动产、金融产品和基础设施的投资制度进行了相关规范[①]。2017年,中国宏观经济下行压力不减,投资业务中的资金配置压力也不断增加。尤其是在资产规模不断扩大的背景下,为了维持投资收益率,保险业选择降低银行存款、债券投资等固定收益类的配置比例;另一方面又大幅增加另类投资的比例。可以预计,保险投资资金的投向将更加多元化,其中另类投资占比也将进一步持续提升。

三、理论分析与模型搭建

(一) 研究思路

学者们已有的研究结果都显示,风险蕴涵于业务之中。只是由于业务的特征不同,比如保障业务与投资业务,寿险业务、非寿险业务与再保险业务,因而在保险机构之间的关联性大小及风险传导机制不同,从而导致对系统性风险的影响路径和结果有所不同。本部分在前人研究的基础之上,结合目前中国保险行业的特点,聚焦于保险公司核心业务之一的投资业务,检验投资业务是否是保险业系统性风险的来源,并量化出其对保

---

① 《保险公司资金运用信息披露准则第4号:大额未上市股权和大额不动产投资》。

险业系统性风险的具体影响程度。故提出本部分的核心假设：

假设6.1：保险公司的资产风险是导致保险业系统性风险的来源之一。

当然，想要准确度量保险行业的系统性风险，必须先正确理解系统性风险的内涵。但学术界对系统性风险的定义仍然众说纷纭。现有定义的角度多样，包括影响范围和程度大小、传染外溢、金融功能丧失、实体经济的真实负面影响等。第一章第二节中汇总的所有有关系统性风险度量的方法中，大都将研究主体作为一个有机整体，从全局角度考虑其价值损失、违约概率等。本部分着重于研究保险系统的行业系统性风险。相对于金融系统而言，保险业系统只是一个子系统，与整体金融系统最显著的区别则在于金融功能角度的具体化。系统性风险具体在保险领域就表现为大范围的保险公司偿付能力低下，甚至丧失核心保障功能。具体情形则可以描述为，系统性风险发生之后，大多数保险公司乃至整个保险业都面临着偿付能力不足，导致消费者市场对保险行业失去信心，保费收入进一步下跌、失去最主要的负债收入来源，保险业务无以存续，继而金融市场失去最重要的机构参与者等一系列负面的经济后果。

基于此，本部分将保险业系统面对比较大的负面冲击时偿付能力的损失程度设定为系统性风险的度量值。

投资业务引发保险行业系统性风险的过程主要分为两环节：首先是因保险公司具有共同的系统性风险敞口，而当共同资产风险冲击发生时所造成的直接损失；其次是共同资产风险冲击继续通过"传染—放大"机制进行扩散，进一步放大的传染损失。本部分将根据系统性风险的实际形成过程，结合这两个系统性风险形成的重要环节进行分析，以弥补目前研究中忽视系统性风险形成原因与机制、过于专注数理模型方法等方面的不足。重点参考Greenwood等（2015）研究银行业间接网络时设定的共同资产网络模型，利用各家保险公司的公开财务数据，以资产价格下跌和风险传染所引起的保险公司偿付能力下降作为保险业系统性风险的度量，分析保险业系统性风险的水平；并绘制出风险传染阶段具体保险公司之间的传染网络图。

(二) 理论基础

作为系统性风险的直接触发原因,共同资产风险冲击可能源于某个其他产业的特定风险,如 20 世纪 80 年代中期的石油价格崩溃;或者是一次影响投资者信心的公共事件,如世通公司财务造假事件;抑或是所有机构都需要面对的具有共同性的宏观经济因素,如 20 世纪 80 年代美国通货膨胀使得美国储蓄协会陷入困境等等。共同资产风险冲击发生后,保险系统中所有暴露于该冲击下的保险公司都将面临直接损失。因为这种共同资产风险冲击是针对整个保险业的,所以所有持有被影响资产的保险公司都会面临资产缩水。

而资产价格以及金融机构间的传染性是导致系统性风险的另一个根本因素。部分财务不够稳健或杠杆较高的公司在共同资产风险冲击的影响下将直接面临财务危机,为了弥补损失或是满足监管要求,相应地会立刻做出抛售资产的决策,即大甩卖(Fire Sale)现象。资产市场的供求出现变化,资产被重新定价。利空环境下,资产价格通常都会应声下跌。此时,面临财务困境的公司甚至一开始并未受到影响的公司都会进一步面临资产缩水(Pulvino,1988;Coval 和 Stafford,2011;Diamond 和 Rajan,2005)。一方面,金融资产的价格之间具有传染性。当某家保险公司在某类资产价格下跌时开始抛售,供过于求后又引起该类资产价格持续下跌。因为该类资产与其他资产之间具有关联性,会引起其他类资产的价格也随之下跌,从而进行风险传染,引发流动性风险,并进一步推动其他类资产被迫缩水。另一方面,金融机构之间也具有传染性,当共同资产风险冲击发生后,具有系统重要性地位的保险公司由于主动或被动的原因而持有与其他保险公司相同的资产,抑或单纯地仅是具有地域方面的关系等,系统重要性保险公司可能将自身无法消化的风险借此传染给系统中的其他机构。而受到风险传染的机构即使没有或仅受到很小的初始共同资产风险冲击,也可能在后续传染过程中成为新的传染源,导致下一轮风险的传染,并最终引发大范围内的金融危机。所以本研究部分提出:

投资业务对保险业系统性风险的影响由两部分构成：一部分是由于资产价格变化的共同资产风险冲击而导致的直接损失，而另外一部分是由于传染性而导致的传染损失。

具体的形成机制以图 6-2 为例展示。以三家保险公司 A、B、C 为例，资产持有如左图 a 所示，浅色阴影 A 部分为公司 A 持有的特有资产，深色阴影 AB 为公司 A、B 持有的相同资产，黑色 ABC 部分为公司 A、B、C 持有的相同资产，以此类推。当 AB 类资产因受到共同资产风险冲击而价格下跌，公司 A、B 的资产面临直接损失，但公司 C 暂时不会受到共同资产风险冲击的直接影响。一旦公司 A 因持有 AB 类资产较多而无法化解自身财务危机，并开始折价处理其持有的其他种类资产，如 AC、ABC，这些资产的价格也会应声下跌，进而影响到公司 C 的财务稳定。具体传染的影响过程如右图 b 所示，公司 A、B 因暴露在共同资产风险冲击下而遭受的直接损失就是系统性风险的第一个环节（灰色阴影部分）；不能被消化风险传染给相关方公司 C，这就是系统性风险的第二个环节（圆圈内部）。而且还有可能形成下一轮的传染源，进而在整个系统内部扩大。

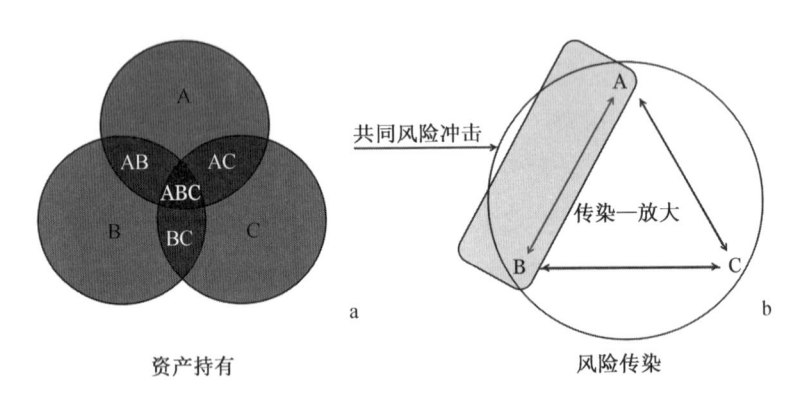

图 6-2 系统性风险的生成机制

当然，共同资产风险冲击与传染风险的演进和扩散过程具有明显的不同特征。共同资产风险冲击更多地受到外部因素的影响；而传染性是由存在于系统内部金融机构之间的共同资产风险敞口所构建起来的关系所引起的,是属于在系统内部长期积累的潜在风险因素,并在外部共同资产风险冲击的触发下而表现出来。共同资产风险冲击在系统内部通过传染性被放大。当共同资产风险冲击达到一定程度时,或将导致保险公司的集体倒闭。比如,2008年次贷危机就是在房地产价格泡沫和信用泡沫破灭的共同资产风险冲击下,风险在金融机构之间资金业务联系和复杂金融网络体系构成的传染路径上传递,再加上实体经济、金融和信贷周期的相互叠加作用,次贷危机的破坏力才显得更加强大。从而以个体机构的破产为标志,在危机蔓延过程中所蕴含的风险冲击逐渐演变为综合、全面的系统性风险。

因此,本部分所设想的情景为:当金融市场上某类资产的价格发生暴跌时,对于持有该类资产的保险公司而言,产生了共同资产风险冲击,资产缩水导致直接损失;为了维持稳健经营和偿付能力水平,该公司必定会及时止损,出售包括问题资产在内的各类资产;而这种出售的行为会影响金融市场上相应类别资产的供求关系,包括问题资产在内的各类资产的价格都会相应地进一步下跌……周而复始。在这种影响下,对于即使最初没持有或是持有很少问题资产的保险公司而言,也会因与持有大量问题资产的保险公司具有极为类似的投资结构而受到相似的影响并产生相似的后果,最后损失呈螺旋放大。

(三) 理论模型

1. 符号说明

若保险市场上有 N_I 家保险公司,总资产用矩阵表示为 $\boldsymbol{A} = \mathrm{diag}(a_1, a_2, \cdots, a_{N_I})$。$a_n$ 为第 n 家保险公司的资产。其所有资产按照其投资策略相应分布在 K 类投资资产上,各家保险公司持有的 K 类资产组合的比例为矩阵 $\boldsymbol{M} = \begin{bmatrix} m_{11} & m_{12} & \cdots & m_{1K} \\ m_{21} & m_{22} & \cdots & m_{2K} \\ \vdots & \vdots & \ddots & \vdots \\ m_{N_I 1} & m_{N_I 2} & \cdots & m_{N_I K} \end{bmatrix}$,其中,$m_{nk}$ 为第 n 家保险公

司持有的第 k 类资产占其自身总资产的比例,矩阵 $\boldsymbol{M}$ 的第 n 行即向量 $\vec{m}_n$ 为第 n 家保险公司持有的各类资产占其总资产的比例。

各家保险公司的目标杠杆 $\boldsymbol{B}=(b_1,b_2,\cdots,b_{N_I})'$,杠杆率 $b_n=(a_n-e_n)/e_n$,e_n 为第 n 家保险公司的所有者权益。各家保险公司综合考虑税盾、破产成本和公司控制权等,形成了不同的资产负债权益结构。杠杆目标在一定程度上反映出其自身对风险的感知。当保险公司判断风险水平较低时,保险公司将趋向于形成较高的杠杆率。本部分假设,保险公司为了持续地稳定经营,会尽力将杠杆率维持在某一固定水平。

市场损失冲击 $\boldsymbol{F}=(f_1,f_2,\cdots,f_K)'$,$f_k$ 为具体时刻市场上第 k 类资产的价格所受到的冲击,即其价格波动百分比。从风险的角度考虑,资产价格的上涨自然不会被视为共同资产风险冲击,所以该向量的取值应该是负数,为了绘图方便取其相反数,含义为损失的大小。

价格相关矩阵 $\boldsymbol{L}=\begin{pmatrix} l_{11} & l_{12} & \cdots & l_{1K} \\ l_{21} & l_{22} & \cdots & l_{2K} \\ \vdots & \vdots & \ddots & \vdots \\ l_{K1} & l_{K2} & \cdots & l_{KK} \end{pmatrix}$,$l_{ij}$ 即第 i 类资产价格波动对于第 j 类资产价格的影响。因为当某类资产的价格下降时,会导致其他类资产的价格也下降。

2. 计算模型和模拟方法

(1) 共同资产风险冲击导致的直接损失

当 t 时刻发生共同资产风险冲击后,各家保险公司直接损失的市场价值为 dl,即资产总值与各类资产占比和各类资产损失百分比之积,具体计算见式(6.1)。

$$dl=\boldsymbol{AMF}=\begin{pmatrix} a_1 & & & \\ & a_2 & & \\ & & \ddots & \\ & & & a_{N_I} \end{pmatrix} \begin{pmatrix} m_{11} & m_{12} & \cdots & m_{1K} \\ m_{21} & m_{22} & \cdots & m_{2K} \\ \vdots & \vdots & \ddots & \vdots \\ m_{N_I1} & m_{N_I2} & \cdots & m_{N_IK} \end{pmatrix} \begin{pmatrix} f_1 \\ f_2 \\ \vdots \\ f_K \end{pmatrix}$$

(6.1)

(2) 抛售的资产

直接损失发生后,保险公司 n 的总资产减少为 $a_n - a_n \vec{m}_n \boldsymbol{F}$,所有者权益相应减少为 $e_n - a_n \vec{m}_n \boldsymbol{F}$。为了维持稳定的杠杆率并实现公司的持续经营,需要继续抛售资产 x_n 以维持平衡。根据假设,保险公司为了持续地稳定经营,会尽力将杠杆率维持在某一固定水平。因此,令冲击发生前各家公司的资产资本比 $\dfrac{a_n}{e_n}$ 和抛售资产后的资产资本比 $\dfrac{a_n - a_n \vec{m}_n \boldsymbol{F} - x_n}{e_n - a_n \vec{m}_n \boldsymbol{F}}$ 相等,即可求解出保险公司需要抛售的资产数目为 $x_n = b_n a_n \vec{m}_n \boldsymbol{F}$,各家公司抛售资产组成的矩阵则为 $\boldsymbol{BAMF}$。假设各家保险公司维持投资偏好不变,各类资产按年初初始投资比例同比例抛售,那么累计需要抛售的各类资产的规模为 $\boldsymbol{M'BAMF}$。抛售资产导致资本市场发生流动性冲击,进而形成价格的连锁下跌,可用 $\boldsymbol{ML}$ 表示抛售造成的流动性冲击(方意和郑子文,2016)。

(3) 保险业的系统性风险

按照前文设定,采用保险公司因资产价格下跌而丧失的偿付能力,以衡量系统性风险的大小。但计算偿付能力充足率时,最低资本和实际资本需要一系列复杂的赋值计算,而且数据不太可获得。但时,简单杠杆率可以看成在极端假设条件下的偿付能力充足率结果(王向楠,2019)。所以在遭受资产价格下跌这一共同资产风险冲击及风险传染的损失冲击后,用保险公司的损失资产与权益比来代替系统性风险。具体计算为:考虑资产价格联动变化背景下,某一资产价格下跌后保险公司因抛售资产所造成的损失占所有者权益的比重,即式 6.2:

$$sr = \frac{\boldsymbol{1'AML\ M'BAM\ F}}{\boldsymbol{1'E}} \quad (6.2)$$

其中,$\boldsymbol{1}'$ 为所有元素全为 1 的 N_I 维列向量。式(6.2)的分子是整个保险市场上所有保险公司因某一资产价格发生某种程度下跌后所导致的损失之和,分母是初始所有者权益的总和值。因此,其比值越大则说明保险公司在当前环境下偿付能力的损失越大,保险业所遭受的系统性风险也就越大。从计算公式中可以看到,经营规模、杠杆、持有资产组合敞口与市场的联系、市场价格冲击四个因素都影响着系统性风险的最终水平。除去市场价格冲击这一外部因素,这与 Huang 等(2012)指出的规模、杠杆率和互联紧密性是系统性金融风险最重要的决定因素相一致[1]。

(4) 保险公司之间的传染性

保险公司之间的传染性是指,被传染方暴露在传染方风险贡献下的风险敞口。具体而言,在资产风险引致系统性风险的过程中,只有保险公司 j 的投资业务受到冲击时,可能对保险公司 i 所产生的影响。依据这一定义进行量化,从而构建出由传染公司 j 到被传染公司 i 的系统性风险的传染路径,并度量具体两家公司间传染性的大小。两家保险公司之间的传染性关注的是两家保险公司之间的微观关系,设保险公司 j 对保险公司 i 的传染性为 $ci_{j \to i}$。

$$ci_{j \to i} = \frac{C_i' AMLM'BAC_j C_j'MF}{C_i'E} \tag{6.3}$$

其中,C_j 为除第 j 个元素为 1 外其他均为 0 的行向量,C_i 为除第 i 个元素为 1 外其他均为 0 的行向量。可由式(6.3)的计算结果构成保险机构之间的传染网络矩阵,构建传染网络。进而,参照罗家德(2010)的整理与归纳,利用传染网络矩阵的一些特征值描述保险业系统性风险传染网络的各项特征。

网络密度: 网络密度衡量的是保险系统内部各保险公司之间的联系紧密度。计算网络密度时,先将传染影响矩阵根据是否存在传染关系调整为二值形式,即 $ci_{j \to i} > 0$ 时取 1,否则取 0;并将矩阵中所有元素求和,得到系统中实际存在的关系数目 g。因为系统中有 N_I 个行动者,所以可

---

[1] 这些因素可以被视为在投资业务对系统性风险产生影响的过程中发挥着一定作用的保险业内、外部因素。本部分侧重于分析行业整体的风险现状,有关影响因素的相关研究将放在下一节。

能存在的所有有向关系为 $N_I(N_I-1)$ 个。网络密度可计算为：

$$density = \frac{g}{N_I(N_I-1)} \tag{6.4}$$

中心性：中心性是衡量整个网络中是否有地位优越、影响力巨大的特殊群体存在。不同于个体影响力中心度的量化分析，重点是放在群体影响中心势上，即团体影响力是否过分集中。当然，本部分所得到的网络图是有向网络，所以又可以分为外向中心性 $g_{DO,i}$ 和内向中心性 $g_{DI,i}$。前者是保险公司 i 存在对外关系的数量总和，即上述调整二值后传染影响矩阵的行和；后者是外部存在的对保险公司 i 有关系的数量总和，即上述矩阵的列和。分别带入式（6.5）并取代其中的 g_i，计算得到外部和内部中心度。其中 $g_{\max}$ 为图中所有机构中最大中心度的值，然后计算该值与图中其他点的中心度的差，并求和，再除以各个差值总和的最大可能值。

$$degree = \frac{\sum_{i=1}^{N_I}(g_{\max}-g_i)}{\max\left[\sum_{i=1}^{N_I}(g_{\max}-g_i)\right]} \tag{6.5}$$

凝聚子群：凝聚子群是指个体之间具有相对较强、直接、紧密或经常关系的子集合。为了更好地揭示网络图内部的结构，在网络内部可以寻找关系更为紧密的小群体。利用 CONCOR 迭代相关收敛法，对传染矩阵中各行（或列）的相关系数进行重复计算，最终得到全由 1、-1 组成的相关系数矩阵。再对矩阵进行位置调整以简化，形成一块一块的全 1 阵和全-1 阵。根据矩阵分区的具体情形得到凝聚子群的个数。

3. 数据来源

本部分选取了 37 家寿险公司和 46 家非寿险公司。所选取的样本在 2018 年覆盖了人身险和非寿险市场上 94.69% 和 95.51% 的原保费收入；同时这 83 家保险公司总资产在 2019 年占保险业总资产的 80.78%。

所以选取的样本具有足够的代表性。样本量 N_I 为 83。由于各家保险公司存续期不同,当时未成立或未公布财务数据的公司各项数据以 0 计入。

(1) 公司财务数据:由各家保险公司的年度报告,可以直接获取 2007 年至 2019 年 13 年来各家公司的年度资产 A 及权益 E,并计算出每年的经营杠杆率 B,取近六年的经营杠杆率平均值作为其持续稳定经营策略的目标。参考《中国金融稳定报告》对保险业稳健性评估的保险投资分类,分为类存款类、债券类、权益类和另类资产。其中,类存款类等于资产负债表中的拆出资金、定期存款和买入返售金融资产,这一类资产是比债券更加稳定的固定收益类资产,只会受到机构交易者的违约影响[①];债券类、权益类[②]资产在资产负债表中没有明确分割,但在年度报告的附注中会披露交易性金融资产和可供出售金融资产的具体明细,从中可以获取具体的债券类和权益类的投资规模,还有持有未到期投资也属于债券类投资。另类投资,选择衍生金融资产、长期股权投资和投资性房地产,具体的资产数目可由资产负债表直接得到。其他应收类科目和分保类资产都不属于投资资产,都归于其他类别。根据年报中资产负债表和附注内容,可以计算得到持有资产的比例矩阵 M。

(2) 宏观经济数据:根据资产分类从 Choice 金融终端获取各类资产各年的日收益率。价格相关矩阵 L 通过计算六类资产当年收益率的相关性矩阵获得,参照 Greenwood 等(2015)的假设,相关系数矩阵前乘以 10^{-13} 作为影响数量级。冲击 F 由各类资产的日收益率获得,将各类资产日收益率下四分位数设定为当年度共同资产风险冲击 F。

---

① 对于货币资金,由于其流动性较强并与现金相差不大而不予考虑。
② 交易性金融资产和可供出售金融资产包括公司以公允价值计量且其变动计入当期损益为目的所持有的债券投资、股票投资、基金投资、证券投资等金融资产,受到宏观经济条件的影响较大。区别在于前者持有意图明确,持有时间短,是为了短期之内进行交易,赚取交易差价。所以需要把权益类和债券类在这里做一个分割,按照每年债券类和权益类比重分割。

四、实证结果

(一) 共同资产风险冲击下的直接损失

假设保险公司的各种资产价格都发生了共同资产风险冲击 F，根据式(6.1)，计算出保险业在 2007 年至 2019 年共同资产风险冲击下的直接损失 dl，并绘制黑色实线，如图 6-3 所示。图 6-3 中横坐标为年份，纵坐标为千分值。

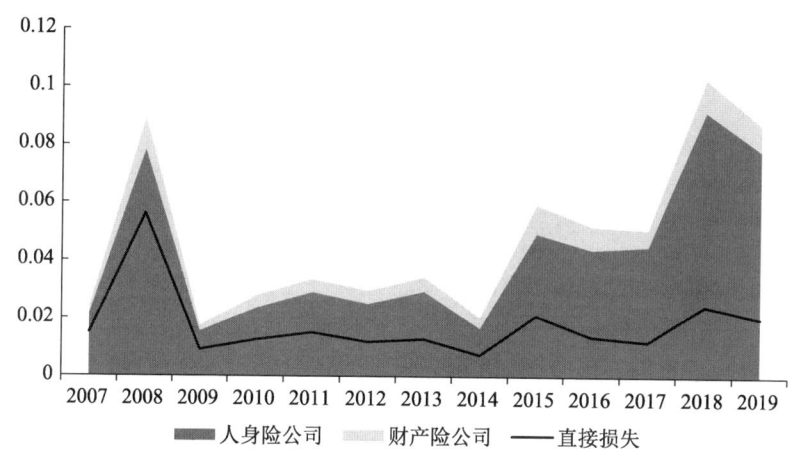

图 6-3 直接损失与系统性风险大小

由投资资产价格下跌而带来的直接损失几乎使所有保险机构都会面临共同资产风险，而且受当年资本市场环境的影响很大。但是，仅冲击导致的直接损失还是比较有限的。从图 6-3 中看到，2008 年金融危机和 2015 年中国股市 A 股股灾时，保险公司的直接损失均达到了峰值。

(二) 累积的系统性风险

假设各样本年中，保险公司各种资产的价格均受到共同资产风险冲击 F，直接损失发生并由于"传染—放大机制"而不断发生传染损失，由式(6.2)计算出保险行业累积的系统性风险，如图 6-3 中的灰色堆积部分,并对寿险业和非寿险业的系统性风险进行了区分。

从图 6-3 中可以看到,近十年来随着保险业务的迅速发展,由于资产风险所导致的保险业系统性风险在迅速地累积。在 2008 年次贷危机中,中国保险业虽然不是风险中心,但是其投资业务引发的系统性风险水平也在全球经济萎靡的背景下迅速提高。2009 年后,伴随着金融行业全面收紧监管,保险业也加紧监管,系统性风险恢复到危机前的水平。但是其后到 2012 年的四年间又开始慢慢地累积。在 2012 年保险资金运用放开限制后,2013 年系统性风险的增长较为显著。2015 年 A 股市场出现短期巨幅下跌,短时间内连续多次出现千股跌停的现象,直接导致保险公司投资业务发生大幅损失。折价抛售逐渐扩散蔓延,系统性风险水平一跃超过次贷危机期间的峰值。但是,不同于次贷危机期间被动受到外部市场的影响,这次股灾源于中国资本市场内部。其后,A 股市场也一直持续震荡,保险业系统性风险整体上虽然低于了 2015 年的峰值,但近两年一直维持在高于次贷危机期间的水平上。

图 6-3 中不同灰度的堆积区域是分别计算出的寿险业和非寿险业的系统性风险。可以看到,寿险业由于资产风险而导致的系统性风险明显地、远远地大于非寿险业。对比非寿险业和寿险业两个行业的特征,以及其投资业务所占的比例,不难发现原因。寿险业务是长期业务,保费收入规模大、资产规模也相对更大。2017 年末,非寿险公司总资产 24 996.77 亿元,寿险公司总资产 132 143.53 亿元,是非寿险公司总资产的 5.28 倍。且寿险公司的经营杠杆也显著高于非寿险公司。所以寿险业因资产风险而引起的系统性风险远远大于非寿险业。但是,非寿险业和寿险业两个市场的系统性风险走势非常相似,在假定面对同一共同资产风险冲击时,两个市场虽然因为投资策略和规模有所不同,系统性风险的具体大小不同,但反应是类似的。

对比图 6-3 中虚线与灰色堆积区域,首先可以看到,直接损失 dl 与系统性风险的变化趋势也是一致的,具有同升同降的变化趋势。这充分证明了本部分的核心假设,即资产风险是导致系统性风险的根源之一。

其次，在特定样本年中，系统性风险的累积值要远大于因资产价格变化而带来的直接损失。这说明，保险公司之间的确存在着"放大—传染"机制，这一机制的存在，能放大因资产价格变化而带来的直接损失，导致一石激起千层浪。第三，直接损失与系统性风险之间的差异在不断地扩大。这说明"放大—传染"机制在样本年份中所发挥的作用在不断加强。最值得重视的是，在这种具有较强影响的传染机制下，即使是小小的扰动也会被发酵、放大，过去一石激起千层浪，而此时的一石可能会激起万层浪。因此必须重视保险公司之间的传染关系，以及导致传染性增强的各种条件和因素。

（三）保险公司的传染网络

从系统性风险成因的角度来看，在资本市场出现资产价格暴跌这一共同资产风险冲击后，所有持有该类资产的保险公司都将瞬时直接面临资产价格下跌而带来的直接损失。紧接着，这种缩水不仅体现在出现问题的资产上。为了保证流动资金和偿付能力的平稳，保险公司会折价抛售所持有的其他资产。因此，即使某家保险公司没有持有问题资产，但因持有与出现财务困境保险公司相同的资产，也会受到资产价格下跌的影响，即"放大—传染"机制发挥了作用。故不能仅考虑共同资产风险冲击带来的直接影响，还应同时重视后续的间接传染。否则会严重低估某一资产价格下跌带来的系统性风险。在金融一体化不断加强的背景下，正如图6-3中所显示的一样，直接损失与最终的系统性风险之间的差异越来越大。忽略间接传染将导致系统性风险被低估，且低估程度会不断被扩大。

那么在保险系统中诸多保险公司之间的风险传染到底处于怎样的一种状态呢？本部分利用式(6.3)计算得出的传染性指标 $ci_{j \to i}$，依次分析每年的保险系统内部联系网络，并利用软件 ucnet 绘制出传染网络图（见图6-4）。为了更加清楚地展现，图6-4中仅仅标示出两者之间具有显著的传染关系[1]的情况，不显著的传染关系则没有标示出来。其中，连线的

---

[1] 本部分设置传染性指标 $ci_{j \to i} > 0.015$ 为显著路径进行展示。

2007年　　　　　　　2008年　　　　　　　2009年

2010年　　　　　　　2011年　　　　　　　2012年

2013年　　　　　　　2014年　　　　　　　2015年

2016年　　　　　　　2017年　　　　　　　2018年

2019年

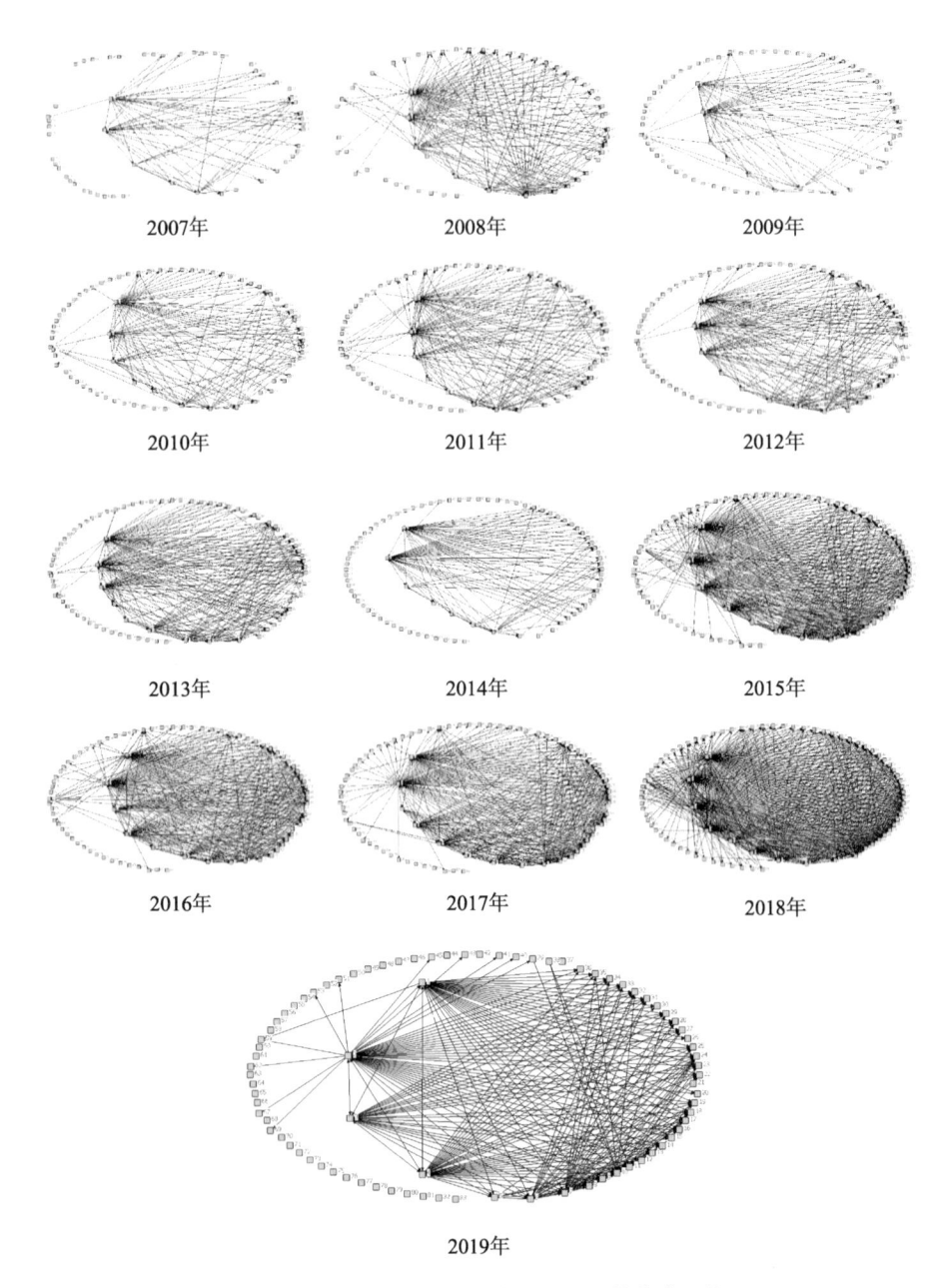

图6-4　2007-2019年保险公司之间的传染网络

粗细表现了传染性的大小,连线的箭头方向表现出传染的方向,箭头的出发方为影响机构,所指方为被影响机构。

图 6-4 依次显示了从 2007 年到 2019 年各家保险公司之间的传染网络关系。大致可以看到,2007 年,整个网络还是比较稀疏的,但 2008 年则显得较为密集,然后又逐渐缓和并稀疏,到 2015 年异常密集,从 2016 年开始又有所缓和。当然,"稀疏"代表着整体的传染性不高,而"密集"则代表着整体的传染性非常高。对比图 6-3 中直接损失与系统性风险之间的差距可以看到,图 6-3 与图 6-4 的分析结果保持了一致。在图 6-4 中网络显得比较密集的年份,在图 6-3 中直接损失与系统性风险之间的差异也非常大。这表示,由于传染性强,而导致传染损失也比较大,并进而推高了累积的系统性风险。

参考式(6.4)、式(6.5)和 CONCOR 迭代相关收敛法,利用 ucnet 软件对网络关系中一系列网络特征值进行更为精确的分析(刘军,2009)。

网络密度越大,该网络中机构之间的联系越多,内部机构越有可能受到很大的影响。所以密度越大,系统内部传染性越强。可以看到,在 2008 年次贷危机和 2015 年 A 股股灾时,系统密度处于峰值。发生前期各家保险公司之间的联系正处于不断积累阶段。但和次贷危机后联系迅速减少不同,2016 年和 2017 年的联系紧密度仍盘踞在高位。

整个系统或多或少会围绕某些点而形成中心。网络的中心化趋势越趋近于 1,集中的趋势越明显。在中心化程度较高的系统中,处于中心位置的公司更容易对其他公司产生影响或受到影响。表 6-1 中显示,内入中心度和外入中心度具有很大的不对称性,对外部影响的中心化更严重,这也说明系统重要性机构集中于少数机构。在样本期前期,中国保险系统的中心化程度无论外入还是内入都处于上升阶段,然后随着保险主体的增加和市场化进程的深入,外入中心化程度处于一个连续降低的阶段,在资金运用放开和 A 股股灾两个节点前达到最高,但随后又开始下降;内入中心化程度到 2016 年才有所下降。

表 6-1　　　　　　　保险公司之间传染网络的特征值

年份	网络密度		中心化		凝聚子群	
	整体密度	标准差	外入中心度	内入中心度	个数	R^2
2007	0.001 0	0.024 7	2.018%	3.060%	6	0.086
2008	0.002 4	0.038 2	3.862%	3.234%	6	0.244
2009	0.000 6	0.004 9	8.437%	3.334%	6	0.407
2010	0.001 1	0.007 1	11.146%	3.651%	6	0.398
2011	0.000 8	0.019 8	10.337%	4.734%	7	0.446
2012	0.001 4	0.007 6	14.397%	4.664%	7	0.457
2013	0.001 2	0.016 2	6.208%	5.338%	7	0.384
2014	0.001 0	0.003 7	25.091%	4.376%	8	0.582
2015	0.003 1	0.010 6	27.100%	5.083%	8	0.675
2016	0.002 7	0.012 1	9.192%	5.631%	8	0.344
2017	0.002 8	0.014 6	7.483%	5.172%	7	0.158
2018	0.006 1	0.023 9	21.886%	4.387%	7	0.495
2019	0.008 4	0.047 1	7.095%	5.657%	7	0.257

相较于整体系统而言,在凝聚子群形成的小系统中,保险公司的联系更加紧密一些。图 6-4 中,可以明显看到一些形成紧密关系的机构集中点,小系统中的各机构相较于整个保险系统而言,具有更为紧密的传染关系。分析保险系统中的凝聚子群数目,可以看到个数在不断增加,到 2017 年才有所下降。这与前面分析中心化程度的结论保持了一致。

从总体趋势来看,整个保险业近年来的传染关系在不断变强,系统内部的传染关系中心趋于多元化,出现了多中心、多子群的格局。即系统重要性机构在不断增加且影响力增强。本部分结果说明,在保险业内部,资产风险的传染网络一直存在,并在持续地发生变化。尽管随着保险主体的增加和市场化进程的推进,中心化程度有所降低,凝聚子群数在变多,整个网络的传染性越来越强,可以被传染到的公司数目也不断增加。当外部冲击达到一定程度时,由于传染而导致的损失会放大外部冲击,并最终导致系统性风险。所以,资产风险的传染损失也不容小觑。

第二节 保险公司在其中的角色与影响因素[①]

一、引言

从时间维度看,系统性风险长期持续存在;从空间维度看,系统性风险牵连广泛。谢志刚(2016)认为,应该从一个动态、连续的视角观察系统性风险。在研究系统性风险时,不能仅关注风险事件催化下所表现出的结果,而应该全面地分析风险来源、传递渠道、驱动因素、影响结果等诸多方面。实际上,各种风险因子的沉淀与累积过程、系统性风险的形成过程、引发危机的直接导火索等,都远比危机这一结果要更为重要。原中国保监会2016年给出的有关系统性风险的定义是:"由于单个或多个保险机构的内部因素、保险市场和保险业外部的不确定性因素,导致保险机构发生重大风险事件并难以维持经营,进而引发保险系统发生剧烈波动或危机,甚至将其负面效应传染至金融体系和实体经济,最终造成重大不利影响的风险。"其中不但强调了系统性风险爆发后行业内外的严重后果,还突出了作为系统性风险来源的外部和内部因素等多种不确定的因素。这些因素才是防控系统性风险最重要的角度。

从主体来看,保险公司是保险市场上的最小单元。它们在"防范化解重大金融风险"的过程中,各自扮演着不同的角色。有的保险公司会将自身风险外溢,而有的保险公司则被迫受到风险冲击。那么,究竟哪些保险公司扮演着风险外溢的角色,又有哪些保险公司扮演着被风险冲击的角色呢?它们扮演不同的角色是受到哪些因素的影响呢?它们又应当采取什么响应举措,通过改变自身的经营战略而改变自己的角色呢?特别的,由于投资业务在寿险业中具有更为重要的地位,因此在研究资产风险引

[①] 邹奕格,粟芳:保险公司的角色及影响因素分析——基于投资风险引致系统性风险的过程[J].中央财经大学学报,2022(2):27-40.

致系统性风险的过程时,聚焦寿险公司的角色就显得更有意义。但实际上,非寿险和寿险公司作为机构投资者在投资业务上的地位是相当的。

本部分以保险公司为研究对象,以上一节研究结论"资产风险会引致保险行业系统性风险"这一重要论点为出发点。基于系统性风险形成的具体过程与逻辑,构建保险行业系统性风险的度量体系,从微观角度出发,分析保险公司在资产风险传递过程中可能扮演的不同角色,分析具体的保险公司究竟是资产风险外溢的系统重要性机构,还是倍受资产风险冲击的系统脆弱性机构,并在理论上分解出对保险公司在资产风险引致系统性风险过程中所扮演角色及传染关系具有决定性的约束因素;再通过实证结果加以佐证,找到保证保险公司稳健投资、帮助监管机构监管有效前置的关键性要素,从而更为有效地从源头上防控系统性风险。

本部分的创新之处在于:(1)提出并证实了保险公司在资产风险引致系统性风险形成过程中具有不同的角色,不仅存在系统重要性机构,还提出了系统脆弱性机构的概念;(2)设计了系统重要性机构与系统脆弱性机构的衡量方式,分析了两者的区别,以区别对待其监管重点;(3)详细分解了对保险公司的系统重要性或脆弱性,以及保险公司之间传染性具有影响的决定性约束因素,明确了微观层面系统性风险的焦点;(4)描绘了典型的系统重要性机构与系统脆弱性机构的保险公司所具有的特点及普遍行为模式;(5)基于国内资本市场实际数据和压力测试识别出权益投资是保险行业最敏感的投资品种。

二、文献综述

(一) 系统重要性机构与系统脆弱性机构

资产风险引致系统性风险的形成过程可以描述为:保险行业投资业务发生重大风险事件,系统中最为脆弱的一部分受到冲击,多米诺骨牌中的一块被推倒,进而加速整个系统的崩塌,系统性风险爆发。可以看到,在这个过程中,微观层面的保险公司可能具有两种角色,它们既可能是系统中向外部传导的重要部分,也可能是系统中受到冲击的脆弱部分。前者需要衡量公司的风险贡献,而后者则需要衡量的是公司风险敞口。当一家公司的风险贡献或是风险敞口足以影响整个行业时,该家公司就可以被称为系统重要性机构或者系统脆弱性机构。如果将视角缩小到具体的两家保险公司,当一家公司的风险贡献或风险敞口足以影响另一家公司时,则说明这两家公司间存在显著的传染路径,反之则不存在传染路径。当系统内部这样的显著传染路径越来越多,则构成了系统内部的传染网络。发生一次小的冲击,就足以形成螺旋扩大,最终导致系统性风险。

目前有关系统重要性机构的研究中,并没有区分系统重要性机构和系统脆弱性机构(李政等,2019),更多都是以系统重要性机构统而称之。黄金老(2010)认为,狭义上的金融脆弱性是指金融业高负债经营的行业特征决定的更容易失败的内在属性,广义上的金融脆弱性则是一种趋于高风险的金融状态。在本部分中,重要性指的是保险公司风险贡献大、更容易外溢自己内部的冲击;而脆弱性则用来表示保险公司风险敞口过大或是更容易受到冲击。事实上,度量系统性风险的不同方法均已体现出这两者的不同。衡量系统重要性机构的两类常用方法:从上而下的 MES 和 DIP 等方法就是基于系统崩溃假设下公司的损失程度,即机构的风险敞口;自下而上的 ΔCoVaR 等方法就是基于公司困境对系统的贡献,即机构的风险贡献。在以网络建模方法度量系统性风险的模型中,则是以"发出(emitter)"和"接收(receiver)"分别命名,以示区别和传染方向(Chen 和 Sun,2020)。

因此,将保险公司对于系统整体的风险贡献定义为系统重要性;将个体公司在整个市场体系下的风险敞口定义为该家保险公司的系统脆弱性;该保险公司对于某家特定公司风险敞口的贡献则被定义为保险公司之间的传染性。

(二) 不同角色的约束因素

在资产风险引致系统性风险的过程中,倘若保险公司的确具有不同的角色,那么哪些约束因素会对保险公司的不同角色起到放大作用,又有哪些因素会起到抑制作用呢？很多学者都深入挖掘了系统性风险在深层次上的驱动因素。但是系统性风险的成因非常复杂，与系统性风险的表现结果即金融危机相比较而言，风险因子在累积阶段是相对隐蔽的，故难以观察。一般是从系统的内部和外部来考虑约束因素（陶玲和朱迎，2016）。

从系统外部考虑，经济周期颇具影响力。经济处于下行周期时，在资产质量差、投资者信心不足的背景下，保险公司反而更容易吸引资金、增加保费收入，但这一大笔资金同样面临没有最优投资资产的问题，经营压力成倍增长（魏华林，2018）。保险公司系统性风险敞口与贡献受金融危机和股市的影响非常明显（朱衡和卓志，2019）。

内部的影响因素则更加复杂。由于保险公司在系统性风险中的角色不同，其约束因素自然也就不同。FSB(2009)用三个主要指标确定、识别机构是否具有系统性风险以及是否为系统性事件促成因素，分别为：风险规模（size of exposures）、关联性（interconnectedness）、不可替代性（lack of substitutability）。而对系统脆弱性起作用的因素是用公司内部应对外部冲击的能力作为标准。这些影响因素决定了市场或机构在系统性事件中的脆弱性。有四个指标，分别为：杠杆（leverage）、流动性风险和期限错配（liquidity risks and maturity mismatches）、复杂性（complexity）和政府政策（government policy and regulation）（Cummins和Weiss，2013）。

在对保险机构的研究方面，Weiss等（2014）研究了美国保险公司的规模、债务和投资收入与净收入之比等因素在金融危机期间对系统性风险贡献的影响，发现保险公司的规模是美国保险公司系统性风险贡献的主要驱动因素。Chang等（2018）研究了中国台湾的保险公司，发现与美国保险公司相关研究发现规模是风险贡献和敞口的主要驱动因素不同，杠杆率和非核心业务才是中国台湾保险公司系统重要性的主要驱动因素，杠杆率是风险敞口的重要驱动因素。徐华等（2016）利用CoVaR计算出系统性风险后，基于面板数据进行了实证分析，研究了在险价值、总资产收益率、偿付能力等对系统性风险的影响,认为混业经营的保险集团风险贡献度高于其他保险公司。完颜瑞云等(2018)则认为,中国保险业尚不成熟,行业最重要的风险来源是市场深化过程中的脆弱性,并建立了生成保险业系统性风险的行为模型,实证探索了影响中国保险公司财务稳定性的行为特征变量。朱衡和卓志(2019)厘清了影响保险公司系统重要性的内在关键因素,分别为规模、杠杆和非核心业务,还分析了其他影响因素的具体效应,如净资产收益率、市盈率与投资收益能力等。

三、理论模型

(一) 投资风险引致的系统性风险

与上一节相同,N 家保险公司的总资产可以用对角阵 $\boldsymbol{A}$ 表示,a_i 为第 i 家保险公司的总资产。假设总共有 k 类资产,持有的 k 类资产组合的详细比例为矩阵 $\boldsymbol{M}$;其中,m_{iq} 为第 i 家保险公司持有的第 q 类资产占其总资产的比例,矩阵 $\boldsymbol{M}$ 的第 i 行即向量 $\boldsymbol{M}_i$ 为第 i 家保险公司持有的各类资产占其总资产的比例。当投资出现失误或是资本市场的资产价格大规模下跌时,称为市场出现收益率损失的风险冲击,记为 $\boldsymbol{F} = (f_1, f_2, \cdots, f_k)'$,其中 f_k 为第 k 类资产价格所受到的损失冲击,取绝对值表示损失的大小。投资业务风险冲击导致保险公司所遭受的直接损失为 $\boldsymbol{AMF}$。

直接损失发生后,保险公司的总资产减少,所有者权益也相应减少,杠杆也相应地发生变化。保险公司为了维持稳定的杠杆率并持续经营,需抛售资产以维持平衡。假设 b_i 为第 i 家保险公司的目标杠杆,杠杆即为负债与所有者权益之比。$\boldsymbol{B} = \mathrm{diag}(b_1, b_2, \cdots, b_N)$。当外部发生投资业务的风险冲击时,保险公司为了维持偿付能力的稳定,保证目标杠杆率 $\boldsymbol{B}$,需要抛售资产 $\boldsymbol{BAMF}$[①],累计需要抛售的各类资产的规模为 $\boldsymbol{M}'\boldsymbol{BAMF}$。

---

① 为了保持相同的杠杆率,即冲击发生前各家公司的总资产与资本之比等于抛售资产后的总资产与资本之比,可求解出第 i 家保险公司需要抛售的资产数目为 $b_i a_i \boldsymbol{M}_i \boldsymbol{F}$,各家保险公司需要抛售的资产为 $\boldsymbol{BAMF}$。

保险公司抛售资产的行为必然会引起资本市场上资产供给增加,甚至还会引起投资者的恐慌、盲从与抛售等其他行为的发生,从而导致一系列决定资产价格形成基础的条件和因素发生变化。并极可能引致该类资产价格进一步下跌,进而影响持有同类型资产的其他保险公司。设 L 为各种资产的价格相关矩阵乘上 10^{-13} 形成的流动性折扣矩阵①,其中的 l_{pq} 即第 p 类资产价格的波动对于第 q 类资产价格的影响。保险公司抛售造成的流动性影响为 ML。此时,资产价格之间的关联性也可能使得其他类型资产的价格下跌,进而可能影响持有其他类型资产的保险公司……并最终导致系统性风险的发生。

保险公司为了维持杠杆,需要继续抛售资产。最终造成的总损失为 $AMLM'BAMF$。本文将资本市场的资产价格下跌作为保险公司投资业务风险的外生来源,以因外部投资业务风险冲击所造成的总损失占权益 E 的比重来衡量系统性风险。e_i 为第 i 家保险公司的所有者权益,$E = (e_1, e_2, \cdots, e_n)'$。行业整体的系统性风险水平可表示为:

$$sr = \frac{1'AMLM'BAMF}{1'E} \quad (6.6)$$

(二) 保险公司的系统重要性

保险公司 j 的系统重要性(sii_j)是指其对整个行业内部的风险贡献,也就是保险公司在行业中所拥有的风险外溢能力。本部分通过下述逻辑来进行量化:特定保险公司 j 由于其自身的投资失误,当资产价格发生某种程度的收益率损失 F 时,其对整个保险系统中所有保险公司造成的损失占所有者权益的比重。假设冲击只针对一家保险公司 j 发生,从而计算对外部整体的影响;也可以理解成一家保险公司对行业内部所有保险公司的风险形成的贡献。可以由矩阵计算得到与保险公司 j 特征数据相关的表达式(6.7)。

---

① 资产出售对于资产价格的影响数量级,缺乏经验数据,关于数量级,参考方意和郑子文(2016)的设定。

$$sii_j = \frac{\mathbf{1}'\mathbf{AMLM}'\mathbf{BAC}_j\mathbf{C}_j'\mathbf{MF}}{\mathbf{1}'\mathbf{E}}$$

$$= \frac{a_j b_j \left[\sum_{q=1}^{K}\sum_{p=1}^{K} l_{qp} m_{jp} \left(\sum_{n=1}^{N_I} a_n m_{nq}\right)\right]\left(\sum_{u=1}^{K} m_{ju} f_u\right)}{e}$$

$$= (b+1)a_j b_j \left[\sum_{q=1}^{K}\sum_{p=1}^{K} l_{qp} m_{jp} m_q\right]\left(\sum_{u=1}^{K} m_{ju} f_u\right) \quad (6.7)$$

其中，$\mathbf{C}_j$ 为除第 j 个元素为 1 外其他均为 0 的列向量。m_q 为整个保险行业所有保险公司投资第 q 种资产与行业总资产的比值。从式(6.7)中可以看到，在资产风险引致系统性风险的过程中，一家保险公司所具有的系统重要性由行业总体杠杆 b、该保险公司的资产规模 a_j、杠杆 b_j，以及关联性 $\left(\sum_{q=1}^{k}\sum_{p=1}^{k} l_{qp} m_{jp} m_q\right)$，还有外部冲击 $\left(\sum_{u=1}^{k} m_{ju} f_u\right)$ 共同决定。

(三) 保险公司的系统脆弱性

保险公司 i 的系统脆弱性（svi_i）是指保险公司 i 暴露在整个行业下的风险敞口，也就是保险公司在整个行业的资产风险冲击下接受风险的程度。可以采用下述方法量化保险公司的系统脆弱性：针对某一特定保险公司 i，计算出市场资产价格发生变化时该保险公司的损失占所有者权益的比重。即市场环境发生变化时一家保险公司 i 的风险暴露程度；也可以理解成其代表了一家保险公司在行业中面对所有保险公司的风险敞口。同样，进行分解，可以得到与保险公司 i 特征数据相关的表达式(6.8)

$$svi_i = \frac{\mathbf{C}_i'\mathbf{AMLM}'\mathbf{BAMF}}{\mathbf{C}_i'\mathbf{E}}$$

$$= \frac{a_i \left[\sum_{q=1}^{K}\sum_{p=1}^{K} l_{qp} m_{iq} \left(\sum_{n=1}^{N_I} m_{nq} a_n b_n \left(\sum_{u=1}^{K} m_{nu} f_u\right)\right)\right]}{e_i}$$

$$= (b_i+1)\left[\sum_{q=1}^{K}\sum_{p=1}^{K} l_{qp} m_{iq} \left(\sum_{n=1}^{N_I} m_{nq} a_n b_n \left(\sum_{u=1}^{K} m_{nu} f_u\right)\right)\right]$$

$$(6.8)$$

从式(6.8)中可以看到,在资产风险引致系统性风险的过程中,代表保险公司 i 被风险冲击的系统脆弱性是由该保险公司所具有的杠杆 b_i,以及与其他公司的关联性和外部冲击 $(\sum_{q=1}^{k}\sum_{p=1}^{k}l_{qp}m_{iq}(\sum_{j=1}^{n}m_{jq}a_jb_j(\sum_{u=1}^{k}m_{ju}f_u)))$ 所共同决定的,与资产规模没有关系。

需要指出的是,一般而言,同一家保险公司并不一定同时具有显著的系统重要性和系统脆弱性特征。但是,如果同一家保险公司同时较为集中地体现了系统重要性和系统脆弱性的特征,则应该成为监管关注的重中之重[①]。

(四) 保险公司之间的传染性

保险公司之间的传染性是指被传染方暴露在传染方风险贡献下的风险敞口。具体而言是指,在投资风险引致系统性风险的过程中,保险公司 j 的投资业务受到冲击时,可能对保险公司 i 所产生的影响。可以根据这一定义进行量化,从而构建出由传染公司 j 到被传染公司 i 的系统性风险的传染路径,并度量传染性的大小。传染性与系统重要性及系统脆弱性的概念完全不同。前者关注的是两家保险公司之间的微观关系,而后两者则是一家保险公司对于行业内部所有保险公司的风险贡献或风险敞口。倘若某一条传染关系异常显著,则可以考虑其是否是从系统重要性机构向系统脆弱性机构的风险传递。设保险公司 j 对保险公司 i 的传染性为 $ci_{j\to i}$。具体计算与前文式 6.3 相同。可以看到:

$$ci_{j\to i} = \frac{C_i'AMLM'BA\,C_j\,C_j'MF}{C_i'E}$$

$$= \frac{a_i\left[\sum_{q=1}^{K}\sum_{p=1}^{K}l_{qp}m_{jp}m_{iq}\right]a_jb_j(\sum_{u=1}^{K}m_{ju}f_u)}{e_i}$$

[①] 根据初步计算结果,各家公司的系统重要性和系统脆弱性排名的相关性必须不具有显著性。这说明目前我国保险市场的投资业务相对安全,不存在对其他保险公司具有巨大影响力且自身又容易被影响的保险公司。但是,仍需要持续关注两者都较高的保险公司,其极易成为行业系统性风险的爆发点。

$$= (b_i + 1) a_j b_j \Big[\sum_{q=1}^{K} \sum_{p=1}^{K} l_{qp} m_{jp} m_q \Big] \Big(\sum_{u=1}^{K} m_{ju} f_u \Big) \quad (6.9)$$

即保险公司 j 由于投资业务而对保险公司 i 引发传染关系 $ci_{j\to i}$ 是由传染公司 j 的资产规模 a_j、杠杆 b_j、被传染公司 i 的杠杆 b_i、两家公司的关联性 ($\sum_{q=1}^{k} \sum_{p=1}^{k} l_{qp} m_{jp} m_q$) 以及外部冲击 ($\sum_{u=1}^{k} m_{ju} f_u$) 所共同决定的。

四、初步分析及假设

在上文有关资产风险引发系统性风险过程的理论模型推导中,就保险公司可能扮演的角色和相互之间的传染性进行了定义,并根据系统性风险的衡量公式确定了各自的衡量模型及影响约束因素。从中可以看到,无论是保险公司的系统重要性和系统脆弱性,还是保险公司之间的传染性,除了受外部冲击的影响之外,从保险公司的内部约束因素来看,基本上受到保险公司的资产规模、杠杆以及关联性的影响。下文先就这些重要变量进行初步分析,探索其与目标变量之间可能存在的关系。

(一) 数据来源

由于数据受限,无法得到资产负债表的表外数据,故仍然是基于保险公司财务报告中资产负债表的数据进行分析。按照原保费的收入多少选择研究主体 N 为 83,其中非寿险公司 46 家,寿险公司 37 家[①]。研究期限为 2007 年至 2019 年。

根据各家保险公司公布的年度财务数据得到总资产规模 A、杠杆 B

---

① 国寿股份、平安人寿、太保人寿、华夏人寿、太平人寿、新华、泰康人寿、人保寿险、富德生命人寿、天安人寿、中邮人寿、前海人寿、百年人寿、阳光人寿、国华、工银安盛、恒大人寿、友邦、建信人寿、平安养老、安邦人寿、农银人寿、信诚、合众人寿、招商信诺、人保健康、中意、中美联泰、民生人寿、利安人寿、光大永明、幸福人寿、交银康联、中英人寿、信泰、珠江人寿、和谐健康、人保股份、平安财产、太保财产、国寿财产、大地财产、中华联合、阳光财产、太平保险、天安、华安、众安财产、永安、华泰、英大财产、安盛天平、永诚、中银保险、国元农业、紫金财产、安华农业、鼎和财产、浙商财产、安诚、国任财险、渤海、安邦、都邦、亚太财险、阳光农业、长安责任、北部湾财产、富德财产、中航安盟、华农、美亚、众诚保险、安联、三星、富邦财险、东京海上、苏黎世、三井住友、安达保险、日本财产、史带财产、爱和谊。

(负债/权益)。共考虑了 $k=6$ 类投资资产,包括:(1)流动性很强的资产,如拆出资金、定期存款和买入返售金融资产;(2)债券类;(3)权益类;(4)衍生品交易;(5)长期股权投资;(6)投资性房地产。根据各家保险公司的持有情况确定持有比例 M。根据市场收益率确定资产价格相关矩阵 L。并以各类投资资产当年收益率的下四分位数作为价格冲击 F。上述数据均可以在保险公司公布的财务报表中获得。

(二)重要变量的初步分析

1. 资产规模

图 6-5 中,横轴代表各家保险公司[①],黑色竖线以左是 37 家寿险公司,黑色竖线以右是 46 家非寿险公司。纵轴为资产规模(a_n)的累计值。

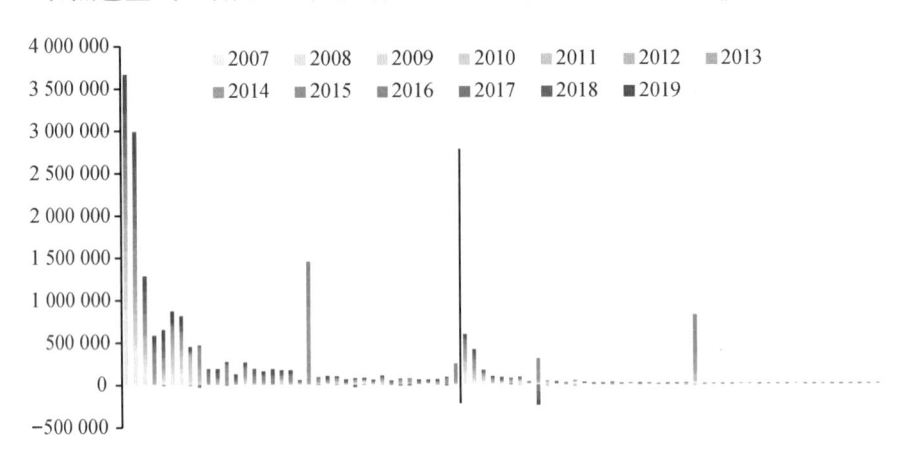

图 6-5 保险公司的资产规模

[①] 由于保险公司的样本数较多,故未展现具体的公司名称。图 6-6、6-7、6-9、6-10 中横轴的含义均与图 6-5 相同。横轴公司依次为:国寿股份、平安人寿、太保人寿、华夏人寿、太平人寿、新华、泰康人寿、人保寿险、富德生命人寿、天安人寿、中邮人寿、前海人寿、百年人寿、阳光人寿、国华、工银安盛、恒大人寿、友邦、建信人寿、平安养老、安邦人寿、农银人寿、信诚、合众人寿、招商信诺、人保健康、中意、中美联泰、民生人寿、利安人寿、光大永明、幸福人寿、交银康联、中英人寿、信泰、珠江人寿、和谐健康、人保股份、平安财产、太保财产、国寿财产、大地财产、中华联合、阳光财产、太平保险、天安、华安、众安财产、永安、华泰、英大财产、安盛天平、永诚、中银保险、国元农业、紫金财产、安华农业、鼎和财产、浙商财产、安诚、国任财险、渤海、安邦、都邦、亚太财险、阳光农业、长安责任、北部湾财产、富德财产、中航安盟、华农、美亚、众诚保险、安联、三星、富邦财险、东京海上、苏黎世、三井住友、安达保险、日本财产、史带财产、爱和谊。

即除2007年外其他年份的色块均是与上一年份的差值,即整个柱状表示2019年末的资产总值。

图6-5表明,大部分保险公司都遵循了资产规模柱状图的颜色由浅至深、连年累计增长的规律,且资产规模增速较为平均。但是也有几个例外,比如新华人寿。可以看到其颜色偏浅,表明这主要是因为资产规模的累积源自2014年之前的扩张,近年新华人寿的规模增长大不如前。安邦寿险、天安财险①、安邦财险都是在2012年集团改组后资产规模异常增大。除此之外还可以发现,值得注意的是,近两年来有几家保险公司的资产规模明显减少,以天安财险最为明显。

2. 杠杆

图6-6的横轴同图6-5,纵轴是各家保险公司杠杆(b_i)2012年至2019年的平均值。可以看到,不同保险公司的杠杆具有非常显著的差异。寿险公司中,中型寿险公司如友邦、合众、幸福和农银人寿的杠杆尤其较高。这表明这几家寿险公司的经营较为激进,风险承受能力较差。而且,竖线左边寿险公司的杠杆明显高于右边的非寿险公司。

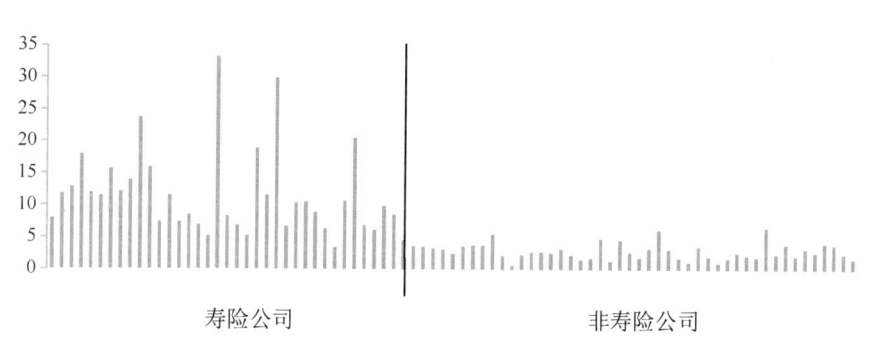

图6-6 保险公司存续期间的年平均杠杆水平

3. 关联性

除了上述变量之外,还有一个变量是关联性(*interconnectedness*)。

---

① 天安财险所属集团西水股份进行了策略转型合并,可供出售金融资产和货币资金在2012年成倍增长,长期股权投资更是连年增长。

关联性的数值越大,表明保险公司持有更多的普遍被其他保险公司所持有的资产,也就与市场上的其他保险公司有更紧密的资产关系。本部分用代理变量来衡量关联性,以投资资产比例之和直接来代表关联性($interconnectedness_i$)。这种方法的合理性在于保险公司投资风险关联性由投资资产引起,持有的投资资产越多,越容易受到外部的影响。

$$interconnectedness_i = \sum_{p=1}^{K} m_{ip} \qquad (6.10)$$

而两家公司关联性则由持有投资资产比例的乘积来代替,见式(6.11)。

$$interconnectedness_{i,j} = \sum_{p=1}^{K} m_{ip} \times \sum_{p=1}^{K} m_{jp} \qquad (6.11)$$

图 6-7 的横轴同图 6-5,纵轴是根据上述方法计算的各家保险公司在各样本年中关联性($interconnectedness_i$)的平均值。可以看到,与资产规模、杠杆有显著的分布差异不同,保险公司的关联性整体均较高,而且各类保险公司的差异并不显著。目前保险公司资产配置均比较类似。

图 6-7 保险公司存续期间的年平均关联性

4. 外部冲击

外部冲击在"放大—传染机制"的作用下会表现出放大许多的影响结果。但是,资产有许多种类,保险公司的持有情况也不相同;不同资产具有不同的属性,外部冲击刺激的影响结果可能会有所不同。为了深入分析不同大小的市场损失冲击所导致的影响,基于前瞻性和科学性,进行深入的资产价格冲击敏感性分析。利用保险公司各样本年当年的资产负债数据,可以设定当年各类资产收益率的下四分位数为轻度冲击 F_{mild}、最小值为重度冲击 F_{severe},在计算系统性风险时可以将轻度冲击 F_{mild} 的影响结果作为基准线,与重度冲击 F_{severe} 的影响结果进行对比,评估各家保险公司在各种资产的不利冲击下的状况。

参照敏感性分析的一般做法,在具体分析保险公司对于第 k 类资产的敏感性时,保持其他类资产的冲击在基准线水平,将要研究的目标资产冲击调整为重度冲击,即将 F_{mild} 矩阵中第 k 种资产种类从轻度冲击 $f_{\text{mild},k}$ 调整为重度冲击 $f_{\text{serve }k}$,从而对特定目标资产进行分析。调整共同资产风险冲击后计算结果如图 6-8 所示。

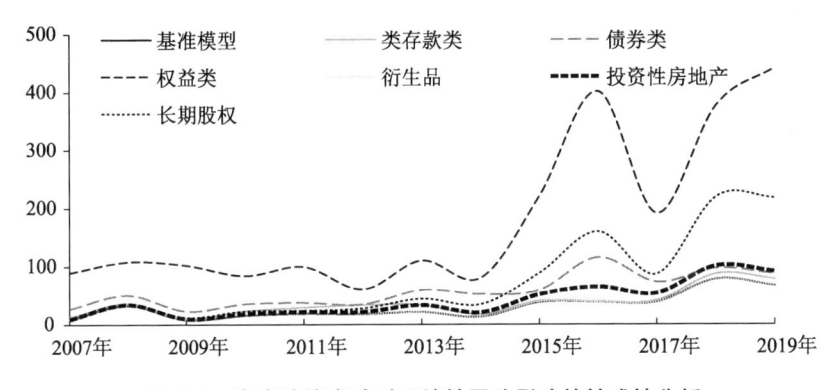

图 6-8 资产价格变动对系统性风险影响的敏感性分析

图 6-8 中纵坐标为衡量的系统性风险水平。可以看到,在将某一类资产价格的变化从轻度冲击调整为重度冲击之后,可能累积的系统性风险显著增加,明显地高于图 6-3 中的数值。另外,在 2012 年放开保险资金运用后,各类资产发生重度冲击时所造成的系统性风险水平都有显著提升,波动加剧。从不同资产类别来看,对系统性风险影响最为明显的是权益类投资,其次是债券类投资。但 2014 年之后,长期股权投资对系统性风险的影响增大,超过了债券类投资。当然,这与权益类资产的价格波动较大、保险公司的投资份额较大有关。值得注意的是,各家保险公司在衍生品的投资规模非常小,所以影响最小,但仍然高于图 6-3 中的轻度冲

击的影响结果。这说明，各种金融资产价格都是紧密相关的，牵一发而动全身，这种隐蔽的关联性与传染性不可忽略。

由于这种影响因素是完全外生的，对所有的保险公司有相同的冲击，下文不再继续研究。

(二) 目标变量的初步分析及提出假设

1. 系统重要性

首先根据式(6.7)及相关数据计算出各家保险公司的系统重要性，如图 6-9 所示。横轴同图 6-5，纵轴为系统重要性的累积值，不同颜色色块为该家保险公司当年的系统重要性。

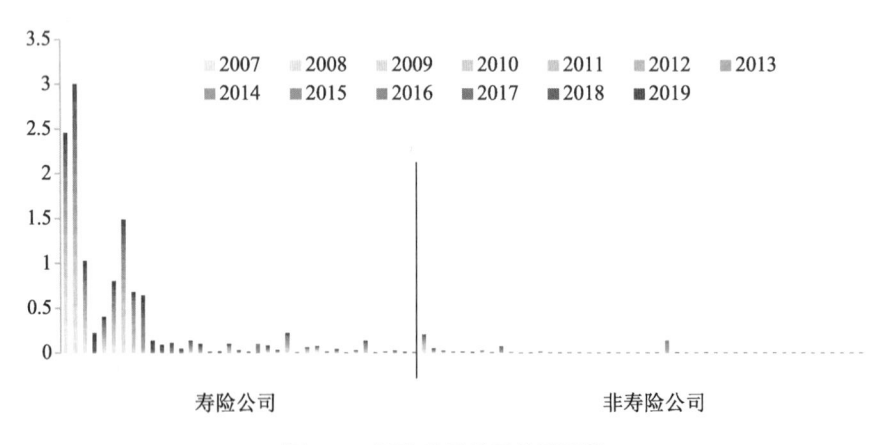

图 6-9 保险公司的系统重要性

从图 6-9 可以看到，整体上，相较于非寿险公司而言，寿险公司具有较为明显的系统重要性；其中 2017 年系统重要性排名前五的公司依次分别为：平安人寿、中国人寿、泰康保险、太平洋人寿、新华人寿。

进一步分析决定系统重要性的因素。经对式(6.7)的分析可以发现，保险公司的资产规模、杠杆以及关联性对系统重要性有显著影响。因此就式(6.7)提出三个推论，并在下文进行实证检验：

推论 6.1：保险公司的资产规模显著地正向影响着系统重要性。

推论 6.2：保险公司的杠杆显著地正向影响着系统重要性。

推论 6.3：保险公司的关联性显著地正向影响着系统重要性。

但是，比较图 6-9 和图 6-5、图 6-6、图 6-7，可以发现虽然图 6-5 和图 6-9 中柱状的绝对大小不尽相同，但相对大小非常类似。因此，初步认为，保险公司的资产规模显著地正向影响并决定了其资产风险对系统性风险的贡献，导致其具有系统重要性的特征。因此提出假设 6.2：

假设 6.2：保险公司的资产规模是决定系统重要性的最重要因素。

理论上分析，资产规模更大的保险公司由于业务范围广、涉及地域多、合作交易方比较杂等诸多原因，确实更容易造成溢出效应。而且，资产规模较大的保险公司可以通过其自身强大的资金实力在资本市场上分散风险，使得经营更加稳定。当然，观察保险公司的资产规模时，不应仅聚焦特定几家大型公司或集团的资产总量，也应关注一些具有相同业务特质、高度关联资产和所有者权益的小机构。它们也可能因为这些相似的特性而自发形成规模效应。一些保险公司作为机构投资者，在投资理念、风险偏好和专业技术方面趋同，呈现出集聚化，投资同质化明显。并且值得注意的是，倘若数据允许，也不能仅衡量保险公司的表内资产规模。次贷危机期间，AIG 资产管理部门发行的信用掉期造成的损失足以说明，应该将表外衍生品的风险暴露价值和交易对手违约的潜在损失都考虑在内。虽然保险公司的场外交易表相关数据难以获得，但实际上包含这些信息的资产总量才是真正的资产规模。

2. 系统脆弱性

首先，根据式(6.8)计算出各家保险公司的系统脆弱性。同理，将保险公司在各样本年中的系统脆弱性用柱状图表示(见图 6-10)，不同色块表示不同年份的系统脆弱性。可以看到，整体上，更多的寿险公司具有系统脆弱性的特征，非寿险公司的系统脆弱性特征相对而言不是非常明显。2017 年度系统脆弱性排名前五的公司依次分别为友邦保险、合众人寿、农银人寿、华夏人寿、中美联泰大都会人寿。

进而分析影响保险公司系统脆弱性的决定性因素。分解式(6.8)可以发现，保险公司的杠杆以及关联性对系统脆弱性有显著影响。相对于

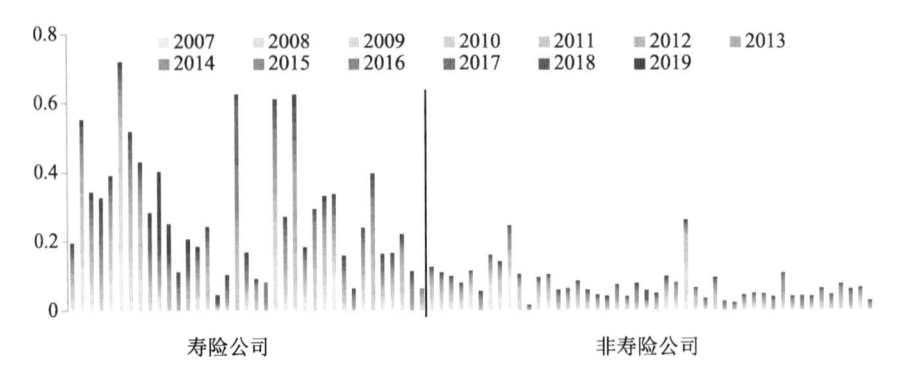

图 6-10 保险公司的系统脆弱性

系统重要性而言，资产规模对于保险公司的系统脆弱性影响不大。故就式(6.8)提出两个推论，并在下文进行实证检验。

推论 6.4：保险公司的杠杆显著地正向影响着系统脆弱性。

推论 6.5：保险公司的关联性显著地正向影响着系统脆弱性。

对比图 6-6 和图 6-10，除去两者量纲的不同，基本可以看到，非寿险公司和寿险业中脆弱性较高的保险公司都拥有高杠杆，其形状与杠杆值也非常相似。因此，本部分初步认为，在资产风险引致系统性风险的过程中，保险公司的杠杆是决定其风险暴露水平并导致系统脆弱性的主要因素。故提出假设：

假设 6.3：保险公司的杠杆是决定系统脆弱性的最重要因素。

实务中，金融机构广泛地利用杠杆创造价值，保险公司当然也不例外。但是当从事的高风险活动出现危机时，杠杆的作用会加重保险公司的财务危机，甚至将风险传递至整个系统。另一方面，高杠杆公司对于连环损失的敏感性更强。当面对金融冲击时，杠杆是度量公司脆弱性的最好指标。因为权益的损失远快于资产损失，当资产价值下跌的时候，保险公司的净值损失可能会更严重。比如，如果资产权益比为 10，总资产的价值下跌 5%，就会抹去一半的权益。当保险公司为了弥补所有者权益的损失而抛售资产时，则会遭遇更大的损失，形成螺旋效应。当然，要全面地衡量保险公司的杠杆,也应该包括公司所有的表内和表外财务数据。因为,除了负债经营外,杠杆还可以由期权、保证金购买证券等方式而创造。但是,这部分数据也非常难以从财务数据中获取,极有可能导致低估杠杆。

3. 保险公司之间的传染性

保险公司之间的传染性是基于两个保险公司之间,即保险公司 j 对保险公司 i 的传染性为 $ci_{j \to i}$。传染性与系统重要性及系统脆弱性的概念完全不同。前者关注的是两家保险公司之间的微观关系,而后两者则是一家保险公司对于行业内部所有保险公司的风险贡献或风险敞口。倘若某一条传染关系异常显著,则可以考虑其是否是从系统重要性机构向系统脆弱性机构的风险传递。根据 6.3 和 6.9 式计算传染性,传染网络如图 6-4 所示。

从图 6-4 中可以看到,保险公司之间的传染性在样本年中逐渐增强。当然,保险行业层面的传染性体现为诸多一对对保险公司之间的传染性,其中有传出风险的传染公司,也有传入风险的被传染公司。以 2017 年为例,传染关系最为显著的五对公司依次为:平安人寿→友邦保险、中国人寿→友邦保险、泰康保险→友邦保险、太平洋人寿→友邦保险、平安人寿→合众人寿。可以发现传染关系显著的双方分别正是上文提到的 2017 年排名前列的系统重要性机构和排名前列的系统脆弱性机构。

那么,究竟有哪些保险公司层面的约束因素决定着它们之间的传染性呢? 经分解式(6.9)可以发现,保险公司 j 由于投资业务而对保险公司 i 引发的传染性 $ci_{j \to i}$ 是由传染公司的资产规模、杠杆、被传染公司的杠杆以及两家公司的关联性共同决定的。根据式(6.9),本部分提出下列推论,下文将进行实证检验:

推论 6.6:保险公司的资产规模显著地正向影响着保险公司的风险传出。

推论 6.7-1:保险公司的杠杆显著地正向影响着保险公司的风险传出。

推论6.7-2：保险公司的杠杆显著地正向影响着保险公司风险传入。

推论6.8：保险公司间的关联性显著地正向影响着保险公司之间的传染性。

传染关系涉及双方公司且传染网络较为复杂，无法直接推断有关传染性的决定性因素，还需要进一步的实证分析帮助判断。结合之前的推论和假设可以认为：资产规模越大的保险公司越容易成为系统重要性机构，并在传染关系中是显著的传染方；杠杆对于保险公司的风险贡献和风险敞口都有显著影响，即杠杆越高的公司越容易成为系统重要性保险机构或系统脆弱性机构，也即传染关系中的双方；两家公司由于投资业务所构建的联系对于传染关系中的传染双方而言是连接的桥梁。保险公司之间关联的网络结构也是因保险公司之间的各种关系而形成，比如再保险、持有类似的资产、股东关联及场外交易等。尤其是，本部分所研究的保险公司投资业务使得整个保险系统通过投资于共同的资本市场，从而暴露于相同的风险冲击下。共同的风险投资形成了风险的传染渠道，使得不同机构具有共同的风险暴露，从而在共同的风险冲击突显出来。任何一家机构、一个市场或是一个系统的失败都可以被传递出去并导致传染。中国保险公司因为资金运用方面的限制，投资渠道极为类似，共同的风险敞口已天然形成。因投资业务关联性引起的传染渠道已经非常明显。

4. 其他内部影响因素

在资产风险引致系统性风险的过程中，保险公司可能会具有系统重要性或系统脆弱性的特征，保险公司之间也具有一定的传染性。除了在式(6.7)、式(6.8)和式(6.9)中可以直接推导出的资产规模、杠杆和关联性三个起决定作用的约束因素之外，可能还有一些涉及保险公司性质的内部因素也会产生影响。本部分主要参考由Cummins和Weiss(2013)归纳和总结的有关保险业系统性风险的研究，通过分析保险公司特征、风险偏好、业务特点等其他内部因素，解析在资产风险引致系统性风险的过程中，对保险公司角色形成具有促进作用的共同特征。

(1) 公司特征。公司特征包括公司年龄(*age*)与公司行业(*business*)。

其中,公司年龄(age)为保险公司从成立到样本分析年度的年数。保险公司的年龄越大,投资经验越丰富,对于资本市场和资金运用的认知更深刻,控制资产风险的能力更强,对外部的影响可能更大。公司行业($business$)方面,虽然寿险公司与非寿险公司在投资市场上同为机构投资者,但是由于保险公司的性质不同,资金运用受到的限制也不尽相同,保险公司的风险贡献和风险敞口也就可能不同。

(2) 风险属性。风险属性方面主要考虑保险公司的资本属性($country$)、国有股份比例($govcont$)和集团属性($group$)。资本属性($country$)可以帮助刻画保险公司的地理复杂性。一般而言,拥有外资属性的国际保险公司当然要比专注于某一国家的保险公司具有更加复杂的组织架构,其投资业务可能会受到国外总公司的影响。由于保险有特殊的社会稳定作用,国内大型保险公司大多有国有股份。而国有企业在经营时,经营策略更倾向于严谨、保守,较高的国有股份比例会使其偏好谨慎、保守的商业模式和风险文化(梁琪和余峰燕,2014)。同时国有股份比例($govcont$)较低时,存在风险主体多元化而稀释总风险的可能性,这也会对保险公司的资产风险产生影响。集团属性($group$)主要用于体现保险公司组织结构的复杂性,同时涉足银行、保险和投资基金的保险集团远比单一的保险公司要复杂得多。属于保险集团的保险公司在进行投资时也会显得更有野心。

(3) 业务特征。业务特征方面主要考虑投资收益占比($interest$)、流动性($liquidity$)和期限错配程度($mismatch$)。投资收益占比($interest$)体现了保险公司对于投资业务的依赖程度。保险公司最重要的业务就是承保业务和投资业务,这两项业务的特征存在显著的差异。本部分将研究重点放在资产风险,那么倘若保险公司的利润更加依赖于投资业务,则其在资产风险引致系统性风险的过程中当然具有更加重要的影响和地位。而流动性($liquidity$)和期限错配程度($mismatch$)涉及保险公司资产配置时的最优选择和边际配置问题。次贷危机期间,影子银行将短期融资投放在长期头寸上,当商业部门要求赎回时,就会面对严重的流动性问题。一一般而言,保险公司的资金来源是相对稳定的,绝大多数保险合同都不会发生退保,而且只有合理的索赔申请才会进入理赔程序。但是,寿险合同大多是长期的,而国内的长期债券投资比较缺失,故寿险公司可能存在着严重的长钱短配的问题。这不但不利于寿险公司获取收益,也可能会扩大资产风险的影响。总结见表6-2。

表6-2　　　　　　　　　内部影响因素汇总

	因素	符号	赋值	预期影响原因
公司特征	公司年龄	age	从成立至样本年的年数	资产风险的理解、控制力
	公司行业	$business$	寿险为1,其他为0	资金运用限制
风险属性	资本属性	$country$	外资为1,中资为0	地理复杂性、经营理念差异
	国有股份比例	$govcont$	国有资本占比	国有企业倾向于保守投资
	集团属性	$group$	保险集团控股占比	集团公司愿意承担更多风险
业务特征	流动性	$liquidity$	投资活动的净现金流入标准化	投资活动的频繁度
	投资收益占比	$interest$	投资收益/营业收入	公司依赖投资业务程度
	期限错配	$mismatch$	资产/(短期负债－现金)①	短期融资工具为长期头寸提供融资

五、实证研究设计

(一) 决定因素的实证设计

在资产风险引致系统性风险的过程中,保险公司所具有的决定约束因素对资产风险传递是否具有关键性作用呢? 本部分进一步以实证分析验证假设。在理论分析部分可以看到,计算保险公司的系统重要性、系统脆弱性和机构间传染性时,都是基于资产规模、杠杆和关联性这三个决定因素而计算得到的。它们之间必定存在着明显的相关性,所以不能再简单采用相关分析或回归分析等方法。

本部分采取的检验方法为:首先采用无监督分箱,仅根据三个决定因素的大小对保险公司进行分组。以资产规模分组为例,那么,对资产规

---

① 期限错配采用 Adrian 和 Brunnermeier(2016)的度量方法,以资产/(短期负债－现金)测度,该指标值越小,表明期限错配越严重。

模分组形成的各组中都是显著拥有相同规模特征的保险公司。进而，在分好的组别中采用 Dagum 基尼系数方法（Dagum,1997）来描述资产规模是否是系统重要性、系统脆弱性和机构间传染性差异的原因。如果系统重要性、系统脆弱性和机构间传染性整体差异的来源主要在组别之间，那就说明该因素的影响极大，即可证实假设 6.2 的存在性。也采用相同的方法验证有关杠杆和关联性的假设。但即使差异的来源主要不在组别之间，也不能说明该因素没有影响，只是不够显著罢了。

1. k 均值聚类分箱

无监督分箱的具体操作方法有等距分箱、等频分箱和聚类分箱等。其中，由于等距分箱和等频分箱较为粗糙和主观，本部分采用 k 均值聚类分箱。具体做法是：先随机分为 k 组（k 的具体数值需要提前设定），分别计算各组中均值；随后遍历每一个数值，并重新将数值分配到各组，使得与该组的平均距离达到最小；不断重复上一步，直至分组不再变化。k 均值聚类分析以相似性为基础，在一个聚类（cluster）中的样本比不在同一聚类中的样本具有更多的相似性，而且组内方差达到最小。在这种分组下，每组中的数值都大于前一组中的所有数值。这种分箱方法也比较适用于基尼系数的运算，但需要提前估计聚类的数目。

利用 Python 中 kmeans 库，对所有年份的资产规模、杠杆和关联性的数据进行分箱。由于需要先估计出聚类的组别数，利用误差平方和 SSE（Sum of Squared Errors）进行挑选。不同的组别数取值会产生不同的结果。随着组别数的扩大，样本分组越来越精确，SSE 会逐渐减少；自然而然，当组别数达到最大，即 N_I 时，SSE 最小为 0。当然，组别数取值使得每组之间的差异之和最小是最好的，但这样组别数的值会无限增长，也就失去了分组降维的意义。基于基尼分解的需求，需要尽可能聚集类似的公司特征值。当组别数小于真实聚类数时，由于组别数的增大会大幅增加每一组的类似度，故 SSE 的下降幅度会很大；而当 k 达到真实聚类数时，再增加组别数所得到的聚合程度回报会迅速变小，所以 SSE 的下降幅度会骤减，然后随着组别数值的继续增大而趋于平缓。也就是说，SSE 和组别数的关系图是一个手肘(elbow)的形状，而这个肘部对应的 k 值就是数据的真实聚类数。图 6-11 中，横轴是根据资产规模、杠杆和关联性可能分组的组别数，纵轴是各种分组时的 SSE。根据图 6-11 进行选择，可以看到资产规模和杠杆的 SSE 在 $k=5$ 之后变化缓慢，所以将数据分为 5 组。

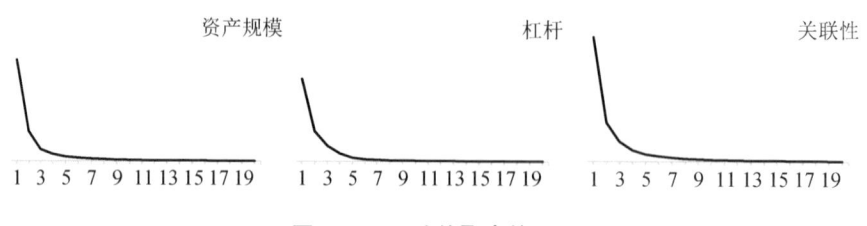

图 6-11　k 均值聚类的 SSE

2. 基尼系数分解

Dagum 基尼系数法中，基尼系数的定义为式(6.12)：

$$G = \frac{\sum_{p=1}^{5}\sum_{q=1}^{5}\sum_{g=1}^{w_p}\sum_{h=1}^{w_q}|s_{pg}-s_{qh}|}{2w^2\bar{s}} \tag{6.12}$$

按照资产规模、杠杆和关联性三个决定因素大小排序，分别把所有保险公司分为低、偏低、中等、偏高和高 5 个组别，p、q 代表其中的一组。w 是指保险公司的个数，分组 p 中的保险公司个数为 w_p，分组 q 中的保险公司个数为 w_q。s_{pg} 是分组 p 中的第 g 家公司的系统重要性(或脆弱性，或传染性，下同)，s_{qh} 是分组 q 中的第 h 家公司的系统重要性，$\bar{s}$ 是所有保险公司的系统重要性的平均值，$\bar{s}_p$ 和 $\bar{s}_q$ 分别是指分组 p 与分组 q 中各家保险公司系统重要性的平均值。类似式(6.12)，分组 p 内的基尼系数 G_{pp} 及分组 p 与分组 q 之间的基尼系数 G_{pq} 如式(6.13)和式(6.14)所示。

$$G_{pp} = \frac{\sum_{g=1}^{w_p}\sum_{h=1}^{w_p}|s_{pg}-s_{ph}|}{2w_p^2\bar{s}_p} \tag{6.13}$$

$$G_{pq} = \frac{\sum_{g=1}^{w_p} \sum_{h=1}^{w_q} |s_{pg} - s_{qh}|}{w_p w_q (\bar{s}_p + \bar{s}_q)} \tag{6.14}$$

继而可以将基尼系数分解为三个部分：组内差异贡献 G_w、组间净值差异贡献 G_{nb} 和超变密度贡献 G_t，且满足 $G_w + G_{nb} + G_t = G$。详细计算见式(6.15)、式(6.16)和式(6.17)。

$$G_w = \sum_{p=1}^{5} G_{pp} \frac{w_p}{w} \frac{w_p \bar{s}_p}{w \bar{s}} \tag{6.15}$$

$$G_{nb} = \sum_{p=2}^{5} \sum_{q=1}^{p-1} G_{pq} \left(\frac{w_p}{w} \frac{w_p \bar{s}_p}{w \bar{s}} + \frac{w_q}{w} \frac{w_q \bar{s}_q}{w \bar{s}} \right) B_{pq} \tag{6.16}$$

$$G_t = \sum_{p=2}^{5} \sum_{q=1}^{p-1} G_{pq} \left(\frac{w_p}{w} \frac{w_p \bar{s}_p}{w \bar{s}} + \frac{w_q}{w} \frac{w_q \bar{s}_q}{w \bar{s}} \right) (1 - B_{pq}) \tag{6.17}$$

B_{pq} 为分组 p 与分组 q 之间系统重要性的相对影响，可以表示为 $B_{pq} = \frac{b_{pq} - a_{pq}}{b_{pq} + a_{pq}}$。其中，$b_{pq} = \int_0^\infty dF_p(s) \int_0^s (s - s') dF_q(s')$，$a_{pq} = \int_0^\infty dF_q(s) \int_0^s (s - s') dF_p(s')$。$F_p(s)$ 和 $F_q(s')$ 表示为 p 与 q 区域的累计密度分布函数。b_{pq} 为两个分组之间系统重要性的差值，可以理解为区域 p 与区域 q 中所有 $s_{pg} - s_{qh} > 0$ 的样本绝对值加总的数学期望；a_{pq} 为超变一阶矩，表示区域 p 与区域 q 中所有 $s_{qh} - s_{pg} > 0$ 的样本绝对值加总的数学期望。

以资产规模、杠杆和关联性三个决定因素的大小分别对所有83家样本保险公司分组，并按照上述方法分析各组中系统重要性、系统脆弱性和保险公司之间传染性的基尼系数，如果目标指标的差异主要源于组间而非组内，即 G_{nb} 占比较高，即可证明这项决定因素的确是目标指标差异的最主要来源，假设6.2和6.3就可以分别得到证实。

(二) 其他影响因素的分析

在保险公司资产风险导致系统性风险的过程中，除了三个决定因素之外,保险公司其他个体内部特征又会对保险公司所扮演的角色及相互之间的传染性产生什么影响呢? 由于传染性仅仅体现两家公司之间的关系,实质上是系统重要性和系统脆弱性影响范围缩小的版本,对于个体公司间更具有研究意义。所以在这一部分的研究中取本部分基于式(6.7)和式(6.8)计算的系统重要性(sii)和系统脆弱性(svi)作为被解释变量,研究行业的整体情况。以表6-2中罗列的影响因素作为解释变量,三个决定因素资产规模(a)、杠杆(b)和关联性($interconnectedness$)[①],以及当年国内整体经济发展水平(gdp)、当年衡量资本市场收益水平的存款利率($rate$)为控制变量,建立回归模型,如式(6.18),分析对保险公司在系统性风险中的角色具有影响的因素。其中,将 s 分别代入系统重要性(sii)和系统脆弱性(svi),进行两次回归。

$$s = \alpha + \beta_1 age + \beta_2 attribute + \beta_3 country + \beta_4 govcont + \beta_5 group \\ + \beta_6 liquidity + \beta_7 interest + \beta_8 mismatch + \beta_9 a + \beta_{10} b \\ + \beta_{11} interconnectedness + \beta_{12} gdp + \beta_{13} rate + \varepsilon \quad (6.18)$$

六、实证结果

(一) 决定因素的分析

将所有样本年份的数据混合,得到各组有关决定因素的基尼系数分解的结果,如表6-3所示:

表6-3　　　　　　　　　　样本年的基尼系数结果

	系统重要性			系统脆弱性		传染性			
	资产规模	杠杆	关联性	杠杆	关联性	资产规模 out	杠杆 out	杠杆 in	关联性
基尼系数	0.887 1	0.887 1	0.887 1	0.665 5	0.665 5	0.911 5	0.911 5	0.911 5	0.911 5
组内占比	13.14%	27.01%	18.41%	23.17%	18.24%	22.63%	26.91%	24.14%	14.61%

---

① 为了减少单位的影响,对所有变量进行标准化处理后进行回归。

(续表)

	系统重要性			系统脆弱性		传染性			
	资产规模	杠杆	关联性	杠杆	关联性	资产规模 out	杠杆 out	杠杆 in	关联性
组间占比	66.14%	27.49%	61.01%	51.05%	33.29%	29.96%	46.19%	50.74%	51.87%
超变占比	20.73%	45.50%	20.58%	25.78%	48.47%	47.41%	26.91%	25.12%	33.52%

注：传染性的计算中涉及两家保险公司，其中，资产规模为传染方的资产规模，杠杆 out 为传染方的杠杆，杠杆 in 为被传染方的杠杆。

首先分解系统重要性。虽然式(6.7)中，保险公司的资产规模、杠杆和关联性三者都是决定因素，但表6-3显示，系统重要性的差异主要来自资产规模的差异，占比达到了66.14%。资产规模导致差异的组间占比远远高于组内占比。这说明保险公司的资产规模对系统重要性具有显著的影响，资产规模是确定保险公司在风险传递过程中贡献的重要因素。除此之外，表6-3中，杠杆导致差异的组内占比近似于组间占比，而关联性导致差异的组内占比也小于组间占比。这说明，杠杆和关联性在保险公司系统重要性的形成中具有一定的作用，但这种作用相对于资产规模更小。这能够证明，推论6.1、推论6.2、推论6.3和假设6.2成立。目前在保险公司资产风险引致系统性风险的过程中，保险公司的资产规模是决定保险公司具有系统重要性的关键决定因素。

类似地分解系统脆弱性的决定因素。式(6.8)中，系统脆弱性的计算与资产规模无关，故表6-3仅针对杠杆和关联性进行分解。表6-3中显示，杠杆和关联性相比较而言，杠杆起到的作用明显更大。杠杆导致差异的组间占比(51.05%)显著地大于组内占比(23.17%)，而关联性导致差异的组间占比(33.29%)也大于组内占比(18.24%)。推论6.4、推论6.5和假设6.3成立。因此，目前监管部门非常重视高杠杆的保险公司是非常有必要的。但需要注意的是，近年来中国保险公司的杠杆均有上升的趋势。美国监管部门很早就对投资业务的杠杆进行监控，并要求风险准备金不仅仅是为承保业务而提存，投资业务也要具备相应的准备金。

所以,投资业务频繁的保险公司会较为保守地经营以降低杠杆率。但是如果没有对投资业务的杠杆单独加以监控,那么当保险公司大量参与资产证券化等金融衍生品业务时,杠杆率、偿付能力充足率等均不会发生明显变化;其与外界交易对手的联系却使得风险暴露显著增加。一旦外部环境发生变化,则极有可能面临着巨大的违约破产风险。况且金融市场创新带来的高风险、高杠杆投资工具是目前国际市场上保险公司濒临破产的最主要原因,比如次贷危机期间深陷信用违约互换的 AIG。

保险公司的传染性分解结果显示,传染方的资产规模和杠杆,被传染方的杠杆和两者的关联性都起到了相当的作用,均存在组间占比明显大于组内占比的现象,而且差异非常明显。故推论 6.6、推论 6.7-1、推论 6.7-2 和推论 6.8 均成立。

(二) 其他影响因素的分析

前文有关保险公司在系统性风险中角色的决定因素分析基本表明,在资产风险引致系统性风险的过程中,保险公司的资产规模决定了其是否是系统重要性机构,杠杆决定了其是否是系统脆弱性机构;而特定两家公司之间的传染性则由重要性显著的保险机构向脆弱性特征显著的保险机构传递,并受到关联性连接的影响。那么,除了这些决定性因素之外,还有哪些保险公司的内部因素会影响保险公司在系统性风险生成过程中的角色呢? 本部分基于对样本期 2007-2017 年 83 家寿险和非寿险公司的特征数据,进一步研究不同影响因素的影响方向与影响程度。由式 (6.18) 得到回归结果,如表 6-4 所示。

表 6-4 中,首先观察控制变量决定因素的回归结果。可以看到,有关系统重要性机构的回归结果中,三个决定因素资产规模(a)、杠杆(b) 和关联性($interconnectedness$) 的回归系数均显著为正。这进一步验证了推论 6.1、推论 6.2 和推论 6.3 的成立。有关系统脆弱性机构的回归结果中,杠杆(b) 和关联性($interconnectedness$) 的回归系数均显著为正。这也进一步验证了推论 6.4 和推论 6.5 的成立。

表 6-4　　　　　　　　内部影响因素的回归分析结果

影响因素	系统重要性 系数	系统重要性 t 值	系统脆弱性 系数	系统脆弱性 t 值
公司年龄(age)	−0.020	0.033	−3.681**	1.871
公司行业(business)	0.074***	0.028	6.611***	1.614
资本属性(country)	−0.021	0.026	−0.237	1.446
国有股份比例(govcont)	−0.095***	0.024	−0.880	1.382
集团属性(group)	0.042	0.026	−0.338	1.462
流动性(liquidity)	0.048**	0.024	1.768	1.371
投资收益占比(interest)	0.022	0.023	0.699	1.326
期限错配(mismatch)	0.001	0.024	0.367	1.339
资产(a)	0.980***	0.032	4.437**	1.818
杠杆(b)	0.109***	0.024	26.767***	1.388
关联性(interconnectedness)	0.079***	0.029	8.077***	1.656
国内生产总值(gdp)	0.029	0.035	13.084***	1.971
存款利率(rate)	−0.044	0.033	−4.618**	1.868
常数项	0.402***	0.023	23.173***	1.316
F	162.70***		57.27***	
R^2	0.685		0.434	

注：＊＊＊、＊＊、＊分别表示在1％、5％和10％的水平上显著。

然后观察解释变量的回归结果，可以看到，系统重要性和系统脆弱性保险机构的回归结果大不相同。系统重要性机构方面，在三个决定因素的控制下，影响模型中具有显著影响的解释变量有 3 个，且除国有股份比例(govcont)的系数为负之外，公司行业(business)、流动性(liquidity)的回归系数均显著为正。这说明国有股份的占比较低、投资资金具有较强的流动性的寿险公司很有可能成为系统重要性机构。

而系统脆弱性机构方面，在三个决定因素的控制下，影响模型中具有显著影响的解释变量只有 2 个，即公司行业(business)和公司年龄(age)，且公司年龄系数为正。这说明，对于保险公司而言，仅仅只有成立年限较短和寿险属性会促进其脆弱性特征的增加。但深入分析不难发现，寿险公司保单的长期特质使得其杠杆和资产规模都要高于非寿险公司,而成立年限较长的国有保险公司一般也具有比较大的资产规模,因此有一种可能是这些特质是通过影响保险公司的资产规模和杠杆,然后再作用到系统重要性和系统脆弱性的。但经过检验,模型并不存在多重共线性,解释变量之间也没有线性关系。

第三节 本章小结

一、资产风险可能引致保险业系统性风险

本部分重点研究了保险公司的资产风险对保险行业系统性风险的影响情况。当金融市场上的资产价格发生不利变动时,各家保险公司会面临由此产生的共同资产风险冲击,导致保险公司资产损失;进一步,由于资产价格之间的传染性以及保险公司业务之间的关联性,这一共同资产风险冲击的影响范围会在不同资产以及不同金融机构之间进行传递,并最终导致系统性风险爆发。可以看到,保险公司的投资业务使得保险系统与外部资本市场紧密地联系在一起。本部分对保险公司资产风险对保险业系统性风险的影响进行了理论分析,了解了影响的路径和渠道,并基于模型验证了资产风险的确是保险业系统性风险的根源之一。通过研究与分析,得出了如下结论:

- 保险公司的资产风险的确可能会引起整个保险业系统爆发系统性风险,投资业务所蕴含的资产风险是保险业系统性风险的根源之一。
- 资产风险对系统性风险的影响包括两个层次,其一是由于面临着共同资产风险冲击而发生的直接损失,其二则是由于资产之间和机构之间的传染而发生的传染损失。直接损失与保险公司的资产持有比例和资产价格冲击有关,而传染损失则可能与规模、关联性、杠杆都有着显著的关系。

- 相对于由于共同资产风险冲击而发生的直接损失而言，传染损失的规模更大，影响后果更可怕，这才是系统性风险的显著特征，是在防范系统性风险时的主要防范对象。
- 目前可能会导致保险行业系统性风险的主要机构是大型寿险公司。系统重要性集中于少数几家大型寿险公司；系统脆弱性则相对分散，各家大、中型公司都易受到影响。
- 保险业系统内部的资产联系在不断增强，传染损失在直接损失基础上的放大倍数越来越大，一损俱损的可能性不断提升。系统内部多中心节点网络逐渐形成，中心节点（系统重要性机构）的影响力在逐渐增加。
- 不同种类的资产价格变化时导致的影响有所差别：买入返售、定期存款等低风险资产在经济下行的整体压力下极易造成大面积信用风险；权益类价格下跌的耐受力较弱，股市下跌点数一高，则极易受到影响；房地产、长期股权投资等高风险资产的风险敞口不断扩大。

基于本文的研究结论，提出以下建议：

- 根据资产风险对系统性风险影响的两个层次来看，降低传染损失应当是防范系统性风险的主要任务。倘若能从保险机构内部的资产联系入手进行控制，将因"传染—扩大"机制而放大直接损失的倍数控制在一定范围内，则保险业因资产风险而爆发系统性风险的可能性会大大降低。
- 各家保险公司的投资项目应该有所差异。从保险行业的角度来看，差异化配置资产不但能有效降低共同资产风险冲击带来的行业直接损失，还能够有效减少联系、降低传染损失。
- 保险公司要严格控制房地产、长期股权等高风险资产的占比，严禁为了追逐回报而盲目投资高风险资产。否则，很可能因为高风险资产所产生的共同资产风险冲击而引发系统性风险。
- 从监管对象来看，系统重要性保险公司仍然是保险监管的重点。

当然,培养更多的系统重要性机构能在一定程度上分散保险行业系统的传染性。

二、保险公司在此过程中具有不同的角色

在资产风险引致系统性风险的过程中,不同保险公司具有不同的角色。或具有容易向系统输出风险的系统重要性,或具有容易被风险冲击的系统脆弱性;同时在更微观的角度上,不同两家保险公司之间具有不同的传染性,并由此构成了保险行业内部的风险传染网络。当然,保险公司所具有的不同特征影响着保险公司在系统性风险传递过程中的角色。本部分从理论推导的角度,认为保险公司的资产规模、杠杆和关联性是影响保险公司角色的关键内部因素,资产价格下跌是重要的外部因素,并据此提出了各个推论和假设。进而采用聚类分箱、基尼系数分解、回归等方法从实证的角度证实了这些推论和假设。本部分得出了如下的研究结论:

- 不同种类的资产价格变化导致的影响是有差别的:买入返售、定期存款等低风险资产在经济下行的整体压力下极易造成大面积信用风险;权益类价格下跌的耐受力较弱,股市下跌点数一高,则极易受到影响;房地产、长期股权等高风险资产的风险敞口不断扩大。目前来看,权益类投资对行业系统性风险的影响最大。
- 保险公司的系统重要性(风险贡献)是由保险公司的资产规模、杠杆和关联性产生正向影响的,且资产规模是最重要的关键因素。保险公司的系统脆弱性(风险敞口)是由保险公司的杠杆和关联性产生正向影响的,且杠杆是最重要的关键因素。
- 保险公司之间的传染性更多地由传染方的资产规模和被传染方的杠杆所共同决定,关联性帮助了传染性的连接,起到了桥梁作用,但并不是两家保险公司的传染关系大小的关键性因素。
- 保险公司还有诸多内部因素也具有影响作用。国有股份的占比较低、投资资金具有较强的流动性的寿险公司,更容易具有系统重要

性的特征;从行业来看,成立年限较短的寿险公司更易具有系统脆弱性的特征。

目前,虽然资产风险已经被纳入保险偿付能力的衡量标准,但整体的监管力度仍然不够明确。一是国内金融市场整体还不够成熟,长期以来市场经营较为混乱,会计准则变化较大且较多,资产和负债数值的准确性及一致性较难保证。二是债券市场的割裂严重,收益率曲线不如发达市场稳定,历史收益的参考意义不大。所以根据本部分的研究结论,目前国内保险行业需要重视以下方面:

- 保险公司要严格控制房地产、长期股权等高风险资产的占比,严禁为了追逐回报而盲目投资高风险资产。否则,很可能因为高风险资产所产生的共同资产风险冲击而引发系统性风险。
- 成立年限较久、具有较大资产规模并由集团控股的寿险公司应成为监管重点,它们大多具有明显的系统重要性特征,风险溢出效应较强。但是在实务监管中,针对规模的监管不应仅局限于绝对的资产规模,在投资业务引发系统性风险的过程中,投资活动也会产生较大的现金流,现金流的规模也应引起足够的监管重视。
- 经营中具有较大杠杆的寿险公司也应成为监管重点,它们大多具有明显的系统脆弱性特征,被风险冲击的可能性较大,极易成为风险爆发点。当然,杠杆水平应被持续监控,尤其是针对寿险公司。但在金融不断创新的背景下,杠杆的形成绝不仅仅因为负债,还有更多的隐形杠杆,应及时予以识别与规范,并建立相应的公告制度。
- 需根据保险公司系统重要性与系统脆弱性特征对金融机构进行分类,然后依据对系统重要性与系统脆弱性的主要影响因素,选择科学有效的监管工具,有的放矢地制定政策,从而提高监管的科学性和有效性。比如,可以引入市场预期管理,当市场盲目乐观时起到警戒作用,当市场走低时有效协调,减少恐慌并降低混乱损失。对于已经出现风险征兆的保险公司,则要限制其资产规模、停批分支机构、责令减少风险产品投资、督促增资扩股等。这些都是行之有效的方法。

此外,资产负债管理、信用评级、风险管理都还处于初步发展阶段,整体水平较低。尽管在监管机构和诸家保险公司的努力下,市场不断规范,但前路仍然漫长。

第七章 保险业资产风险的外溢及监管

投资业务是保险公司的核心业务之一,前文也证实,保险资产所面临的资产风险的确是保险业系统性风险的来源之一。但是,资产的价格并非由保险公司来确定,而是整个资本市场供需双方博弈的结果。也就是对于保险公司而言,这是个外生因素。那么,当保险业爆发系统性风险时,其通过对资产价格的影响和传递,对整个金融市场的影响如何呢?监管机构采取了多种监管方式,密切关注保险公司的动向,并进行适时调整,那么,整体而言,这些宏观审慎监管工具的监管效果又如何呢?

第一节 保险业系统性风险基于投资业务的外溢分析[①]

一、引言

金融系统中主要的行业有保险业、银行业和证券业[②],它们各自的经营范围并不相同,但都作为重要的机构投资者广泛参与在各种投资活动之中。因此,它们都面对着相同的投资市场,有着重叠的投资产品。这使得保险业、银行业和证券业之间因投资业务而具有了联系,风险由此也具有了传染的路径。那么,当保险业内部发生风险并爆发本行业的系统性风险之后,是否可能以金融系统都广泛参与的投资业务作为传染渠道,继而将风险传染到银行业或是证券业?如果保险公司投资业务的确可以构

---

① 邹奕格,粟芳.系统性风险在金融行业间的外溢影响[J].经济与管理研究,2022(2):97-113.

② 参照《中国金融稳定报告》的统计口径,本研究部分将信托公司归属于银行业。

成保险业风险外溢传递的重要渠道,那么传染效应最强的是哪些保险公司呢?是否仍是目前公认的系统重要性机构呢?另外,保险业自身的系统性风险对其他两个行业的外溢影响能力究竟如何?外溢过程中又有哪些因素产生着比较重要的影响?

本研究将基于保险业、银行业和证券业因投资业务而产生的联系,基于金融机构的资产抛售模型解释系统性风险在行业间的传染机制,理论分析保险业系统性风险生成后在三个行业之间的传递过程,并根据实际数据加以验证。本部分的主要贡献有:(1)通过资产抛售模型,分析在金融系统中保险业系统性风险在机构和行业层面的传染机制及影响因素;(2)度量当前现实状况下保险业各种抛售程度下导致的系统性风险水平,为评估外溢效果提供了量化工具;(3)在行业间进行对比,从理论和实证两个方面验证保险业的稳定性。

二、文献综述和背景

为了验证保险业的系统性风险是否会通过投资业务向其他金融业机构外溢,并评估其导致整个金融业爆发系统性风险的严重程度,首先需从系统性风险的含义出发,确定相应的评估方法。结合原保监会对保险业系统性风险的定义深入分析,本部分有关金融系统性风险的研究包括三个关键部分:首先,需度量的风险后果,即具有一致性的一连串损失;其次,风险主体,即相互关联的多个机构和市场;最后,关注的风险来源是单个风险事件。

(一) 金融业系统性风险外溢水平比较

早期,基于网络结构研究风险传染和系统性风险的文献主要集中在银行间的债权或信贷关系网络(Allen 和 Gale,2000;Martínez-Jaramillo 等,2010)。然而现实中,银行间可以构成传染网络的渠道不仅仅是单纯的债务关系。Kok 和 Montagna(2016)考虑了三种更为详细的传染渠道,包括基于借贷网络的长期双边敞口、基于流动性网络的短期双边债务和金融资产的共同资产风险敞口,更加全面地构建了银行间多层的传染网络。其中,金融资产共同资产风险敞口就是金融机构资产负债表中可能面临风险的投资资产部分,也是本研究主要研究的投资业务引致系统性风险的部分。Shin(2008)提出,资产负债表变动会引起资产价格的变化,价格的变化又造成资产负债表的变化,如此循环往复,会放大金融系统中的任何冲击。资产交易还会对金融体系中其他实体产生溢出效应,尤其低价抛售会对其他所有机构的资产负债带来负面影响。因此,在构建银行间的传染渠道并进而搭建网络模型时,资产抛售也被认为是系统性风险的重要来源之一(Halaj 和 Kok,2013;Bluhm 和 Krahnen,2014)。后来,除了实际借贷关系或投资资产敞口外,金融网络还可以基于信息的传染建立,并进而扩展到其他的金融领域。Billio 等(2012)基于对冲基金、经纪人、银行和保险公司的月度收益率搭建了网络,发现银行在传递冲击方面扮演着比其他金融机构明显更加重要的角色。Dungey 等(2014)着重研究了银行、保险公司和实体经济企业的关联性并发现,虽然银行是经济中系统性风险最高的公司,但保险公司作为易于识别的群体,通过与金融业和实体经济的相互联系,也显示出了巨大的系统性风险。

相较于基于网络的方法,中国的学者在评估中国金融业系统性风险时,更多地采用了基于市场数据的方法。方意等(2012)运用 MES(边际预期损失)比较了各类金融机构在系统性风险中的边际贡献,并认为中国商业银行的系统性风险水平最高,证券公司和保险公司的系统性风险水平不高。白雪梅和石大龙(2014)则运用 ΔCoVaR(条件在险价值)进行了评估,认为商业银行的风险贡献要高于保险公司和证券公司。梁琪等(2013)计算的 SRISK(系统性风险指数)结果显示,大型银行和大型保险公司是排序靠前的系统重要性机构。王培辉与袁薇(2017)采用的 CCA (未定权益分析法)和动态因子 copula 模型以实证结果表明,银行的违约概率较低,但尚无明显的系统重要性机构。

基于市场数据的方法过于注重机构和市场的联动性,金融系统中机构与机构之间的微观传染关系不够明显(Chen 和 Sun,2020;梁琪等,2013),也未考虑风险的具体来源。所以,本部分计划采用基于网络的模型,依托金融系统中各金融机构的资产抛售行为搭建网络,并进而度量系统性风险。

(二) 系统性风险的主体

之前已有研究利用网络模型证明,保险公司从事的承保业务、银行从事的信贷业务,以及双方均有涉及的投资业务都足以引致行业内部的重大损失,并进而导致行业内爆发系统性风险(邹奕格和陆思婷,2020)。但这些研究仅囿于某一行业内部,对于某些行业的异质风险当然无可非议。毕竟,无论是保险公司的承保风险,还是银行的信贷风险,都可能因风险的特征不同而无法在不同行业之间广泛传递。但是,作为金融市场上的机构投资者,保险公司、银行、证券公司和信托公司面对着相同的投资市场和投资产品。所以,资产抛售传染机制在所有金融机构中同样存在。资产价格作为传染渠道,把包括保险业、银行业和证券业在内的各个金融子系统连接在一起,每个金融子系统和每家金融机构都暴露于相同的资产风险之中。各家金融机构投资组合中的风险暴露具有普遍性,使得即使属于两个不同行业的机构也可能互相产生风险传染关系;也可能因为一家或多家机构的资产抛售,而造成资产价格大幅波动,并进而导致更大范围的影响。在有限的投资业务范围内,各家金融机构的投资理念、投资产品和配置策略会在多重的维度上产生重合。此时,仅单纯地局限于某个行业内并只考虑该金融子系统的风险,显然会低估金融业整体的系统性风险。

因此,本研究计划基于整个金融系统,分析当保险业爆发行业系统性风险时,由投资业务产生传染,并进而引发整个金融业爆发系统性风险的可能性。由于资产配置结构的相似性和资产抛售行为对价格产生影响,各金融机构在金融市场上相互产生关联,并构成了金融业的整体(见图7-1)。

无论是保险公司、银行、证券

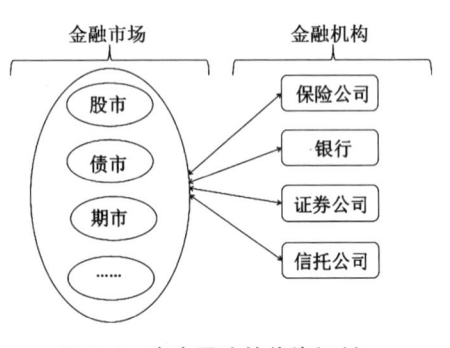

图7-1 资产风险的传染机制

公司还是信托公司，它们的资产配置具有一定的相似性，即都是由股票、债券或金融衍生品等构成。当经济环境变化或是金融机构经营需要导致市场供求发生改变，引起某一类金融市场的资产价格下降时，它们都会遭受直接损失。进而，部分金融机构由于自身流动性需要可能会继续抛售该类资产；或者抛售其他类的资产，从而导致其他类资产价格下降，使不同金融市场也相互联系在一起。本部分将基于金融机构之间和金融市场之间的联系进行深入分析。

（三）系统性风险的来源

Danielsson 等(2013)认为，在顺周期时期内，由于金融机构规模扩张、加大杠杆、偏好风险资产等原因，风险因子不断累积，并在负面冲击事件发生后迅速暴露，从而导致整个金融系统陷入危机。而根据初始负向冲击的驱动主体不同，可分为金融机构之外的市场参与者驱动和金融机构内部驱动两种类型(方意等，2020)。前者可能是金融机构之外市场参与者的需求改变，或宏观环境的变化，而导致资产价格急速下降，进而导致各类金融市场的金融资产价格都暴跌。比如，2020年新冠肺炎等类似的重大公共卫生事件。这时，虽然各家金融机构的主营业务还是经营良好，但投资业务面临同样的市场风险并受到共同资产风险冲击，发生了类似于多米诺骨牌的效应，使许多金融机构同时遭受损失。一些经营较为激进或过于依赖投资业务的金融机构就会面临流动性风险。它们为了维持经营稳定就会抛售资产进而加剧风险。内部金融机构驱动的原因则可能是各金融机构的主营业务发生了困难。比如，发生了巨灾事件，导致保险公司发生大规模赔付等，引起保险公司内部经营出现困难。在这类事件的影响下，金融机构主营业务出现资金流缺口，如2008年美国次贷危机中 AIG 的资管部门。为了弥补资金流缺口，机构会选择抛售资产，进而影响了金融市场原有的供求关系，并对金融资产的价格产生影响，继续对其他金融机构和其他金融资产产生影响。

本部分的研究核心是当保险业爆发了系统性风险后，对金融系统中其他行业的外溢影响。对于整个金融系统而言，这属于金融机构的内部驱动情形。当然,保险业系统性风险可能来源于巨灾导致多家保险公司同时面对大额赔付而带来的整体流动性枯竭,也有可能是源于部分保险机构自身经营不善、业务失败而导致的财务危机。前者当然是保险业的系统性风险;而后者中单个机构的经营不善,则可能影响到部分同行业机构,并进而向其他金融行业传递,甚至影响至整个金融业。

数据显示,中国的金融业近年来增速迅猛。金融业增加值的增速在2016年之前一直高于GDP总值的增速,金融业增加值在GDP总值中的占比也持续增长。当大量资金涌入债券、股票、衍生品和房地产等投资市场时,有可能造成金融资产价格大幅上涨。但一旦资金从金融市场撤离,极有可能造成资产价格泡沫破灭,引发金融业系统性风险。理论上分析,当保险业内部出现问题时,为弥补损失,必定会抛售金融资产。金融资产的抛售导致资产价格下跌,进而侵蚀其他金融机构的市值。其他金融机构为了满足监管杠杆、偿付充足率等监管约束,也会在金融市场上抛售金融资产。风险以金融资产的价格为传染媒介,在金融机构之间广泛传染。

实务中,从20世纪80年代日本"泡沫经济"破灭引发的经济萧条,到20世纪90年代末东南亚爆发的经济危机,再到21世纪初的南美金融危机,以及2008年美国次贷危机……这些金融危机都有一个共同的特征:存在金融资产价格大幅波动的现象。每个金融机构都在共同直面市场冲击的同时,也作为重要的金融资产交易者影响着资产的价格。近年来,金融资产价格也一直在经历剧烈的波动。如2015年初起上证指数一路上涨,至6月12日已较年初上涨逾50%;但好景不长,在2015年6月15日至7月8日短短17个交易日间,上证指数从5 174点暴跌到3 507点,连续多日出现千股跌停的局面。无独有偶,在2020年新冠肺炎疫情这种波及全球的大型公共卫生事件的影响下,美股自1997年首次熔断后,四次跌穿7%的熔断线,引发剧烈震荡。这些金融资产价格剧烈波动的背后都伴随着大量资金的频繁流动,严重危害了整个金融系统的稳定性,极易引发整个金融业的系统性风险。

三、理论分析与研究设计

(一) 传染机制的理论分析

本部分参考中国人民银行金融稳定分析小组发布的《中国金融稳定报告》,在金融行业中,具体考虑三个子系统行业:保险业、银行业和证券业。假设金融系统中总共有 N 个分属于三个不同金融子系统的金融机构,其中保险公司为 N_I 家,银行和信托公司为 N_B 家,证券公司为 N_S 家。同时,金融市场共提供了 K 类可供投资的金融资产,分别属于货币市场、债券市场、股票市场、衍生品市场和投资性房地产市场等。

对于 N 个金融机构中的任意一个机构 n,在时刻 t_0 的初始财务状态为:资产为 $a_n^{t_0}$,其中第 k 类金融资产为 $a_{n,k}^{t_0}$,占比为 $m_{n,k}^{t_0} = a_{n,k}^{t_0}/a_n^{t_0}$;所有者权益为 $e_n^{t_0}$;杠杆为 $b_n^{t_0} = a_n^{t_0}/e_n^{t_0} > 1$。第 k 类金融资产的价格为 $p_k^{t_0}$。在界定金融资产时,不考虑证券公司和信托公司的受托管理资金本金。因为这部分资产虽然也属于投资业务,也面临着资产风险,但资产所有权不属于证券公司和信托公司,也不会被划入相关公司的破产清算财产。故将金融资产的重点放在金融机构的自营部分,且暂不考虑除投资业务之外的其他业务可能带来的风险传染渠道。

虽然本部分的主要问题是保险业系统性风险经由投资业务向外的外溢程度,但银行业、证券业的行业系统性风险外溢机制是一样的,所以在理论分析中不做区分,在实证中也一样处理以做对比。针对研究的主要问题,将作为风险来源的单个事件锁定为行业内出现单个或多个公司大规模抛售金融资产[1],各家金融机构抛售金融资产的数量为 $sell_n^{t_0}$ ($sell_n^{t_0} \geq 0$)。由于各类金融资产的市场价格是由供求关系所决定的,金融机构大量抛售金融资产的行为会增加金融资产的市场供给。由需求函

---

[1] 以金融机构抛售投资资产作为风险来源。虽然有多种原因导致金融机构抛售投资资产,但其都属于金融机构内部主营业务的范畴,非本章的研究范围。故本章不再追溯引发该事件的更深层次原因。

数的反函数可得到金融资产的供求关系变化后在时刻 t_1 的价格 $p_k^{t_1}$（Bluhm 和 Krahnen，2014）。

$$p_k^{t_1} = p_k^{t_0} \exp\left(-\xi_k \frac{\sum_{n=1}^{N} w_{n,k}^{t_0} sell_n^{t_0}}{a_k^{t_0}}\right) \tag{7.1}$$

其中，价格敏感因子 ξ_k 为一个正常数，仅受到金融资产种类和经济环境的影响。$w_{n,k}^{t_0}$ 表示各类金融资产抛售的分配比例。$a_k^{t_0}$ 表示时刻 t_0 市场上第 k 类金融资产的总量。$\sum_{n=1}^{N} w_{n,k}^{t_0} sell_n^{t_0}$ 是作为风险来源的单个或多个金融机构抛售各类金融资产的数量，表示金融市场上多出来的供给。金融机构抛售金融资产的数量 $sell_n^{t_0}$ 也可以表示机构 n 遭受的风险损失大小，该值越大，也就表明金融机构内部经营的初始问题越大。当然，这也是风险传染的最为初始的来源。可以看到，抛售金融资产的数量越大，调整后的价格 $p_k^{t_1}$ 越低。进而，可以通过调整 $sell_n^{t_0}$，即观察当个别公司或行业处于不同风险水平时，整个金融业受到的影响。金融市场中的第 k 类金融资产遭受的负向冲击[①]$f_k^{t_1}$ 为：

$$f_k^{t_1} = -\frac{p_k^{t_1} - p_k^{t_0}}{p_k^{t_0}} = 1 - \exp\left(-\xi_k \frac{\sum_{n=1}^{N} w_{n,k}^{t_0} sell_n^{t_0}}{a_k^{t_0}}\right) \tag{7.2}$$

由于金融机构抛售了资产，资产负债表也会相应地发生变化。资产减少为 $a_n^{t_1} = a_n^{t_0} - sell_n^{t_0}$，其中第 k 类金融资产为 $a_{n,k}^{t_1} = a_{n,k}^{t_0} - w_{n,k}^{t_0} sell_n^{t_0}$，占比为 $m_{n,k}^{t_1} = a_{n,k}^{t_1} / a_n^{t_1}$；抛售资产是为了偿还债务，所有者权益维持不变 $e_n^{t_1} = e_n^{t_0}$。

在初始冲击下，任意机构 n 在时刻 t_2 会面临直接损失：

---

① 这个初始的负向冲击为负的收益率，为下文计算损失方便，故在公式前取负号变成一个正数。

$$direct\ loss_n^{t_2} = \sum_{k=1}^{K} a_n^{t_1} m_{n,k}^{t_1} f_k^{t_1} \tag{7.3}$$

很明显，任意机构 n 在时刻 t_2 面临的直接损失不但取决于初始冲击的大小，也取决于机构 n 持有的第 k 类金融资产的规模。当初始冲击或持有的金融资产规模足够大时，有一定的可能使任意机构 n 在时刻 t_2 的直接损失超过其自身的所有者权益，直接面临破产。所以，接下来将分两种情况进行分析。

情形 1：如果机构 n 发生的直接损失大于等于所有者权益，即 $e_n^{t_1} \leqslant direct\ loss_n^{t_2}$，则机构 n 面临破产。但是，金融业务具有非常明显的特殊性，金融机构的破产具有较大的影响力，可能对整个经济产生极大的负面影响。根据中国国情和金融机构被接管的经验，一般在对金融机构实施破产清算前，通常都设置了监管机构介入的环节，在行政清算阶段处理特殊业务和资产，然后由行业内领先的其他机构进行托管或重组。所以，本研究在该模型中，不考虑实际破产的情形。即当一家金融机构资不抵债时会被接管，投资业务进入停滞整顿状态，而不是将其剩余资产全部进行抛售和清算。

情形 2：如果机构 n 发生的直接损失小于所有者权益，即 $e_n^{t_1} > direct\ loss_n^{t_2}$，则机构 n 不会破产。但由于所有者权益的下跌速度要快于资产，此时机构 n 的杠杆会发生明显改变。当损失发生导致资产和资本的数据更新后，新的实际杠杆为 $b_n^{t_2} = \dfrac{a_n^{t_1} - direct\ loss_n^{t_2}}{e_n^{t_1} - direct\ loss_n^{t_2}}$。但机构 n 为满足相关的监管要求，必定要保证时刻都将杠杆维持在监管部门要求的水平 b_n^* 之下。而 $b_n^{t_2}$ 和监管部门要求杠杆 b_n^* 的相对大小是未知的，仍需继续分别讨论，以确定机构 n 是否需要抛售资产。

情形 2.1：如果 $b_n^{t_2} \leqslant b_n^*$，未触发监管杠杆的红线，机构 n 不会再抛售金融资产。

情形 2.2：如果 $b_n^{t_2} > b_n^*$，触发监管杠杆的红线，机构 n 需抛售金融资产 $sell_n^{t_2}$，以达到监管最低要求。需要指出的是，机构 n 在确定抛售金融资产的具体数目时,通常只考虑自身利益的最大化,而不会考虑自己抛售金融资产的行为对金融资产价格可能造成的负外部性。即使机构 n 想站在行业的高度考虑自身抛售行为的影响,尽量维持全局最优化和保证系统稳定,但因它无法获得其他机构投资的具体细节,也无法预测其他机构的抛售数量,故无法实现上述美好的愿望。下文针对这种情形继续探讨。

从式(7.1)、式(7.2)和式(7.3)来看,抛售的金融资产越多,则价格下跌也就越多,损失也就越大。从金融机构自身利益最大化的角度来看,为了避免金融资产抛售过程中发生进一步的损失,抛售的金融资产数量应尽可能地少,即刚好能达到监管部门要求的杠杆即可。抛售的资产总量 $sell_n^{t2}$ 在数量关系上应满足 $\dfrac{a_n^{t1} - direct\ loss_n^{t2} - sell_n^{t2}}{e_n^{t1} - direct\ loss_n^{t2}} = b_n^{*}$,求解,则可以得到 $sell_n^{t2}$ 的具体数量值。

在机构 n 所抛售的金融资产数量中,第 k 类金融资产的占比为 $w_{n,k}^{t2}$。则机构 n 所抛售的第 k 类金融资产为 $sell_{n,k}^{t2} = w_{n,k}^{t2} sell_n^{t2}$。机构 n 在抛售金融资产时,预计到自身的抛售行为会导致金融资产的市场价格下跌,根据其自身抛售金融资产的数量 $sell_{n,k}^{t2}$,类似式(7.1)可得到预期价格 $p_k^{t2'} = p_k^{t1} \exp(-\xi_k \dfrac{sell_{n,k}^{t2}}{a_k^{t1}})$,则机构 n 的预期损失为:

$$expect\ fire\ sale\ loss_n^{t2} = \sum_{k=1}^{K} \frac{p_k^{t1} - p_k^{t2'}}{p_k^{t1}} sell_{n,k}^{t2} \qquad (7.4)$$

但事实上,金融市场上可能不是只有机构 n 在抛售金融资产,其他机构也同时在抛售金融资产,此时应考虑金融市场上所有机构的抛售行为,并得到金融资产的真正价格:$p_k^{t2} = p_k^{t1} \exp\left(-\xi_k \dfrac{\sum_{n=1}^{N} sell_{n,k}^{t2}}{a_k^{t1}}\right)$。但由于各家机构的金融资产抛售是一个连续的过程,价格处于逐步下跌的过程之中。假设这一下跌过程是平稳匀速的,为了更为合理地体现出金融资产价格逐渐下降的过程,可以将实际交易价格确定为最终价格和初始价格的均值,即实际损失为抛售金融资产过程中损失的期望值。

$$actual\ fire\ sale\ loss_n^{t_2} = \sum_{k=1}^{K} \frac{p_k^{t_1} - 0.5(p_k^{t_2} + p_k^{t_1})}{p_k^{t_1}} sell_{n,k}^{t_2}$$
$$= \sum_{k=1}^{K} 0.5 \frac{p_k^{t_1} - p_k^{t_2}}{p_k^{t_1}} sell_{n,k}^{t_2} \quad (7.5)$$

抛售之后,各家机构的资产和所有者权益的价值再次更新:

资产:$a_n^{t_2} = a_n^{t_1} - direct\ loss_n^{t_2} - sell_n^{t_2}$ (7.6)

所有者权益:$e_n^{t_2} = e_n^{t_1} - direct\ loss_n^{t_2} - actual\ fire\ sale\ loss_n^{t_2}$ (7.7)

由于存在大量金融机构同时抛售金融资产的行为,故机构 n 在抛售金融资产过程中的实际损失 $actual\ fire\ sale\ loss_n^{t_2}$ 可能会严重大于其预期的损失 $expect\ fire\ sale\ loss_n^{t_2}$,机构 n 也有可能在这一轮金融资产抛售中出现资不抵债并进而发生破产,即 $e_n^{t_2} \leqslant 0$,则该机构 n 暂停业务。

根据盯市会计准则,机构 n 需要按实时的市价对自己所持有的金融资产进行重新估价。所以,机构 n 余下的目前仍持有的金融资产同样也需要按照降价后的价格重新调整价值,也会发生贬值,并在时刻 t_2 形成新的负向冲击 $f_k^{t_2}$。

$$f_k^{t_2} = -\frac{p_k^{t_2} - p_k^{t_1}}{p_k^{t_1}} = 1 - \exp\left(-\xi_k \frac{\sum_{n=1}^{N} sell_{n,k}^{t_2}}{a_k^{t_1}}\right) \quad (7.8)$$

在根据金融资产抛售的影响更新了金融机构的资产、资本和杠杆之后,重新形成了初始状态,并形成新一轮的冲击……可以不断重复上述步骤,直至整个金融系统达到稳定状态,即不再有金融机构需要抛售资产或所有机构均已破产。在这个过程中,系统性风险是直接损失和抛售损失的多元非线性叠加,要同时考虑初始的冲击、抛售的影响,以及利空信息的无限放大等等。上述过程如图 7-2 所示。

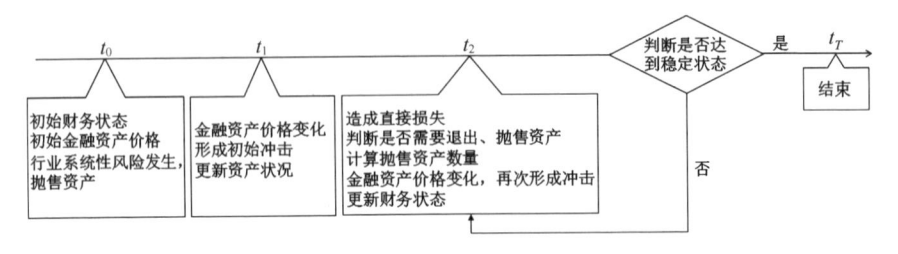

图 7-2 传染模型概述

从图 7-2 可以看到,系统性风险的演进过程具体表现为:保险业内部爆发系统性风险,行业内发生大规模损失,从而会集体在金融市场抛售并变现金融资产,这种行为将会对金融市场进一步产生巨大的影响。首先,一个或多个金融机构的金融资产抛售行为会导致金融资产的价格受到负面冲击而下跌,使得持有该类资产的机构受损,进一步产生为维持监管要求而抛售资产的需求。其次,金融资产价格受市场供给的影响,瞬间增长的市场供给会形成流动性冲击,金融市场极易形成"损失压力—抛售资产—资产价格下跌—损失压力扩大—抛售资产"的负反馈,致使金融资产的价格持续下跌。更加广泛的金融机构群体将会受到冲击,持续地传递并不断加剧这种负面冲击,进而导致损失不断攀升,并最终形成整个金融行业的系统性风险。不同于个别风险,系统性风险的传播速度很快,不仅波及问题机构,甚至对经营良好的机构也会产生不利影响。系统性风险的爆发必然会影响各类金融机构正常发挥金融功能,严重损害服务实体经济的功能。

(二) 研究设计

本部分将通过下述研究设计来模拟上述理论分析的过程,并观察系统性风险在金融行业之间的传递和大小。

1. 微观机构的传染网络分析

按照上文的理论分析,金融业爆发系统性风险的其中一种可能是因单个金融机构的风险在金融机构之间的传递与放大。由此需讨论到底哪个或哪些金融机构是导致系统性风险的根源,进而确定系统重要性机构。此时,首先需构建各金融机构之间的传染网络。这主要是聚焦于风险在金融机构之间的传染效应。假设某家金融机构出现经营问题,为了探讨可能产生的最大影响,$w_{n,k}^{t_0} sell_n^{t_0}$ 取最大的可能值 $a_n^{t_0} m_{n,k}^{t_0}$,则根据式(7.2),对金融资产价格造成的负面初始冲击为 $f_{k\ by\ institution}^{t_1} = 1 - \exp\left[-\xi_k \dfrac{a_n^{t_0} m_{n,k}^{t_0}}{a_k^{t_0}}\right]$。依照上一部分理论分析的传染机制,可以根据式(7.3)和式(7.5)计算出每家保险机构 n 抛售金融资产时导致其他各金融机构发生的直接损失和抛售损失,并根据式(7.8)计算得到各机构后续相继进行的金融资产抛售所造成的各次冲击。并进行依次迭代,直至金融系统重新达到稳定的时刻 T。当金融系统再次稳定后,系统中其他每家金融机构 n' 的所有者权益更新为 $e_{n'}^T$,每家金融机构受到系统性风险的影响用所有者权益损失的百分比表示:

每家金融机构受到影响后的系统性风险水平:

$$sr_{n'}^{t'} = \dfrac{e_{n'}^{t'} - e_{n'}^T}{e_{n'}^{t'}} \tag{7.9}$$

由式(7.9)就可以计算出每家金融机构抛售金融资产时对其他所有金融机构 n' 所造成的影响,继而可以绘制出微观层面金融机构之间的传染网络图。

2. 系统重要性机构的风险传递路径

根据式(7.9)计算并绘制出来的微观层面金融机构之间的风险传染网络是比较复杂的。可借鉴 Kok 和 Montagna(2016)简化拓扑结构的方法,以挑选出的系统重要性机构为主要的风险来源进行拓扑结构的细化。将传染网络中得到的系统重要性机构作为初始节点,并具体分析是否有可能形成强大传染性的超级节点,以及超级节点的组成机构。具体做法则是:

第一步,先假设一家系统重要性机构 n 为初始超级节点,并完全抛售金融资产,所产生的初始冲击为 $f^{t_1}_{k\ by\ systemic\ important\ institution} = 1 - \exp\left(-\xi_k \dfrac{a_n^{t_0} m_{n,k}^{t_0}}{a_k^{t_0}}\right)$。在该初始冲击下,可能会造成其他金融机构 n' 受损,设定受到系统性风险的影响 $sr_{n'}^t$ 超过临界值 τ 的机构集合为 A。

第二步,将上一步形成的受损金融机构集合 A 与上一步的超级节点融合成为一个新的超级节点 B,并完全抛售金融资产,形成新的初始冲击为 $f^{t_1}_{k\ by\ super\ node} = 1 - \exp\left(-\xi_k \dfrac{\sum_{n=1}^{B} a_n^{t_0} m_{n,k}^{t_0}}{a_k^{t_0}}\right)$。这可能会继续造成其他金融机构受损,则更新受损金融机构集合 A 和超级节点 B。不断重复上述步骤,直至整个金融系统达到稳定状态。相较于传染网络而言,这种链状的传染路径可以更直接地展现出单个机构陷入经营困境之后的影响路径,有助于判断行业系统性风险的形成过程。

3. 单一金融行业系统性风险的外溢影响

这一部分的研究将聚焦于宏观层面,基于各金融行业之间的风险传递而展开,深入分析当各金融业内部出现问题并引发该行业的系统性风险时,对外部的其他金融行业究竟会造成多大的影响。假设某一金融行业出现问题后会抛售资产的总量为 $sell^{t_0}_{industry}$,取值在 0 到 $\sum_{n=1}^{N_{industry}} \sum_{k=1}^{K} m_{n,k}^{t_0} a_n^{t_0}$ 之间。$sell^{t_0}_{industry}$ 越大,该金融行业抛售的金融资产越多,面临的初始风险也就越大。

根据理论模型假设,式(7.2)的初始冲击为 $f^{t_1}_{k\ by\ industry} = 1 - \exp\left(-\xi_k \dfrac{sell^{t_0}_{industry,k}}{a_k^{t_0}}\right)$。其中,所抛售的金融资产数量是按照各类金融资产在时刻 t_0 的初始价值分配,即 $sell^{t_0}_{industry,k} = sell^{t_0}_{industry} \dfrac{\sum_{n=1}^{N_{industry}} a_n^{t_0} m_{n,k}^{t_0}}{\sum_{k=1}^{K} \sum_{n=1}^{N_{industry}} a_n^{t_0} m_{n,k}^{t_0}}$;各机构所抛售的金融资产数量是按照在时刻 t_0 的初

始占有量进行的分配,即 $sell_n^{t_0} = sell_{industry}^{t_0} \dfrac{\sum_{k=1}^{K} a_n^{t_0} m_{n,k}^{t_0}}{\sum_{k=1}^{K} \sum_{n=1}^{N_{industry}} a_n^{t_0} m_{n,k}^{t_0}}$。按照上述的传染机制,某一金融行业的系统性风险不断地在其自身行业内乃至向整个金融业传递,直至整个金融系统达到稳定状态。相应的,在再次稳定后的金融系统中,其他每家金融机构的所有者权益更新为 e_n^T。此时,可以分别用各行业的所有者权益损失的百分比来度量风险外溢后的系统性风险水平,分别为:

保险业:
$$sr_I = \dfrac{\sum_{n=1}^{N_I} e_n^{t_0} - e_n^T}{\sum_{n=1}^{N_I} e_n^{t_0}} \qquad (7.10)$$

银行业:
$$sr_B = \dfrac{\sum_{n=1}^{N_B} e_n^{t_0} - e_n^T}{\sum_{n=1}^{N_B} e_n^{t_0}} \qquad (7.11)$$

证券业:
$$sr_S = \dfrac{\sum_{n=1}^{N_S} e_n^{t_0} - e_n^T}{\sum_{n=1}^{N_S} e_n^{t_0}} \qquad (7.12)$$

(三)影响因素

从上文理论分析和模型搭建的过程中可以看到,某一金融行业的系统性风险在向其他金融行业外溢的过程中,损失分成直接损失和抛售损失两部分。由式(7.3)可以看到,直接损失与金融机构自身的资产 $a_n^{t_0}$、投资比例 $m_{n,k}^{t_0}$、损失冲击 $f_k^{t_1}$ 正相关。由式(7.5)则可以看到:后续持续的抛售损失与金融机构自身的资产 $a_n^{t_0}$、杠杆 $b_n^{t_0}$、投资比例 $m_{n,k}^{t_0}$、监管要求水平 b_n^* 和损失冲击 $f_k^{t_2}$ 正相关。

而损失冲击 $f_k^{t_1}$ 与金融机构的抛售资产的规模 $sell_n^{t_0}$ 和价格敏感因

子 ξ_k 正相关。损失冲击 $f_k^{t_2}$ 的形成较为复杂，与金融系统中所有金融机构的初始抛售 $sell_n^{t_0}$、资产 $a_n^{t_0}$、杠杆 $b_n^{t_0}$、投资比例 $m_{n,k}^{t_0}$ 以及监管要求水平 b_n^* 和价格敏感因子 ξ_k 都有关。按照研究设计，初始抛售 $sell_n^{t_0}$ 在模拟初始冲击中给定，在这一部分不予考虑。故可以对外溢过程中形成的冲击 $f_k^{t_2}$ 求偏导，分析各影响因素的具体影响方向。

首先对资产 $a_n^{t_0}$ 求导：

$$\frac{\partial f_k^{t_2}}{\partial a_n^{t_0}} = \frac{\xi_k}{a_k^{t_1}} \exp(.) \left\{ m_{n,k}^{t_0} \left[\left(1 - \frac{b_n^*}{b_n^{t_0}}\right) + (b_n^* - 1) \sum_{k=1}^K m_{n,k}^{t_0} f_k^{t_0} \right] \right\} \geq 0 \tag{7.13}$$

式(7.13)中，指数函数一定是为正的，内部具体表达式也就无须考虑了。按照前文传染机制中的设定，首先，只有当金融机构出现 $b_n^{t_0} > b_n^*$ 时，金融机构才会涉及金融资产的抛售，否则就不会有抛售损失，故中括号中第一部分非负；其次，由于金融机构的资产一定是大于所有者权益的，所以 $b_n^* \geq 1$ 成立，且涉及的参数都是非负实数，故中括号中的第二部分也非负。故式(7.13)为非负，即金融机构的资产规模越大，则在风险外溢过程中的影响越大。

再对杠杆 $b_n^{t_0}$ 求导：

$$\frac{\partial f_k^{t_2}}{\partial b_n^{t_0}} = \frac{\xi_k}{a_k^{t_1}} \exp(.) \left\{ \frac{a_n^{t_0} m_{n,k}^{t_0} b_n^*}{(b_n^{t_0})^2} \right\} \geq 0 \tag{7.14}$$

式(7.14)中，指数函数和所有的参数都为非负，故式(7.14)非负，即金融机构的杠杆越高，则在风险外溢过程中的影响越大。

继续对监管要求水平 b_n^* 求导：

$$\frac{\partial f_k^{t_2}}{\partial b_n^*} = \frac{\xi_k}{a_k^{t_1}} \exp(.) \left\{ m_{n,k}^{t_0} \left[-\frac{a_n^{t_0} b_n^*}{b_n^{t_0}} + (a_n^{t_0} - sell_n^{t_0}) \sum_{k=1}^K m_{n,k}^{t_0} f_k^{t_0} \right] \right\}$$

$$= \frac{\xi_k}{a_k^{t_1}} \exp(.) \{ m_{n,k}^{t_0} [direct\ loss_n^{t_2} - e_n^{t_1}] \}$$

$$\tag{7.15}$$

式(7.15)的正负性与金融机构是否被接管有很大的关系。b_n^* 越小，则监管要求越高。对于直接损失超过了所有者权益、被接管的金融机构而言，监管要求越高，则越不易发生或扩大风险的外溢影响；对于直接损失没有超过所有者权益、持续投资业务的金融机构而言，较高的监管要求会扩大风险的外溢。因为触发了杠杆要求但又不满足被接管要求的机构会一直抛售金融资产以满足监管要求，但每一次的抛售行为又会造成金融资产价格下跌和自身的持续损失，反而扰乱了市场价格。

对投资比例 $m_{n,k}^{t_0}$ 求导：

$$\frac{\partial f_k^{t_2}}{\partial m_{n,k}^{t_0}} = \frac{\xi_k}{a_k^{t_1}} \exp(.) \begin{bmatrix} a_n^{t_0}\left(1-\dfrac{b_n^*}{b_n^{t_0}}\right) - sell_n^{t_0} + \\[2mm] (b_n^*-1)(a_n^{t_0}-sell_n^{t_0})\sum_{k=1}^{K} m_{n,k}^{t_0} f_k^{t_0} \\[2mm] m_{n,k}^{t_0}(b_n^*-1)(a_n^{t_0}-sell_n^{t_0}) f_k^{t_0} + \\[2mm] m_{n,k}^{t_0}(b_n^*-1)(a_n^{t_0}-sell_n^{t_0})\sum_{k=1}^{K} m_{n,k}^{t} \dfrac{\xi_k}{a_k^{t_0}}\exp(.) sell_n^{t_0} \end{bmatrix}$$

(7.16)

式(7.16)中，括号内第 2 至 4 行都是非负的，但第 1 行的正负性难以确定。所以金融机构投资比例大小在风险外溢过程中的影响方向较难以确定。而且投资比例 $m_{n,k}^{t_0}$ 还受到其他约束，即 $\sum_{k=1}^{K} m_{n,k}^{t} < 1$。这是因为金融机构除了所投资的金融资产之外，一定还持有其他资产，比如本研究未考虑的现金、固定资产、知识产权等。

因此，从式(7.13)至式(7.16)可以看到，从微观角度针对每一家金融机构而言，金融机构的资产规模越大、杠杆越高，越容易对资产价格形成冲击，进而对其他金融机构产生更大的外溢影响。投资比例的影响并不明确，监管要求则对机构是否被接管有不同的影响。实证部分则可以通过敏感性分析放大这些因素的影响，从而观察系统性风险水平的变化。

四、实证结果

(一) 数据获取

由于上市公司的年报更加全面、易于获取投资产品的种类,本研究从上市金融机构和行业翘楚中挑选出行业代表性机构共42家,所选取的样本如表7-1所示。

表7-1　　　　　　　　　　样本金融机构

行业类别	名称及代码
保险业(8)	1. 中国平安　2. 中国人寿　3. 中国太保　4. 中国人保 5. 泰康保险　6. 新华保险　7. 中国太平　8. 中国再保险
银行业(22)	9. 工商银行　10. 建设银行　11. 农业银行　12. 中国银行 13. 邮储银行　14. 交通银行　15. 招商银行　16. 兴业银行 17. 浦发银行　18. 中信银行　19. 民生银行　20. 光大银行 21. 华夏银行　22. 北京银行　23. 广发银行　24. 浙商银行 25. 南京银行　26. 宁波银行　27. 渤海银行　28. 恒丰银行 29. 爱建集团　30. 安信信托
证券业(12)	31. 中信证券　32. 海通证券　33. 华泰证券　34. 国泰君安 35. 广发证券　36. 招商证券　37. 申万宏源　38. 银河证券 39. 国信证券　40. 东方证券　41. 东北证券　42. 太平洋

从各家金融机构的年度报告可直接获取2012年至2019年的公司财务数据:资产 $a_n^{t_0}$、所有者权益 $e_n^{t_0}$,并计算出经营杠杆率 $b_n^{t_0}$。根据《中国金融稳定报告》中对保险业稳健性评估的保险投资分类,分为类存款类、债券类、权益类和另类资产。其中,类存款类资产是比债券更加稳定的固定收益类资产,只会受到机构交易者的违约影响[1]。类存款类等于资产负债表中的拆出资金、应收款项类投资、定期存款和买入返售金融资

---

[1] 由于货币资金和存放在央行的存款具有较强的流动性,与现金相差不大,故不予考虑。

产之和,证券和信托公司还包括融出资金。2019年会计科目变更,投资的金融资产被分为交易性金融资产、债券投资、其他债券投资和权益投资,其中对于交易性金融资产,会在附注中进行详细记录,可以获得债券类和权益类的投资资产量。而2018年之前则为持有至到期金融资产、交易性金融资产和可供出售金融资产,具体的债券和权益类别也可以在年报附注中获取。另类投资中选择衍生金融资产、长期股权投资、投资性房地产和贵金属,具体的资产数目可由资产负债表直接得到。进而计算得到持有资产的具体比例 $m_{n,k}^{t_0}$。

本研究按时刻 t_0 的各类资产市场价值的比例作为金融机构的投资偏好。假设金融机构的投资偏好维持不变,所以在抛售资产时也会维持这一比例,即 $w_{n,k}^{t_0}=w_{n,k}^{t_2}=m_{n,k}^{t_0}$。第 k 类资产的总量用所研究行业中所有金融机构持有的该类资产价值之和代替,即 $a_k^{t_s}=\sum_{n=1}^{N}m_{n,k}^{t_s}a_n^{t_s}(s=0,1,2)$,这样处理得到的总量确实会少于市场上的所有供给,但在各金融行业的研究结果趋势保持一致的情况下有助于弥补数据不足的影响。

监管杠杆要求中,只有银行业明确要求的杠杆 b_n^* 为25,保险和证券业一般是针对偿付能力和净资本提出要求,本研究则统一简化,将监管杠杆要求设定为25。价格敏感因子 ξ_k 按照经验数据(Kok 和 Montagna,2016)统一设定为0.2。

(二) 各行业基本状况

首先分析各金融行业的特征数据。图7-3展示了银行业、保险业、证券业在2012年至2019年的资产和杠杆状况,其中,柱状图代表了各行业的资产,曲线图代表了各行业的杠杆。仅从资产规模角度来看,可以说是银行一家独大,2019年末银行业总资产占到金融机构总资产的90%以上。

一般认为,政府监管所要求的最低杠杆对不同类型的金融机构具有相同的约束,即不会影响风险外溢的能力。但暂时难以获取有关投资占比的全面细节数据。故仅从资产和杠杆这两项数据来判断,外溢影响大小依次为银行业、保险业和证券业。中国金融业正是以银行业为主体的,

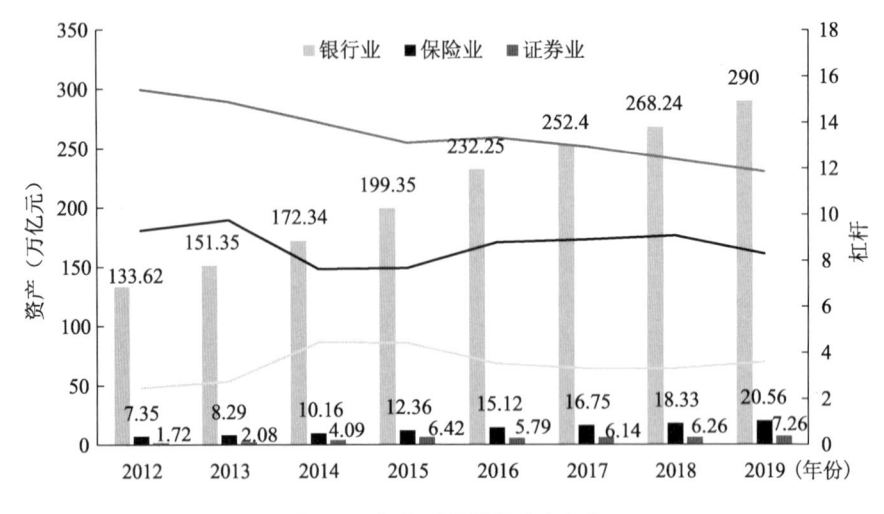

图 7-3 各金融业的资产和杠杆

数据来源：中国银行保险监督管理委员会、中国证券业协会官网。

可见从银行体系入手防范金融系统性风险具有十分重要和必要的意义。倘若保险业的系统性风险能够传递到银行业，随着传染机制的放大，对金融系统的影响也不容小觑。

样本所采用的 42 家机构在 2019 年末所拥有的总资产占到中国金融业机构总资产的 60% 以上。图 7-4 中对比了 2019 年 42 家样本机构按行业分类的资产总量占比结构与整个金融系统中的构成，其中外圈为本部分的样本结构，内圈为全金融系统的整体结构。可以看到，本研究所选择的样本与实际金融业的结构基本吻合，样本选择具有一定的代表性。①

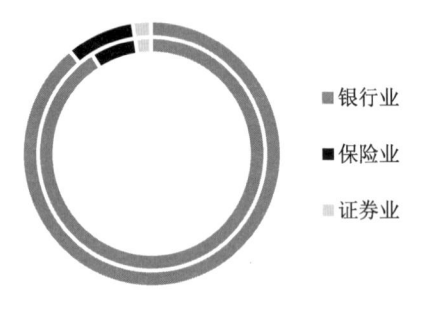

图 7-4 样本中各行业占比与实际的行业占比（2019 年）

---

① 2019 年行业杠杆和样本行业杠杆也基本吻合。

(三) 微观层面金融机构的传染网络

根据前文的研究设计,基于式(7.9)的计算结果,绘制出各样本年的网络传染图,如图 7-5 所示。样本年总共 8 年,择取了时间最远的 2012 年和最近的 2019 年,以及中间的代表年份 2015 年进行汇报。图 7-5 中 9 张小图,三列依次为 2012 年、2015 年和 2019 年。为了尽可能地展示不同金融机构所产生的所有影响,在设定阈值时,只要所发生的损失占到该金融机构资本的 3% 及以上,就认为是显著的传染路径,用连线连接两家金融机构。换句话说,倘若两家金融机构之间没有连线,则表明该影响所导致的损失较小,小于资本的 3%。其中,连线表示双方之间有明显的传染关系,第一行中的三张小图箭头的出发端为产生影响的保险公司,指向被影响的其他机构,第二、三行分别为银行和证券公司以做对照。显然,发出箭头越多的节点为系统重要性机构。倘若它们的业务经营出现失败,则会对整个金融系统中其他金融机构产生重大的影响。

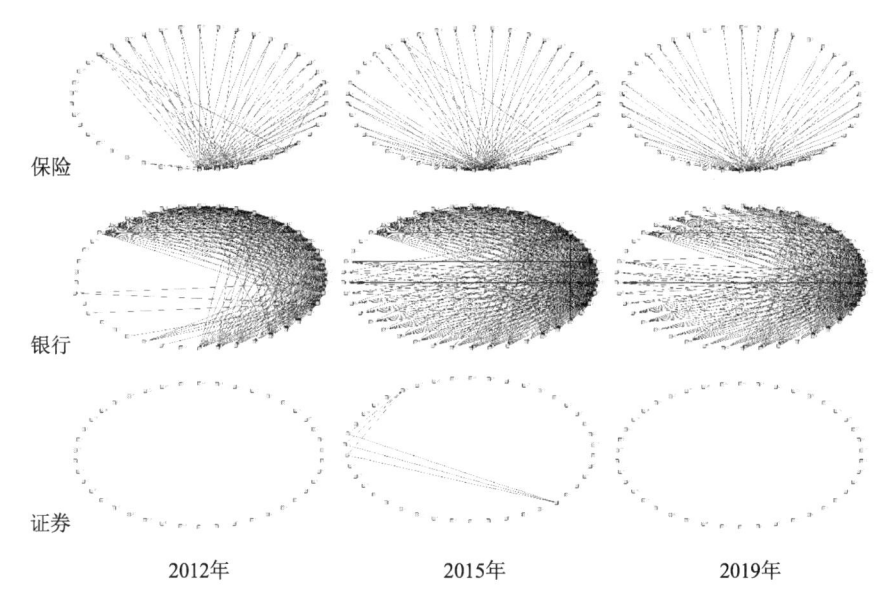

注:每年的传染图中椭圆正下方为 1 号,代码按逆时针依次排开。1-8 号保险公司在右下角,9-30 号银行在椭圆上半部分,31-42 号证券公司在左下角。

图 7-5 金融机构资产风险传染网络

从图7-5第一行三张图中可以看到,由保险公司传递出去的传染关系中,中国平安和中国人寿(编号1和2,在椭圆最下方)是明显的传染方,比较容易导致其他金融机构受到影响,所影响的范围也不仅限于保险公司,还包括银行和证券公司。从时间维度看,2012年时保险公司很难影响到证券公司(椭圆左下角),但自2015年后,证券公司广泛地受到保险机构的影响。直接观察传染连线的密度可以看到,网络密度逐年加强;但2019年相较于2015年,网络密度下降。与第二、三行的六张图相比较而言,银行是更明显的传染方,证券公司和信托公司相对比较独立。

保险公司中中国平安最为重要,显著的传染关系数目仅次于工商银行、建设银行、农业银行和中国银行。而中国人寿虽然不能与大型银行相媲美,排序也很靠前。一旦这些系统重要性机构内部产生风险,风险会通过投资业务直接传染到众多其他的金融机构。中国平安作为金融业混业经营的代表,不仅在中国属于重要性金融机构,还被国际保险监督官协会(IAIS)认定为全球系统重要性保险公司。本研究的实证分析结果与监管机构的判断保持一致。中国人寿在实证结果中也表现出极强的金融风险传染性,可以认为这与其巨大的资产管理规模有关。寿险经营中积累了大量长期资金,寿险公司在管理这些长期资金时必然和金融市场发生深度的融合。

(四)系统重要性机构的风险传递路径

基于2019年的数据分析,绘制2019年金融业系统重要性机构,即中国平安、工商银行[①]在风险外溢过程中风险传递路径如图7-6所示。

图7-6a展示了中国平安(1)的风险传递过程,罗列出在损失传递过程中,所遭受的损失超过了临界值的各家公司。中国平安首先会导致泰康保险(5)和新华保险(6)的损失超过临界值;继而导致中国人寿(2)和中国太平(7)受损;继而导致中国太保(3)和三家银行(13、16和26)受损,风

---

① 建设银行、农业银行和中国银行与工商银行的路径类似。由于本部分重点为保险公司,仅以工商银行作为对比,其余银行不做赘述。

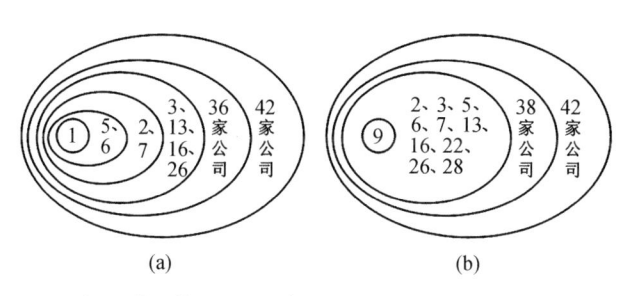

注：以临界值 $\tau=13.4\%$ 展示，数据的具体值挑选只是为了图形展示更清晰简洁，不影响得出结论。

图 7-6　系统重要性机构风险由投资业务传递的路径

险开始向保险行业以外传递；进而逐渐形成传染效应极强的超级节点，进一步导致其他 36 家机构所受损失超过临界值；最终会导致研究系统中全部 42 家机构的损失超过临界值。

图 7-6b 中展示了工商银行(9)的风险传递过程。首先会导致包括银行和保险公司在内的 10 家机构损失超过临界值，风险直接向银行业以外的其他金融行业传递；并逐渐形成传染效应极强的超级节点，进一步导致其他 38 家机构所受损失超过临界值；最终会导致 42 家机构所受损失超过临界值。

可以看到，大型国有商业银行的地位非常重要，当它们发生风险时，不但会影响到银行业的其他机构，同时还影响到保险公司，进而影响到整个金融系统。也就是说，这四家国有商业银行的风险一开始就具有外溢的能力，影响面较大。而中国平安作为保险业的系统重要性机构，则先是影响保险行业内部，形成保险行业内的系统性风险，继而影响到保险行业之外并对银行产生影响，进而波及整个金融系统。当金融业的系统性风险形成之后，样本公司 42 家机构中的大部分机构所受损失都超过临界值。据此也揭示单个保险系统重要性机构的业务经营失败时，风险传递路径则为保险——银行——证券与信托，并进而导致金融行业的群体失败，金融行业的系统性风险全面爆发。

（五）行业层面系统性风险的外溢效应

基于 2019 年的数据分析，绘制某一金融行业抛售资产对其他金融行

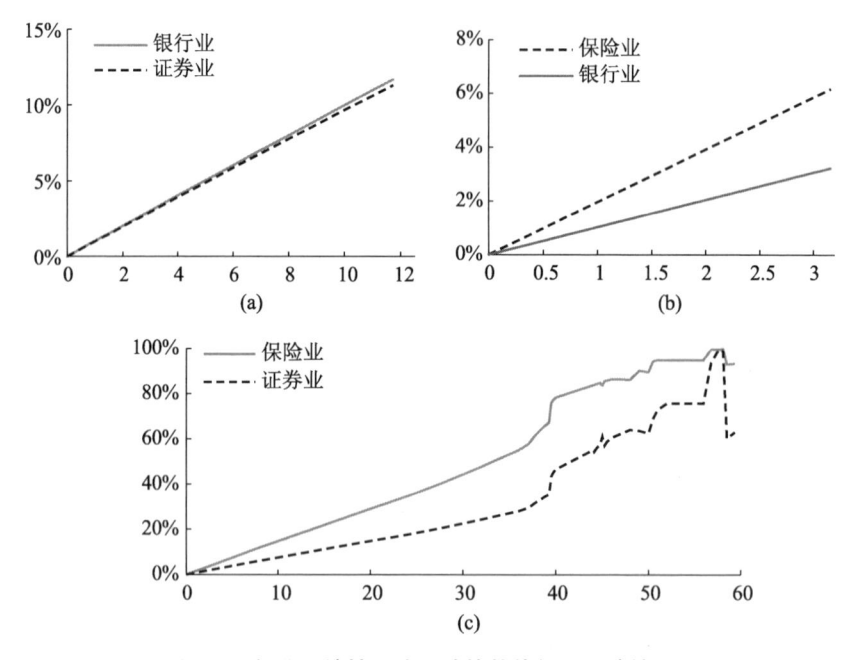

业的影响。图 7-7a、图 7-7b 和图 7-7c 分别为保险业、证券业和银行业抛售资产时，其他另外两个金融行业所受到的影响。横轴表示行业所抛售的资产数量 $sell_{industry}^{to}$，单位为万亿元，纵轴则为根据式（7.10）、式（7.11）和式（7.12）计算所得的另外两个金融行业受到影响后的系统性风险水平。

图 7-7 行业系统性风险导致的其他行业系统性风险

和微观层面的各金融机构风险传染图（见图 7-5）相类似，不同金融行业对于其他金融业的影响力是不同的。图 7-7a 显示了保险业系统性风险对其他两个行业的外溢影响。可以看到，即使根据 2019 年样本的资产规模，保险业遭受了毁灭性的打击，保险业所有的金融资产均被抛售（约12万亿元），对银行业和证券业所造成的系统性风险水平仅在 12% 左右，只会造成直接损失而没有抛售损失。相对而言，对证券业与银行业造成的影响区别不大，证券业仅略小于银行业。图 7-7b 显示了证券业系统性风险的对外影响，整体影响是明显小于保险业的。证券业对保险业和银行业的影响有着显著的差异,对保险业的影响是显著大于银行业的。图 7-7c 中银行业的对外影响中,非常显著的是,银行业对保险业和证券业的影响不是随抛售资产数量线性增长的,而是非线性增长的。根据前文的传染机制,初始冲击较小只造成直接损失时,保险业和证券业的系统性风险水平表现为近似线性的增长;当初始冲击较大,开始有金融机构因不满足监管要求而抛售资产,资产价格持续下跌造成抛售损失后,保险业和证券业的系统性风险水平表现为非线性的加速增长。图 7-7b 中,当银行需抛售的金融资产超过 40 万亿元后,系统性风险水平出现了加速的非线性增长;当银行需抛售大约 60 万亿元金融资产时,整个金融系统全部崩溃。

从图 7-7 的变化趋势可以看到,保险业和证券业的初始冲击对金融系统的影响是相对较小且线性增长的。而银行业的影响最为显著,随着资产抛售量的增长,以资产价格为传染渠道的传染效应不断放大,最终形成螺旋放大,系统性风险会急剧增长。需要指出的是,系统性风险水平并非随抛售数量的增长而单调增长的原因在于模型设计中的接管机制,一些机构的杠杆很高但又未能被接管时需大量抛售资产来满足监管要求,对于整个系统而言是非常不稳定的因素,而被接管后则可以降低相应行业的系统性风险水平。

(六) 影响因素的敏感性分析

基于上文的研究,目前最可能造成全局系统性风险的是银行业。所以接下来将保险业的各项数据与银行业对比,进行敏感性分析,以保险业发生行业系统性风险作为主要研究对象来展示结果,即以图 7-7a 的分析结果作为基准线(baseline)进行比较与分析。

1. 资产

保持其他所有参数不变,仅将保险业的资产扩大 4 倍,此时保险业的投资资产总量接近于银行业,保险业的外溢影响结果见图 7-8a。与图 7-7a 相比较而言,银行业和证券业的系统性风险水平有所提高,最大可达到近 40%;且不再仅仅是直接损失,开始有抛售损失,尽管抛售损失并不大；保险业资产扩大带来的影响也仅仅是抛售资产的规模变大而带来的初始冲击变大，导致其他行业的系统性风险水平提高，但并未造成大规模抛售的非线性损失。即使保险业投资资产规模与银行相媲美，也难有银行业的同等影响。

倘若保持其他所有参数不变，仅将银行业和证券业的资产扩大 5 倍，此时证券业的投资资产总量接近于保险业，保险业的外溢影响见图 7-8b，与图 7-7a 的结果基本一致。这说明，虽然保险业造成银行业、证券业的直接损失增大了，但由于各金融机构的杠杆不变，所有者权益也相应调高，故最终损失的百分比没有变化。

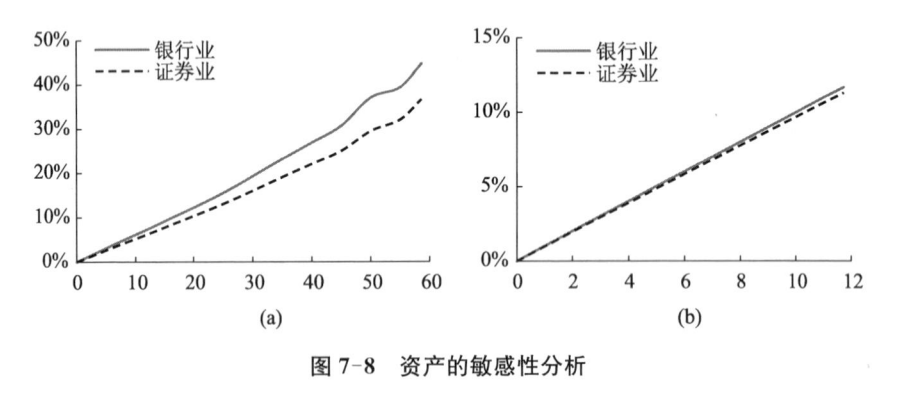

图 7-8 资产的敏感性分析

2. 杠杆

保持其他所有参数不变，仅将保险业的杠杆扩大 1.5 倍，此时就接近于银行业，外溢影响结果见图 7-9a，与图 7-7a 的结果相似。这说明即使保险业具有与银行业相同的杠杆水平，也难以达到银行业的影响水平。

倘若保持其他所有参数不变，仅将银行业和证券业的杠杆扩大 1.5 倍，此时证券业的杠杆接近于保险业，外溢影响结果见图 7-9b。此时，当保险业需要抛售的资产达到了 8 万亿元时，银行业和证券业都会受到毁灭性的打击。倘若被影响的行业具有高杠杆，则更加容易被影响。

3. 投资比例

保持其他所有参数不变，仅将所有保险公司的投资比例扩大 1.1 倍，投资规模扩大 10%，属于可行范围内的一个比较大的值，外溢影响结果

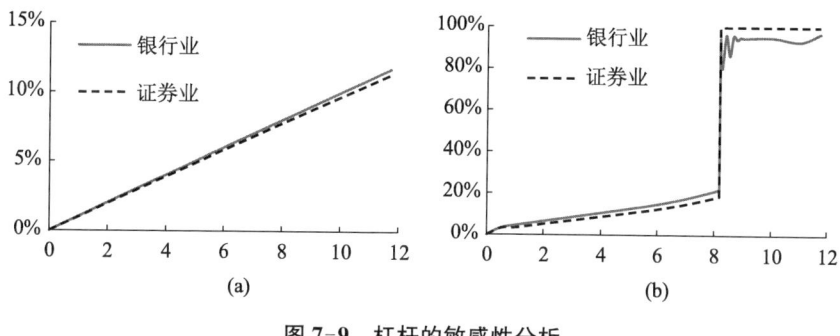

图 7-9 杠杆的敏感性分析

见图 7-10。图 7-10 的结果与图 7-7b 相似。整体上,在调整了投资比例之后,系统性风险水平略有增长。这说明由于风险的传染机制较为复杂,扩大投资比例的影响方向难以从理论上确定。但投资比例在现实中可行的增长范围内的增长会导致系统性风险水平提高,但带来的增长十分有限。

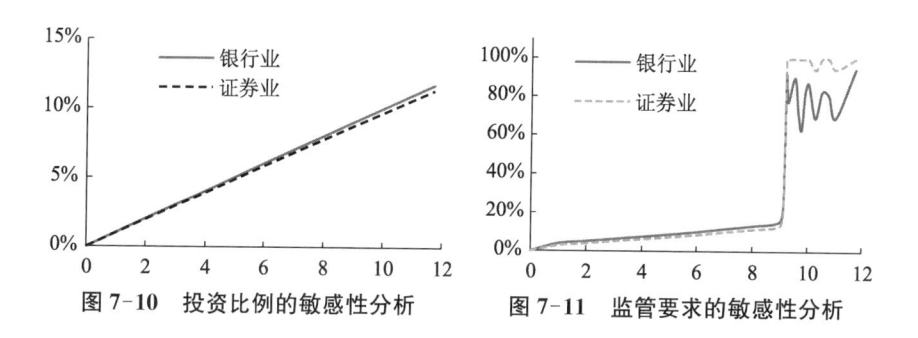

图 7-10 投资比例的敏感性分析　　图 7-11 监管要求的敏感性分析

4. 监管要求

保持其他所有参数不变,仅将监管要求提高,监管杠杆水平变为 15,外溢影响结果见图 7-11。可以看到,在保险业抛售的资产达到 9 万亿元时,银行业和证券业就都会受到毁灭性的打击;且在抛售大于 9 万亿元时,银行业和证券业系统性风险水平波动较大。此时,一些触发了监管杠杆要求但未破产的机构会持续抛售资产,进而给系统带来了很大的不稳定性。但倘若初始冲击可以使其直接资不抵债从而被接管,反而有利于系统的整体稳定。

5. 价格敏感因子

保持其他所有参数不变,仅将价格敏感因子分别提高为 0.4 和 0.6,外溢影响结果见图 7-12a 和 7-12b。与图 7-7a 中的稳定状态不同,当价格敏感因子提高为 0.4 时,保险业抛售资产 7 万亿元,就会出现抛售损失。此时银行业和证券业的系统性风险水平最高可达 30% 左右。当价格敏感因子继续提高为 0.6 时,保险业仅抛售资产 5 万亿元,就会出现抛售损失,而抛售资产超过 7 万亿元时,就会就会使整个金融业遭受毁灭性打击。

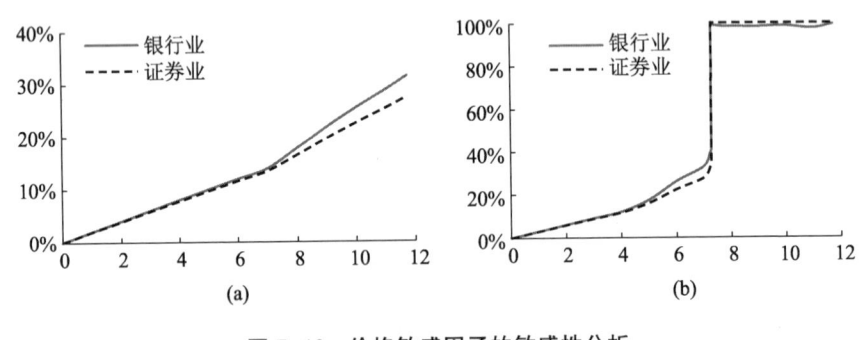

图 7-12 价格敏感因子的敏感性分析

第二节　金融监管中宏观审慎政策工具的有效性研究[①]

一、引言

在 2008 年金融危机之后,各国的金融监管体系逐渐形成了"宏观审慎政策盯住金融稳定目标,货币政策关注经济稳定目标"的双支柱普遍共识。因为在防范系统性金融风险时,货币政策的作用虽较"钝",但影响范

---

① 邹奕格,粟芳.金融监管中宏观审慎政策工具的有效性研究[J].保险研究,2021(12):3-20.

围广;宏观审慎政策虽影响范围有限,但对监管对象的影响更直接,监管效果更精准,对金融系统的稳定作用也是毋庸置疑的。宏观审慎政策是指为了宏观审慎目标而针对金融机构的一系列监管政策(Suh,2011)。宏观审慎区别于微观审慎,更注重从金融体系的整体角度考虑问题,能有效避免各微观机构只顾自身稳健经营而造成合成谬误的现象。后金融危机时代以来,为了维持金融系统的稳定性,各国监管当局愈发重视宏观审慎政策,已初步形成了可操作的宏观审慎政策工具体系和治理架构。宏观审慎政策已成为宏观调控和金融监管工具箱中的必要组成部分。

目前,有关宏观审慎政策工具的研究大多针对银行及其信贷业务。诚然,作为金融系统中最主要的参与者及实体经济与金融系统的主要连接者,银行系统最有可能生成系统性风险,并且向其他金融机构和实体经济输出风险。这也与宏观审慎政策的监管目标一致。但是,非银行类金融机构作为金融体系的重要组成部分,同样也会对金融系统产生巨大影响。从风险源头即金融业务的角度来看,金融机构在金融市场上从事各种投资业务,面临着相同的风险生成源头和风险传递渠道。因此,无论是银行还是非银行的金融机构,都应被纳入研究范围并给予同等的重视。

本研究以银行、保险公司和证券公司为研究对象,以它们参与投资业务并因而陷入系统性风险为场景,深入剖析投资业务风险引发系统性风险的实现机制和必要条件,进而从抑制必要条件的角度出发,从时间维度和结构维度,验证宏观审慎政策工具是否具有维持金融系统稳定经营的有效性。本研究可能的边际贡献有:(1)基于投资业务为风险来源,对照系统性风险实现的必要条件,分析了常用的宏观审慎政策工具的作用机理。(2)基于中国金融市场的实际数据,验证了宏观审慎政策工具是否具有降低系统性风险的有效性,以及所需要成本。(3)进一步分析了同时施行多种政策工具的综合效果。

二、文献综述及实施现状

(一) 宏观审慎的权威定义

早期研究发现,资产价格波动或通货膨胀过高会带来金融不稳定(Borio和Lowe,2002)。金融稳定也是货币稳定政策的副产品(Borio和Crockett,2000)。在2008年金融危机前,全球基本确立了以控制通货膨胀为指向的货币政策为主的监管架构(Goodhart,2006;BIS,2008)。但金融危机的爆发证明,货币政策、财政政策等领域的宏观经济政策组合无法完全保证金融稳定。传统的金融稳定框架仅强调单个机构、金融基础设施及金融市场运行等方面的监管,虽涉及了一些系统性风险的监管,但远未达到保证金融稳定的要求(Hannoun,2010)。单纯依靠市场自我规范及微观审慎为主的金融监管政策无法保证金融稳定。因此"宏观审慎"概念应运而生,并成为实现金融稳定的重要手段。

"宏观审慎"概念最早在20世纪70年代末被提出。在Cooke Committee(巴塞尔银行监管委员会BCBS的前身)组织的会议上首次表述了宏观审慎的概念:当微观经济问题开始演变成宏观经济问题时,微观审慎问题就升级成宏观审慎问题(Clement,2010)。1979年10月,在英格兰银行向国际清算银行(BIS)提供的报告中,列举了微观审慎政策无法兼顾宏观视角的情形;不同于微观审慎政策,宏观审慎政策考虑的是整个市场而非个体银行。1986年,国际清算银行题为"国际银行业的新近创新"的文件中首次出现"宏观审慎政策"(BIS,1986),是旨在"维持金融系统和支付系统安全性和稳健性"的相关政策。

现行主要有两种定义宏观审慎政策的方式。一种是直接定义。BIS(2001)将宏观审慎政策定义为微观审慎政策的补充,它不仅关注个体机构的风险敞口,而且从系统性角度监测金融体系的风险以保障金融稳定。Caruana(2010)认为,宏观审慎政策是将整个金融体系稳定视为根本目标的审慎政策,且兼顾体系内个体机构的稳健。IMF(2011)指出,宏观审慎政策的定义应基于两个口径:广义口径包含所有保障金融稳定的监管政策工具,狭义口径仅限于被赋予系统性视角的审慎监管政策。另一种是通过与微观审慎政策进行对比而给出的定义,对比范围包括目标、关注角度和控制方向等。Borio(2003,2009)代表性地就比较分析进行了形象的类比(见表7-2):如果将整个金融体系比作一个证券投资组合,那么组合中的每种证券就代表一个金融机构;微观审慎政策对单个证券(金融机构)的损失给予关注,而宏观审慎政策则将整个证券投资组合(金融体系)的损失视为重点。

表 7-2　　　　宏观审慎政策和微观审慎政策的对比

对比类别	宏观审慎政策	微观审慎政策
直接目标	减少系统性金融危机的发生	减少个体金融机构出现的问题
最终目标	避免危机成本	保护消费者(投资者/储蓄者)
风险特征	内生	外生
关联性	关注	不关注
测度标准	自上而下	自下而上

综合上述多种定义可见,宏观审慎政策旨在控制风险在金融系统中的集中程度,而非在单个机构中的集中程度。金融机构持有的共同资产风险敞口远比个体机构的风险更为重要。

(二) 宏观审慎政策的目标

宏观审慎政策以防范系统性风险、保障金融稳定、降低危机成本为目标(Borio,2003、2009;Brunnermeier 等,2009;Bank of England,2009;Borio 和 Drehmann,2009;Caruana,2010),弥补了前金融危机时代中监管角度的缺失。Kremers 和 Schoenmaker(2010)详细地描述了货币政策、宏观审慎政策和微观审慎政策的目标层次及关系(见表7-3)。这三种政策的目标层次各不相同但相互联系。宏观审慎政策应与货币政策、微观审慎政策等其他经济政策相配合和适应,从而达到维持金融稳定的目标。

表 7-3　　　　　　　　各类监管政策及其目标层次

目标层次	相关政策的目标	
宏观经济	货币政策：货币稳定	宏观审慎政策：金融稳定
微观个体机构	微观审慎政策：个体稳健	

（三）宏观审慎政策工具的分类

从表 7-2 的对比结果可看出，微观审慎政策旨在将个体机构的风险内部化，但忽略了个体机构对外部的影响。随着金融体系的不断发展，个体金融机构处于一个愈发紧密而复杂的关联体系之中。部分个体机构可能会对外部产生显著的负外部性，而部分个体机构则很容易受到负外部性的影响。Bank of England(2009)认为，由于个体金融机构没有动力自发解决可能扰动金融稳定的负外部性因素，宏观审慎政策就要从整体考虑并引导个体金融机构的行为。宏观审慎政策主要通过各种工具迫使个体金融机构将自身负外部性内部化。

宏观审慎政策工具的分类有很多种方式，例如基于数量与价格，基于规则与相机抉择，基于预防性与针对性等。Crockett(2000)指出，应该从"横向"和"纵向"两个维度来识别系统性风险并设计相应的工具。Borio(2009)进一步阐述了系统性风险的两个分布维度：一是时间维度（"纵向"维度），主要关注系统性风险随时间的变化（亦即金融体系的顺周期性）；二是结构维度（"横向"维度），主要考虑特定时点系统性风险在金融体系中的传播。学者们普遍认同从时间与结构两个维度分析与识别系统性风险并建立宏观审慎政策的思路（Brunnermeier 和 Pedersen, 2009；Brunnermeier 等, 2009；Caruana, 2010）。因此各种宏观审慎政策工具最终都可被归为时间维度或结构维度（方意, 2013）。前者主要减少金融周期的顺周期性；后者主要减少系统重要性机构的传播风险及机构间传染风险。

基于时间维度的宏观审慎政策工具主要用以应对顺周期性。顺周期性在投资行为中更明显。经济状况好时，银行放款较多、金融机构偏向投资于风险较高的资产;反之亦反。同时,与银行业资本监管类似,保险公司偿付能力监管和证券公司净资本要求进一步放大了顺周期性。这导致金融机构在经济状况较差时的合规风险上升,故只能选择更为谨慎的经营行为。此外,公允价值、信用评级等外部市场环境也同样为金融业带来了顺周期性。因此,从时间维度减少系统性风险应是有效的。目前被广泛认可的宏观审慎政策工具有:逆周期资本缓冲、留存资本缓冲、动态拨备制度、流动性要求、杠杆率、贷款价值比、压力测试等(Bank of England,2009;Aikman 等,2009;Tarashev,2009;FSA,2009;Brunnermeier 和 Pedersen,2009;IMF,2011;BCBS,2010a、2010b、2010c、2010d、2010e、2010f,2011;李文泓,2011;周小川,2011;巴曙松等,2011)。

　　基于结构维度的宏观审慎政策工具主要是为了解决机构之间关联性较高的问题。与欧美混业经营的金融体系不同,我国金融业尚未形成混业经营。金融体系尚不具有明显的"大而不倒"的特征。因此,对于系统重要性机构的监管,主要是通过征收附加资本使得风险成本内部化;除此之外,危机期间的救助处置也是对其加强监管的另一方面。在结构维度下,中国金融业的系统性风险更多体现为金融工具和金融市场产生的风险传染。这不仅体现为银行、保险公司和证券公司可能产生的业务关联,还体现为资本市场波动对所有金融机构产生的共同影响。我国金融机构所面临的投资市场具有较高的同质性,投资业务差异化较小,在面临相同外部宏观环境时,极有可能造成巨大的系统性风险。从结构维度来看,已有研究集中于两个方向:第一,集中于因大型金融机构、金融市场或金融基础设施引发的系统性风险:主要强调系统重要性金融机构的规模、关联度和不可替代性。相关的宏观审慎政策工具主要是有关"大而不倒"的解决方案(Brunnermeier 等,2009;Bank of England,2009;IMF、BIS 和 FSB,2009;BCBS,2011;王信和周晴,2010)。第二,将金融体系视为一个复杂系统,并聚焦于相互之间的联系、非线性及不可预测性等特征(Haldane,2009;Hommes,2008;LeBaron 和 Testatsion,2008)。

(四)宏观审慎政策工具的实际运用

2009年,全球金融体系委员会(CGFS)对33个经济体的中央银行就宏观审慎政策工具的使用进行了问卷调查(BIS,2010),涵盖宏观审慎政策工具的定义、分类及其使用目标。调查结果显示,宏观审慎政策工具在全球范围内已得到广泛应用。大多数央行对宏观审慎政策的定义是宽泛的,认为任何可以控制系统性风险的工具都可被视作宏观审慎政策工具。即使是那些针对具有系统重要性的特定机构群体或个别金融机构的措施,即旨在降低系统性风险的微观审慎措施也属于宏观审慎政策。不同于学者们基于时间维度和结构维度的分类,该调查结果首先根据控制对象分为信贷增长和资产负债表的规模、结构两类;在不同控制对象下再细分控制目标及其具体工具。结合该调查报告的分类方法及常用的时间维度和结构维度分类方法,表7-4对实务中常用的宏观审慎政策工具进行了归纳与分类。

Galán(2021)将1990-2016年134个经济体运用的宏观审慎政策工具归纳为17类,与表7-4基本一致。从中可以看到,最广泛使用的宏观审慎政策工具是基于借款者风险特征的约束工具,使用的国家达到了三分之一。其次则是对流动性风险和外汇风险的防范。尽管其他控制资产负债表规模与结构的相关措施相对并不广泛使用,但各国央行也都推出了一系列此类工具。Akinci等(2018)基于57个发达经济体和新兴经济体构建了宏观审慎政策指数,发现在全球金融危机之后,发达经济体和新兴经济体都更为积极地应用宏观审慎政策工具。中国金融监管也频繁采用宏观审慎政策。中国共产党的十九大报告更是将其提升到与货币政策同等重要的地位,形成双支柱监管体系。2011年,中国人民银行引入差别准备金动态调整机制,并于2016年升级为宏观审慎评估,从七大方面引导金融机构行为,实施逆周期的调控措施。2015年以来逐步建立了针对跨境资本流动的宏观审慎政策框架,并在住房金融政策、资产管理业务、金融基础设施等领域都加强了宏观审慎监管。

表 7-4　　　　　　　中央银行常用的宏观审慎政策工具[①]

控制对象	维度	控制目标(使用国家数)	政策工具
控制信贷增长	结构维度	绝对规模约束(4)	① 信贷增长约束 ② 贷款特征限制
	时间维度	基于借款者风险特征的约束(11)	③ 贷款价值比(LTV)上限 ④ 负债收入比(DTI)上限 ⑤ 贷款收入比(LTI)上限 ⑥ 外币借贷限制
控制资产负债表的规模和结构	结构维度	限制关联度的措施	对杠杆的约束(4)	**⑦ 杠杆限制** **⑧ 对系统重要性机构的额外资本要求**
			对金融集中度的约束(3)	**⑨ 对同业间风险敞口的约束**
	时间维度	限制顺周期性的措施	资本要求(2)	**⑩ 逆周期资本缓冲**
			贷款损失拨备(6)	⑪ 逆周期动态的贷款损失准备金
		防范特别风险的措施	流动性风险(9)	⑫ 贷存比(LTD)约束 ⑬ 存款准备金要求 **⑭ 流动性要求**
			外汇风险(8)	⑮ 对外汇头寸或外币错配的限制

(五) 宏观审慎政策工具有效性研究

这些宏观审慎政策工具是否有效？刘志洋和宋玉颖(2016)认为必须根据各国国情选择宏观审慎政策的具体工具，最终效果实际上是多种政策工具组合实施的效果。学者们主要基于两种方法分析宏观审慎政策的有效性。一部分研究是基于传统的计量经济学方法。例如英国金融服务管理局推出的流动性监管政策 ILG，对部分国外分支银行的豁免权有特殊规定，Banerjee 和 Mio(2014)利用自然实验研究了该项流动性监管对银行资产负债表的影响。但这种方法需要配合政策颁布的具体时刻，比较政策颁布前后的区别，对数据和研究设计的要求较高。另一部分研究是利用宏观经济模型，特别是新凯恩斯动态随机一般均衡(Dynamic Stochastic General Equilibrium, DSGE)模型。这解决了受制于宏观审慎

[①] 括号内的数字表示宏观审慎政策中包括该控制目标的国家数。表中的工具都属于宏观审慎政策工具，但本文研究对象是基于投资业务的风险，因此下文仅针对表中黑色部分的政策工具进行深入分析，即⑦、⑧、⑨、⑩和⑭。

政策实施前后数据的可获得性的难题。Tayler和Zilberman(2016)提出了一个具有内生信贷摩擦的简单DSGE模型,研究了银行资本监管和货币政策在借贷成本渠道模型中的宏观审慎作用。李力等(2020)构建了DSGE模型并通过贝叶斯估计研究发现,宏观审慎政策能有效抑制企业债务规模,并降低普通企业和地方政府融资平台企业的违约率。徐卓和刘冬冬(2021)将资本缓冲率纳入DSGE模型,研究了宏观审慎政策与货币政策的协调,认为制定宏观审慎政策应同时考虑实体经济风险和金融风险。

三、投资业务引发系统性风险的机理及监管

由于宏观审慎政策工具的多重性,不同政策工具的基本指向与实际效果有可能相差甚远。本研究对象是包括银行、证券和保险在内的整个金融业,分析相关宏观审慎政策工具在投资业务引发系统性风险过程中的监管有效性。由于所聚焦的风险具有明确的业务来源,因此可更有针对性地选择政策工具。

(一) 投资业务造成系统性风险的机理

根据共同资产持有模型(邹奕格和陆思婷,2020),系统性风险包括风险累积与风险实现两个过程。风险累积是指在金融周期上行阶段,金融机构潜在风险逐渐增加的过程(童中文等,2018)。具体表现为,在正收益激励下,金融机构在业务经营中的一系列风险承担行为,导致金融市场中的资产价格泡沫、金融部门中的杠杆等金融变量正向变化,且逐步增大。风险实现则是指金融周期下行阶段,金融机构前期累积的风险被逐渐释放的过程。具体表现为,金融机构受到初始负向冲击,且被金融机构自身的杠杆及机构间关联所放大,多重风险出现非线性叠加并循环扩大,导致各类金融变量负向变化,并对实体经济造成较大的负外部性。这一资产折价抛售使风险在金融机构间传染扩大的过程也如前文图7-2所示。

初始时刻t_0,金融市场受到不利消息冲击或有金融机构抛售资产;

在时刻 t_1 时,资产价格发生变化,初始负向冲击生成,有抛售行为的金融机构资产负债表更新;时刻 t_2 时,金融机构遭受直接损失,需要抛售资产降低杠杆,部分脆弱机构甚至直接破产,进行资产清算,而抛售资产又会继续扰动资产价格,形成负向冲击,造成金融机构损失……如此循环往复直至整个系统达到稳定状态。即没有金融机构再抛售资产,或所有金融机构均已破产。显然,当一家金融机构与其他机构拥有较多的共同金融资产、自身杠杆又很高时,会受到更大的影响,在抛售资产时产生更大的影响。

(二) 投资业务引发系统性风险的三个必要条件

通过上文的理论分析,得到一些直观结果。金融机构对系统性风险传递的贡献是初始负向冲击、杠杆和关联性的联合产物(IMF,BIS 和 FSB,2009),这也是促成系统性风险的三个必要条件。

1. 负向冲击

从金融机构的角度,冲击的来源可以是内部经营不当或外部负面刺激。在这些诱因中,内部原因当然是根本原因,但追本溯源的直接原因都是外部的负面冲击。比如金融机构发生挤兑、投资产品价格下跌、利率变化等危机。除了这些经济因素外,各种政治因素如金融监管政策改革或国家间贸易摩擦等也会造成很大的冲击。一旦冲击的力度较大且金融机构负债率较高时,会直接造成金融机构资不抵债、破产清算。当然,倘若仅有初始外部负向冲击而内部不存在风险机制,则最终引发系统性风险的可能性也很低。

2. 杠杆机制

杠杆机制是指金融机构中由于负债经营而将初始负向冲击放大的机制。在经济上行周期,投资者会通过借贷或吸收资金增加杠杆来放大收益。这就吸引更多资金进入市场,进一步推升资产价格并增加经济产出,使经济加速繁荣。但这种没有实体经济支持的繁荣会非常脆弱,一旦传出不利消息或有投资者大举抛售资产,都有可能戳破泡沫,导致资产价格下降。高杠杆的存在使初始损失呈螺旋式放大,投资者受损严重而被迫不断抛售资产;推动资产价格下跌并引发系统性风险。因此,杠杆机制导致的抛售行为加剧了风险。

3. 关联机制

关联机制是指金融机构间由于业务、所持有的资产、管理模式、客户、投资者心理预期等多种原因而产生的关联性。本研究对象是投资业务风险,因此金融机构之间的关联性主要表现为持有相同或类似的资产,即具有共同资产风险敞口,进而使一家金融机构的风险通过资产价格的波动传导至其他金融机构,并可能遭受其他金融机构的再传染。

三个必要条件还会发生相互作用(见图7-13)。当初始负向冲击发生后,杠杆机制首先发生作用。体现为初始杠杆越高,需抛售的资产越多。而关联机制越强,如所抛售的资产也被其他金融机构集中持有,则其他金融机构因资产价格下跌所受的影响也就越大。杠杆机制与关联机制相互作用并形成恶性循环。一方面,杠杆越高,金融机构对初始负向冲击的应对能力越弱,需抛售更多资产,导致资产价格大幅下跌。另一方面,关联性越高,就越易形成风险传染,使得机构本身及持有相似资产的其他机构遭受更大损失,最终形成"杠杆—资产价格"双螺旋负反馈循环机制。

图7-13 杠杆机制与关联机制相互作用的循环机制

(三) 针对投资业务引发系统性风险的宏观审慎政策

表7-4中将使用的宏观审慎政策工具根据控制对象分为两类。一类是针对信贷增长。信贷业务是银行的基础业务,诚然是一条风险传染路径。诸多学者也分析了这种金融机构间的直接风险敞口对系统性风险的影响(Bluhm和Krahnen,2014)。本研究聚焦于金融机构投资业务。信

贷业务与投资业务是两条完全平行的业务线，前者涉及资产负债表资产端的贷出资金和负债端的借入资金，而后者只涉及资产端的各类投资资产。以信贷增长为控制对象的宏观审慎政策工具无法有效控制投资业务引起的系统性风险。因此本研究不涉及以信贷增长为控制对象的宏观审慎政策工具。类似的，另一类针对资产负债表规模和结构的工具中，也有主要针对信贷业务的工具，比如逆周期动态贷款损失准备金、存贷比约束和存款准备金要求，故本研究也不涉及。除此以外，目前中国金融机构的境外投资还是受到严格限制。因此金融机构资产负债表中外汇投资资产的规模也相对较小。由于国内金融系统稳定，本研究暂不考虑国际汇率冲击的影响，不涉及有关外汇头寸或外币错配限制。

因此可从表7-4中提取出应对投资业务引发系统性风险的宏观审慎政策工具。控制对象均为资产负债表的规模和结构，在结构维度方面的具体工具有：⑦杠杆限制，⑧对系统重要性机构征收额外的资本要求，⑨对同业间风险敞口的约束。在时间维度方面的具体工具有：⑩逆周期资本缓冲，⑭流动性要求。

基于共同资产持有模型（邹奕格和陆思婷，2020），分析上述五种宏观审慎政策工具在抑制三个必要条件时所起的作用。结构维度方面，杠杆限制和对系统重要性机构征收额外的资本要求通过抑制杠杆机制来控制系统性风险，使得金融机构拥有更多的资本缓冲；同业间风险敞口的约束抑制了关联机制，减少共同资产风险敞口。时间维度方面，如果初始负向冲击完全外生，则不受金融机构控制；但通过逆周期资本缓冲，在危机时刻可通过注入资本，从而增强金融机构吸收风险的能力；而对抛售造成的冲击可通过流动性要求进行监管，从而规避发生踩踏性的抛售行为，抑制关联机制并稳定市场整体的流动性。因此，本研究将在度量系统性风险的模型上限制某些变量，模拟宏观审慎政策的执行，从而观察上述针对投资业务的宏观审慎政策工具可能带来的影响及其监管有效性。

四、实证研究设计

(一) 系统性风险的衡量

任意金融机构 n 在时刻 t_0 的初始财务状态：资产 $a_n^{t_0}$，第 k 类资产 $a_{n,k}^{t_0}$，该资产投资比例 $m_{n,k}^{t_0} = a_{n,k}^{t_0}/a_n^{t_0}$；所有者权益 $e_n^{t_0}$；杠杆 $b_n^{t_0} = a_n^{t_0}/e_n^{t_0} > 1$；监管要求的杠杆限制 b_n^*。金融市场中第 k 类资产的价格 $p_k^{t_0}$，资产遭受初始负向冲击后资产价格下跌百分比 $f_k^{t_1}$。在负向冲击下资产价格变为 $p_k^{t_1} = (1 - f_k^{t_1}) p_k^{t_0}$。金融机构 n 因持有该资产的直接损失为：

$$direct\ loss_n^{t_2} = \sum_{k=1}^{K} a_n^{t_1} m_{n,k}^{t_1} f_k^{t_1} \tag{7.17}$$

根据前文图 7-2 中的模型分析，负向冲击发生后，一些金融机构遭受直接损失，杠杆超过监管限制，为降低杠杆，必须抛售资产 $sell_n^{t_2}$。假设金融机构的投资偏好维持不变，以时刻 t_0 各类资产市场价值的比例作为该金融机构的投资偏好，在抛售资产时也会固守这一比例。即需抛售的各类资产为 $sell_{n,k}^{t_2} = m_{n,k}^{t_0} sell_n^{t_2}$。在连续抛售资产的过程中，第 k 类资产供给增加，参考 Bluhm 和 Krahnen(2014) 资产抛售量与价格变化的关系，资产价格改变为：

$$p_k^{t_2} = p_k^{t_1} \exp\left(-\xi_k \frac{\sum_{n=1}^{N} sell_{n,k}^{t_2}}{\sum_{n=1}^{N} a_{n,k}^{t_1} m_{n,k}^{t_0}}\right) \tag{7.18}$$

其中，价格敏感因子 ξ_k 为一个正常数，仅受金融资产种类和经济环境的影响。资产抛售是一个连续过程，实际交易价格取 $p_k^{t_1}$ 和 $p_k^{t_2}$ 的中间值，抛售实际造成的损失为：

$$actual\ fire\ sale\ loss_n^{t_2} = \sum_{k=1}^{K} 0.5 \frac{p_k^{t_1} - p_k^{t_2}}{p_k^{t_1}} sell_{n,k}^{t_2} \tag{7.19}$$

由于盯市制度，资产价格下降又会生成一次新的负向冲击：

$$f_k^{t_2} = -\frac{p_k^{t_2} - p_k^{t_1}}{p_k^{t_1}} = 1 - \exp\left(-\xi_k \frac{\sum_{n=1}^{N} sell_{n,k}^{t_2}}{\sum_{n=1}^{N} a_{n,k}^{t_1} m_{n,k}^{t_0}}\right) \quad (7.20)$$

在每一轮降杠杆的抛售行为结束后,更新金融机构的资产负债表:

$$资产: a_n^{t_2} = a_n^{t_1} - direct\ loss_n^{t_2} - sell_{n,k}^{t_2} \quad (7.21)$$

$$所有者权益: e_n^{t_2} = e_n^{t_1} - direct\ loss_n^{t_2} - actual\ fire\ sale\ loss_n^{t_2}$$
$$(7.22)$$

如果金融机构的所有者权益为负,则破产,抛售所有剩余投资资产并结束经营。当然,在多轮降杠杆的过程之后会在时刻 T 达到收敛状态。此时市场恢复稳定且所有金融机构不再发生抛售行为,或所有金融机构均已破产。显然,初始负向冲击造成的所有者权益损失越多,对应的风险也就越大。可用收敛状态时金融系统中损失的所有者权益来帮助量化风险,并除以初始所有者权益总和,进行标准化,从而表示特定初始负向冲击造成的系统性风险(Fricke 和 Fricke,2021),具体计算方法见式(7.23)。

$$sr_{f_k^{t_1}} = \frac{\sum_{n=1}^{N} e_n^{t_0} - \sum_{n=1}^{N} e_n^{T}}{\sum_{n=1}^{N} e_n^{t_0}} \quad (7.23)$$

采用类似于压力测试的方法模拟初始负向冲击 $f_k^{t_1}$,就可计算出不同特定初始负向冲击造成的系统性风险 $sr_{f_k^{t_1}}$。但对宏观经济环境和金融市场难以准确预测,只能从历史信息和价值内涵出发对初始负向冲击 $f_k^{t_1}$ 及其概率分布进行假设。根据初始负向冲击 $f_k^{t_1}$ 的发生概率对 $sr_{f_k^{t_1}}$ 加权求和,则可以得到特定监管要求和金融机构财务状态下的系统性风险:

$$sr = \int_{f_k^{t_1}} sr_{f_k^{t_1}} \quad (7.24)$$

将各金融机构 2019 年的实际财务数据代入式(7.17)至式(7.24),并将此作为基础模型,通过计算所得到的系统性风险为基准水平。根据上文分析,聚焦五种宏观审慎政策工具降低风险的效果。通过与基准水平进行对比,即可分析这些宏观审慎政策工具的监管有效性。

(二) 宏观审慎政策工具监管有效性的检验

1. 杠杆限制

杠杆限制的最终目的是要求金融机构持有足够的资本。诸多文献已证明,杠杆的监管要求越严格,金融环境越稳定(Bluhm 和 Krahnen,2014)。初始负向冲击使金融机构的杠杆改变。金融机构通过售卖资产满足杠杆限制 b_n^*,又使得资产价格变化。提高杠杆监管要求,则可以改善盯市基础。本研究基础模型中的监管杠杆限制设定为 $b_n^*=25$,可通过调整 b_n^*,验证杠杆限制这一宏观审慎政策工具实际的监管有效性。

各家金融机构的杠杆适应于执行的杠杆限制。所以在调整监管要求的杠杆限制时也应相应同比例调整实证数据中各家金融机构的杠杆。例如,当杠杆监管要求提高 20% 时,相应的各家金融机构的实际杠杆也都会提高 20%。即监管要求的杠杆为 γb_n^* 后,金融机构财务状况调整为:资产 $a_n^{t_0}$、投资比例不变 $m_{n,k}^{t_0}$,所有者权益 $\frac{1}{\gamma}e_n^{t_0}$;杠杆 $b_n^{t_0}=\gamma a_n^{t_0}/e_n^{t_0}$。

这比单纯提高杠杆监管要求更合理地反映了监管变化的实际影响。但是,提高杠杆监管要求是有成本的。每家金融机构需额外注入 $\left(\frac{1}{\gamma}-1\right)e_n^{t_0}$ 的资本来调整杠杆,对整个金融系统而言,调整杠杆限制的成本为:

$$cost = \sum_{n=1}^{N}\left(\frac{1}{\gamma}-1\right)e_n^{t_0} \tag{7.25}$$

2. 对系统重要性机构征收额外的资本要求

对系统重要性机构征收额外的资本,可以迫使该机构将风险成本内部化。征收而来的额外资本可作为危机期间补充资本的来源,减轻政府危机时的救助负担。一些容易受到影响的脆弱性机构也不用承担这部分成本,转由系统重要性机构承担。这在一定程度上可理解为,向金融机构收取与其对金融系统所造成负外部性成比例的风险税,从而减少不当激励和道德风险。有利于减少金融机构主动选择应对"太大而不能倒"和"太关联而不能倒"的措施,迫使将风险成本内部化。因此,以风险贡献的大小来确定金融机构的责任,实质上也是要求金融机构持有足够资本的又一种手段。不过与无差别的杠杆限制相较而言,额外的资本要求对不同金融机构进行了差别化管理。

实证分析时用下列方式来确定金融机构的重要程度:假设危机仅由某一家金融机构引起时对整个金融系统所能造成的最大影响。以此来确定金融机构在系统中的责任,量化金融机构的系统重要性。因此需调整初始负向冲击,即该金融机构抛售全部投资的金融资产可造成的初始负外部冲击为 $f_k^{t1} = 1 - \exp\left(-\xi_k \dfrac{a_{n,k}^{t1} m_{n,k}^{t0}}{\sum_{n=1}^{N} a_{n,k}^{t1} m_{n,k}^{t0}}\right)$。以金融机构可对除其之外的金融系统所造成的系统性风险水平 $sr_{f_k^{t1}}^{without\ n}$ 来计算,该金融机构的系统重要性为 sii_n:

$$sii_n = \frac{\int_{f_k^{t1}} sr_{f_k^{t1}}^{without\ n}}{\sum_n \int_{f_k^{t1}} sr_{f_k^{t1}}^{without\ n}} \qquad (7.26)$$

监管机构可按照各家金融机构的系统重要性比例征收额外的资本,用于危机时救济其他金融机构。监管机构将聚焦于系统整体的风险水平,目标是抑制初始负向冲击发生后的风险传染,因此必须将注入的资本分配恰当,才能减少风险并降低系统性风险水平。因为即使向稳健的金融机构注入资本,对于增强系统稳定性的贡献也很有限。不同于系统重要性为 sii_n 的计算,计算系统脆弱性时,无须在基础模型上调整初始负向冲击。对于每家金融机构参考式(7.22)至式(7.24),但不对系统内的金融机构进行加总,以金融机构收敛状态时损失的所有者权益除上初始所有者权益，得到脆弱性 svi_n：

$$svi_n = \frac{\int_{f_k^{t_1}} (e_n^{t_0} - e_n^T)/e_n^{t_0}}{\sum_n \left(\int_{f_k^{t_1}} (e_n^{t_0} - e_n^T)/e_n^{t_0}\right)} \quad (7.27)$$

根据各家金融机构的脆弱性确定应分配的资金，脆弱性越高，则能分配到的注入资金越多。根据式（7.26）和式（7.27），假设 I 为需向整个金融系统注入的资本总额，从第 n 家金融机构额外征收资本 $O_n = sii_n I$，在危机时会被注入资本 $I_n = svi_n I$。金融机构在注入资本后，所有者权益变为 $e_n^{t_0} + I_n$，杠杆率变为 $a_n^{t_0}/(e_n^{t_0} + I_n)$。在向金融机构注入资本后，财务状态被调整，再根据式（7.17）至式（7.24）重新计算，观察系统性风险的变化情况，即可对比出对系统重要性机构征收额外资本这一宏观审慎政策的有效性。

3. 同业间风险敞口约束

通常，对金融机构风险敞口约束是对各项资产项目设置严格的比例要求。这可从两个方面限制金融机构之间的关联机制。一方面，金融机构拥有的共同资产越多，受到负向冲击的影响越大；另一方面，抛售的资产种类越多，则造成的影响也更广泛。因此，实务中通常是设置某类资产所占的比例区间，即对投资比例设置上限，$\overline{m}_{n,k}^{t_0} = \min(m_{n,k}^{t_0}, \overline{m}_k)$。一旦金融机构持有的某类资产超过监管上限，需随即出售变现。

当然，对资产项目设置严格的比例要求也具有明显的弊端。这限制了金融机构的灵活性，使其难以在投资业务方面有所作为。但为了整个金融系统的稳定，牺牲在所难免。所以，监管者提出的各类资产上限的具体要求至关重要。实证设计时，可以将基础模型中的资产比例 $m_{n,k}^{t_0}$ 调整为 $\overline{m}_{n,k}^{t_0}$，并根据式（7.17）至式（7.24），计算同业间风险敞口约束改变后系统性风险的变化情况，从而观察同业间风险敞口的监管效果。

4. 逆周期资本缓冲

逆周期资本缓冲是针对最低资本充足率进行调整，即资本与风险资产加权平均值的比值。在经济上行周期中多计提资本，以补充在经济下行周期中为应对损失而弥补资本的需求。先观察经济上行周期计提资本和下行周期注入资本的影响。$i_n^{t_0}$ 为根据逆周期资本缓冲的监管规定计提或注入的资本。当 $i_n^{t_0} < 0$ 时为计提资本，$i_n^{t_0} > 0$ 时为注入资本。所有者权益变化为 $e_n^{t_0} + i_n^{t_0}$，资产 $a_n^{t_0}$ 和投资资产比例 $m_{n,k}^{t_0}$ 均保持不变。以不注入资本的情形作为参考标准，即 $i_n^{t_0} = 0$，系统性风险水平的变化为：

$$\Delta sr_{f_k^{t_1}}^{i_n^{t_0}} = sr_{f_k^{t_1}}^{i_n^{t_0}} - sr_{f_k^{t_1}}^{i_n^{t_0}=0} \tag{7.28}$$

在经济环境较好、$f_k^{t_1}$ 偏低时计提逆周期资本，即 $i_n^{t_0} < 0$；随着经济环境恶化、$f_k^{t_1}$ 增大，计提的资本注入金融机构用以弥补损失，$i_n^{t_0} > 0$。那么，如果经济环境较好时计提资本所增加的系统性风险较小，而经济环境较差时注入资本而减少的系统性风险较多，那么这种宏观审慎政策整体上就是行之有效的。

各家金融机构需额外计提的资本与其初始所有者权益成正比，即一家金融机构的所有者权益越多，就计提或注入越多的资本。逆周期资本缓冲所需的成本为：$cost = \sum_{n=1}^{N} i_n^{t_0} = \sum_{n=1}^{N} \zeta e_n^{t_0}$。这与式(7.25)中杠杆限制成本的表达式一致。因为都是通过增加或减少资本来调控系统性风险，所以二者的成本也一致。

5. 流动性要求

流动性要求的宏观审慎政策是为了解决资产抛售所带来的流动性冲击影响，以减少资本市场资产价格变化带来的再次冲击。在抛售资产时，金融机构可选择不同的抛售方式。不同抛售方式将导致截然不同的流动性冲击。微观审慎角度下，金融机构较关注自身经营稳健性，会选择优先出售流动性较弱的资产，即非流动性资产；而宏观审慎角度下，金融机构会更关注整体稳定性，会优先出售流动性较强的资产，即流动性资产（方意等，2019）。从整体角度来看，优先抛售流动性资产具有两种正向作用：一是缓冲作用。给定总抛售数量，先抛售流动性资产，则造成的负外部性较低,为后续可能要抛售非流动性资产提供缓冲。二是救市作用。抛售流动性资产不会产生传染效应,可使系统传染损失最小。因此相对于先抛售非流动性资产而言,先抛售流动性资产可显著降低系统性风险。

抛售当然会引起资产价格的改变。根据模型设定,资产价格随资产抛售的相对数量呈指数变化。为求解模型,假设持有流动性资产存在流动性窖藏收益(方意等,2019)。设定金融机构抛售流动性资产时,抛售数量的 1/3 为损失的流动性窖藏收益,即对流动性资产而言,式(7.18)变为:

$$p_k^{t2} = p_k^{t1} \exp\left(-\xi_k \frac{\frac{2}{3}\sum_{n=1}^{N} sell_{n,k}^{t2}}{\sum_{n=1}^{N} a_{n,k}^{t1} m_{n,k}^{t0}}\right) \quad (7.29)$$

实际抛售时有多种抛售选择:(1)投资偏好不变,即基础模型中的资产比例不变:在持有资产比例不变的基础上抛售资产。(2)先抛售非流动性资产:按照资产的流动性从小到大排序,先抛售流动性最差的资产,待此资产抛售完毕,如还需抛售资产,再抛售流动性稍好的资产。(3)先抛售流动性资产:按照资产流动性从大到小排序,先抛售流动性最好的资产,待此资产抛售完毕,如还需抛售资产,再抛售流动性稍差的资产。

为了分析某类机构在其他金融机构抛售资产时的不同选择而可能造成的系统性风险水平,以期寻得最优行为并加以指导,需要对金融机构进行分类研究。比如将金融机构分为银行和其他金融机构两类[1],资产也分为流动性资产和非流动性资产。遭遇初始负向冲击后为满足监管杠杆要求,金融机构抛售资产时有两种选择:先抛售非流动性资产或先抛售流动性资产。因此共有四种情况[2],分别简称为非非、非流、流非和流流。各家金融机构抛售的资产 $sell_{n,k}^{t2}$ 可以重新表示为式(7.30)。

---

[1] 当然也可以将保险公司或证券公司单列出来,分别进行研究。
[2] 银行先抛售非流动性资产且其他金融机构先抛售非流动性资产;银行先抛售非流动性资产且其他金融机构先抛售流动性资产;银行先抛售流动性资产且其他金融机构先抛售非流动性资产;银行先抛售流动性资产且其他金融机构先抛售流动性资产。

$$\begin{cases} sell_n^{t2} \leq \sum_{k \in K} a_{n,k}^{t1} \begin{cases} sell_{n,k}^{t2} = 0 & k \in \overline{K} \\ sell_{n,k}^{t2} = sell_n^{t2} \dfrac{a_{n,k}^{t1}}{\sum_{k \in K} a_{n,k}^{t1}} & k \in K \end{cases} \\ \\ sell_n^{t2} > \sum_{k \in K} a_{n,k}^{t1} \begin{cases} sell_{n,k}^{t2} = (sell_n^{t2} - \sum_{k \in K} a_{n,k}^{t1}) \dfrac{a_{n,k}^{t1}}{\sum_{k \in \overline{K}} a_{n,k}^{t1}} & k \in \overline{K} \\ sell_{n,k}^{t2} = a_{n,k}^{t1} & k \in K \end{cases} \end{cases}$$

(7.30)

其中，K 为流动性资产或非流动性资产两个集合中优先抛售的一类。比如金融机构 n 优先抛售流动性资产，则 K 为流动性资产集合。若需抛售资产数量小于优先抛售资产的剩余总量，则不抛售属于非优先抛售的资产，而是按初始持有比例抛售优先抛售类资产；若需抛售资产数量大于优先抛售资产的剩余总量，就将属于优先抛售的资产全部抛售之后，再按初始持有比例抛售非优先抛售资产，满足总抛售量的要求。根据窖藏流动性动机，金融机构都会优先抛售非流动性资产。因为相对于流动性较差的资产，保留流动性较好的资产可享受更高的流动性溢价。但若此时对应的风险水平较高，则不符合整体最优的宏观审慎要求。监管者可进行抛售指导，避免金融机构因窖藏流动性而导致整个系统风险升高。

（三）数据来源

从上市金融机构和行业翘楚中挑选出具有行业代表性的金融机构共 42 家[1]。包括 20 家银行、8 家保险公司和 12 家证券公司。各种数据的设

---

[1] 银行共 20 家：工商银行、建设银行、农业银行、中国银行、邮储银行、交通银行、招商银行、兴业银行、浦发银行、中信银行、民生银行、光大银行、华夏银行、北京银行、广发银行、浙商银行、南京银行、宁波银行、渤海银行、恒丰银行。保险公司 8 家：中国平安、中国人寿、中国太保、中国人保、泰康保险、新华保险、中国太平、中国再保险。证券公司 12 家：中信证券、海通证券、华泰证券、国泰君安、广发证券、招商证券、申万宏源、银河证券、国信证券、东方证券、东北证券、太平洋。

定、来源和初步处理如下①：

由各家金融机构的年度报告可直接获取财务数据：资产 $a_n^{t_0}$、所有者权益 $e_n^{t_0}$，并计算出经营杠杆 $b_n^{t_0}$。参考《中国金融稳定报告》，将资产分为七类：类存款类、债券类、权益类、衍生金融资产、长期股权投资、投资性房地产和贵金属。由年报附注得到具体资产数目并通过计算得到持有的资产比例 $m_{n,k}^{t_0}$。第 k 类资产总量用样本机构持有的该类资产总和代替，即 $A_k^{t_s} = \sum_{n=1}^{N} m_{n,k}^{t_s} a_n^{t_s} (s=0、1、2)$②。

初始负向冲击从金融机构抛售金融资产开始，金融机构抛售资产量的概率以泊松分布作为拟合计算。泊松分布满足长尾性质，符合抛售数量越多、发生可能性越小这一定性规律。研究重点是在分布趋势的基础上计算并比较政策工具带来的效果，而造成初始负向冲击的资产抛售量分布只要贴近实际情况即可。根据式（7.10）可以由抛售数量对应得到服从泊松分布的初始负向冲击 $f_k^{t_1}$ 最终造成的系统性风险，并计算相应监管政策下的系统性风险。

价格敏感因子 ξ_k 按照经验数据（Kok 和 Motagna，2016）统一设定为 0.2。

杠杆限制方面，只有银行监管中有明确的杠杆要求 b_n^* 为 25③，保险和证券业一般对偿付能力和净资本提出要求，本研究统一简化，将杠杆限制的监管要求设为 25。

相对而言，现行监管中对保险资金运用的相关规定较为成熟，故以保险投资范围和投资比例作为统一的约束标准。参考《关于加强和改进保

---

① 本文的各种设定相对比较灵活，在当前数据不够充分时，能在设定的前提下就关键变量进行变化，比较关键变量变化前后的系统性风险水平的差别，从而达到检验关键变量监管有效性的目的。在数据充足时，则很容易进行细节性的拓展，从而可以适应更加现实的场景。

② 这样处理使资产供给少于市场真实供给，但都基于同一样本的考虑，有助于弥补数据不足的问题。

③ 《商业银行杠杆率监管指引》中规定的杠杆率监管标准，一级资本占调整后表内外资产余额的比例不低于 4%。

险资金运用比例监管的通知》,资产分为流动类、固定收益类(包括类存款类和债券类)、股权权益类(包括权益类和长期股权投资)、不动产类(包括投资性房地产)以及其他金融资产(包括衍生金融资产和贵金属),对这些不同类别的资产设置同业间风险敞口约束 $\overline{M}$。其中,对类存款类、债券类等固定收益类资产不设总量控制,对长期股权投资等权益类资产合计要求不得高于期末总资产的30%,不动产类资产的比例不得高于期末总资产的30%,其他金融资产合计不得高于期末总资产的25%。记为 $\overline{M} = \{100\%, 30\%, 30\%, 25\%\}$。

按照《企业会计准则第30号——财务报表列报》,金融企业等销售产品或提供服务时不具明显可识别营业周期的,对其各项资产按照流动性列示能够提供可靠且更相关信息的,可以按照其流动性列示。参照各金融机构年报的列示顺序,流动性资产有类存款类、债券类、权益类、衍生金融资产、贵金属;非流动性资产有长期股权投资、投资性房地产。

将下列参数所构成的模型设定为基础模型:基于2019年42家金融机构的财务状况,杠杆限制为25,不向系统重要性机构征收额外资本,同业间风险敞口约束为 $\overline{M} = \{100\%, 30\%, 30\%, 25\%\}$,不采取逆周期资本缓冲,对流动性不做要求。代入式(7.17)-式(7.24)可得到基础模型中系统性风险的基准水平为28.24‰,以此作为比较基础。

五、实证分析结果

(一) 杠杆限制的监管有效性

根据研究设计,根据式(7.17)-式(7.23)重新计算基础模型中的 b_n^*,并绘制杠杆监管限制改变后系统性风险水平的改变,如图7-14和图7-15所示。

图7-14中显示,保持各金融机构的经营杠杆水平与基准模型相同,当杠杆监管限制变化时,不同初始负向冲击下的系统性风险水平也显著不同。x轴(水平直线)为初始负向冲击 $f_k^{r_1}$,y轴为杠杆监管限制改变后

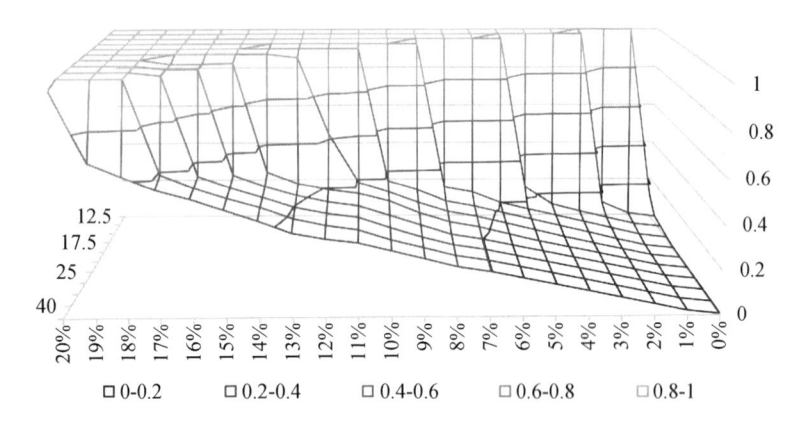

图 7-14 改变杠杆限制时系统性风险水平的变化(金融机构杠杆不变)

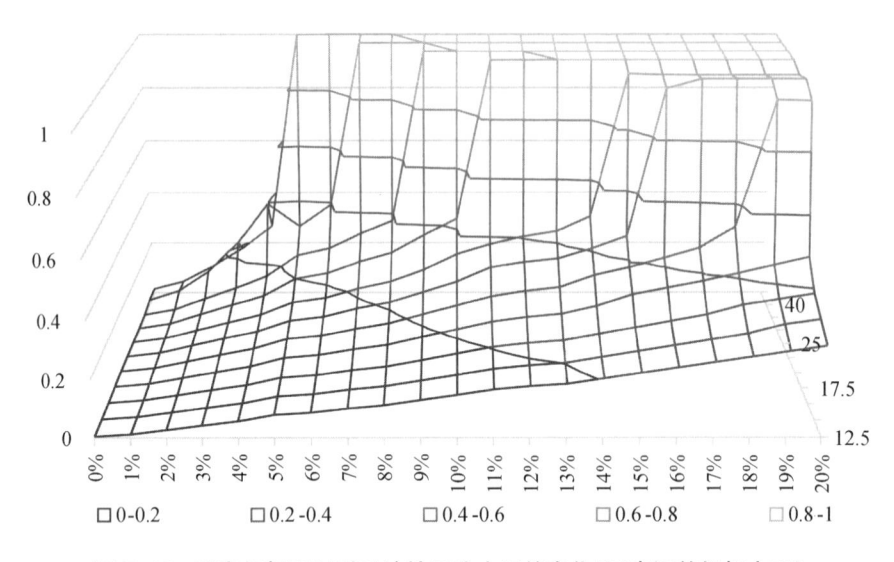

图 7-15 改变杠杆限制时系统性风险水平的变化(同步调整杠杆水平)

的要求 b_n^*，z 轴(竖直垂线)为系统性风险水平 $sr_{f_k^{t_1}}$。维持基础模型中金融机构的实际杠杆水平,当初始负向冲击 $f_k^{t_1}$ 越大,则系统性风险水平越高。当初始负向冲击水平固定时,杠杆限制越低即监管要求越严,系统性风险水平反而越高。这与现有的研究结论相悖。这是因为这里仅调整了杠杆的监管限制,但金融机构的实际杠杆水平还停留在基础模型中的杠杆限制。为满足更为严格的杠杆监管限制要求,金融机构会迅速过多抛售,反而造成资产价格不稳定,引发更高的风险。

图 7-15 中显示的则是当改变杠杆监管限制时,金融机构已经同步调整杠杆水平,在这种情境下不同初始负向冲击与系统性风险水平的关系。图 7-15 中的坐标轴含义与图 7-14 一致,只是为了从最佳角度展示增长趋势,图 7-15 中的 x 轴和 y 轴的方向与图 7-14 不同。在对金融机构的实际杠杆进行适应性调整之后,同样的初始负向冲击越大,系统性风险水平越高;但是当初始负向冲击的水平固定后,杠杆限制越低即监管要求越严时,系统性风险水平明显降低。根据式(7.24)可得杠杆限制 b_n^* 为 30 时,系统性风险水平 sr 为 33.89‰;杠杆限制为 20 时,系统性风险水平为 22.59‰。杠杆限制调为 15 时,系统性风险水平为 16.94‰。显然,与基础模型中系统性风险水平 28.24‰ 相比,降低杠杆限制、提高监管水平确实有助于降低系统性风险。

除此之外,提高杠杆限制需要花费巨大的成本。如果杠杆限制从基础模型的 25 提高到 20,由式(7.25)计算所需成本为 4.4 万亿元。图 7-15 中的结果表明,在稳定时期逐步增加资本降低杠杆,可增强抵御风险的能力;图 7-14 则表明,在危机发生后降低资本要求提高杠杆,则可帮助金融机构度过危机。因此,这需要监管者有足够的掌控力,随时调整杠杆限制以降低风险。但图 7-14 的计算结果也表明,监管机构在改变杠杆监管限制时,必须遵守缓慢和小幅的调整原则,让金融机构有逐步调整和适应的过程。否则,杠杆限制政策的迅速颁布与执行、杠杆的大幅度变化反而会加剧金融市场的风险。

(二)对系统重要性机构征收额外资本要求的监管有效性

对系统重要性机构征收额外资本这一宏观审慎政策是用于危急时刻的救济和接管。按照实证设计式(7.26)和式(7.27)计算出各家金融机构的系统重要性和系统脆弱性,分摊得到应额外征收的资本和分配可得的资本。与杠杆限制从基础模型中的 25 降为 20 时所需的成本暂且一致,假定注入资本的总额 I 为 4.4 万亿元。改变金融机构的初始财务状况，并代入式(7.17)-式(7.24)，可以得到此时的系统性风险 sr 为 22.58‰，与杠杆监管限制降为 20 时的效果类似(22.59‰)。改变初始负向冲击的大小，重复上述的计算过程，观察对系统重要性机构征收额外资本这一宏观审慎政策工具对控制系统性风险的影响(见图 7-16)。

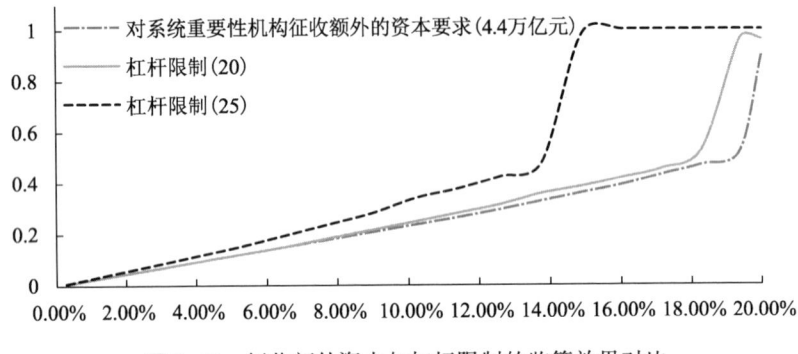

图 7-16 征收额外资本与杠杆限制的监管效果对比

图 7-16 中横轴为初始负向冲击 $f_k^{t_1}$，纵轴为系统性风险 $sr_{f_k^{t_1}}$，详细展示了对系统重要性机构征收额外资本 4.4 万亿元和杠杆限制分别为 20 和 25 时系统性风险随初始负向冲击的变化。可以看到，对系统重要性机构征收额外资本的监管效果明显较优，优于直接将杠杆限制从 25 降至 20 的效果。尤其是当初始负向冲击较大时效果更显著。当然，发生较大初始负向冲击的概率很小，故对系统重要性机构征收额外资本的监管效果略优于降低杠杆限制。

(三) 同业间风险敞口约束

根据式(7.17)-式(7.24)计算不同投资资产比例监管下的系统性风险(见表 7-5)。

表 7-5 中第一行是现行的监管政策。但根据金融机构实务中实际投资数据，除固定收益类资产外，其他各种资产比例均远低于监管要求。这表明金融机构的投资相对较为保守。规则 1 是基于 2019 年各金融机构持有资产的实际比例，即对应基础模型系统性风险水平 28.24‰。规

表 7-5　　　　调整同业间风险敞口约束之后的系统性风险

	$\overline{m_{n,k}^{t0}}$	固定收益类	股权权益类	不动产类	其他金融资产	sr
规则 1	现行监管政策	不设限	≤30%	≤30%	≤25%	
	按 2019 年各金融机构持有各种资产的实际比例					28.24‰
规则 2	放松监管政策	不设限	30%	30%	25%	29.52‰
规则 3	收紧监管政策	不设限	≤20%	≤20%	≤15%	
	按 2019 年金融机构持有各种资产实际比例和监管上限的较小者					28.22‰

则 2 是将除固定收益类以外的其他各类资产投资比例扩大为现行监管要求的上限。可以看到,随着同业间风险敞口的扩大,系统性风险水平也提高到 29.52‰。规则 3 则是收紧了同业间风险敞口的约束,将各类投资比例要求的上限均下调 10%。若实际投资比例未到上限,则按 $\overline{m_{n,k}^{t0}} = \min(m_{n,k}^{t0}, \overline{m_k})$ 确定。此时仅有 6 家金融机构的股权权益类资产占比超过 20%。因此仅这 6 家金融机构需抛售部分股权权益类资产以满足新的监管要求。其他资产投资比例与基础模型一致。可以看到,规则 3 中的系统性风险有些许下降。

表 7-5 的测算可以看到,严格控制各种资产投资比例这一宏观审慎政策工具是可以降低系统性风险的。但由于当前各家金融机构的投资行为比较保守,实际的各种资产持有比例远低于监管上限,因此调整这一宏观审慎政策的监管效果不会十分显著;此外还具有明显的弊端,因为固定投资比例的监管限制使金融机构难以在投资业务方面有所自由作为。

(四) 逆周期资本缓冲

考虑不同力度的计提资本或注入资本,改变金融机构的初始财务状况,代入式(7.17)-式(7.24)、式(7.28),可以得到系统性风险随 i_n^{t0} 的变化 $\Delta sr_{f_k^{t1}}$。监管效果如图 7-17 所示。

图 7-17 中,x 轴(水平方向)为初始负向冲击 f_k^{t1},y 轴为注入资本 $\sum_{n=1}^{N} i_n^{t0}$ (负值为计提),z 轴(竖直垂线)为系统性风险的变化 $\Delta sr_{f_k^{t1}}$。首

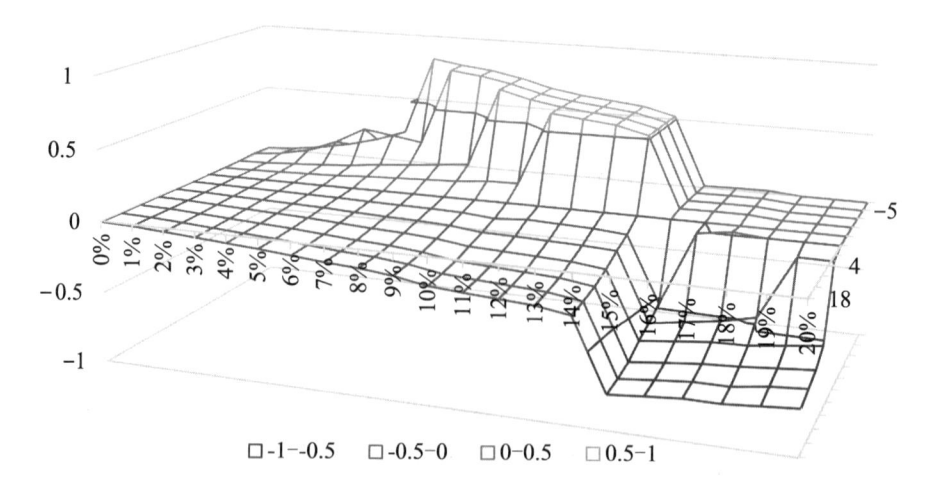

图 7-17 逆周期资本缓冲后系统性风险水平的变化

先看图 7-17 的左上角，此时初始负向冲击 $f_k^{t_1}$ 较小、注入资本为负，对应于经济环境较好、计提资本的大背景。但此时即使计提资本，也未明显增加系统性风险。随着 x 轴右移，初始负向冲击 $f_k^{t_1}$ 逐渐增大，此时提取资本，则导致系统性风险迅速飙升。其次看图 7-17 的右下角，此时初始负向冲击 $f_k^{t_1}$ 较大、注入资本为正，对应于经济环境较差、注入资本的大背景。可以看到，注入资本可以显著地降低系统性风险。

逆周期资本缓冲的监管政策实际上是监管者在时间上进行的统筹调配。无论初始负向冲击的水平如何，计提资本都会使系统性风险增加，而注入资本都会使系统性风险降低。但要注意的是，当初始负向冲击较小时，计提资本所增加的系统性风险尚在可控范围之内；而当初始负向冲击较大时，就不宜再使用计提资本的措施，因为此时会严重加剧系统性风险。而注入资本的措施则一定要在初始负向冲击较大时使用，将资本用在刀刃上，效果非常显著。

（五）流动性要求

根据式(7.17)、式(7.19)-式(7.23)、式(7.29)和式(7.30)计算，得到四

种抛售资产情形下的系统性风险,如图 7-18 所示,横轴为初始负向冲击的大小 $f_k^{t_1}$,纵轴为系统性风险 $sr_{f_k^{t_1}}$。可以明显看到当冲击为 13% 至 14% 时出现了差异。为更明显地观察到差距,将图形进行了局部放大。

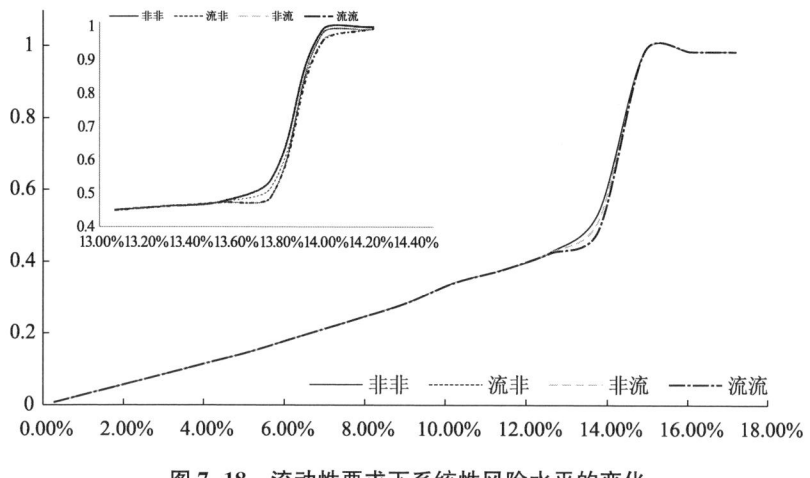

图 7-18　流动性要求下系统性风险水平的变化

可以看到,当银行和其他金融机构都抛售流动性资产时(流流),金融系统的系统性风险水平最低。因此各金融机构都应优先抛售流动性较好的资产。虽然图 7-18 中四种抛售情形的差距并不大,这可能是因为理论模型简化设定的局限。但在流动性资产有窖藏收益这一合理前提下,引导金融机构优先抛售流动性资产这个趋向性结论是可靠的。尽管这种引导降低系统性风险的监管效果比较有限。

实际上在危机期间,倘若金融机构能自由决策不抛售,的确可以减少抛售带来的传染性,此时不要盯市是最好的。这也是在单个金融机构出现问题时会被接管的主要原因。但在多数金融机构同时陷入危机后,接管对于政府的压力过大。监管机构倘若能进行抛售引导,属于相对折中的方法。监管机构通过引导金融机构分散抛售或优先抛售流动性较好、价格波动较小的资产,可以减小关联机制可能带来的影响。

(六) 政策工具叠加的效果分析

当不同的宏观审慎政策工具同时施行时,又会叠加产生什么效果呢?实际上,在宏观审慎政策工具中,杠杆限制、对系统重要性机构征收额外的资本要求和逆周期资本缓冲的本质都一样,都是增加资本。只是杠杆限制是对所有金融机构统一施行的无差异要求,对系统重要性机构征收额外的资本要求是在截面维度上对不同金融机构的差异化要求,逆周期资本缓冲是在时间维度上对不同时间的差异化要求。而且,三者的监管效果略有差异,在空间或时间上调度后,对系统重要性机构征收额外的资本要求和逆周期资本缓冲的监管效果略优于杠杆限制的效果。但是,这三种工具在简化模型中没有太大区别,所以本研究在研究政策叠加时仅以杠杆限制为例,考虑杠杆限制与其他政策工具叠加的监管效果。

根据上文的实证结果,先选择杠杆限制为20、同业间风险敞口为规则3和流动性要求为先出售流动性资产这三个具体的政策工具。叠加施行的监管结果见表7-6。表7-6中的数值即为对应行与列中两个政策工具叠加施行后,与基础模型相比而言的系统性风险降低的数值。若行与列的政策工具相同,则对应上文该政策工具单独施行的监管效果。

表7-6　政策叠加后系统性风险较基础模型的变化

	杠杆限制	同业间风险敞口约束	流动性要求
杠杆限制	−5.646‰		
同业间风险敞口约束	−5.976‰	−0.016‰	
流动性要求	−5.746‰	−0.086‰	−0.076‰

表7-6中,杠杆限制是降低系统性风险最有效的监管措施;同业间风险敞口约束和流动性要求也可以相应减少系统性风险,但相对而言的监管效果较弱。这三种政策工具从不同角度抑制系统性风险的形成或传递,进行叠加施行是可行的,相互之间不会产生任何冲突,可以共同发挥作用并降低系统性风险。而且,两种政策叠加施行的效果更好,具有一定的放大作用,并非单纯地等于两种政策各自监管效果之和。特别是在杠

杆限制的同时,叠加施行同业间风险敞口约束或流动性要求的监管规定,监管效果会更显著。

第三节　本章小结

一、保险业系统性风险基于投资业务的风险外溢较小

随着中国金融系统的不断发展、投资市场的逐渐扩大,投资业务使得诸多金融行业中的金融机构联系在一起。本部分搭建了资产抛售模型,分析了资产风险基于投资业务而在银行业、保险业和证券业之间的传递过程,并基于近8年的实际数据进行了实证研究。本部分的主要研究结论如下:

- 绝大多数保险公司因业务失败而为维持稳健经营所进行的资产抛售对整个金融系统的影响相对有限:引发保险行业爆发系统性风险的可能性较小,向外溢出风险的可能性则更小。
- 中国平安在保险业中有关键的地位,在整个金融系统中与四家国有银行的影响力相当。中国平安已经具有以保险业务为主,兼顾银行、证券、信托、投资和海外业务的多元化经营架构,对包括银行、证券公司在内的较多金融机构也会形成较大影响。因此,中国平安作为系统重要性机构,一旦因经营出现问题开始抛售资产,就会相继引发其他保险公司和银行破产,形成传染影响力巨大的超级节点。
- 从行业层面来看,保险业向外传递系统性风险的可能性还相对较小,银行是最有可能将自身系统性风险外溢的。
- 在系统性风险外溢的过程中,资产、投资比例、杠杆和目前的监管要求水平具有显著影响。资产规模越大,越易提高其他行业的系统性风险水平;杠杆越高,则越容易受其他行业的影响而具有较高的系统性风险水平;监管要求较高,则会在抛售过程中对面临破产

的机构造成较大束缚,给系统带来极大的不稳定性;抛售过程中投资资产的价格敏感因子越高,也越容易加速系统性风险的扩散。

上述这些因素都是银行业具有较强影响力的重要原因。而且,单方面放大保险业的资产、杠杆至银行业的水平,都难以达到银行的同等影响。

当某个行业内发生系统性风险,机构在负向冲击和监管要求下被迫折价抛售资产,会进一步造成资产价格螺旋下跌,传递出风险。在传染渠道和机制的作用下,以资产价格为纽带,相对较小的冲击也可能引起机构的流动性迅速枯竭,从而将风险外溢到其他资本市场,进而可能引发系统性金融风险。从传染的两个步骤造成的直接损失和抛售损失相比较而言,抛售损失明显具有更快的增速和更大的影响。因此需要:

- 从全局观念来识别、监测可能的来源和渠道,而不是仅仅关注直接损失,使得金融系统进入最危险的资产配置的状况。
- 对于大资产、高杠杆的金融机构要根据其影响和受影响的不同特质进行具体监控。
- 监管部门则要根据不同机构处于不同的阶段具体分析与处置,及时提前接管或是给予一定缓冲期自行调整;抛售资产时尽量减少价格敏感性较高的资产的抛售量。

二、宏观审慎监管工具的效果类似但效率不同

本部分从揭示投资业务引致系统性风险的产生机理与演变过程入手,对系统性风险生成的必要条件进行深入剖析,梳理了现有的常用宏观审慎政策工具,并分析了其在投资风险引致系统性风险过程中发挥遏制和引导作用的机理。采用类似于压力测试的方法,模拟初始负向冲击发生、资产价格下降后的影响来评估系统性风险。利用共同资产持有模型,比较与分析在不同政策工具作用下系统性风险水平的变化情况。研究结论显示:

- 杠杆限制的监管效果非常明显,但需谨慎使用。金融机构拥有更

充足的资本的确有助于更好地应对风险。但该项监管措施的施行需要考虑现实状况,在危机已然成形或在风险累积的过程中,迅速提高杠杆限制反而会适得其反地提高风险。同时,杠杆限制的监管效果显著,但成本也是非常高昂。而且杠杆限制这种工具相对激烈。当政府直接要求杠杆降低到某一水平时,实证结果显示,政策施行初期会提升风险,引发金融市场上的踩踏。因此要求监管当局应长期、实时地关注杠杆水平,小幅调整资本要求。

- 对系统重要性机构征收额外资本和逆周期资本缓冲也是与杠杆限制相似的有关资本的政策工具。相对而言监管效果略微显著,但比较温和且不剧烈,是可以在危机生成期间采用的很好的监管手段。

- 严格控制各种资产的投资比例,通过加紧同业间风险敞口约束的确可以降低系统性风险。但由于当前各家金融机构的投资行为比较保守,因此调整这一宏观审慎政策的监管效果不会十分显著;此外还限制了金融机构的投资自由,具有明显的弊端。

- 监管机构可鼓励金融机构优先抛售流动性资产,从而减少投资规模、降低风险水平,但相对而言监管效果比较有限。金融机构有很大的弹性,可以先抛售流动性资产,但一旦大家都抛售流动性资产,可能流动性就会被削弱。而且一旦流动性资产被抛售完毕,最终还是要抛售非流动性资产。这也是这种监管工具在危机时刻的局限性。本研究的模型更多是帮助理解,选择抛售流动性资产具有缓解风险的作用。

- 整体上来看,资本限制类的政策工具监管效果最为显著,明显优于同业间风险敞口约束和流动性要求。各种宏观审慎政策工具的监管效果方向一致,同时施行时不会产生相互抵消的现象,反而具有相互促进的作用。这也说明监管机构应建立丰富的宏观审慎政策工具箱,多种工具齐头并进,还能起到四两拨千斤的作用。

宏观审慎监管聚焦行业层面的系统性风险,微观审慎监管聚焦金融机构的个体风险。这两种监管政策的有机结合和优化平衡,是未来金融监管体系的改革方向。中国的经济体和金融系统尚不够成熟,虽未引发系统性风险,但这未尝不是监管机构谨慎监管的结果。汲取发达经济体的经验与教训,并结合自身实际情况,创造出适合中国金融系统的金融监管体系,以及与之匹配的、有效的宏观审慎政策工具箱,是监管机构努力探索的方向。

结　语

本书首先对保险业系统性风险的存在性进行验证,然后沿着保险公司的承保业务和投资业务两条线索,深入分析承保风险和资产风险对于保险业系统性风险的影响过程和影响路径,并就寿险与非寿险分别进行分析及比较,多角度地揭示了在承保风险和资产风险引致系统性风险的过程中具有影响的各种条件和因素。

当前的中国保险业系统为一个非稳定系统,保险业的经营状态并未在均衡点上,因此还是存在着爆发系统性风险的潜在危险。而且,保险业已经形成了高度群集性,具备传导冲击并引发系统性风险的条件。大额赔偿的突发事件是目前有潜力引发大规模市场连锁反应的事件,即巨灾风险。在重大社会事件突发时,不但要警惕保险业内部爆发系统性风险,还需要警惕保险业系统性风险的外溢。

承保风险的确是导致非寿险业和寿险业发生系统性风险的来源之一,而且是通过再保险联系和共同承保风险进行传染的。再保险联系方面,无论对于寿险业还是非寿险业,保险公司之间的再保险网络联系都越来越密切,再保险网络对承保风险的放大作用越来越明显。寿险业因再保险联系而导致的风险传染水平明显低于非寿险业,但都不太可能产生撼动中国保险业并引发系统性风险的事件。共同承保风险方面,保险业务之间的确存在着风险相关性,且基本不存在能相互对冲风险的保险业务,对于非寿险而言,车险与其他险种的相关性非常显著,农业险较为独立。因此在公司层面需尽量降低风险集中度,在行业层面则需控制保险公司的承保业务相似度,共同承保风险基于地域层面的传染水平较低。整体上而言,再保险联系和共同承保风险在系统性风险传递中的贡献略有差异。非寿险行业中，直接再保险联系和共同承保风险均对于承保风险关联具有显著影响；寿险业中，仅保费收入险种结构的相似性和间接再保险联系具有显著的正向作用。

资产风险也的确是导致保险业发生系统性风险的来源之一。资产风险对行业系统性风险的影响包括两个层次，其一是由于面临着共同资产风险冲击而发生的直接损失，其二则是由于资产之间和机构之间的传染而发生的传染损失。从微观层面来看，在资产风险引致系统性风险的过程中，不同保险公司具有不同的角色。或具有易向系统输出风险的系统重要性，或具有易被风险冲击的系统脆弱性。从宏观层面来看，投资业务使得诸多金融行业中的金融机构联系在一起。绝大多数保险公司的资产抛售对整个金融系统的影响相对有限，引发自身行业爆发系统性风险的可能性较小，向外溢出风险的可能性则更小。从监管工具的有效性来看，杠杆限制的监管效果非常明显，但需谨慎使用。整体上，资本限制类的政策工具监管效果最为显著，明显优于同业间风险敞口约束和流动性要求。各种宏观审慎政策工具的监管效果方向一致，同时施行具有相互促进的作用。这也说明监管机构应建立丰富的宏观审慎政策工具箱，多种工具齐头并进。

因此，中国保险业还是应当重视系统性风险。尽管现在未爆发，并且尽管爆发的可能性还较小，但中国保险系统的脆弱性还是要求监管者摒弃自由市场主义，进行及时干预。因此，监管者应采取必要的措施。当然，监管政策的合理性以及监管的实施效果直接决定了中国保险业系统能否稳定运行，监管者的不当监管也可能是造成系统偏离的重要原因之一。从具体措施而言，则是控制保险行业的承保风险，防范巨灾风险的发生；合理运用再保险，在风险分散和风险传染之间寻求平衡；正视共同承保风险这一特征，降低保险业务相似度，进行承保风险的物理分隔。而在资产风险方面，降低传染损失应当是防范系统性风险的主要任务。因此，各家保险公司应差异化配置资产，严格控制房地产、长期股权投资等高风险资产的占比，严禁为了追逐回报而盲目投资高风险资产。从监管对象来看,成立年限久的具有较大资产规模的并由集团控股的寿险公司应该成为监管重点。宏观审慎监管聚焦行业层面的系统性风险,微观审慎监管聚焦金融机构的个体风险。这两种监管政策的有机结合和优化平衡,是未来金融监管体系的改革方向。

主要参考文献

[1] Acemoglu D, Ozdaglar A, Tahbaz-Salehi A. Systemic Risk and Stability in Financial Networks[J]. American Economic Review, 2015, 105(2): 564-608.

[2] Acharya V V, Pedersen L H, Philippon T, et al. Measuring Systemic Risk[J]. The Review of Financial Studies, 2017, 30(1): 2-47.

[3] Acharya V V, Santos J, Yorulmazer T. Systemic Risk and Deposit Insurance Premiums[J]. Economics Policy Review, 2010, 16(1): 89-99.

[4] Acharya V V, Thakor A V. The Dark Side of Liquidity Creation: Leverage and Systemic Risk[J]. Journal of Financial Intermediation, 2016, 28: 4-21.

[5] Acharya V, Engle R, Richardson M. Capital Shortfall: A New Approach to Ranking and Regulating Systemic Risks[J]. The American Economic Review, 2012, 102(3): 59-64.

[6] Adrian T, Brunnermeier M K. CoVaR[J]. American Economic Review, 2016, 106(7): 1705-1741.

[7] Aikman D, Alessandri P, Eklund B, et al. Funding Liquidity Risk in a Quantitative Model of Systemic Stability[J]. Bank of England Working Papers, 2009(6): 372.

[8] Akinci O, Olmstead-Rumsey J. How Effective are Macroprudential Policies? An Empirical Investigation[J]. Journal of Financial Intermediation, 2018, 33(1): 33-57.

[9] Allen F, Gale D. Financial contagion[J]. Journal of Political Economy, 2000, 108(1): 1-33.

[10] Andrews E L, Baker P. AIG Planning Huge Bonuses after $170 Billion Bailout [N]. New York Times, 2009, March 15, A1.

[11] Anginer D, Demirguc-Kunt A, Zhu M. How does Competition Affect Bank

Systemic Risk? [J]. Journal of Financial Intermediation, 2014, 23(1): 1-26.

[12] Armijo L E, Mühlich L, Tirone D C. The Systemic Financial Importance of Emerging Powers[J]. J. Policy Model, 2014, 36: S67-S88.

[13] Azmat S, Azad A S M S, Ghaffar H, et al. Conventional vs Islamic Banking and Macroeconomic Risk: Impact on Asset Price Bubbles[J]. Pacific-Basin Finance Journal, 2020, 62: 101351.

[14] Baluch F, Mutenga S, Parsons C. Insurance, Systemic Risk and the Financial Crisis[J]. The Geneva Papers on Risk and Insurance. Issues and Practice, 2011, 36(1): 126-163.

[15] Banerjee R N, Mio H. The Impact of Liquidity Regulation on Banks[R]. BIS Working Papers No. 470, 2014 October.

[16] Bank of England. The Role of Macroprudential Policy[R]. A Discussion Paper, 2009 November 19th.

[17] Bansal A. Systemic Importance of Insurance Companies — An Empirical Analysis[J]. International Finance and Banking, 2016, 3(1): 44-76.

[18] Barth M M, Feldhaus W R. Does Rate Regulation Alter Underwriting Risk? [J]. Journal of Insurance Issues, 1999, 22(1): 26-50.

[19] BCBS. Basel Ⅲ: A Global Regulatory Framework for More Resilient Banks and Banking Systems (Revised Version) [R]. Basel Committee, 2011, June.

[20] BCBS. Countercyclical Capital Buffer Proposal (Consultative Document) [J]. Basel Committee Report 157, 2010a July.

[21] BCBS. The Group of Governors and Heads of Supervision Reach Broad Agreement on Basel Committee Capital and Liquidity Reform Package[J]. Press Releases, 2010b July.

[22] BCBS. Group of Governors and Heads of Supervision Announces Higher Global Minimum Capital Standards[R]. Press Releases, 2010c September.

[23] BCBS. Report to the G20 on Response to the Financial Crisis Released by the Basel Committee[R]. Press Releases, 2010d October.

[24] BCBS. Guidance for National Authorities Operating the Capital Buffer[R]. Basel Committee Report, 2010e December.

[25] BCBS. Basel Ⅲ: International Framework for Risk Measurement, Standards and Monitoring[R]. Basel Committee, 2010f December.

[26] Bell M, Keller B. Insurance and Stability: the Reform of Insurance Regulation [J]. Zurich Financial Services Group Working Paper, 2009.

[27] Berdin E, Sottocornola M. Insurance Activities and Systemic Risk[J]. SAFE Working Paper, 2015(12): 121. Available at SSRN: https://ssrn.com/abstract=2701821.

[28] Bernanke B. A Letter to Sen. Bob Corke[J]. The Wall Street Journal, 2009-11-18, 2009.

[29] Besar D, Booth P, Chan K K, Milne A K L, Pickles J. Systemic Risk in Financial Services [J]. British Actuarial Journal, 2011, 16(2): 195-319, 321-340.

[30] Bierth C, Irresberger F, Weiss G N F. Systemic Risk of Insurers Around the Globe[J]. Journal of Banking & Finance, 2015, 55: 232-245.

[31] Billio M, Getmansky M, Lo A W, Pelizzon L. Econometric Measures of Connectedness and Systemic Risk in the Finance and Insurance Sectors[J]. Journal of Financial Economics, 2012, 104(3): 535-559.

[32] BIS. BIS Annual Report[R]. Basel, Switzerland, 2001 June.

[33] BIS. Macroprudential Instruments and Frameworks: a Stocktaking of Issues and Experiences[R]. CGFS Publications, 38, 2010.

[34] BIS. Monetary Policy Decisions: Preparing the Inputs and Communicating the Outcomes[R]. BIS Papers No.37, 2008, February.

[35] BIS. Recent Innovations in International Banking (Cross Report) [R]. CGFS Papers, No 1, 1986, April.

[36] Black L, Correa R, Huang X, et al. The Systemic Risk of European Banks during the Financial and Sovereign Debt Crises[J]. Journal of Banking & Finance, 2016, 63: 107-125.

[37] Bluhm M, Krahnen J P. Systemic Risk in an Interconnected Banking System with Endogenous Asset Markets [J]. Journal of Financial Stability, 2014, 13(8): 75-94.

[38] Bobtcheff C, Chaney T, Gollier C. Analysis of Systemic Risk in the Insurance Industry[J]. The Geneva Risk and Insurance Review, 2016,41(1): 73-106.

[39] Bookstaber R M. A Demon of Our Own Design: Markets, Hedge Funds, and the Perils of Financial Innovation [M]. J. Wiley, 2007.

[40] Borio C. Implementing the Macroprudential Approach to Financial Regulation and Supervision[J]. Banque de France Financial Stability Review, 2009, 13: 31-41.

[41] Borio C. Towards a Macroprudential Framework for Financial Supervision and Regulation? [J]. CESifo Economic Studies, 2003, 49(2): 181-216.

[42] Borio C, Crockett A. In Search of Anchors for Financial and Monetary Stability [J]. Greek Economic Review, 2000(2): 1-14.

[43] Borio C, Drehmann M. Towards an Operational Framework for Financial Stability: 'Fuzzy' Measurement and its Consequences [R]. BIS Working Papers, No 284, 2009 June.

[44] Borio C, Lowe P. Asset Prices, Financial and Monetary Stability: Exploring the Nexus[J]. BIS Working Papers, 2002(7): 114.

[45] Bottazzi G, De Sanctis A, Vanni F. Non-Performing Loans, Systemic Risk and Resilience in Financial Networks. Laboratory of Economics and Management (LEM), Sant' Anna School of Advanced Studies, 2016, Pisa, Italy.

[46] Brown S J, Warner J B. Using Daily Stock Returns: The Case of Event Studies [J]. Journal of Financial Economics, 1985, 14 (1) : 3-31.

[47] Brownlees C, Engle R F. SRISK: A Conditional Capital Shortfall Measure of Systemic Risk[J]. Review of Financial Studies, 2016,30(1): 48-79.

[48] Brunnermeier M, Crockett A, Goodhart C, et al. The Fundamental Principles of Financial Regulation[R]. Geneva Reports on the World Economy 11, ICMB & CIMB, 2009, June.

[49] Brunnermeier M, Pedersen L. Market Liquidity and Funding Liquidity[J]. Review of Financial Studies, 2009, 22(6): 2201-2238.

[50] Cabrales A, Gottardi P, Vega-Redondo F. Risk Sharing and Contagion in Networks[J]. Rev. Financ. Stud., 2017, 30: 1-71.

[51] Cai J, Eidam F, Saunders A & Steffen S. Syndication, Interconnectedness, and Systemic Risk[J]. Journal of Financial Stability, 2018(34): 105-120.

[52] Caruana J. Basel Ⅲ: Towards a Safer Financial System[R]. Speech at the 3rd Santander International Banking Conference, Madrid, 2010 September.

[53] Cavallo A, Ribba A. Common Macroeconomic Shocks and Business Cycle Fluctuations in Euro Area Countries[J]. International Review of Economics & Finance, 2015, 38: 377-392.

[54] CEIOPS. EIOPA Report on the Fifth Quantitative Impact Study (QIS5)[R]. 2011.

[55] Centeno M A, Nag M, Patterson T S, et al. The Emergence of Global Systemic Risk[J]. Annu. Rev. Sociol. 2015, 41: 65-85.

[56] Chang C W, Li X, Lin E M H, Yu M. Systemic Risk, Interconnectedness, and Non-core Activities in Taiwan Insurance Industry[J]. International Review of Economics & Finance, 2018, 55(5): 273-284.

[57] Chang E J, Guerra S M, Lima E J A, et al. The Stability-Concentration Relationship in the Brazilian Banking System[J]. Journal of International Financial Markets Institutions & Money, 2008,18(4): 388-397.

[58] Chao S, Härdle W K K, Wang W. Quantile Regression in Risk Calibration[M]. Handbook of Financial Econometrics and Statistics. 2015: 1467-1489.

[59] Chen F, Chen X, Sun Z, Yu T, Zhong M. Systemic Risk, Financial Crisis, and Credit Risk Insurance[J]. Financial Review, 2013, 48(3): 417-442.

[60] Chen H, Cummins J D, Sun T, Weiss M A. The Reinsurance Network Among U. S. Property-Casualty Insurers: Microstructure, Insolvency Risk, and Contagion[J]. Journal of Risk and Insurance, 2020, 87(2): 253-284.

[61] Chen H, Cummins J D, Viswanathan K S, Weiss M A. Systemic Risk and the Interconnectedness Between Banks and Insurers: An Econometric Analysis[J]. Journal of Risk and Insurance, 2014(3): 623-652.

[62] Chen H, Sun T. Tail Risk Networks of Insurers Around the Globe: An Empirical Examination of Systemic Risk for G-SIIs vs Non G-SIIs[J]. Journal of Risk and Insurance, 2020, 87(2): 285-318.

[63] Chen L, Han Q, Qiao Z, Stanley H E. Correlation Analysis and Systemic Risk Measurement of Regional, Financial and Global Stock Indices[J]. Physica A: Statistical Mechanics and its Applications, 2020, 542: 122653.

[64] Clement P. The Term 'Macroprudential': Origins and Evolution[J]. BIS Quarterly Review, 2010(3): 59-67.

[65] Cole C R, McCullough K A. A Reexamination of the Corporate Demand for Reinsurance[J]. Journal of Risk and Insurance, 2006, 73(1): 169-192.

[66] Coles J L, Daniel N D & Naveen L. Boards: Does One Size Fit All? [J]. Journal of Financial Economics, 2008, 87(2): 329-356.

[67] Coval J, Stafford E. Asset Fire Sales (and Purchases) in Equity Markets[J]. Journal of Financial Economics, 2007, 86(2): 479-512.

[68] Crockett A. Marrying the Micro- and Macro-Prudential Dimensions of Financial Stability[J]. BIS Speeches, 2000 September, Basel Switzerland.

[69] Cummins J D, Weiss M A, Xie X Y, Zi H. Economies of scope in financial services: A DEA efficiency analysis of the US insurance industry[J]. Journal of Banking & Finance, 2010, 34: 1525-1539.

[70] Cummins J D, Weiss M A. Handbook of Insurance: Chapter 27 Systemic Risk and the Insurance Industry[M]. Second Edition, HEC Montreal, Quebec, Canada, 2013: 745-793.

[71] Cummins J D, Weiss M A. Systemic Risk and the U. S. Insurance Sector[J]. The Journal of Risk and Insurance, 2014, 81(3): 489-527.

[72] Danielsson J, Shin H S, Zigrand P. Endogenous and Systemic Risk [M]. Nber Chapters, 2013,1: 73-94.

[73] Davison M, Leadbetter D, Lu B, Voll J. Are Counterparty Arrangements in Reinsurance a Threat to Financial Stability? [J]. Assurances et gestion des risques / Insurance and Risk Management, 2019, 86 (2-3): 191-234.

[74] Degryse H A, Nguyen G. Interbank Exposures: An Empirical Examination of Contagion Risk in the Belgian Banking System[J]. International Journal of Central Banking, 2007, 3(2): 123-172.

[75] Diamond DW, Rajan RG. Liquidity Shortages and Banking Crises[J]. Journal of

Finance, 2005, 60(2): 615-647.

[76] Dungey M, Luciani M, Veredas D. Emergence of Systemically Important Insurers[Z]. CIFR Paper No. WP038, FIRN Research Paper No. 2494030, 2014, 9.

[77] Eboli M. A Flow Network Analysis of Direct Balance-sheet Contagion in Financial Networks[Z]. Working Paper No. 1862. Kiel Institute for the World Economy, 2013.

[78] Eisenberg L, Noe T H. Systemic Risk in Financial Systems[J]. Management Science, 2001, 47(2): 236-249.

[79] Elango B, Ma Y L & Pope N. An Investigation into the Diversification-Performance Relationship in the U.S. Property-Liability Insurance Industry[J]. Journal of Risk & Insurance, 2008, 75(3): 567-591.

[80] Eling M, Pankoke D A. Systemic Risk in the Insurance Sector: A Review and Directions for Future Research[J]. Risk Management and Insurance Review, 2016, 19(2): 249-284.

[81] Elliott M, Golub B, Jackson M O. Financial Networks and Contagion[J]. Am. Econ. Rev., 2014, 104: 3115-3153.

[82] Engle R F, Manganelli S. CAViaR, Conditional Autoregressive Value at Risk by Regression Quantiles[J]. Journal of Business & Economic Statistics, 2004, 22(4): 367-381.

[83] Ettlin N, Farkas W, Kull A, et al. Optimal Risk-sharing Across a Network of Insurance Companies[J]. Insurance: Mathematics and Economics, 2020, 95: 39-47.

[84] Fama E F, Fisher L, Jensen M C, et al. The Adjustment of Stock Prices to New Information [J]. International Economic Review, 1969, 10(1): 1-21.

[85] Fama E F. Efficient Capital Markets: II [J]. Journal of Finance, 1991, 46(5): 1575-1617.

[86] Fan Y, Härdle W K, Wang W, Zhu L. Single-Index-Based CoVaR with Very High-Dimensional Covariates[J]. Journal of Business & Economic Statistics, 2017, 36(2): 212-226.

[87] Fan J P H & Wong T J. Corporate Ownership Structure and the Informativeness of Accounting Earnings in East Asia[J]. Journal of Accounting & Economics, 2002, 33(3): 401-425.

[88] Fiegenbaum A, Thomas H. Strategic Groups and Performance: The US Insurance Industry, 1970-84[J]. Strategic Management Journal, 1990, 11: 197-215.

[89] Financial Stability Board (FSB), International Monetary Fund (IMF), Bank for International Settlements (BIS). Guidance to Assess the Systemic Importance of Financial Institutions, Markets and Instruments: Initial Considerations[R]. Report to the G-20 Finance Ministers and Central Bank Governors, 2009, 10: 1-27.

[90] Fragnière E, Gondzio J, Tuchschmid N S, Zhang Q. Non-parametric Liquidity Adjusted VaR Model: A Stochastic Programming Approach[J]. Journal of Financial Transformation, 2010, 28: 109-116.

[91] Fricke C, Fricke D. Vulnerable Asset Management? The Case of Mutual Funds [J]. Journal of Financial Stability, 2021, 52(2): 100800.

[92] Fricke D. Has the Banking System Become More Homogeneous? Evidence from Banks' Loan Portfolios[J]. Economics Letters, 2016(142): 45-48.

[93] FSA (Financial Service Authority). The Turner Review: A Regulatory Response to the Global Banking Crisis[J]. London, 2009(3).

[94] Gai P, Andrew H, Sujit K. Complexity, Concentration and Contagion[J]. J. Monetary Econ., 2011, 58: 453-470.

[95] Galán Jorge E. The Benefits are at the Tail: Uncovering the Impact of Macroprudential Policy on Growth-at-risk[J]. Journal of Financial Stability, Article in Press.

[96] Gao Y, Nozick L, Kruse J, Davidson R. Modeling Competition in a Market for Natural Catastrophe Insurance[J]. Journal of Insurance Issues, 2016(1): 38-68.

[97] Garratt R, Mahadeva L, Svirydzenka K. Mapping Systemic Risk in the International Banking Network[J]. Bank of England, 2011.

[98] Garven J R, Hilliard J I, Grace M F. Adverse Selection in Reinsurance Markets [J]. The Geneva risk and insurance review, 2014, 39(2): 222-253.

[99] Geneva Association. Systemic Risk in Insurance: An Analysis of Insurance and Financial Stability[R]. Special Report of the Geneva Association Systemic Risk Working Group, March, 2010.

[100] Glasserman P, Young H P. How Likely is Contagion in Financial Networks? [J]. Journal of Bank Financ. 2015, 50: 383-399.

[101] Goodhart, C. A. E. A Framework for Assessing Financial Stability? [J] Journal of Banking and Finance, 2006, 30(12): 3415-3422.

[102] Gourieroux C, Heam J C, Monfort A. Bilateral Exposures and Systemic Solvency Risk [J]. Canadian Journal of Economics/Revue Canadienne D'économique, 2012, 45(4): 1273-1309.

[103] Grace M F. The Insurance Industry and Systemic Risk: Evidence and Discussion [Z]. Networks Financial Institute Policy Brief, Working Paper, 2010(4).

[104] Gray D F, Jobst A A. Modelling Systemic Financial Sector and Sovereign Risk [J]. Sveriges Riksbank Economic Review, 2011(2): 1-39.

[105] Greenwood R M, Landier A, Thesmar D. Vulnerable Banks[J]. Journal of Financial Economics, 2015, 115(3): 471-485.

[106] Group of Thirty, Reinsurance and International Financial Markets (Washington, D.C.) [R]. 2006.

[107] Group of Thirty. Global Institutions, National Supervision and Systemic Risk [R]. 1997.

[108] Hałaj G, Kok C. S. Assessing Interbank Contagion Using Simulated Networks [J]. Computational Management Science, 2013, 10(4): 157-186.

[109] Haldane, A. Rethinking the Financial Network[R]. Speech delivered at the Financial Student Association, Amsterdam, 2009 April.

[110] Hannoun, H. Towards a Global Financial Stability Framework[J]. Speech at the 45th SEACEN Governors' Conference, Siem Reap province, Cambodia, 2010 February 26-27th.

[111] Härdle W K, Wang W, Yu L. TENET: Tail-Event Driven Network risk[J]. Journal of Econometrics, 2016,192(2): 499-513.

[112] Harrington S E. Capital Adequacy in Insurance and Reinsurance[M]. Capital Adequacy Beyond Basel: Banking, Securities, and Insurance. Oxford University Press, 2003: 87-123.

[113] Harrington S E. The Financial Crisis, Systemic Risk, and the Future of Insurance Regulation [J]. Journal of Risk and Insurance, 2009, 76 (4): 785-819.

[114] Hommes C. Interacting Agents in Finance[J]. Social Science Electronic Publishing, 2006(6-029/1): 402-406.

[115] Huang X, Zhou H, Zhu H. Systemic Risk Contributions[J]. Journal of Financial Services Research, 2012, 42(1-2): 55-83.

[116] International Association of Insurance Supervisors. Global Systemically Important Insurers: Initial Assessment Methodology[R]. 2013.

[117] Huang X, Zhou H, Zhu H. A Framework for Assessing the Systemic Risk of Major Financial Institutions[J]. Journal of Banking and Finance, 2009, 33 (11): 2036-2049.

[118] IAIS. International Association of Insurance Supervisors, 9[R]. Euromoney Trading Limited, 2012.

[119] IAIS. Position Statement on Key Financial Stability Issues[R]. 2010.

[120] IMF, BIS, FSB. Guidance to Assess the Systemic Importance of Financial Institutions, Markets and Instruments: Initial Considerations-Background Paper[R]. Report to G20 Finance Ministers and Central Bank Governors, 2009 October.

[121] IMF. The Financial Crisis and Information Gaps-Implementation Progress Report[R]. Prepared by the IMF Staff and the FSB Secretariat, 2011 June.

[122] International Association of Insurance Supervisors. Euromoney Trading Limited [R]. 2012.

[123] International Association of Insurance Supervisors. Position Statement on Key Financial Stability Issues[R]. 2010.

[124] Iori G, Jafarey S & Padilla F G. Systemic Risk on the Interbank Market[J]. Journal of Economic Behavior & Organization, 2006, 61(4): 525-542.

[125] Kali R, Reyes J. Financial Contagion on the International Trade Network[J]. Economic Inquiry, 2010, 48: 1072-1101.

[126] Kanno M. The Network Structure and Systemic Risk in the Global Non-life Insurance Market[J]. Insurance: Mathematics and Economics, 2016, 67: 38-53.

[127] Karnitschnig M, Solomon D, Pleven L, et al. US to Take over AIG in $85 Billion Bailout; Central Banks Inject Cash as Credit Dries up[J]. Wall Street Journal, 2008, 17.

[128] Kaufman G G, Scott K E. What is Systemic Risk, and Do Bank Regulators Retard or Contribute to it [J]. Independent Review, 2003, 7(3): 371-391.

[129] Kaufman G G. Banking and Currency Crises and Systemic Risk: Lessons from Recent Events [J]. Economic Perspectives, 2000, 24(3): 9-28.

[130] Kessler D. Why (Re)insurance is Not Systemic[J]. Journal of Risk and Insurance, 2014, 81(3): 477-488.

[131] Kok C, Montagna M. Multi-layered Interbank Model for Assessing Systemic Risk[Z]. Working Paper Series 1944, 2016: European Central Bank.

[132] Kremers J, Schoenmaker D. Twin Peaks: Experiences in the Netherlands[R]. FMG Special Papers 196, Financial Markets Group, 2010, London.

[133] Laeven L, Ratnovski L, Tong H. Bank Size, Capital, and Systemic Risk: Some International Evidence[J]. Journal of Banking & Finance, 2016, 69: S25-S34.

[134] LeBaron B, Tesfatsion T. Modeling Macroeconomics as Open-ended Dynamic Systems of Interacting Agents[J]. American Economic Review, 2008, 98(2): 246-250.

[135] Leland H E. Financial Synergies and the Optimal Scope of the Firm: Implications for Mergers, Spinoffs, and Structured Finance[J]. Journal of Finance, 2007, 62(2): 765-807.

[136] Lelyveld I V, Liedorp F, Kampman M. An Empirical Assessment of

Reinsurance Risk[J]. Journal of Financial Stability, 2011,7(4): 191-203.

[137] Li Y, Zhu J. L1-Norm Quantile Regression[J]. Journal of Computational and Graphical Statistics, 2008,17(1): 163-185.

[138] Liang Z, Yuen K C. Optimal Dynamic Reinsurance with Dependent Risks: Variance Premium Principle[J]. Scandinavian actuarial journal, 2016, 2016 (1): 18-36.

[139] Liebenberg A P, Sommer D W. Effects of Corporate Diversification: Evidence from the Property Liability Insurance Industry[J]. Journal of Risk and Insurance, 2008, 75: 893-919.

[140] Lin Y, Yu J, Peterson M O. Reinsurance Networks and Their Impact on Reinsurance Decisions: Theory and Empirical Evidence[J]. Journal of Risk and Insurance, 2015, 82(3): 531-569.

[141] Ma Y L, Elango B. When Do International Operations Lead to Improved Performance? An Analysis of Property-liability Insurers[J]. Risk Management and Insurance Review, 2008, 11(1): 141-155.

[142] Maillet B B, Michel T L. The Impact of the 9/11 Events on the American and French Stock Markets [J]. Review of International Economics, 2005, 13(3): 597-611.

[143] Markose S, Giansante S, Shaghaghi A R. Too Interconnected to Fail' Financial Network of U.S. CDS Market: Topological Fragility and Systemic Risk[J]. Journal of Economic Behavior & Organization, 2012, 83: 627-646.

[144] Martínez-Jaramillo S, Omar P P, Embriz F A, et al. Systemic Risk, Financial Contagion and Financial Fragility [J]. Journal of Economic Dynamics & Control, 2010, 34(11): 2358-2374.

[145] McGarrity J P, Piccou A. Do Several Winning Coalitions Exist in a State for Senators of the Same Party? Evidence from an Event Study[J]. Southern Economic Journal: 2001, 68(2): 281-309.

[146] Meador J W, Ryan Jr H E, Schellhorn C D. Product Focus Versus Diversification: Estimates of X-efficiency for the US Life Insurance Industry [A]. Harker P T, Zenios S A. Performance of financial institutions:

Efficiency, innovation, regulation[M]. New York: Cambridge University Press, 2000, 175-198.

[147] Minsky H P. Financial Factors in the Economics of Capitalism[M]. Coping with Financial Fragility and Systemic Risk. Springer US, 1995: 3-14.

[148] Muehlnickel J, Weiss G N F. Consolidation and Systemic Risk in the International Insurance Industry[J]. Journal of Financial Stability, 2015, 18: 187-202.

[149] Nebel R. Regulations as a Source of Systemic Risk: The Need for Economic Impact Analysis[J]. The Geneva Papers on Risk and Insurance. Issues and Practice, 2004,29(2): 273-283.

[150] Nier E, Yang J, Yorulmazer T, Alentorn A. Network Models and Financial Stability[J]. Journal of Econmic Dynamic & Control, 2007, 31: 2033-2060.

[151] Paltalidis N, Gounopoulos D, Kizys R, Koutelidakis Y. Transmission Channels of Systemic Risk and Contagion in the European Financial Network[J]. Journal of Banking & Finance, 2015, 61(1): S36-S52.

[152] Park S C, Xie X. Reinsurance and Systemic Risk: The Impact of Reinsurer Downgrading on Property-Casualty Insurers[J]. Journal of Risk and Insurance, 2014, 81(3): 587-622.

[153] Patro D K, Qi M, Sun X. A Simple Indicator of Systemic Risk[J]. Journal of Financial Stability, 2013, 9(1): 105-116.

[154] Powers M R, Zanjani G. Insurance Risk, Risk Measures, and Capital Allocation: Navigating a Copernican Shift[J]. Annual Review of Financial Economics, 2013, 5: 201-223.

[155] Pulvino T C. Do Asset Fire Sales Exist? An Empirical Study of Commercial Aircraft Transactions[J]. Journal of Finance,1998, 53(3): 939-978.

[156] Puzanova N, Düllmann K. Systemic Risk Contributions: A Credit Portfolio Approach[J]. Journal of Banking & Finance, 2013, 37(4): 1243-1257.

[157] Raffestin, L. Diversification and Systemic Risk[J]. Journal of Banking & Finance, 2014(46): 85-106.

[158] Rossi M, Lowe N. Regulating Reinsurance in the Global Market[J]. The

Geneva Papers on Risk and Insurance. Issues and Practice, 2002, 27 (1): 122-133.

[159] Shim J. An Investigation of Market Concentration and Financial Stability in Property-Liability Insurance Industry[J]. Journal of Risk & Insurance, 2017, 84(2): 3192-3201.

[160] Shim J. Mergers & Acquisitions, Diversification and Performance in the U.S. Property-liability Insurance industry [J]. Journal of Financial Services Research, 2011, 39(3): 119-144.

[161] Shin H S. Risk and Liquidity in a System Context[J]. Journal of Financial Intermediation, 2008, 17: 315-329.

[162] Shortridge R T, Avila S M. The Impact of Institutional Ownership on the Reinsurance Decision[J]. Risk Management and Insurance Review, 2004, 7 (2): 93-106.

[163] Sjostrom Jr W K. The AIG Bailout[J]. Washington and Lee Law Review, 2009, 66(3): 943, 977-983.

[164] Soedarmono W, Machrouh F, Tarazi A. Bank Competition, Crisis and Risk Taking: Evidence from Emerging Markets in Asia[J]. Journal of International Financial Markets Institutions & Money, 2013, 23(1): 196-221.

[165] Suh H. Evaluating Macroprudential Policy with Financial Friction DSGE Model. In Prepared for The Jordan River Conference At Indiana University. 2011, April.

[166] SwissRe. Reinsurance-A Systemic Risk[J]. Sigma, 2003, 5.

[167] Tang A & Valdez E A. Economic Capital and the Aggregation of Risks Using Copula [J]. Meeting Paper for the 28th International Congress of Actuaries, 2009.

[168] Tanriverdi H. Performance Effects of Information Technology Synergies in Multibusiness Firms[J]. MIS Quarterly, 2006, 30(1): 57-77.

[169] Tarashev N A, Borio C E V, Tsatsaronis K. Attributing Systemic Risk to Individual Institutions[J]. SSRN working paper, 2010, 68(3): 1-18.

[170] Tarashev N, Borio C, Tsatsaronis K. The Systemic Importance of Financial

Institutions[J]. BIS Quarterly Review, 2009(9): 14.

[171] Tayler W J, Zilberman R. Macroprudential Regulation, Credit Spreads and the Role of Monetary Policy[J]. Journal of Financial Stability, 2016, 26(10): 144-158.

[172] Upper C. Simulation Methods to Assess the Danger of Contagion in Interbank Markets[J]. Journal of Financial Stability, 2011,7(3): 111-125.

[173] Upper C & Worms A. Estimating Bilateral Exposures in the German Interbank Market: Is There a Danger of Contagion? [J]. European Economic Review, 2004, 48(4): 827-849.

[174] Vuchelen J. Electoral Systems and the Effects of Political Events on the Stock Market: the Belgian Case[J]. Economics and Politics, 2003, 15(1): 85-102.

[175] Weiss G N F, Bostandzic D, Irresberger F. Catastrophe Bonds and Systemic Risk[J]. 26th Australasian Finance and Banking Conference 2013. https://ssrn.com/abstract=2313160.

[176] Weiss G N F, Muhlnickel J. Why do Some Insurers Become Systemically Relevant? [J]. Journal of Financial Stability,2014, 13(8): 95-117.

[177] White H, Kim T, Manganelli S. VAR for VaR: Measuring Systemic Risk Using Multivariate Regression Quantiles [J]. Journal of Econometrics, 2015, 187(1): 169-188.

[178] Wongswan J. Transmission of Information Across International Equity Markets [J]. Review of Financial Studies, 2006, 19(4): 1157-1189.

[179] Worthington A, Valadkhani A. Measuring the Impact of Natural Disasters on Capital Markets: An Empirical Application Using Intervention Analysis [J]. Applied Economics, 2004, 36(19): 2177-2186.

[180] Yanase N & Piman L. Organization Structure and Corporate Demand for Reinsurance: The Case of Japanese Keiretsu[J]. Journal of Risk and Insurance, 2017, 84(2): 599-629.

[181] 巴曙松,朱元倩,等. 巴塞尔资本协议Ⅲ研究[M]. 北京:中国金融出版社,2011.

[182] 白雪梅,石大龙. 中国金融体系的系统性风险度量[J]. 国际金融研究,2014

(6)：75-85.

[183] 陈迪红,林晓亮.中国非寿险公司产品业务线经济资本配置的实证研究[J].财经理论与实践,2008(06)：31-35.

[184] 陈华,丁宇刚.保险公司资本结构、险种集中度与再保险需求研究[J].现代财经,2016,36(06)：56-65.

[185] 陈守东,卓李,林思涵.地方政府债务风险对区域性金融风险的空间溢出效应[J].西安交通大学学报(社会科学版),2020(06)：33-44.

[186] 陈为梅.外资保险公司发展现状和思考[D].对外经济贸易大学,2015.

[187] 陈运森,袁薇,兰天琪.法律基础建设与资本市场高质量发展——基于新《证券法》的事件研究[J].财经研究,2020,46(10)：79-92.

[188] 单鹏,郑豪,邓颖璐.车损险地区出险差异影响因素分析——基于广义线性模型[J].保险研究,2016(10)：16-31.

[189] 方蕾,粟芳.全球银行业系统性风险的成因：内忧还是外患？——基于74个国家的比较分析[J],国际金融研究,2017(8)：65-74.

[190] 方蕾,粟芳.中国保险业系统性风险的存在性研究——基于动态均衡模型的视角[J].保险研究,2018(11)：17-28.

[191] 方蕾,粟芳.中国国情下的保险费率监管模式选择及影响分析——来自车险市场的经验证据[J],财经研究,2016(4)：112-123.

[192] 方意,王晏如,黄丽灵,和文佳.宏观审慎与货币政策双支柱框架研究——基于系统性风险视角[J].金融研究,2019(12)：106-124.

[193] 方意,郑子文.系统性风险在银行间的传染路径研究——基于持有共同资产网络模型[J].国际金融研究,2016(06)：61-72.

[194] 方意,王羚睿,王炜等.金融科技领域的系统性风险：内生风险视角[J].中央财经大学学报,2020(2)：29-37.

[195] 方意,赵胜民,王道平.我国金融机构系统性风险测度——基于DGC-GARCH模型的研究[J].金融监管研究,2012(11)：26-42.

[196] 方意.系统性风险的传染渠道与度量研究——兼论宏观审慎政策实施[J].管理世界,2016(08)：32-57.

[197] 方意.中国宏观审慎监管框架研究[D].南开大学,2013.

[198] 高成毅.基于复杂网络个体行为的传播模型研究[D].电子科技大学,2017.

[199] 高天一,丁宇刚. 非寿险公司业务集中度对再保险需求的非线性影响研究[J]. 保险研究,2019(10):59-72.

[200] 郭金龙,赵强. 保险业系统性风险文献综述[J]. 保险研究,2014(06):41-52.

[201] 郭文伟,周媛,王礼昱. 机构规模、财务杠杆与金融系统性风险溢出——基于区域、行业及机构异质性的视角[J]. 金融监管研究,2020(04):48-65.

[202] 何奕,童牧,吴珊,尚诗昆. 复杂金融网络中的系统性风险与流动性救助：基于不同网络拓扑结构的研究[J]. 系统工程理论与实践,2019,39(06):1385-1393.

[203] 胡利琴,李岫,梁猛. 基于组合理论的中国商业银行风险整合和资本配置研究[J]. 金融研究,2009(03):119-134.

[204] 黄聪,贾彦东. 金融网络视角下的宏观审慎管理——基于银行间支付结算数据的实证分析[J]. 金融研究,2010(04):1-14.

[205] 黄金老. 论金融脆弱性[J]. 金融研究,2010(03):41-49.

[206] 贾彦东. 金融机构的系统重要性分析——金融网络中的系统风险衡量与成本分担[J]. 金融研究,2011(10):17-33.

[207] 姜茂生. 中国保险资产管理发展现状、问题与对策研究[J]. 科学决策,2014(10):50-65.

[208] 蒋涛,吴卫星,王天一,沈涛. 金融业系统性风险度量——基于尾部依赖视角[J]. 系统工程理论与实践,2014,34(S1):40-47.

[209] 李婧,谭清美,白俊红. 中国区域创新生产的空间计量分析——基于静态与动态空间面板模型的实证研究[J]. 管理世界,2016(07):43-65.

[210] 李力,温来成,唐遥,张偲. 货币政策与宏观审慎政策双支柱调控下的地方政府债务风险治理[J]. 经济研究,2020,55(11):36-49.

[211] 李丽,周宗放. 源于关联担保的信用风险传染机理[J]. 系统工程,2015,33(01):55-60.

[212] 李麟,索彦峰. 经济波动,不良贷款与银行业系统性风险[J]. 国际金融研究,2009(6):55-63.

[213] 李文泓. 宏观审慎监管框架下的逆周期政策研究[M]. 北京:中国金融出版社,2011.

[214] 李秀芳,毕冬. 基于Copula函数的非寿险公司风险聚合和经济资本分散化效

用研究[J]. 保险研究, 2016(06): 48-60.

[215] 李艺华, 郝臣. 外部治理对保险公司风险承担的影响研究——基于外部监管和产品市场竞争视角[J]. 保险研究, 2019(12): 65-80.

[216] 李泽广, 刘燕茜, 王刚. 中国上市银行的经营同质化水平测度——基于业务紧密关联视角的分析[J]. 上海金融, 2017(07): 57-62, 49.

[217] 李政, 梁琪, 涂晓枫. 我国上市金融机构关联性研究——基于网络分析法[J]. 金融研究, 2016(08): 95-110.

[218] 李政, 涂晓枫, 卜林. 金融机构系统性风险: 重要性与脆弱性[J]. 财经研究, 2019.45(2): 100-112+152.

[219] 梁来存. 我国粮食作物保险风险区划的实证研究[J]. 山西财经大学学报, 2010(01): 65-71.

[220] 梁琪, 余峰燕. 金融危机、国有股权与资本投资[J]. 经济研究, 2014, 49(04): 47-61.

[221] 梁琪, 李政, 郝项超. 我国系统重要性金融机构的识别与监管——基于系统性风险指数SRISK方法的分析[J]. 金融研究, 2013, 9: 56-70.

[222] 林鸿灿, 刘通, 张培园. 保险机构系统性风险溢出效应的实证研究——基于AR-GARCH-CoVaR模型[A]. 北京大学中国保险与社会保障研究中心. 深化改革, 稳中求进: 保险与社会保障的视角——北大赛瑟(CCISSR)论坛文集·2012[C]. 北京大学中国保险与社会保障研究中心, 2012, 15.

[223] 刘军. 整体网分析讲义: UCINET软件实用指南[M]. 上海: 格致出版社, 2009.

[224] 刘璐, 王春慧. 基于DCC-GARCH模型的中国保险业系统性风险研究[J]. 宏观经济研究, 2016(09): 90-99.

[225] 刘孟飞, 张晓岚, 张超. 中国商业银行业务多元化、经营绩效与风险相关性研究[J]. 国际金融研究, 2012(08): 61-71.

[226] 刘志洋, 宋玉颖. 宏观审慎监管政策工具实施及有效性国际实践[J]. 中国社会科学院研究生院学报, 2016(01): 50-55.

[227] 刘志洋. 网络结构下的中国银行间债务违约传染风险分析——同业负债关联与金融市场的双维数据视角[J]. 当代经济科学, 2020, 42(03): 69-79.

[228] 刘志迎, 孙文平, 李静. 中国非寿险业成本效率及影响因素的实证研究[J]. 金

融研究，2007(04)：87-99.

[229] 陆思婷,粟芳.非寿险承保风险引发系统性风险的复杂网络分析[J].保险研究，2021(02)：31-51.

[230] 陆思婷,粟芳.保险业承保风险引致系统性风险的复杂网络分析——基于财险业与寿险业的比较[J].财经论丛,2022(4)：46-56.

[231] 陆思婷,粟芳.保险业承保风险引致系统性风险的空间复杂网络分析[J].财经理论与实践,2022(1)：51-58.

[232] 罗家德.社会网分析讲义(第二版)[M].北京：社会科学文献出版社，2010.

[233] 马丹,刘丽萍,陈坤.关联效应还是传染效应[J].统计研究,2016,33(02)：99-106.

[234] 马君潞,范小云,曹元涛.中国银行间市场双边传染的风险估测及其系统性特征分析[J].经济研究，2007(01)：68-78.

[235] 毛颖,孙蓉,甄浩.保险公司股权结构对风险承担行为的影响研究[J].保险研究，2019(07)：14-28.

[236] 牛晓健,吴新梅.基于复杂网络的再保险市场系统性风险研究[J].保险研究，2019(03)：48-62.

[237] 彭雪梅,曾紫芬.保险市场集中度与公司财务稳定性——基于中国非寿险数据[J].保险研究,2018(03)：40-56.

[238] 钱茜,周宗放,徐凯.风险信息传播对关联信用风险传染影响的研究[J].系统工程,2018,36(08)：18-26.

[239] 沈立,谢志刚.基于非寿险公司定价风险的资本要求计量[J].保险研究，2014(08)：42-53.

[240] 沈立,谢志刚.我国中小非寿险公司与大型非寿险公司风险差异[J].保险研究，2013(10)：107-118.

[241] 沈悦,李博阳,张嘉望.系统性金融风险：测度与时空格局演化分析[J].统计与信息论坛,2017(12)：42-51.

[242] 石大龙,白雪梅.网络结构、危机传染与系统性风险[J].财经问题研究,2015(04)：31-39.

[243] 史培军,王季薇,张钢锋,孔锋,王静爱.透视中国自然灾害区域分异规律与区划研究[J].地理研究,2017(08)：1401-1414.

[244] 宋凌峰,肖雅慧.经济波动、业务异质性与保险业系统性风险研究[J].保险研究,2018(02):3-16.

[245] 隋聪,谭照林,王宗尧.基于网络视角的银行业系统性风险度量方法[J].中国管理科学,2016,24(05):54-64.

[246] 孙键.中国保险公司资金运用的风险管理[J].保险研究,2002(07):17-18.

[247] 孙祁祥,边文龙,王向楠.险种集中度对寿险公司利润和风险的作用研究[J].当代经济科学,2015,37(03):27-38+125.

[248] 孙晓华,王昀.企业规模对生产率及其差异的影响——来自工业企业微观数据的实证研究[J].中国工业经济,2014(05):57-69.

[249] 陶玲,朱迎.系统性金融风险的监测和度量——基于中国金融体系的研究[J].金融研究,2016(6):18-36.

[250] 童中文,解晓洋,邓熳利.中国银行业系统性风险的"社会性消化"机制研究[J].经济研究,2018,53(02):124-139.

[251] 完颜瑞云,锁凌燕.保险公司与系统性风险的中国视角:理论与实证[J].保险研究,2018(11):3-16.

[252] 汪伟.人口老龄化、养老保险制度变革与中国经济增长——理论分析与数值模拟[J].金融研究,2012(10):29-45.

[253] 王弟海.宏观经济学数理模型基础[M].上海:格致出版社,2011:81.

[254] 王桂虎,郭金龙.保险业资产负债流动性错配与系统性金融风险研究——基于OECD国家的经验[J].保险研究,2018(09):24-35.

[255] 王丽珍.中国保险业系统性风险再保险业务传染效应研究[J].当代经济科学,2015,37(05):1-10.

[256] 王培辉,袁薇.我国金融机构系统性风险动态监测——基于CCA和动态因子copula模型的研究[J].财经论丛,2017,12:43-53.

[257] 王擎,刘军,金致雯.区域性金融风险与区域经济增长的相关性分析[J].改革,2018(05):66-75.

[258] 王庆,陈果,刘敏.基于价值——风险双准则的风险决策理论[J].中国管理科学,2014,22(03):42-50.

[259] 王向楠.非寿险业务线的系统性风险研究[J].保险研究,2018b(09):44-55.

[260] 王向楠.近年中国保险业潜在风险的十个领域[J].经济研究参考,2019(02):

5-15.

[261] 王向楠.寿险公司的业务同质化与风险联动性[J].金融研究,2018a(09):160-176.

[262] 王晓枫,廖凯亮,徐金池.复杂网络视角下银行同业间市场风险传染效应研究[J].经济学动态,2015(03):73-83.

[263] 王信,周晴.多维视角看"大而不倒"解决方案[C].《国际货币评论》2010年合辑:中国人民大学国际货币研究所,2010:14.

[264] 王营,曹廷求.中国区域性金融风险的空间关联及其传染效应——基于社会网络分析法[J].金融经济学研究,2017(03):46-55.

[265] 王宇,肖欣荣,刘健,刘磊.金融网络结构与风险传染理论述评[J].金融监管研究,2019(02):79-96.

[266] 王正文,田玲.基于共单调的非寿险公司承保风险度量研究[J].管理科学学报,2014,17(06):75-83.

[267] 魏华林,杨霞.中国非寿险公司效率及生产率实证分析[J].保险研究,2007(05):24-28+43.

[268] 魏华林.保险的本质、发展与监管[J].金融监管研究,2018(08):1-20.

[269] 温忠麟,侯杰泰,张雷.调节效应与中介效应的比较和应用[J].心理学报,2005,37(02):268-274.

[270] 温忠麟,张雷,侯杰泰,张红云.中介效应检验程序及其应用[J].心理学报,2004,36(5):614-620.

[271] 吴杰,赵桂芹.中国非寿险业承保业务间的风险分散效应研究[J].保险研究,2014(12):102-109.

[272] 肖华,张国清.公共压力与公司环境信息披露——基于"松花江事件"的经验研究[J].会计研究,2008(05):15-22.

[273] 肖璞,刘轶,杨苏梅.相互关联性、风险溢出与系统重要性银行识别[J].金融研究,2012(12):96-106.

[274] 谢志刚.系统性风险与系统重要性:共识和方向[J].保险研究,2016(07):25-34.

[275] 熊婧,汤薇.险种结构的同质化对非寿险业系统性风险的影响[J].保险研究,2021(04):43-61.

[276] 徐国祥,李宇海,王博. 我国保险公司经营状况综合评价研究[J]. 统计研究, 2008(04): 76-81.

[277] 徐华,魏孟欣,陈析. 中国保险业系统性风险评估及影响因素研究. 保险研究, 2016(11): 3-15.

[278] 徐卓,刘冬冬. 宏观审慎政策与货币政策协调搭配研究——基于DSGE模型的数值模拟分析[J]. 财经问题研究, 2021(02): 62-71.

[279] 许莉,樊小平,张宁. 中国非寿险公司多样化经营与绩效的实证研究[J]. 保险研究, 2010(05): 10-18.

[280] 许闲,刘炳磊,杨鈜毅. 新冠肺炎疫情对中国保险业的影响研究——基于非典的复盘与长短期影响分析[J]. 保险研究, 2020(03): 12-22.

[281] 杨波,吴婷. 地理分散化降低了多少保险经营风险?[J]. 保险研究, 2020(02): 30-42.

[282] 杨天宇,钟宇平. 中国银行业的集中度、竞争度与银行风险[J]. 金融研究, 2013(01): 122-134.

[283] 杨旭,聂磊. 再保险业务组合风险的实证分析[J]. 金融研究, 2008(07): 188-198.

[284] 杨旭. 保险企业集团经济资本总合与分配的实证分析[J]. 保险研究, 2008(6): 63-66.

[285] 殷洁,戴尔阜,吴绍洪. 中国台风灾害综合风险评估与区划[J]. 地理科学, 2013(11): 1370-1376.

[286] 喻开志,闻雁飞,雷雷. 系统关联性：短期资本流动与相关市场[J]. 国际金融研究, 2018(03): 87-96.

[287] 袁显平,柯大钢. 事件研究方法及其在金融经济研究中的应用[J]. 统计研究, 2006(10): 31-35.

[288] 张凤鸣. 对保险资金另类投资投后管理若干问题的思考[J]. 清华金融评论, 2019(02): 41-43.

[289] 张琳,汤薇,林晓婕,周嫒. 基于SVM-SRISK的非上市保险公司系统性风险度量[J]. 保险研究, 2018(06): 3-15.

[290] 张强春. 保险公司多元化经营行为研究[D]. 山东大学, 2014.

[291] 张峭,王克. 我国农业自然灾害风险评估与区划[J]. 中国农业资源与区划,

2011(03):32-36.

[292] 张伟,郭金龙,张许颖,邱长溶.中国保险业发展的影响因素及地区差异分析[J].数量经济技术经济研究,2005(07):108-117.

[293] 张伟平,庄新田,李延双.股市网络拓扑结构与系统性风险贡献度:基于VaR风险网络模型[J].管理工程学报,2020(04):171-181.

[294] 张晓明,任紫薇,李欣雨等.中国银行与保险经营同质化水平研究[J].经济问题,2019,478(06):79-88.

[295] 张晓朴.系统性金融风险研究:演进、成因与监管[J].国际金融研究,2010,7:58-67.

[296] 张新.并购重组是否创造价值?——中国证券市场的理论与实证研究[J].经济研究,2003(06):20-29+93.

[297] 张雪薇.中国当今保险资金运用分析[J].中国市场,2017(33):40+43.

[298] 赵桂芹,王上文.产险业资本结构与承保风险对获利能力的影响——基于结构方程模型的实证分析[J].财经研究,2008(01):62-71.

[299] 赵桂芹,吴洪.保险体系的系统风险相关性评价:一个国际视角[J].保险研究,2012(9):112-119.

[300] 赵伟.中国证券公司收入多元化的风险分析[J].宏观经济研究,2013(07):62-69.

[301] 郑慧,赵昕,贾敦智.中国非寿险业台风灾害偿付能力评估——基于Cummins模型的研究[J].财经理论与实践,2016(204):42-46.

[302] 郑苏晋,王丽珍,林媛真.主动资本调整还是被动监管约束?——寿险公司实际资本与最低资本影响因素的研究[J].管理评论,2015(09):59-68.

[303] 中国人民银行.中国金融稳定性报告[R].北京:2010.

[304] 钟凯,孙昌玲,王永妍,王化成.资本市场对外开放与股价异质性波动——来自"沪港通"的经验证据[J].金融研究,2018(07):174-192.

[305] 仲赛末,赵桂芹.销售渠道、产品策略及其交互作用对中国寿险公司绩效的影响[J].保险研究,2018(08):64-80.

[306] 周小川.金融对策对金融危机的响应——宏观审慎政策框架的形成背景、内在逻辑和主要内容[J].金融研究,2011(1):1-14.

[307] 周延,郭建林.农业巨灾保险风险区划及费率厘定研究[J].江西财经大学学

报,2011(06):61-67.

[308] 周延,屠海平. 跨区域型台风巨灾保险基金设计[J]. 中国软科学,2017(06):69-80.

[309] 朱衡,卓志. 保险公司系统重要性识别及其影响因素研究——基于系统性风险敞口与贡献的视角[J]. 保险研究,2019(03):3-16.

[310] 朱南军,王文健. 公司治理与风险承担——来自中国保险业的证据[J]. 经济科学,2017(02):101-115.

[311] 朱南军,周娜,邓博文. 中国国内系统重要性保险机构评估与分析——基于指标法与主成分分析法[J]. 保险研究,2018(11):29-40.

[312] 朱伟忠,金致远. 国际保险业系统性风险事件处置的借鉴和启示[N]. 中国保险报,2017-12-22(008).

[313] 卓志,孟祥艳. 寿险公司规模、产品多元化与经营效率[J]. 经济管理,2018,40(06):174-190.

[314] 邹文理,王曦,谢小平.中央银行沟通的金融市场响应——基于股票市场的事件研究[J].金融研究,2020(02):34-50.

[315] 邹奕格,陆思婷. 投资业务风险对保险业系统性风险的影响冲击[J]. 保险研究,2020(09):34-51.

[316] 邹奕格,粟芳. 保险公司的角色及影响因素分析——基于投资风险引致系统性风险的过程[J].中央财经大学学报,2022(2):27-40.

[317] 邹奕格,粟芳. 重大事件对保险业系统性风险的冲击研究[J]. 财经论丛,2020(8):53-62.

[318] 邹奕格,粟芳.系统性风险在金融行业间的外溢影响[J].经济与管理研究,2022(2):97-113.

[319] 邹奕格,粟芳.金融监管中宏观审慎政策工具的有效性研究[J].保险研究,2021(12):3-20.